Karl Brugmann

Elements of the Comparative Grammar of the Indo-Germanic

Languages

A concise exposition of the history of Sanskrit, Old Iranian (Avestic and Old Persian)

Old Armenian, Old Greek, Latin, Umbrian-Samnitic, Old Irish, Gothic, Old High

German, Lithuania

Karl Brugmann

Elements of the Comparative Grammar of the Indo-Germanic Languages

A concise exposition of the history of Sanskrit, Old Iranian (Avestic and Old Persian) Old Armenian, Old Greek, Latin, Umbrian-Samnitic, Old Irish, Gothic, Old High German, Lithuania

ISBN/EAN: 9783337298913

Printed in Europe, USA, Canada, Australia, Japan

Cover: Foto ©Andreas Hilbeck / pixelio.de

More available books at **www.hansebooks.com**

A COMPARATIVE GRAMMAR

OF THE

INDO-GERMANIC LANGUAGES.

A CONCISE EXPOSITION

OF THE HISTORY

OF SANSKRIT, OLD IRANIAN (AVESTIC AND OLD PERSIAN), OLD ARMENIAN,
GREEK, LATIN, UMBRO-SAMNITIC, OLD IRISH, GOTHIC, OLD HIGH GERMAN,
LITHUANIAN AND OLD CHURCH SLAVONIC

BY

KARL BRUGMANN,

PROFESSOR OF COMPARATIVE PHILOLOGY IN THE UNIVERSITY OF LEIPZIG.

INDICES OF THE VOLUMES I—IV.

TRANSLATED FROM THE GERMAN

BY

R. SEYMOUR CONWAY, M. A.   AND   W. H. D. ROUSE, M. A.
LATE FELLOW OF CONVILLE AND CAIUS   SOME TIME FELLOW OF CHRIST'S COLLEGE,
COLLEGE, CAMBRIDGE, AUTHOR OF 'VERNER'S   CAMBRIDGE, ASSISTANT MASTER AT
LAW IN ITALY', PROFESSOR OF LATIN IN   CHELTENHAM COLLEGE.
THE UNIVERSITY COLLEGE, CARDIFF.

LONDON.
KEGAN PAUL, TRENCH, TRÜBNER & CO., LTD.
1895.

TO

JOHN PEILE,

DOCTOR OF LETTERS, MASTER OF CHRIST'S COLLEGE, THE FOUNDER OF THE
STUDY OF COMPARATIVE PHILOLOGY IN CAMBRIDGE

THIS TRANSLATION IS DEDICATED

IN TOKEN OF THEIR GRATITUDE AND AFFECTION

BY

HIS OLD PUPILS.

Preface.

In the treatment of Phonetics and Morphology in this work, so many words are cited along with parallels and words etymologically connected, that the book may be used to this extent in the study of etymology. To this end the Index of Words has been compiled, including as it does more than mere grammatical forms. I would also observe that I have somewhat departed from the usual methods of such indices, because very few of those who use it will be equally at home in all the languages therein contained, and many may look for words out of a language whose paradigms are not familiar to them.

For the Index of Matters two limitations have been set. If it contained all the processes described, in the same detail as we find in the indices to our periodicals, or in any other conceivable form, not only would this have taken up much space, but what is more to the point, it would have been hardly easier to find one's way about by means of the index than can be done by aid of the very full Table of Contents to Volume I. I have therefore, with certain few exceptions, excluded the processes of sound change. On the other hand, the idea of giving all the examples of Analogy in all its kinds was given up, chiefly for lack of space. The headings given are those only which the student is most likely to look for, such as Popular Etymology, Assimilation of Opposites, and the like. In these last I have had much help from lists of the examples for Analogical Re-formation, given in Vols. I and II, which where compiled by my pupil E. Kleinhans, and very kindly placed at my disposal.

Leipzig, Jan. 5. 1893.

Karl Brugmann.

Contents.

I. **Index of Words:**

	Page		Page
Albanian	74	Modern Persian	36
Anglo-Saxon	142	Norse, proethnic (Runic)	150
Armenian	36	— West	145
Avestic	25	— East	149
Breton	114	Ogam inscriptions	111
Britannic	112	Old British	115
Bulgarian	173	Old Church Slavonic	163
Cornish	113	Old Saxon	140
Croatian	174	Oscan	100
Cymric	112	Ossetian	36
Czech	174	Pali	24
Danish	149	Pelignian	103
Dutch	142	Persian, Old	34
English	145	— Mod.	36
Faliscan	96	Phrygian	40
Frisian	142	Polish	174
Gaelic	104	Prakrit	24
Gallic	115	Prussian	162
German: O.H.G.	125	Romance	96
— Mid.H.G.	138	Romany	25
— Mod.H.G.	139	Runic	150
— O.Low.G.	140	Russian	173
— Mid.L.G.	142	Sabellian	102
— Mod.L.G.	142	Sabino	103
Germanic, Oldest	150	Sanskrit	1
Gipsy	25	Saxon, Old	140
Gothic	116	Servian	174
Greek	40	Slavonic, Old Church,	163
— Modern	74	— Modern,	173
Icelandic	145	Slovenian	174
Irish	104	Sorbenian, Lower	174
Latin	75	Sorbenian, Upper	174
Lettic	160	Swedish	149
Lithuanian	150	Thracian	40
Little Russian	174	Umbrian	96
Marrucinian	103	Venetian	74
Marsian	103	Vestinian	103
Modern Bulgarian	173	Volscian	103
Modern German	139	Welsh	112
— Greek	74		

II. **Index of Matters** 175

III. **Index of Authors** 234

Addenda and Corrigenda 246

I. Index of Words.

(Numbered by Volume and Page.)

Sanskrit.

Order of the letters: a ā i ī u ū ṛ ṝ ḷ ē ai ō au h̥ , k kh g gh ṅ c ch j jh ñ ṭ ṭh ḍ ḍh ṇ t th d dh n p ph b bh m y r l v ś ṣ s h.
The finite verb is usually given in the 3rd singular, except where a particular form is treated.

a-(Pronoun) III 329.
a-(Augment) II 6, IV 24.
a- an- ('un-') I 194. 196, II 29. 36. 39.
ása-s ása-m I 166, II 413.
áhas- I 295, II 423.
ahīyas- II 432.
ahú-ṣ II 313.
ákar IV 57.
ákṛṇvata IV 178.
aktā́ II 227.
aktú-ṣ II 117. 325.
aktā́u III 162.
akṣatē IV 189. 194.
akṣán- ákṣi II 105. 280. 347bis, IV 194.
dkṣa-s I 303, II 199.
akhyat IV 87.
ágan IV 51. 58.
ágasmahi (1. pl.) IV 352.
ágāt I 206, IV 57. 121.
águr (3. pl.) IV 546.
aguru-ṣ I 251.

agṓtā II 239.
agnāvíṣṇū II 41.
agnimindhá-s II 39.
agni-ṣ II 285.
ágrabham IV 59.
ágra-m II 201.
ágrahīṣam IV 379.
agrādvan- II 363.
ágru-ṣ I 232. 251bis, II 312.
agrēgá-s II 28. 39.
áṅkas- II 417.
aṅká-s II 114.
aṅkurá-s II 199.
aṅkuritá-s II 224.
aṅkuśá-s II 199. 252.
aṅkuśita-s II 226.
áṅgira-s II 200.
aṅgúri-ṣ aṅgúli-ṣ II 291.
ácakrat IV 403.
áchān IV 352. 354.
ajakā́ II 263.
ájakṣur IV 108.
ájagan IV 403.
ájagrabhīt IV 117. 403.

ájanata (3. pl.) IV 56.
ájayit IV 116.
ájati I 87. 293, IV 41. 81. 82.
ajá-s I 302, II 113.
ajā́riṣur (3. pl.) IV 371.
ajāvyas (nom. pl.) II 91.
ajikā II 263.
ajina-m II 155.
ajirá-m II 462.
ajirá-s II 199.
ájījanat IV 103. 105.
ájāiṣ (aj-) IV 61.
ájra-s I 87, II 181. 462.
ajríya-s II 126.
ájman- II 172. 367.
ájma-s II 172.
-añc- II 6. 492.
áñjas IV 139.
añjivá-s II 134.
añjí-ṣ I 308, II 117.
aṇīyaskā-s II 264. 276. 455.
atārima IV 115.
áti I 273.

Brugmann, Elements. Indices. 1

atimātrá-m II 31.
atirēka-s II 115.
átūtarat IV 105.
átka-s II 254.
attár- II 387.
attā- atti- I 95.
átti IV 60.
átviṣur (3rd pl.) IV 191.
átharvan- II 363. 364.
adatka-s I 383, II 265.
ádadiṣṭa IV 375.
ádadṛhanta IV 403.
ádana-m II 150.
ádar IV 58.
ádarśam ádṛśma IV 59.
ádarśat IV 82.
ádāt IV 53. 55. 60.
ádān IV 468.
ádikṣi IV 369.
áditi-ṣ II 298.
ádīmahi (√ dā-) II 62.
ádukṣat IV 195.
áduhra 3rd pl.) IV 574.
ádṛhiṣam IV 376.
ádṛśram (3rd pl.) IV 574.
addhātí-ṣ II 307.
addhí IV 503.
ádbhuta-s IV 136.
adbhyás adbhíṣ I 264.
ádman- II 366.
admará-s II 201.
adyá III 368.
ádrākṣam IV 369.
advan- II 183.
adhat IV 53.
adhamá-s I 202, II 167. 178.
ádhara-s I 202, II 178. 189. 190. 194. 450.
adhás I 202, II 178. 189.
ádhāt IV 53. 55. 60.
adhāyata IV 256.
ádhītām (3rd du.) IV 572.
ádhīmahi (√ dhē-) IV 61. 62.
ádhvan- II 364.

adhvará-s II 201.
adhvarīyáti IV 292.
adhvaryáti IV 286.
adhy-āpayati IV 333.
an- ('un-') see a-.
ana- III 329.
anákti IV 139.
ánapta-s II 224.
anaśāmahāi IV 113. 139.
anaṣṭām (3rd du.) IV 113.
ániti I 17. 105, IV 115.
anila-s II 211.
ánīka-m II 255.
anudrá-s II 181.
anuṣatyá-s II 5. 39.
ánūka-s II 272.
ánēdya-s IV 106.
ánēśat IV 110.
ántaka-s II 257.
ántama-s II 177. 189.
antár III 159.
ántara-s ('inner') II 177. 189. 450.
antara-s ('other') I 283.
antárikṣa-m II 188. 189.
antarhastá-s II 31.
ánti I 91.
antiká-s II 255.
ántigṛha-m II 39.
antrá-m II 189.
ándhas- II 414.
ánna-m I 194, II 140.
anyá-s II 132.
anyōnya- II 41.
ap- II 486.
ápa I 88.
ápaciti-ṣ II 295.
apamá-s II 167.
ápara-s II 190.
ápavant- II 405.
ápas- II 414.
apasṛpti-ṣ II 296.
ápāka-s II 257.
apíṣat IV 164.
apikarṇá-m II 31.
ápiprata IV 107.
ápnas- II 416.

áprāt IV 127.
aprāiṣīt IV 25.
apsanta (3rd pl.) IV 194.
apsavya-s II 40.
apsukṣít- II 39.
apsuyōgá-s II 40.
ábandhat IV 81.
ábibhran (3rd pl.) IV 107. 545.
ábībhayanta (3rd pl.) IV 105.
ábubhōjīṣ IV 117.
abhimātín- II 357.
abhíṣṇak IV 60.
ábhūt IV 56.
ábhēt IV 59.
abhrá-m II 184.
ábhva-s I 161. 251. 253.
ámatra-m II 119.
ámanyuta-s II 224.
ámavant- II 405.
áminanta (3rd pl.) IV 149.
amí (pl.) III 353.
amīti IV 116. 320.
ámīmṛṇat IV 107.
ámīvā IV 320.
ámugdhvam IV 354.
amuyá III 184.
ámba I 87. 257, III 84.
ámbu II 184.
amlá-s ambla-s I 168, II 183.
ayám III 335.
áyas- II 418.
ayasat IV 83.
ayá III 179. 346.
ayāt IV 469.
áyukta IV 59.
áyuṅkṣmahi IV 45.
áyur (3rd pl.) IV 546.
arati-ṣ II 298.
arará-s II 98.
avari-ṣ II 98.
ararē II 98.
aritra-s aritra-m I 104, II 118.

ári-ṣ II 281.
aruṇita-s II 224.
áruṣ- II 426.
arētáska-s II 276.
arcasē (1st sg.) IV 191. 371.
árcā (1st sg.) IV 466. 517.
archati IV 203.
arjayati IV 330.
árjuna-s I 291.
árṇas- II 416.
arthāyatē IV 334.
arthēt- II 389.
arpáyati IV 333.
arbhakā́-s II 277.
árbhaga-s II 276. 277. 455.
aryamán- II 368.
árvan- II 137.
arvaśā́-s árvaśa-s II 251.
árṣati IV 193.
arhaṇa-m arhaṇā IV 159.
árhati I 317, IV 82.
ālarti IV 113.
ava- ('that') III 329.
ávati I 88, IV 379.
avamā́-s II 167.
ávara-s II 191.
ávavṛtranta IV 574.
avikā́-s avikā́ II 263.
ávi-ṣ II 278.
ávṛk IV 63.
ávṛta IV 51.
ávōcat IV 17. 109. 110.
áśan- II 346. 348.
áśarēt IV 61.
áśarāit IV 61.
aśiśiṣu-ṣ II 98.
aṣṭā́-s III 37.
aṣṭáitamā́-s III 37.
aṣū́ti-ṣ III 19. 20.
aśnavātha (2nd pl.) IV 185.
áśna-s II 139, III 282.
aśnuviṣyatē IV 183. 273.

aśnóti I 195, IV 179.
áśman- I 88, II 367.
aśmanta-m II 250.
aśmī́ya-s II 341.
aśrā́-m II 322.
áśri-ṣ II 290.
aśrū́rā́-s aślī́la-s II 201.
áśru- II 322.
áśrōt IV 59.
áśvakā́-s II 464.
áśvamēdha-s II 33.
áśva-s II 133.
áśvāmagha-s II 38.
áśvāvant- II 406.
áśviya-s II 126.
aṣṭā́ II 480.
aṣṭamā́-s II 170, III 20.
aṣṭā́ aṣṭāú I 67. 68. 83, II 29, III 19. 20.
aṣṭā́daśa III 25.
aṣṭā́-pad- -pada- II 29.
asambhramat IV 25.
ásāt IV 468. 469.
ási (2nd sg.) III 258, IV 523.
asinvā́-s I 101.
así-ṣ I 199, II 279.
ásura-s II 201.
ásu-ṣ II 314.
ásṛk III 103. 104.
asṛgram (3rd pl.) IV 574.
asāú III 327. 335. 368.
ásta-m II 227. 229.
ásti I 32. 47, IV 52. 60.
asthán- II 348.
ásthāt IV 54. 55. 61.
asmā́- I 198, III 367. 368. 379.
asmadī́ya-s III 380. 396.
asmā́ka III 396.
asmā́kam III 396bis.
asmā́ka-s II 257. 272, III 396.
ásrākṣam IV 369.
áhan II 348.
áhanti-ṣ II 297.

ahám I 50. 408, III 364. 372.
áharahar II 100.
áhardivi III 159.
dhi-ṣ I 322. 337. 343, II 278.
áhlādnyiṣata (3rd pl.) IV 376.

ā-(Augment) IV 27.
ākū́ta-m II 223.
ākū́ti-ṣ II 300.
āja IV 387. 394.
āṇi-ṣ I 211.
āṇḍī́ka-s II 270.
ā́tā- II 222. 227.
ā-tānayati IV 324.
āti-ṣ I 207, II 334.
ātmán- II 175.
ā́d II 348.
āda IV 387. 394.
ā́dat (√ ed- 'essen') IV 63.
ā́dat (√ dō- 'give') IV 54. 88.
ādayati IV 328.
ā-dā́yamāna-s IV 234.
ādimā́-s II 467.
ādṛta-s II 235.
ā́dēva-s II 39.
ā́dya-s ('first') III 6.
ā́dya-s ('eatable') II 125.
āna IV 394.
ānā́ṣa IV 15. 390. 401. 408.
ānáñja IV 15. 401.
ānaṭ IV 113. 139.
ānarca IV 15. 401.
ānarchat IV 307. 403.
ānardha IV 401.
ānarṣat IV 403.
ānarha IV 401.
ānā́ṣa IV 15. 390. 401.
āninat IV 114.
āntrá-m II 189.
ā́pas- II 414.
ā́pti-ṣ II 296.

1*

ā́pnāna-s IV 144.
āpnŏti IV 144.
āmā́tara-s II 191.
āmā́-s II 113.
āmitrā́-s II 112.
ā́yan (3rd pl.) IV 30.
ā́yun- I 140, II 341. 362. 363. 430.
ā́yuṣ- II 329. 423. 426. 430.
ārjijat IV 114.
āryaka-s II 251.
āvā́m III 367. 370. 397.
āvā́m III 397.
ā́śa IV 401.
ā́śīyas- II 431.
āśupā́tvan- II 24.
āśuyā́ III 184.
āśú-ṣ I 88, II 314.
ā́s- ('mouth') II 485.
ā́s (3rd sg.) IV 28. 529.
ā́sa IV 394.
āsate IV 54.
āsā́n- II 348.
ā́san (3rd pl.) IV 30.
āsā́m IV 445.
āsí: IV 60. 61. 63. 116.
āste IV 54.
ā́sthat IV 54. 88.
ā́huti-ṣ II 298.
ā́hnika-s II 260.

i- (Pronoun) III 331.
ichā́ti IV 203. 204.
ichayati IV 333.
ichā́- II 274.
ítara-s I 50, II 194.
íti-ṣ II 296.
ityāi (inf.) IV 601.
itvarā́-s II 201.
id III 331.
idā́rūpa-s II 40.
idā́m I 32, III 331.
idā́ III 339.
idhmá-s II 170.
inakṣati IV 199.

inŏ́i IV 139. 179.
indrasvant- II 405.
indhiṣī́ya (1st sg.) IV 376.
indhiṣyati IV 273.
invati IV 179.
ima- III 331.
imi (1st sg.) IV 59. 63.
iyakṣati IV 199.
iyallikā́- II 264.
iyant-, nom. íyān, III 49. 77.
iyā́m III 332.
iyarti IV 19. 100.
iyā́ja IV 400.
iyā́t IV 26. 118.
iyā́ya IV 399.
iyáti IV 19.
irajyati I 469.
iradhate I 469.
irā́dhyāi (inf.) I 482.
ilaya- I 469.
iṣaṇat IV 138. 156.
iṣaṇayanta IV 332.
iṣaṇyáti IV 138. 156. 266.
iṣate IV 193.
iṣayā́dhyāi IV 600.
iṣirā́-s I 110. 229. 454, II 181.
iṣu-ṣ II 314.
íṣṇāti IV 139.
iṣmá-s II 172.

ī (Particle) III 345.
ī́kṣate IV 19. 193. 194. 198.
ī́tte IV 222.
ī́dte IV 222.
ūḍṣ- III 345.
īdhriya-s I 257.
ī́psati IV 19. 144. 194. 199.
īm III 345.
īmahe IV 52. 57.
īrayati IV 331.
ūrte IV 58.

ī́rtsati IV 19. 199.
īrmā́-s I 241, II 171.
íṣate IV 404.
íṣana-m II 151.
iṣite IV 115. 404.
íṣe (3rd sg.) IV 391. 404.
íṣṭe IV 565.
īṣmā́-s II 172.

ukṣanyáti I 193.
úkṣati IV 190. 192. 193.
ukṣā́n- II 345. 348. 460.
ukṣáyati IV 332.
ukṣā́nna-s II 27.
ukhuchid- II 25. 38.
ugrā́-s II 201.
ucca-s I 274, II 256.
uccā́ I 62.
uccāistara- uccaistarā́m II 29. 107. 191.
ucyati IV 173.
uchā́i IV 204.
ujhati IV 88.
útka-s II 241.
uttamā́-s II 177. 178.
úttara-s II 177. 178. 191.
uttarottara-s II 99.
udañc- II 7.
udán II 346.
udanyáti I 111.
udarā́-m II 177. 191.
udrá-s II 181. 183.
únátti IV 209.
undati IV 166.
upakakṣā́-s II 31.
upakṣetár- II 384.
upadíśa-s II 33.
upabdā́-s I 263. 264. 345.
upamá-s II 166 168. 189.
úpamāsya-s II 126.
uparā́tāt- II 309.
úpara-s II 189.
upári II 188. 189.
úparimartya-s II 31.
ubhaú III 33. 175. 191.
umbhati IV 166.

úraṇa-s I 213. 232, II 349.
úras- II 416.
urú-ṣ I 141, II 314.
uruṣyáti IV 293.
ululí-ṣ II 98.
ulōká-s I 469.
uváca IV 400.
uvāma IV 400.
uróca IV 399.
uśíj- II 411.
uṣádbhyas III 272.
uṣár- II 180. 380. 381, III 63.
uṣás- II 423.
uṣás (gen.) II 423, III 128.
uṣasya-s II 127.
uṣā́- II 423, III 282.
uṣṇa uṣṇa-m ('heat') II 476.
uṣṇā́- II 476.
usrá-s II 181.
usríyā- II 181.

ū́ḍhá-s I 299.
ū́ḍhi-ṣ II 295.
ū́dara-m II 177. 191.
ū́dhar ū́dhan- II 346, III 103. 104.
ūnayíṣ (2nd sg.) IV 116.
ūnaviṣati-ṣ III 25.
ūnaviṣa-s III 26.
ūná-s II 141. 153.
ū́ma-s II 172.
-ū́rṇavana- IV 179.
ū́rṇā- I 137. 141. 242, II 145.
ūrṇutya-s IV 179.
ūrṇóti IV 136. 178.
ūrṇāuti IV 179.
ūrdhvá-s I 241, II 135.
ūrmí-ṣ I 243, II 289.
ūvur (3rd pl.) IV 391.

ṛ́kṣa-s I 408.
ṛgmín- I 348, II 358.
ṛghāyáti IV 336.

ṛcháti IV 200. 203.
ṛjipyá-s I 253. 301.
ṛjú-ṣ II 314.
ṛñjáti IV 165.
ṛñjase (1st sg.) IV 46. 190. 191.
ṛñjáse (inf.) IV 363.
ṛṇóti ('reaches') IV 177.
ṛṇóti ('excites') IV 149. 177.
ṛṇváti IV 138. 177.
ṛtá-m II 227.
ṛtáyant- IV 334.
ṛtayā́ III 179.
ṛtāyáti IV 284.
ṛtávan- II 364.
ṛtāvarī II 201.
ṛti-ṣ II 299.
ṛtú-s II 326.
ṛbhú-ṣ II 317.
ṛ́śáti IV 193.
ṛṣabhá-s I 234. 419, II 216. 345.

ékaēka-s II 99.
ékavāram III 49.
ékaviṣati-ṣ III 32.
éka-s III 3. 320.
ékādaśá III 25.
ékādaśá-s III 25.
ékānnaviṣá-s III 26.
ékāika-s II 99, III 51.
ékōnaviṣati-s III 25.
ékōnaviṣa-s II 26.
étá- (Pronoun) IV 329.
étaśa-s II 251.
éta-s II 222.
étāvant- II 405.
éti I 49. 50, IV 51. 59.
édhas- II 414.
édhi (imper.) I 252. 447. IV 60. 503.
éna III 344. 346.
énas- II 416.
éman- II 368.
éma-s II 171.
évá évá III 344.

éṣá III 329. 335.
áit IV 28.
áindhiṣṭa IV 376.
áipsiṣam IV 376.
áiyēṣ (2nd sg.) IV 19. 97.

ókas- IV 173.
ókirás- IV 392. 399.
ójas- I 88. 319. 334, II 414, IV 190. 193.
ójmán- I 87, II 367.
óman- II 172.
óma-s II 172. 177.
óṣati I 52, IV 83.
óṣadhí-ṣ II 413.

áubjijat IV 114.
áumīna-m II 158.

kakúnmant- I 352.
káṭuka-s I 211.
kaṭú-ṣ I 211.
kaṇḍū́yati IV 292.
katamá-s II 178. 179. 190.
katará-s II 190. 450.
káti II 293. 307.
katithá-s II 242.
kánīyas- kaniṣṭhá-s II 430.
kanyā́- II 430, III 282.
kam III 163.
kar- karóti IV 57. 137. 178. 179. 180.
karásna-s II 142.
karkaṭa-s II 95.
karkara-s II 98.
kakarī-ṣ II 95.
karṇakitá-s II 226.
kart- kartati IV 85. 87. 211.
kartár- kártar- II 380. 384.
kártva-m II 476.
karbúrita-s II 226.

karmāra-s II 211.
kavi-ṣ I 446, II 279.
ká-s III 333.
kāmayūta IV 493.
kā́sate IV 86.
kiyú-ṣ II 29.
kiṁkāraṇa-s II 40.
kim III 333. 339.
kiyant-, nom. kiyā́n, III 49. 77.
kiyédhā́- I 351.
kirā́ti I 232. 332.
kuṭati IV 213.
kútas III 66. 333.
kútra III 333.
kupyati IV 236.
kumbhá-s I 350.
kuru (imper.) I 232.
kurmás (1st pl.) IV 57.
kurmi (1st sg.) IV 57.
kuryā́t IV 57.
kulandhara-s II 40.
kulva-s II 136.
-kuvaté I 446.
kū́rdati IV 220.
kr̥ṇávāt IV 469.
kr̥ṇóti IV 178.
-kr̥t- II 391.
kr̥tti-ṣ II 305.
kr̥tyā́- II 476.
kr̥tvan- II 364.
kr̥tvas (acc. pl.) II 332.
kr̥ntáti I 228, IV 165. 166.
kr̥ntayati IV 325.
kr̥p- II 486.
kr̥pánate IV 41. 156.
kr̥pána-m IV 156.
kr̥paṇá-s IV 156.
kr̥paṇé IV 88.
kr̥ṣīvalá-s II 201.
kr̥ṣé (1st sg.) IV 189. 191.
kr̥ṣṇatā́- II 239.
kr̥mi-ṣ II 289.
kr̥ṣṇd-s I 445.
ketú-ṣ II 313. 317.
kéna III 344.

kéśavá-s II 135. 136.
krátu-ṣ II 325. 326.
krandanú-ṣ II 301.
kraviṣ- I 104, II 425, IV 193.
krāṇá-s I 70, II 151.
kriyā́te I 115. 231, IV 244.
kriyā́t IV 484.
krīṇā́ti IV 142.
krúdhyati IV 221.
krūḍayati IV 222.
krūrá-s II 201.
króḍá-s IV 222.
kṣatrá-m II 118.
kṣatríya-m II 476.
kṣáp- II 486.
kṣám- I 407, II 482.
kṣā́rati IV 246.
kṣā́-s, acc. kṣā́-m, II 482. 484, III 99.
kṣiṇā́ti I 407.
kṣiṇóti IV 177.
kṣiti-ṣ ('destruction') II 281.
kṣiti-ṣ ('dwelling') II 296.
kṣipaṇí-ṣ II 285.
kṣipaṇú-ṣ II 301.
kṣipáti IV 167.
kṣiyáti kṣáyati IV 87.
kṣīṇá-s II 141.
kṣīyate IV 236.
kṣéti IV 59.
kṣétra-m II 433.
kṣépayati IV 333.
kṣépīyas- II 431.
kṣéṣi (2nd sg.) IV 460.
kṣóbhate I 49.
kṣṇu- kṣṇáuti IV 136. 179.
kṣṇótra-m IV 179.

khanitra-m I 104.
khā- f. II 486.
khātá-m II 227.
khā́dati IV 222.

khyāti IV 122.
khyā́yiṣyate IV 273.

gáchati IV 203.
gaṇá-s I 211.
gatá-s I 191.
gáti-ṣ I 191, II 295.
gadgada-s II 95.
ganā́- I 194.
gántar- II 382.
gántu-ṣ I 165, II 325.
gandharvá-s I 479.
gábhasti-ṣ II 307.
gam- (gáma-ti gamá-ti) I 195. 336, IV 58. 86.
gamayā́m IV 445.
garat IV 82.
gárīyas- II 437.
garīyastara-s II 191.
gárgara-s ('whirlpool') II 13. 94. 95.
gargara-s (a musical instrument) II 95. 115.
gárta-s II 227.
garbhín- II 337.
gárhate I 298.
gálati I 210.
gavydya-s II 121.
gávya-s II 128.
gav- see gó.
gātú-ṣ II 325.
gāpayati IV 334.
gā́m (acc. sg.) I 84. 162, III 99.
gā́yati IV 227.
gāyiṣé (1st sg.) IV 191. 376.
gā́s (acc. pl.) II 428, III 235.
-gā́-s I 207.
gir- I 232. 243. 334, II 487.
giráti girati giláti I 229. 232. 334, IV 82. 86. 88.
gira-s I 196. 232. 334.
girí-ṣ I 232. 234, II 279.
gír I 243.

I. Index of Words. Sanskrit: gīrṇa-s — jáṅghā-.

gīrṇá-s I 242.
gīrṇi-ṣ I 242.
gurutā- II 239.
gurú-ṣ I 229. 232. 251, II 312.
gūrtá-s II 222.
gūrtávasu-ṣ II 38.
gū́hati I 300, IV 88.
gūhayati IV 331.
gr̥ṇā́ta (2nd pl.) IV 149.
gr̥ṇā́ti IV 149.
gr̥ṇīṣáṇi II 347.
gr̥dhyati IV 219. 236.
gr̥bhāyati IV 331.
gr̥bhāyáti IV 262.
gr̥bhītá-s IV 116. 320.
gr̥bhṇā́ti·gr̥hṇā́ti IV 143.
gr̥h- gr̥bh- I 355.
gr̥hīṣva (imper.) IV 116.
gr̥hṇati IV 143.
gḗṣṇú-ṣ gḗṣṇa-s IV 227.
gō- gav-, nom. sg. gáu-ṣ, I 84, II 482 (see also gā́m and gā́s).
gō-ghná-s I 251.
gōpati IV 219.
gōla-m gōlā II 200.
gōla-s II 188.
gō-ṣā́-s I 250, II 486.
gáu-ṣ see gō-.
gdha IV 53.
gnā́- I 96. 194, II 106. 111.
gnā́spati-ṣ III 114.
-grá-s I 196. 232.
grasati IV 192. 195.
grahīṣyati IV 116.
grā́van II 363.
grīvā́- II 137.
glapayati IV 334.
glapēt IV 334.
glāti IV 127.

ghaná-s I 196. 251. 335.
ghanāghaná-s IV 14.
gharmá-s II 171. 477.
ghas- IV 53.

ghātayati IV 335.
ghāta-s I 206, II 227. 475.
ghāti-ṣ I 206. 335.
ghāsḗajra-s II 186.
ghū́rṇati IV 149.
ghū́rṇa-s IV 149.
ghr̥ṇṓti IV 180.
ghr̥tá-m II 227.
ghōratā- II 239.
ghōrá-s II 186.
ghṓṣati IV 194.
ghṓṣa-s II 111, IV 194.
ghnīta IV 484.
ghrāti IV 122.

ca I 49. 332. 534, III 333.
cakaram IV 403.
cakr̥d-m II 14. 96.
cákri-ṣ II 96.
cakru-ṣ II 96.
cákṣan- II 348.
cañcala-s I 212, II 95.
cañcū́ryatē I 212, IV 13.
cátasras III 9. 12. 220.
catúr III 48.
catur- III 10.
caturaśra-s II 184.
caturthá-s II 163. 242, III 12. 330.
cáturdaśa III 25.
caturdaśá-s III 26.
cáturvaya-s III 51.
cátustr̥ṣat- III 32.
catvā́ras I 332, III 10.
catvāriṣát- III 30. 35.
catvāriṣattamá-s III 37.
caná III 344.
cárati IV 88.
carācará-s IV 14.
carkr̥ti-ṣ II 298.
caskánda IV 425.
cikit- II 4. 97.
cikīrṣayati IV 332.
cikura-s II 97.
cikḗti IV 97.

cikḗthē (2nd du.) IV 572.
cicā́ya I 333.
cit- ('to observe') IV 211.
citā́ II 222. 475.
cittá-m II 227.
citti-ṣ II 293. 304.
citrá-s II 183.
cid I 32. 332, III 333.
cinṓti IV 177.
cinvati IV 177. 186.
ciratná-s II 160.
cirántana-s cirantána-s II 160.
cirá-s cirá-m II 198.
cud- ('to kindle') IV 252.
cḗtati IV 212.
cḗṣṭati IV 213, Addenda to IV 211.
cḗṣṭa-m IV 213.
cyávatē I 146, IV 81.
cyāváyati IV 327.
cyautná-m II 161.

chadáyati IV 331.
chántti IV 59.
chayati IV 237.
chāyayati IV 338.
chāyā́- I 294.
chidrá-m II 477.
chidrá-s II 180. 181.
chindátti I 406.
chindati I 189, IV 164.
chyati IV 237.

jakṣati IV 108.
jakṣiti IV 108.
jaganvás- jagmivás- II 443.
jagr̥bhrirḗ (3rd pl.) IV 574.
jagdhi (imper.) IV 108.
jā́ghanvás- jaghnivás- II 443.
jaghnant- IV 110.
jáṅghā- jaṅghā́- I 294. 333. 354. 394, II 111.

jajanti IV 208.
jajāgāra IV 398.
jajñivás- (jñā-) IV 396.
jajñāú IV 402. 403..
janjapyátē IV 13.
jaṭhára-m I 211.
janátā- II 463.
jánati IV 80.
jánas I 291. 297, II 414.
janitár- I 104, II 383.
janitra-m II 121. 462.
jánitrī- II 336.
jániman- II 367.
janīyáti IV 292.
jáni-ṣ II 279, III. 283.
jániṣva (imper.) IV 115. 510.
jantú-ṣ̌ II 326.
jánman- II 367. 370.
jabhā́ra IV 20.
jámbha-s I 393.
jámbhya-s II 127.
jā́yati I 315.
jaraṇā́- II 475.
járant- II 397.
jarás- II 424.
jarā́- III 282.
jaritár- II 385.
jálpāka-s jalpaka-s II 273.
jásuri-ṣ̌ II 291.
jahati IV 109. 111.
jáhāti I 300, IV 101. 109. 241.
jahí (imper.) I 254, IV 58. 503.
jahiṣyati IV 273.
jahītam (2nd du.) IV 98.
jāgaráyati IV 331.
jāgariṣyáti IV 273.
jāgarti IV 98. 109.
jāgā́ra IV 17. 387. 398.
jāgrati IV 110. 111.
jājarūka-s II 272.
jātá-m II 223.
jātá-s I 208, II 295.

jāti-ṣ II 295.
jānati IV 142.
jā́na-m II 110.
jānā́ti I 206. 288, IV 141. 142.
-jāni-ṣ I 62, II 279.
jā́nu I 69. 294, II 313.
jā́mātar- II 383.
jā́-s I 207, II 456.
jā́spáti-ṣ III 124.
jígāti IV 57. 134.
jigyú- III 283.
jigyé I 334.
jígharti IV 98. 100.
jíghāsati IV 198.
jíghṛkṣati I 355.
jíghnatē IV 107.
jíghyati IV 106.
jíghrati IV 107.
jijinva IV 397.
jijīva IV 397.
jijñā́siṣi (1st sg.) IV 376.
jijyā́ú IV 41.
-jít- II 391.
jinā́ti I 315, IV 143.
jínvati IV 186.
jinviṣyati IV 273.
jiyā- ('strength') II 486.
jiṣḗ (inf.) II 490, IV 190. 363.
jíhītē IV 101. 150. 241.
jīrá-s II 182.
jūrṇá-s I 242. 304, II 144.
jū́ryati IV 244.
jī́vati IV 41. 47.
jīváyati IV 325. 329.
jīvá-s I 308. 334, II 133.
jīvā́tu-ṣ II 324. 326, IV 122.
jīvitá-m II 227.
jughūrṇa IV 397.
junā́ti IV 147. 153.
júṣṭi-ṣ II 295.
juhuras (2nd sg.) IV 150.
juhū́rcha IV 397.
juhóti IV 98.

jū́ryati I 231, IV 244.
jóṣati IV 81.
jóṣáyatē IV 328.
jóṣa-s I 289. 297.
jóṣṭár- jóṣṭar- II 384.
jña (imper.) IV 87.
jñapayati IV 334.
jñā- ('to know') IV 128.
jñātár- II 383.
jñāti-ṣ('relation')II 296, IV 119.
jñātra-m II 121.
jñāyāt IV 482.
jñā́s- II 424.
jñu- I 294.
jñubā́dh- II 313.
jñēyā́t IV 485.
jñḗṣam (1st sg.) IV 486.
jm- ('earth') I 290.
jmán- I 256, II 172.
jmāyánt- IV 292.
jyā́- ('bowstring') I 112. 114. 315. 334, II 111.
jyā́ ('superior power') I 316, II 486, IV 41.
jyāni-ṣ IV 207.
jyḗṣṭhatama-s II 104.
jyḗṣṭha-s II 244.
jráyati IV 207.
jráyas- I 297, II 415.

tá- I 273, III 327.
tásuti IV 191. 193.
tasayati II 20, IV 339.
takati IV 84.
tákṣati IV 83.
tákṣan- I 408, II 345. 347.
takṣur (3rd pl.) IV 392.
takṣṇī́- II 335.
talanē IV 401.
táti II 307.
tati-ṣ I 199, II 298.
tatnḗ IV 402.
tud- II 40.
tadā́ III 339.

tadī́ya-s II 29. 133.
tadvant- II 29.
tánas- II 417. 423, IV 193.
tanú-ṣ I 110. 164. 193, II 313. 335.
tanṓti I 192. 194, IV 177. 178.
tánti-ṣ II 298.
tántu-ṣ II 326.
tányati IV 233.
tanyatú-ṣ II 322. 326.
tápas- II 417. 423.
tapyatú-ṣ II 324. 326.
tamisra-m támisrā II 181. 183. 425. 477.
tamrá-s II 206.
tarásati IV 192. 195.
tarutar- IV 137.
tarutḗ IV 137.
táruṣantē IV 137.
tarkáyati IV 335.
tárjati I 322.
tardati IV 222.
tárpati IV 82.
tárman- II 366, III 3.
tarṣáyati IV 324. 327.
tala-s II 115.
táva III 389.
tavás II 424.
tavīti IV 116.
táṣṭar- II 387.
tastámbha tastambhur IV 397. 402.
tasthaú IV 390. 402.
tātá-s II 97.
tā́d III 348.
-tānayati IV 327.
tāpáyati IV 344.
tā́myati IV 244.
tāyú-ṣ I 136, II 318.
tārayati IV 326.
tārá-s II 110.
tāvaká-s III 391.
tāvatitha-s II 245.
tā́vant- tā́vat II 405bis. 406, III 136.

tā́ṣṭi IV 54.
tigitá-s II 227.
titarti IV 100.
titarpayiṣati IV 200.
titikṣiṣyatē IV 273.
tittíri-ṣ tittirá-s II 97.
tirā́ti I 232, IV 87.
tirás I 232.
tilvilāyátē IV 284.
tíṣṭhati I 32, IV 100. 106.
tistirḗ IV 401.
tisrás III 9. 220.
tīkṣṇā́yas- II 432.
tū́ryati I 231.
tú III 373. 375.
túñjamāna-s IV 166.
tudáti I 446, IV 94.
tudā́yáti IV 263.
tumala-s II 200.
tumura-s tumula-s II 200.
tū́mra-s II 171. 199.
turá-ṇas IV 150. 157.
turaṇyáti IV 156. 266.
turā́ti IV 87.
turā́yati IV 331.
turá-s I 244, II 198.
turī́ya-s II 133, III 10.
tū́ryas-I 348. 491, II 133, III 10.
tulayati I 229, IV 331.
tulā́- I 229.
túlya-s I 241.
tuvám I 141, III 366. 373.
tū́ III 373.
tū́tumá-s II 97. 171.
tū́ryati I 244.
tū́la-m tū́lā II 198.
tṛhati IV 162.
tṛṇā́tti IV 222.
tṛ́ṇa-m II 149. 321.
tṛṇḗdhi I 299, IV 162.
tṛtī́ya-s II 122. 133. 243. 244, III 9.
tṛdilá-s II 201.
tṛpṇṓti IV 184.

tṛpti-ṣ tṛ́pti-ṣ II 298.
tṛmpáti IV 166.
tṛṣú-ṣ I 436, II 203. 312.
tṛ́ṣṭá-s II 227.
tṛṣṇā́j- II 411.
tṛ́ṣyati IV 253.
tḗ (loc.) I 162.
tḗjatē IV 164.
tḗjīyas- II 431.
tḗna III 344. 346.
tēnḗ IV 402.
tṓkman II 172. 368, IV 210.
tṓkma-s II 172.
tṓlayati IV 330.
-tti-ṣ II 295.
tyá III 328.
tyaktá-s I 109.
tyaj- ('to move away from') I 71. 315. 453.
tyājayati IV 328.
trāyastriṣát- III 32.
trayōdaśa II 32, III 25.
trayōdaśá-s III 26.
trásati IV 45. 189. 192.
trasyati IV 267.
trā́ ár- II 384.
trā́ti IV 121.
trā́maṇē III 369.
trā́yatē IV 261.
trā́sāthḗ (2nd du.) IV 470.
trā́sūthām (2nd du.) IV 572.
trā́sva (imper.) IV 121.
tri- trā́yas II 279, III 38.
triṣát- III 30 bis. 35.
triṣati-ṣ III 34. 35.
triṣattamá-s II 177, III 37.
triṣá-s III 37.
triká-s II 257.
tritá-s II 244. 246.
tridant- II 24.
triparva-s II 27.
tribhū́j- II 492.
trivárt- trivṛ́t- III 51

trivāram III 49.
triśatatamá-s III 46.
triśatá-m III 44.
triśatá-s III 46.
triśatī́ III 44.
tríṣ III 48.
tréṣur tréṣur (3rd pl.) IV 402.
tvátvam II 100.
tvám I 141, III 366. 373.
tvárate IV 150. 157.
tvá-s III 390.
tvā́dāta-s II 223.
tvā́vant- II 405.
tvéṣati IV 192.

dáśati IV 88.
dáśuka-s II 264.
dásas- II 414.
dákṣati IV 193. 194.
dakṣá-s IV 194.
dā́kṣiṇa-s I 296, II 155. 465, III 320.
dagh- ('to reach to') IV 176.
dattá-s I 256, IV 102.
datti IV 101.
dadakṣē IV 397.
dádati IV 99. 111.
dadámbha IV 167.
dádāti IV 99. 101. 109.
dadātai (conj.) IV 477.
dadāvás- dadivás- II 442, IV 402.
dadī-ṣ II 96.
dadiṣyaté IV 273.
daddhi ('give') I 352, IV 503.
daddhi ('place') IV 503.
dadyāté IV 102. 260.
dadru-ṣ II 13. 97.
dadvás- II 442.
dadhat (conj.) IV 477.
dádhati IV 99. 111.
dadhaté (conj.) IV 476.
dadhán- II 348.

dádhāti I 254, IV 99. 101. 109.
dadhātai (conj.) IV 477 bis.
dádhi-ṣ II 96.
dadhṛṣá-s II 96.
dadhāú IV 390.
dán (gen.) I 164. 167, II 483, III 125.
dánt- I 201, II 398.
dandaśayitvā (gerund) IV 331.
dandaśū́ka-s II 272.
dánta-s II 110.
dandahū́ti dandahyaté IV 13.
dabhnóti IV 136. 138.
dámana-s II 151.
damāýáti IV 262.
damitár- II 383.
dámēdamē II 100.
dáyaté IV 237.
dárdarti II 13.
dardū́- II 13. 95.
darmán- II 370.
darví-ṣ darvī́ II 314.
darś- ('to look') IV 87.
darśatá-s II 219. 226.
darśáyati IV 340.
darśivas- IV 392.
davidhāva IV 398.
dávidhvat- III 13.
dávīyas- II 431.
dáśa I 192, III 22.
dáśagva- daśagvin- III 51.
daśát- I 199. 346, II 242. 390.
dáśati I 192, IV 82. 87.
daśatí-ṣ II 306, III 42.
daśamá-s I 88, II 167. III 24.
dáśamāsiya-s II 126.
daśaśatī́- II 2.
daśasyáti II 418. 423. IV 193.
daśāṅgulá-m II 113.

dásyu-ṣ II 318 bis.
dáhati IV 53.
dahyati IV 255.
dā́tar- dātā́r- II 384.
dā́ti IV 61. 477.
dā́tivāra-s II 296.
dā́tu II 326.
dātrī́- II 336.
dādhārayati IV 331.
dā́na-m I 83, II 154.
dā́nu- dā́nu-ṣ II 320.
dāpayati (dā- 'divide') IV 333.
dā́man- ('bond') II 369. 370.
dā́man- ('giving') dū́mán- ('gift, giver') II 367.
dāmā́- II 369.
dā́myati IV 244.
dārayati IV 339.
dā́ru- II 314.
dāváné II 363, III 153.
dā́śati IV 55.
dāśnóti IV 177. 178.
dāśvás- dāśivás- IV 393. 394.
dā́ṣṭi IV 54.
dāsyāḥputra-s II 39.
dā́svant- II 424.
dāhayati IV 328.
digdhá-s I 343.
diti-ṣ I 256, II 296.
didāsitha (2nd sg.) IV 398.
didhiṣā́ṇa-s IV 198.
dina-m II 356.
diyāú-ṣ I 111. 162.
div- dyú- II 481 (see also dyā́m dyāú-ṣ dyāúṣ).
divākírtya-s II 39.
divátana-s divātána-s II 29. 160.
divikṣít- II 39.
divijāta-s II 32.
divijā́-s II 32.
divédivē II 94.

I. Index of Words. Sanskrit: divōjā́-s — dviṣatá-m.

divōjā́-s II 39.
divōdā́sa-s II 33.
divōrúc- II 32.
divyá-s II 127.
diś- ('point out') IV 88.
diś- ('direction') II 485.
diṣṭi-ṣ II 296.
dī- ('to appear') IV 97.
dīkṣāpayati IV 334.
dī́dhar IV 100.
dī́dhiti-ṣ II 298.
dīdhīthām (2nd du.) II 572.
dī́dhyē IV 97.
dīpáyati dī́pyatē IV 333.
dī́yati IV 187. 247.
dīrghatā́- II 239.
dīrghá-s I 243. 335, II 111.
dīrṇá-s II 141.
dīryā́t IV 484.
dī́vyati IV 237.
dī́ṣva (✓ dō-) IV 61.
duduhriré (3rd pl.) IV 574.
dúdhi-ṣ IV 220.
dunṓti 209.
dunvasva IV 186.
dúr- dvā́r- I 354.
durōṇá- III 207.
durmanas- II 415. 416.
durmitrá-s II 33.
dúvas- II 150.
duvás- II 413.
duvā́ I 109. 136. 142.
duviṣ III 48.
duṣ- ('mis-') I 277, II 29. 39.
duṣṭuti-ṣ I 445.
duhā́m (3rd sg.) IV 510.
duhitár- I 104. 276. 343, II 382.
duhīyā́t duhīyán IV 486. 493. 543. 545.
duhúr (3rd pl.) IV 573.
duhḗ (3rd sg.) IV 574.

duhratā́m (3rd pl.) IV 575.
duhratḗ (3rd pl.) IV 574.
duhrā́m (3rd pl.) IV 510. 575.
duhrḗ (3rd pl.) IV 574.
dūḍā́ś- I 448.
dū́ḍhī- I 448.
dūtá-s II 227.
dūrá-s II 201.
dūréanta-s II 40.
dūréśruta-s II 37.
dṛháti dṛhati I 167, IV 166. 169.
dṛhayati IV 332.
dṛkṣase (2nd sg. conj.) IV 353.
dṛḍhá-s I 235. 299. 403, II 227.
dṛṇā́ti IV 138.
dṛ́ti-ṣ II 298.
dṛś- II 479.
dṛśati-ṣ II 298.
dṛ́śi-ṣ II 282.
dṛśīka-s II 270.
dṛśā́d- II 408.
dṛṣṭá-s II 235.
dṛ́ṣṭi-ṣ dṛṣṭí-ṣ II 296.
dṛ́hyati I 299, IV 258.
dēyāt IV 481.
dēvaka-s dēvika-s II 263. 465.
dēvátāt- II 308.
dēvátta-s I 246. 256, II 223.
dēvár- I 138, II 381.
dēva-s ('God') II 114.
dēva-s (proper name) II 34.
dēvika-s II 465.
dēvila-s II 201.
dēvī́- II 338.
dēṣam (1st sg.) dḗṣma (1st pl.) IV 486.
dēha-s II 115.
dēhí (imper.) I 351. 447, IV 101. 503.

dēhí- I 294. 300.
dōgdhi IV 59.
dṓdhat- IV 220.
dōṣán- II 348. 459.
dyati ('binds') IV 237.
dyáti ('divides') IV 237.
dyā́m (acc.) I 64. 162, III 98.
dyut- ('to shine') IV 211.
dyumá-s II 172.
dyōtatē IV 213.
dyāú-ṣ I 63. 101. 111. 252, II 481.
dyāúṣ (voc.) III 83.
draḍhimán- II 369.
drā́ḍhīyas- II 432.
dramati IV 47.
dravati IV 47.
dravará-s II 183.
drávinas- II 416.
drā́ghiṣṭha-s I 336.
drāti ('runs') IV 121.
dráti ('sleeps') IV 122.
dru- ('wood, tree') II 314.
drugdhá-m II 225.
druma-s II 171.
druh- ('try to hurt') IV 88.
drúh- ('injury, injurer') I 335, II 486.
drṓgha-s drṓha-s I 335, II 115.
drṓḍhar- I 343.
dvandvá-m III 59.
dvādaśa II 32, III 25.
dvādaśama-s II 32, III 26.
dvādaśá-s III 26.
dvāra-m II 114.
dvi- I 32, III 7. 210.
dvika-s II 257, III 7.
dvitá-s II 244.
dvitī́ya-s II 133, III 8.
dvitriṣat- III 32.
dvipád- II 24.
dviṣatatamá-s III 46.
dviṣatá-m III 42. 44.

dviṣatá-s III 46.
dviṣatī́- III 44.
dvíṣ III 48.
dviṣati IV 191.
dvēdhā́ III 7.
dvḗṣṭi IV 189. 190.
dváu 1 83, III 6.
dhuk (3rd sg.) IV 171.
dhaktam (2nd du.) I 356.
dhákṣi (2nd sg.) IV 53.
dhat (3rd sg.) IV 53. 87.
dhattḗ I 356.
dhánuṣ- II 426.
dháyati I 101. 103, IV 237.
dhar- ('to hold fast') IV 100.
dharimán- II 174.
dhartár- II 384.
dhártra-m II 118.
dhármaṇē (inf.) II 369.
dhárman- II 341.
dhavatē IV 82.
dhāká-s II 254.
dhātár- dhátar- II 382.
dhāti IV 477.
dhāpayati (dhā- 'to place') IV 333.
dhāman- II 367.
dháyu-ṣ II 318.
dháyú-ṣ II 318.
dhāráyati IV 325. 330.
dhārú-ṣ I 136, II 198, 322.
dhā́vati IV 29.
dhipsati dhīpsati IV 166.
dhiyāyatē IV 292.
dhiṣē (2nd sg.) IV 392.
dhī- ('to look') IV 97.
dhīyá-m II 227.
dhīyátē (dhā- 'to place') IV 244.
dhī́ṣamāṇa-s IV 370.
dhunayatē IV 323.
dhunā́ti IV 143.
dhunṓti IV 143. 178.
dhurandhara-s II 40.

dhuvati IV 87.
dhū́ti-ṣ II 297.
dhunayati II 325. 332.
dhūna-s II 143.
dhūnṓti IV 143. 178.
dhūmá-s II 170. 171.
dhūmra-s II 201.
dhūmrimán- II 369.
dhūrvati IV 47.
dhūli-ṣ II 291.
dhṛṣáj- II 411.
dhṛṣánt- IV 94.
dhṛ́ṣṭi-ṣ II 295. 302.
dhṛṣṇú-ṣ IV 136. 140.
dhṛṣṇṓti IV 41. 140. 178.
dhētana (2nd pl.) IV 481.
dhḗthē (2nd du. conj.) IV 477.
dhēnā́- I 136, II 148.
dhḗnu-ṣ I 101, II 320, IV 238.
dhēyā́' IV 481. 482.
dhḗṣṭha-s II 244.
dhḗhi (imper.) IV 101. 503.
dhmānt- IV 122.
dhyāti IV 122.
dhyāman- II 370, IV 122.
dhyā́yati IV 122.
dhruvá-s I 160, II 134.
dhvaṣati IV 172.
dhvanati IV 157.
dhvanayū IV 116. 494.
dhvasirá-s II 201.

ná III 349.
náki-ṣ II 31, III 333.
nákt- II 390.
nákti-ṣ II 300.
nákṣati IV 194.
nakhá-s I 406.
natati IV 213.
nadanú-ṣ II 320.
nádbhiṣ (instr. pl.) I 265. 343, II 390.
nánāndar- II 383.

nanāmirē (3rd pl.) IV 402.
nápāt- náptar- II 383. 390, III 281.
naptiya-s II 130.
naptī- I 37, II 334. 339.
nábhas- II 414.
námati IV 81.
námas- II 415. 419.
namasvín- II 358.
náyati IV 81.
nár- II 381.
nára-s II 111.
náva I 137, III 21.
navatá-s III 37.
navatitamá-s III 37.
navatí-ṣ I 205, II 306, III 22. 36.
návatē IV 92.
návadaśa III 25.
navadaśá-s III 26.
navamá-s II 168. 170, III 22.
náva-s II 107. 149.
narīṇa-s II 157.
nárīyas- II 431.
návya-s I 139, II 132.
nárjas- II 431.
náśyati IV 243.
nas- (Pronoun) III 367. 376.
nás- ('nose') I 94. 257, II 480.
násatē IV 81.
náhyati IV 243.
nā́ III 349.
nādh- nāth- ('to be opprest') IV 176.
nābhīla-m I 211, II 199.
nāma II 367.
nārājá-s II 24.
nāviya-s II 127.
nāśáyati IV 328.
nāsā- III 319.
nāsikā- II 264.
nīṣatē (3rd pl.) IV 99.
nitarā́m II 178. 189.

I. Index of Words. Sanskrit: *nid- — páśáyati*. 13

nid- IV 106.
nidāghá-s II 115.
nidātár- II 886.
niniyōja IV 398.
nínduti IV 101. 106.
niyút- II 391.
nirmārgá-s I 348.
níṣatti-ṣ̌ II 297.
ni-ṣ̌ídhur (3rd pl.) IV 391.
nīca-s II 256. 453.
nīḍá-s I 274. 448, II 9. 30. 111.
nītí-ṣ̌ II 304.
nú I 15. 40, III 337.
nū́ III 337.
nū́tana-s II 160. 453.
nū́tna-s II 160. 453.
nṛtámāna-s IV 213.
nṛ́tyati IV 213. 280.
nṛ́māṇas- II 24. 415. 416.
nédīyas- I 449, II 9. 431.
némur (3rd pl.) IV 402.
néṣa (2nd sg.) IV 370.
néṣáṇi (inf.) II 347.
nāiryrá-s II 113.
nónāva IV 398.
nāu (Pronoun) III 367. 397.
nāu- nāv- ('ship') I 96, II 485.
nyaṣīdat I 410.
nyōcará-s II 183.

paktár- II 382.
paktá-s I 251.
pakti-ṣ̌ II 295.
pakvá-s II 440.
paṅkti-ṣ̌ II 306, III 13.
pacatá-s II 226.
pácati IV 81.
pácyaté pacyáté IV 234.
pachás (*pacchás*) I 274. 412.
páñca I 49. 166. 332, III 13.
pañcát- I 133, II 390.

pañcathá-s II 247, III 14.
páñcadaśa III 25.
pañcadaśá-s III 26.
páñcapañca III 51.
pañcamá-s III 14.
pañcāśát- III 29. 35.
pañcāśáttamá-s III 37.
pañcāśá-s III 37.
paḍbhíṣ̌ (instr. pl.) III 279.
panaté IV 41. 148. 149.
paṇa-s I 211, II 148, IV 148. 149.
pátati IV 82.
pátatra-m II 182.
patará-s II 182. 183.
páti-ṣ̌ II 383, III 120. 149. 159. 283.
pátiana-m II 161.
pátnī- II 104. 335.
patyaté (3rd du.) IV 572.
path- panthā- I 350, III 330.
pád- II 480, III 282.
padá-m II 111.
padépadé II 100.
pádya-s II 127.
pániphaṇat- IV 13.
papāta- IV 389.
paprcāsi (2nd sg.) IV 469.
paprvás- (*prá-*) IV 396.
papáú IV 390.
papyé IV 396.
papracha IV 391. 397.
paprá papráú IV 119. 402.
pamphulyaté I 212.
páyaté IV 85.
paramá-s II 167.
paraśú-ṣ̌ II 315.
parastarám II 191.
paraspara- II 41.
párā III 89.
parātarám II 191.
pári I 49.

parilaṭnú-ṣ̌ II 313.
parihastá-s II 39.
parut II 9, III 163.
páruṣ̌- II 426.
páruṣṇī- II 335.
parc- ('to mix') IV 207.
parjányavātā II 41. 90.
parṇá-m II 149.
parṇín- II 358.
párdaté IV 81.
paryaṣahata I 410.
paryāyiká-s II 260.
párvata-s II 249. 363.
párvan- I 138, II 363.
párśu-ṣ̌ II 315 bis.
párśu (imper.) IV 370.
palasti-ṣ̌ II 307.
pálikṇī- II 335.
palitá-s I 223, II 226.
pavāká-s (*pāvaká-s*) II 272.
pavītár- IV 182.
páśu paśú-ṣ̌ II 313.
páśyati I 446, IV 234.
paścā III 135. 177.
pásas- II 417.
pāsuka-s II 263.
pāídyati IV 328.
pātár- pātar- ('drinker') II 383.
pātár- pātar- ('protector') II 384.
pāi IV 129.
pātra-m I 86, II 121.
pāda-s II 112, III 282.
pādú-ṣ̌ II 480.
pāpayati IV 334.
pāyana-m I 136.
pāyáyaté IV 327.
pāyú-ṣ̌ II 315.
pāra-s ('to transport') II 113.
pāra-s ('transporting') II 113.
pāŕṣṇi-ṣ̌ I 423.
pāláyati IV 334.
pāśáyati IV 329.

pī̆- ('to swell, fatten, give to drink') IV 61.
pīśáti IV 164.
pitár- I 100, II 381.
pitaras (acc. pl.) III 234.
pitāputrāú II 41.
pitāmahá-s II 39.
pitú-ṣ II 326.
pitr̥la-s II 201.
pū́rvya-s II 134.
pitriya-s I 454, II 107. 126.
pitr̥īyáti IV 292.
pitsati IV 199.
pináṣṭi IV 162.
pinvati IV 45. 136. 140. 186.
pinvayati IV 332.
-pinva-s IV 140.
pipaté (3rd pl.) IV 100.
píparti IV 99.
pipāyayiṣati IV 200.
pipinva IV 397.
pipiḍé IV 398.
pipīté IV 61.
pipr̥gdhi (imper.) IV 100.
pipyé IV 396.
piprāyasva (imper.) IV 105.
píbati I 263, IV 21. 100. 107, Addenda to IV 100.
pibdaté IV 107.
piṣ- ('to crush, grind') I 410, IV 96.
píḍáyati I 448, II 9, IV 331.
piḍyaté IV 252.
pītá-s I 136.
pītudā́ru-ṣ II 325.
pī́pā́ya IV 396.
pī́yati IV 326.
pī́van- II 182. 362.
pīvará-s I 192, II 182. 362.
pīvarī- II 338.

píva-s II 137.
pī́vas- II 182. 415, IV 136.
pī́vasphāká-s II 254.
puṭa-m IV 213.
putrávant- II 405.
putrīyáti IV 291. 292.
punā́ti IV 139. 143. 182.
puniṣé (1st sg.) IV 191.
puraetár- II 382.
purás I 234, II 178.
purāṇá-s II 142.
puríṣ- I 244, II 283.
purī- I 244.
purudā́sas- II 24. 415.
purú-ṣ I 231, II 312.
pulasti-ṣ II 307.
pū́ti-ṣ II 293.
pū́yati IV 41.
pū́r I 243. 250, II 486.
pūráyati IV 331.
pūrṇatā- II 239. 472.
pūrṇá-s I 242, II 140. 452.
pūrti-ṣ II 305.
pūrvapūrva-s II 90. 99. III 51.
pū́rva-s I 138. 242, II 134, III 5.
pū́rvaspū́rvas II 99, III 51.
pūrviyá-s pū́rviya-s II 133, III 5.
pūrvédyúṣ III 159.
pūṣáṇa-s II 112. 139, III 282.
pr̥kṣ- IV 201.
pr̥cháti IV 203. 204.
pr̥chā- II 274.
pr̥ñ́cati IV 166.
pr̥ṇā́ti IV 142.
pr̥ṇádhyāi IV 600.
pr̥ṇā́ti IV 142.
pŕ̥tana-m IV 140. 155. 156.
pŕ̥tanā- IV 156.
pr̥tanā́j- II 492.

pr̥tanāyáti IV 155. 283.
pr̥tanyáti IV 155.
pr̥thivī́- I 230, II 311.
pr̥thuka-s II 327.
pr̥thú-ṣ II 313.
pr̥ṣṭhá-m II 9. 297.
pecúr (3rd pl.) IV 401.
pērú- III 283.
péṣayati IV 324.
péṣṭar- II 387.
pā́uṣná-s II 142.
pāúrukutsi-ṣ II 280.
pyāyáyati IV 333.
pyāyayiṣṭhā́s (2nd sg.) IV 376.
pyāśiṣīmahi (1st pl.) IV 376.
prá III 337.
-prā́kṣé II 490.
prachayati IV 332.
prajā́- I 207.
prájñāti-ṣ II 296.
práti-dhat (conj.) IV 477.
prat-ná-s II 160. 453.
pratyákṣa-m II 31.
pratyáñc- II 7.
pra hamá-s II 178, III 5.
prā́thas- II 415.
prathimán- II 369.
práthīyas- prathiṣṭha-s II 427.
prathú-ṣ II 313.
prápra II 100.
pra-vārayati ('appeases') IV 327.
praśná-s II 141, IV 148. 152.
praśnín- II 357.
prastīma-s II 171.
prā- ('to fill') IV 119.
prā́ñc- II 7.
prāṇa-s II 140.
prā́tá-s IV 119.
prātastána-s II 160.
prāti-ṣ II 296.
prāyaśas II 430.

prāyas II 428. 430. 431.
prāyēṇa II 430.
prāvṛṣēṇya-s II 159.
prāsáh- III 337.
prā́si (2nd sg.) IV 475.
priyatvá-m II 117.
priyádhāma-s II 27.
priyáspriyas II 100.
priyāyátē IV 155. 284.
prīṇayati IV 332.
prīṇā́ti IV 142.
prītá-s II 225.
-prút- I 211.
pruṣāyáti IV 263.
-pruṣyati IV 255.
prēṇā́ (instr. sg.) II 366, III 184.
prēṇí-ṣ II 285.
prētár- II 380. 388.
prḗyas- II 431.
prḗṣṭha-s II 244.
plávatē I 211, IV 80.
plāvayati IV 340.
plihan- plīhán- plīhan- II 346.
plīhā́- II 348.
pluti-ṣ II 304.
plōṣati IV 192.
psā- ('food') IV 120.
psā́ti IV 120. 128.

phaṇati IV 149.
phaṇá-s IV 149.
phalati IV 41.
phēnalá-s II 201.
phḗna-s II 148.
phēnila-s II 201.

báhiyas- báhiṣṭha-s II 427.
badhirá-s II 186.
badhnā́ti I 194, IV 143.
bábhasti IV 108.
babhū́va I 51, IV 15. 388. 399.
babhruśá-s II 251.
babhrú-ṣ I 223, II 96.

babhluśá-s II 251.
bambhara-s I 226, II 94.
barībharti IV 13.
barhí-ṣ I 301.
báliyas- II 437.
balbalākarōti I 263, II 90.
bahutṛhá-s II 244.
bahulá-s II 199. 455.
bahú-ṣ I 195, II 315.
bā́ḍhá-s I 299.
bādhatē IV 225.
bā́dhayati IV 336.
bāhú-ṣ I 299, II 313.
bibhayā́m IV 445.
bibharāsi (2nd sg.) IV 469.
bíbharti IV 99.
bibhikṣē IV 398.
bibhḗti IV 97.
bibhēdur (3rd pl.) IV 402.
bukkāra-s I 264.
buddhi-ṣ II 296.
budhánta (3rd pl.) IV 90.
budhná-s I 381, II 145. 146.
búdhyatē IV 258.
bṛhati IV 166.
bṛhayati IV 332.
bṛhati bṛhánt- II 337. 338. 457, IV 88.
bēdhúr (3rd pl.) IV 402.
bṓddhar- II 382.
bṓdhati I 49, IV 81.
bōdháyati IV 324. 344.
bradhná-s II 141.
bravāt IV 469.
brávīti I 167, IV 116.
bravīhi IV 503.
bráhmaṇaspáti-ṣ II 39. 40.
brahmanyáti I 193.
brā́hmīyas- II 107. 432.
bruvē (3rd sg.) IV 565.
brū- ('to speak') I 167.
brūmi (1st sg.) IV 116.

bhaktá-m II 227.
bhakṣati IV 194.
bhága-tti-ṣ I 256.
bhága-s I 257, II 111.
bhanákti IV 169.
bhánati IV 56. 157.
bhandána-s bhandánā- IV 155.
bhandanāyáti IV 155.
bhárati I 47. 208, IV 80. 81. 82.
bharítra-m I 104, II 118.
bhárga-s I 343.
bhárgas- II 480.
bhartár-bhártar- II 382.
bhartrí- II 336.
bhartsati IV 193.
bhárman- II 366.
bhárvati IV 47.
bhavas- IV 193.
bhavitar- II 386.
bhavítra-m II 121.
bhā́ṣati I 436, IV 191.
bhásád- II 408.
bhā́jáyati I 118, IV 328.
bhā́ti IV 55.
bhāti-ṣ II 299.
bhā́na-m II 154.
bhānula-s II 200. 201. 465.
bhā́nú-ṣ II 320.
bhā́ma-s II 172.
-bhārayati IV 326.
bhā́s- II 424, IV 193.
bhā́sati IV 193. 195.
bhikṣāka-s II 273.
bhitti-ṣ II 300.
bhinátti IV 162.
bhiyás- II 424, IV 190.
bhiṣákti bhiṣáj- I 342. II 9, IV 60.
bhīmá-s II 172.
bhīrú-ṣ bhīlu-ṣ II 322.
bhī́-ṣ I 115.
bhīṣáyatē IV 190. 332.
bhujáti IV 88.
bhuñjati IV 164.

bhuñjāpayati IV 334.
bhurana-s IV 157.
bhuranyáti IV 157. 266.
bhurij- II 411.
bhúvana-m I 161, II 151.
bhúvas- IV 193.
bhū- ('to be, become') IV 86.
bhūti-ṣ bhū́ti-ṣ II 301.
bhūnā́ (instr. sg.) II 366. III 184.
bhū́man- bhū́man- II 366.
bhū́mi-ṣ II 289.
bhū́rju-s I 304.
bhū́-ṣ I 250.
bhúṣati IV 194.
bhŕ̥kuṭi-ṣ I 40.
bhr̥jjáti IV 87.
-bhŕ̥t- II 391.
bhŕ̥ti-ṣ II 295.
bhéjur (3rd pl.) IV 401.
bhédati I 48, IV 81.
bhedayati IV 328.
bheṣajd-s IV 60.
bhāiṣ (2nd sg.) IV 354.
bhyás- bhiyás- IV 190.
bhyásati IV 189. 192. 195.
bhrā́j- II 480.
bhrā́jatē I 302, II 480.
bhrājayati IV 327.
bhrā́tar- II 379. 382.
bhriyatē IV 244.
bhriṇā́ti IV 139.
bhrū́-ṣ I 250, II 486.

maṣīrata (3rdpl.) IV 374.
maḥatē IV 139.
makṣū́ III 258.
maghá-m IV 139.
maghávan- I 144, II 363.
májjati I 447. 449.
majján- I 447. 449.
majmán- I 347.
matá-s I 192.
matá-m II 222. 474.

mati-ṣ máti-s I 204, II 295.
máthati IV 163.
mathnadhvam (2nd pl.) IV 149.
mathnā́ti IV 149. 163.
madati I 87.
madirá-s II 201.
madīya-s II 133, III 380.
madgú-ṣ I 447. 448.
mádhu mádhu-ṣ II 313.
mádhu-ṣ II 426, IV 196.
madhyamá-s II 167.
mádhya-s II 132.
mánas- II 415.
manāyáti IV 283.
mánuṣ- II 426.
manōyuj- II 492.
mantár- II 387.
mántu-ṣ II 324. 325. 460.
mantráyatē IV 43.
mánthati IV 149.
manthayati IV 327.
mandirá-m I 379, II 183. 462.
mandurā́ II 183.
mandhā́tár- II 28. 413.
mánman- II 366.
mányatē I 111. 192. 195, IV 235.
manyú-ṣ I 195, II 318.
máma III 365. 389.
mámaka-s II 257, III 391.
mamā́tha IV 402.
mamnā́tē (3rd du.) IV 388.
máyi III 385.
marút- II 391.
márta-s II 220. 221. 222.
mártiya-s II 126.
mardayati IV 324. 327.
márdhati IV 220.
márman- II 369.
marmara-s II 95.
maryakā-s II 253. 263. 464.

marṣ-mr̥ṣyati marṣayati I 435, IV 340.
malinā-s II 155.
masīya (1st sg. opt.) IV 349.
mastíṣka-s mastiṣka-m II 276.
máh- II 487.
mahán- II 348.
mahás- II 415.
mahánt- II 399.
mahā́m (acc.) II 399.
máhiṣī- mahiṣī́- II 338.
máhīyas- II 431.
máhyam III 365. 380.
mā́ I 62.
mūṣá-m I 436, II 186.
māṣīyā́ti IV 292.
mā́ki-ṣ II 31.
mātár- II 381. 384, III 231.
mātarapitarāu III 195.
mātariśvan- III 126.
mā́ āpitarāu II 41.
mātr̥tama-s II 178.
mātr̥̄n (acc. pl.) III 231.
mā́trā II 118.
mādbhyás (dat.-abl. pl.) III 272.
mā́dyati IV 244.
mā́na-m II 476.
mānáyati IV 327.
mānavasyáti IV 293.
mānasá-s II 112.
mānita-m II 474.
māpayati IV 333.
māmaká-s II 260, III 391.
mārayati IV 344.
mārkṣyate IV 273.
māryati IV 41.
mārjati IV 55.
mā́rṣṭi IV 55.
mālā́ti IV 122.
māvant- IV 406.
mās- II 415. 425, III 272.
māsa-s II 111.

másātāi (conj.) IV 468. 469.
miti-ṣ II 297.
mitrā́ váruṇā II 41.
mithunā́-s II 363.
minat (conj.) IV 477.
mināti IV 149.
minṓti IV 177.
mimanti (3rd pl.) IV 107.
mimikṣḗ IV 397.
mímīlē IV 101.
mīḍhā́-m I 275. 452.
mīmahē (1st pl. √mē-) IV 61.
mīmą́satē IV 198.
múkti-ṣ II 304.
muñcáti IV 164.
mumūrcha IV 397.
mumṓcata (2nd pl.) IV 404.
muṣkā́-s II 263. 485.
muṣṇā́ti IV 143. 326.
múhu III 257.
múhur III 159.
muhurgír- I 250, II 492.
mūrkhā́-s II 275, IV 202.
mū́rchati IV 203.
mūrchā- II 275.
mūrdhán- I 243, II 346.
mū́ṣ- II 485.
mūṣaka-s mūṣikā- II 263.
mṛkṣáti IV 189. 194.
mṛgáyatē IV 335.
mṛjáti I 288, IV 87.
mṛḍáti I 298, IV 222. 298.
mṛḍáyati IV 333.
mṛḍīkā́-m II 270, IV 320.
mṛṇáti IV 141.
mṛṇā́ti IV 141.
mṛtá-m II 222. 474.
mṛti-ṣ II 299.
mṛtyú-ṣ II 318. 391.
mṛdutā́- II 240.
mṛdú-ṣ II 315, IV 220.
mṛnmáya-s I 352.
mṛṣáti IV 90.

mēkṣayati IV 200.
mēghá-s I 343.
mḗthati IV 59.
mḗthur (3rd pl.) 402.
mḗdas- I 448, II 421.
mḗdhas- I 352. 356.
mḗhati I 292, IV 83.
mḗha-m I 300, II 111.
mṓkṣatē IV 194.
mnā- ('remember') IV 122.
mnāyāt mnēyāt IV 482. 485.
mrakṣati IV 194.
-mradati IV 220.
mradīyas- II 432.
mriyā́tē I 115. 167. 231. IV 228. 235.
mlapayati IV 334.
mlāti IV 122.
mlā́yati IV 122. 262.
mlēchā́-s II 275.

yat- ('to join oneself, striye') IV 211.
yakán- II 346.
yā́kṛt III 103.
yáchati I 194, IV 203.
yajatā́-s II 226.
yájati I 113.
yajanā́-s I 194.
yajā́s- II 414, IV 193.
yajasē (1st sg.) IV 46. 491.
yajñá-s I 88. 257, II 141. 476.
yájya-s II 107. 123.
yájyu-ṣ II 318.
yā́jvarī- II 201.
yatatḗ IV 213.
yatamá-s II 179.
yatará-s II 180. 191.
yáthāyathā II 100.
yádyad II 100.
yamatē (3rd dual) IV 572.

yamur (3rd pl.) IV 392.
yamyátē IV 244.
yayāma IV 400.
yayivās- IV 397.
yā́va-s I 452.
yavín- II 358.
yā́vīyas- II 435.
yaśā́s- II 415.
yaṣṭár- II 384.
yā́-s I 114, III 332.
yā́sati I 452.
yāga-s I 342.
yā́tar- I 207, II 377. 385.
yā́ti I 109, IV 128.
yā́tu-ṣ ('traveller, time') II 325.
yātú-ṣ ('ghost') II 326.
yā́d III 348.
yā́damāna-s IV 228.
yā́dura-s IV 228.
yāyāt IV 485.
yāyāvará-s IV 135.
yā́van- II 364.
yā́vant- II 405.
yiyqṣati IV 199.
yíyakṣati IV 199.
yuktāśva-s I 454, II 38.
yukti-ṣ II 300.
yugá-m I 452, II 111.
yúchati IV 203.
yúj- I 486.
yúñj- II 487.
yuñjati I 189, IV 164.
yuti-ṣ II 304.
yudhiṣṭhira-s II 39.
yudhmá-s II 172.
yunajān (3rd pl.) IV 469.
yuyōpimá (1st pl.) IV 402.
yuváti IV 191.
yuvati-ṣ II 307.
yúvan- I 139, II 346. 348.
yuvám III 367. 397bis.
yuvaśā́-s I 192, II 251. 342.

Brugmann, Elements. Indices. 2

yuváku yuváka-ṣ́ III 396. 400. 402.
yurám III 397. 400.
yuṣmá- III 367. 379.
yuṣmadī́ya-s III 396.
yuṣmā́ka yuṣmā́kam yuṣmā́ka-s III 396bis.
yuṣmā́vant- II 406.
yū́ti-ṣ́ II 304.
yū́nī- II 335.
yūyám I 110, III 367. 370. 374.
yū́ṣa-s yū́ṣa-m I 443. 452.
yejé IV 395. 400.
yēté IV 397. 400.
yēmimá (1st pl.) IV 401.
yēmúr (3rd pl.) IV 395. 400.
yéṣati IV 110.
yéṣṭha-s II 244.
yōktár- II 380. 382.
yōdhati IV 219.
yōdháyati IV 329.
yṓṣ IV 219.
yṓṣan- II 342.
yṓṣaṇā II 342.
yṓṣā- II 342, III 282.
yaúti IV 191.

ráhatē IV 81.
raháyati I 167. 335.
rákṣati IV 192.
rayhú-ṣ́ II 313.
racana-m II 151.
rájas- I 47. 308, II 414.
rajasyáti IV 282.
rájiṣṭha-s I 289.
rajōmēghu-s II 38.
-rañjati IV 166.
rájju-ṣ́ I 452.
rajyati IV 234.
ráṇati IV 149.
ratá-s I 197, IV 149.
ráti-ṣ́ I 204, II 297.
rathakāmyati IV 286.

ratharyáti IV 293.
rathirá-s II 201.
rathirā́yáti IV 284.
ránti-ṣ́ II 297.
rantḗ (3rd pl.) IV 87.
rápas- I 443.
ramáti-ṣ́ (subst.) II 298.
rámati-ṣ́ (adj.) II 298.
ramṇā́ti IV 149.
rayí-ṣ́ II 482.
ráratē IV 111.
rarīdhvam (2nd pl.) IV 98.
rávati IV 92.
rasati IV 195.
rā́j- I 291, II 484.
rā́jan- I 291, II 348.
rājā́n- II 348.
rājiyá-s rājiyá-m II 125. 130.
rājīvá-s II 134.
rā́jñī- II 335.
rā́dhati II 20, IV 220.
rā́dhayati IV 329. 345.
rā́dhnṓti rā́dhyatē IV 45. 220.
rā- see rāy-.
rāmayati IV 344.
rāy- rā- I 136, II 482. 484, III 99.
rāyáskāma-s II 40.
rāsatām (3rd sg.) IV 370.
rāsati ('roars, bellows') IV 191. 195.
rā́satē ('bestows') IV 195.
rā́sabha-s II 216.
rāsnā́ra-s II 134.
rī- ('to run') IV 61.
rikh- likh- ('tear') I 211.
ricyatē IV 236.
riṇákti I 210, IV 162.
riṇvati IV 138. 186.
rit- II 391.
rip- lip- ('swear') I 208, IV 94.

riprá-m II 184.
rīyatē IV 61.
rukṣá-s IV 195.
rujáti IV 94.
ruṇḍḍhi IV 162.
rudáti IV 87.
rudhirá-s I 229, II 181.
rundhayati IV 332.
rup- lup- ('tear, break') I 208.
ruvá́ti IV 191.
rékṇas- II 415.
rétas- II 416.
rerihá-s II 95.
rēvánt- II 482.
rōká-s I 211.
rṓcatē I 211.
rōcaná-s IV 159.
rōcáyati IV 328.
rōcíṣ- II 425.
rṓdasī II 338, III 193.
rṓditi I 60. 105, IV 115.
rōmaśá-s II 252.
rṓhita-s II 226.
rāuti IV 191.

lakṣatē IV 194.
lā́ghīyas- lā́ghiṣṭha-s II 427. 430.
laghú-ṣ́ I 192.
láṣati I 212, IV 110.
lā́lasa-s IV 110.
likh- rikh-('tear,break') I 211.
lināti IV 142.
lip- rip- ('smear') I 208, IV 94.
limpáti I 189, IV 164.
limpayati IV 332.
lúk- IV 164.
luñcati I 208, IV 164.
lup- rup- ('to tear, break') I 208.
lúbhyati I 211. 393, IV 132.
lumpáti IV 164.

I. Index of Words. Sanskrit: *lulōbhayiṣati — vā́rṣika-s*. 19

lulōbhayiṣati IV 335.
lūni-ṣ́ II 285.
lḗḍhi I 298.
lēlā́yati IV 14. 105.
lōká-s I 211.
lōpāka-s II 251.
lōpāśá-s I 63, II 251.
lōbhā́yati IV 328.
lōmaśá-s II 252.
lṓṣṭatē IV 213.
lṓṣṭá-s lṓṣṭu-ṣ́ IV 213.
lṓhita-s II 226.

va I 534.
rákvan- II 341.
rakṣayati IV 332.
vagnú-ṣ́ I 348.
rácas- I 333, II 415, IV 193.
racōvíd- II 38.
vájra-s I 297, II 183.
vaṇíj- II 411.
ratsá-s II 413.
vadhayati IV 336.
vadharyáti IV 282.
vadhasná-m II 142.
rádhri-ṣ́ II 290.
van ('to win, love') IV 86.
vanáti I 196.
vanád- II 408.
vánanvat- IV 138.
ránas- II 418.
vánaspáti-ṣ́ II 40.
vaní-ṣ́ II 282.
vanṓti IV 138.
vándatē IV 166.
vámiti IV 115.
vā́yati ('weaves') IV 46. 323.
vayám III 367. 374.
vayōdhā́i vayōdhḗyāya (inf.) IV 601.
váratē IV 137.
váras- II 416.
várīyas- II 431.
varivarjáyant IV 331.

váruṇa-s II 163.
varútra-m II 117, IV 137.
varūtár- IV 137.
varēyáti IV 286.
várṇa-s II 148.
vart- ('vertere') IV 88.
vartaka-s II 258.
vártati IV 81. 211.
vartana-s vartana-m II 150. 476.
vartantāi (3rd pl.) IV 470.
vartayati IV 327.
vártikā- II 258.
vartithā́s (2nd sg.) IV 115.
vártman- II 366.
vardhāpayati IV 334.
várman- II 369.
várṣati IV 189.
várṣīyas- I 418.
vavanvás- vavnúṣ́- I 144, II 442, IV 400.
vavasē I 109, IV 400.
vavā́ca IV 395. 400.
vavā́ma IV 400.
vavā́ha IV 396. 400. 402.
vavnúṣ́- see *vavanvás-*.
vavrá-s II 96.
vavrí-ṣ́ II 96. 279.
vavrúr (3rd pl.) IV 400.
váṣṭi (*vaś-*) IV 60.
ráṣṭi-ṣ́ II 297.
vas (pronoun) IV 367. 378.
vásati I 85.
vasati-ṣ́ II 298.
vásavāna-s II 152.
rásiṣva (imper.) IV 510.
vasīmahi (1st pl. opt.) IV 352.
vásu II 316.
vasundhara-s II 40.
vasuváni-ṣ́ II 282.
vásu-ṣ́ II 314. 316.

vástē IV 42. 46. 189. 191. 372.
vástra-m II 118. 120.
vastravant- II 405.
vasnayáti IV 288.
vasná-s II 142.
vásman- II 366.
vásyas- II 431.
váhati I 288. 298, IV 81.
vahatú-ṣ́ II 325. 326.
vahana-s vahana-m II 150. 476.
vahitra-m II 118.
rā́ I 534, III 337.
vāgmín- I 348.
rāgvín- I 348.
vāghát- II 390.
vāṁmáya-s I 352.
vā́c- II 480.
vācāla-s II 211.
vā́cya-m VI 476.
vājambhará-s II 39.
vājáyati IV 326.
vā́ja-s I 297.
vā́ñchati IV 203.
vāñchā- II 275.
vātavē (*vā-* 'to weave') IV 323.
vā́ta-s II 223.
rā́tá-s (*van-*) I 206.
vā́ti IV 128.
-vānayati IV 340.
vā́m (pron., 1st dual) III 397.
rām (pron., 2nd dual) III 367. 397.
vā́ma-s ('left') II 190.
vāmá-s ('dear, good') II 190.
vāyati IV 262.
rāyú-ṣ́ II 318bis.
vārá́yati IV 330.
vārayadhvā́d (2rd pl.) IV 506.
vā́ri IV 189.
vā́rṣika-s II 260.

2*

vāráta-s II 227.
vāvṛdhāti IV 468. 469.
vásantika-s II 260.
vāsáyati IV 329.
rástu II 324. 326.
vāhayati (vi-vāhayati) IV 324. 328.
víśat- III 34.
víśatitamá-s III 34.
víśati-ṣ II 9, III 33. 190. 201.
viśá-s III 34.
vikasuka-s II 264.
vigāman- II 370, IV 57.
vi-jānúṣ- IV 392.
vitarám II 191.
vitasti-ṣ I 205.
vitti-ṣ II 295.
vithuryáti IV 286.
vid- ('find') IV 87.
vidā́m (vidā́ cakāra) IV 445.
vidā́m (3rd sg.) IV 510.
vidúṣ (nom. sg.) II 440.
vidúṣṭara-s II 440. 457.
vidmáně (inf.) II 367.
vidyót III 127.
vidvattara-s II 441. 457.
vidvattā- II 441.
vidvattva-m II 441.
vidvaḷ-s II 201.
vidvás- II 438. 457.
vidháva-s vidhávā- II 133.
vindáti IV 164. 166.
vipā́ś- II 410.
vibhaktár- II 384.
vibhañjanú-ṣ II 320.
viyānaśi-ṣ II 98.
vivakti IV 101.
vivakvás- IV 398.
vivāsati IV 198.
vivéśur (3rd pl.) IV 402.
vivéṣṭi IV 97.
vivyakti IV 168.
víś- II 479.
viśā́tē IV 88.

viśivás- II 438, IV 391.
viśvavíd- II 491.
víśva-s II 134, III 320.
rí-ṣ II 279. 281.
viṣávant- II 405.
viṣu- III 33.
viṣūvant- II 406.
viṣva- III 33.
visrúh- IV 221.
viḍupátman- IV 223.
vīrá-s I 38, II 181.
vīréṇya-s II 159.
vurūta IV 484.
vṛkáti-ṣ II 298.
vṛ́ka-s I 210, II 111.
vṛkī́- II 106. 332. 338.
vṛṇákti IV 162. 167.
vṛṇā́ti IV 142. 146.
vṛṇóti ('protects, checks') IV 137.
vṛṇóti ('hides') IV 136. 178.
vṛt- II 391.
vṛttá-m II 222.
vṛtti-ṣ II 305.
vṛdhīká-s II 270.
vṛścáti II 202.
vṛścika-s II 260.
vṛ́ṣaṇaśvá-s II 26.
vṛṣaṇvant- II 405.
vṛ́ṣaṇvasu-ṣ II 26.
vṛ́ṣan- II 342.
vṛ́ṣantama-s II 250.
vṛṣabhá-s II 216.
vṛṣalá-s II 201. 464.
vṛ́ṣa-s I 429.
vṛ́ṣṇi-ṣ (subst.) II 285.
vṛṣṇi-ṣ vṛ́ṣṇi-ṣ (adj.) II 285.
véti IV 69. 188.
véttar- II 382.
véṭti IV 52.
véda II 438, IV 384. 391.
védatē IV 82.
vedayaté IV 328.
vedayīta IV 493.

védas- II 414, IV 193.
vēdhás- II 416.
vénati IV 41. 140. 148. 149.
venā-s IV 140. 148. 149.
vēvijá-s II 95.
vēvijyáte IV 259.
vēśás- II 420.
vḗ-ṣ III 75. 337.
vḗśi (2nd sg.) IV 460.
veṣṭaté IV 41. 213. Addenda to IV 211.
véṣṭa-s IV 213.
vōcā (1st sg.) IV 518.
vōḍham (2nd du.). vōḍhvam (2nd pl.) IV 62.
rṓḍhar- II 384.
vṓḍhum I 299. 356.
vyadvará-s II 183.
vyanaśi-ṣ IV 139.
vyáyati IV 323.
vyādita-s II 223.
vy-āsthan (3nd pl.) III 545.
vratá-m II 227.

śaṣ- ('utter solemnly') I 425, IV 52. 81. 392.
śaṣur (3rd pl.) IV 392.
śáṣṭar- II 382.
śakṛt III 103. 104.
śaktīvant- II 406.
śakracāpāyatē IV 292.
śagmá-s I 348. 492.
śaṅkhá-s I 406.
śácī- II 339.
śatagu-ṣ II 9. 482.
śatapdā́- II 24.
śatá-m I 191. 194, III 42. 254.
śatámūti-ṣ II 40, III 42.
-śatá-s III 43.
śátru-ṣ II 322.
śanāistarā́m II 191.
śamíṣva (imper.) IV 116.
śámī- II 333. 339.

śamīṣva (imper.) IV 116.
śamnīlē IV 144. 149bis.
śayām (3rd sg.) IV 510.
śarád- II 408.
śarabhá-s II 216.
śaru-ṣ II 317.
śárdha-s I 394.
śárman- II 176.
śalākalā́ II 201. 464.
śaśayānā́-s IV 399.
śaśā́-s I 413.
śaśā́sur (3rd pl.) IV 402.
śaśvacchaśvat II 100.
śā́śvant- I 147. 413, II 398. 457.
śā́sati I 442.
śasta (2nd pl.) IV 52.
śastā́-s I 199.
śasti-ṣ II 295.
śā́myati IV 247.
śāstár- II 384.
śāsti-ṣ II 298.
śiṣati IV 166.
śikṣatē III 194.
śikṣayati IV 332.
śitā́-s II 230. 231.
śithilá-s śithirá-s II 183.
śiras- I 233, II 413. 425.
śiśayá-s II 97.
śiśāti IV 63. 98. 101.
śiśira-s II 13. 97.
śíśu-ṣ II 97, IV 14.
śiśúla-s II 201.
śiśnátha-s II 97.
śíṣṭi-ṣ II 298.
śītá-s II 220. 227.
śna-s II 148.
śīrṣán- II 105. 347.
śīrṣá-m I 242, II 413.
śukrá-s śuklá-s II 183.
śucáyati IV 331.
śunaka-s II 263. 465.
śuni-ṣ II 284.
śundhayati IV 332.
śubháspáti-ṣ II 39.
śubhrá-s II 183.

śumbháti śúmbhati IV 166.
śúvan- I 142, II 346, III 70.
śuś- ('dry') IV 96.
śuśirá-s II 200.
śuṣká-s śúṣka-s I 332, 413, II 254.
śúṣyati IV 236.
śū́ra-s II 182.
śūrtá-s I 242.
śṛ́ṅga-m II 276.
śṛṇa (imper.) IV 142.
śṛṇā́ti IV 142.
śṛṇóti I 40, IV 136.
śṛṇv-irē -iṣḗ IV 115. 180 574.
śṛṇvé (3rd sg.) IV 565.
śṛnthati IV 166bis.
śḗtē I 109. 453, IV 56.
śēratē (3rd pl.) IV 574.
śerabha-s II 216.
śḗrē (3rd pl.) IV 574.
śóciṣ- I 104.
śṓṣa-s I 95, II 115.
śmā́śru- I 413, II 322.
śyā́ti IV 244.
śyā́na-s II 148.
śyā́va-s II 137.
śyētá-s II 227.
śráddadhāti II 9. 479, IV 219.
śranthatē IV 166.
śrapáyati IV 334.
śrambhatē IV 165. 166.
śráyati I 210.
śrávas- II 414, IV 193.
śrātá-s IV 122.
śrā́ti IV 122.
śrāthayati IV 327.
śrā́yati IV 122. 262.
śrāvā́yiya-s IV 607.
śriṇā́ti IV 61. 139.
śrūlá-s II 201.
śru- ('hear') I 211, IV 136.
śrutá-s II 221.

śrudhīyáti IV 293.
śruvati IV 92.
śruṣṭí-ṣ II 20. 301.
śrḗṇidant- II 285.
śrḗyas- II 431.
śrḗṣati IV 193.
śrḗṣṭhatara-s śrḗṣṭhatama-s II 178. 191.
śrḗṣṭha-s II 244.
śrṓṇi-s I 217, II 285.
śrṓtar- II 384.
śrṓtra-m II 120.
śrṓmata-m I 49. 192, II 249. 342. 366. 475.
śrṓṣati IV 193.
śrṓṣamā́ṇa-s II 20, IV 193.
śrṓṣi (2nd sg.) IV 59. 136.
śvan- I 142, II 346. 348, III 70.
śváyati IV 323.
śváśura-s I 413, II 8. III 390.
śvaśrū́-ṣ II 334.
śvás III 159.
śvasiti IV 115.
śvastana-s II 160.
śvātrá-s IV 323.
śvitrá-s II 188.
śvindatē IV 164.

ṣā́ṣ III 16.
ṣaṣṭá-s II 244, III 37.
ṣaṣṭitamá-s III 37.
ṣaṣṭi-ṣ II 306, III 16. 36.
ṣaṣṭhá-s II 242, III 16.
ṣṓḍaśa III 16. 25.
ṣṓḍaśá-s III 426.
ṣṭhīv- ṣṭhyū- ('to spew') I 264, IV 236.

saqyuj- II 491.
sásam II 100.

sqsṛ́dbhis (instr. pl.) I 265.
sá I 73, III 329. 335.
sa- (prefix) I 192.
sakṛ́t II 27, III 4. 49.
sakthán- II 348.
sdkṣaṇt- IV 193. 194.
sakhigaṇa-s II 88.
sáṇdhi-ṣ I 449.
sácatē I 332, IV 81.
sajjatē I 449, IV 110.
sajjayati IV 331.
sátṭar- II 382.
sádas- II 414. 425.
sadívas III 159.
sanaká-s (adj.) II 263. 455. 465.
sanaka-s (proper name) II 263.
sandj- II 411.
sanáti I 196.
sanátna-s II 160.
sánas II 113.
sanātána-s II 160.
sanitúr II 189.
sánīyas- II 190.
sanutár II 189, III 163.
sanóti IV 177.
sqdēghá-s I 342.
sányas- II 434.
sápati IV 192.
saptá sápta III 17.
saptatá-s II 244, III 37.
saptatitamá-s III 37.
saptati-ṣ III 19. 36.
saptátha-s III 19.
saptádaśa III 25.
saptamá-s I 196, II 166, III 19.
sabar- I 264.
sabhā́- I 395, II 273, III 175.
sama- I 163. 193, III 334.
samáraṇa-m II 150.
sámā- III 104.
samit- II 391.
samudrá-s II 181.

sárasvatī- II 338. 406.
sarirá-s salilá-s II 201.
sarga-s I 343.
sarpa (3rd sg.) IV 391.
sárpati IV 333.
sárma-s II 172.
sarvajyāní-ṣ II 288.
sarvátati-ṣ sarvátāt- II 308.
sárva-s II 136, III 320. 393. 394.
sávati IV 217.
sávana-m II 150.
savyáṣṭhar- I 410, II 382.
savyá-s II 132.
savyēṣṭhar- I 255. II 44. 297. 380. 382.
sáścati (3rd sg.) IV 110.
sáścati (3rd pl.) IV 108.
saścur (3rd pl.) IV 396.
sá-s III 335.
sasajjur (3rd pl.) IV 398.
sasañja IV 166. 397.
sasahē IV 393.
sasāhē IV 393.
sasúva IV 399.
sasṛmāṇá-s II 164.
sahá I 355.
sáhatē I 410, IV 83.
sáhas- I 290, II 415, IV 193.
sahásra-m II 199, III 2. 47.
sahasríya-s I 112, II 127. 199, III 47.
sáhuri-ṣ II 291.
sahvás- II 438, IV 392.
sá (masc.) III 337.
sākṣva (imper.) IV 29. 54.
sáciya-s II 123.
sātá-s I 206.
sādáyati IV 328.
sādhati IV 221.
sādhá-s I 299, II 228.
sā́nu II 315.

sāmidhēná-s II 159.
sāya-s II 186.
sāŕathi-ṣ II 280, III 74.
sāvitrá-s 112.
-sá-s I 207.
sāsahi-ṣ II 96.
sáhati IV 16. 29. 55.
-sāhayati IV 336.
sāhvás IV 16. 384. 392.
sjhá-s I 301.
sic- siñcáti IV 88. 164. 166.
sidhmalá-s II 201.
sināti IV 153.
sindhu-ṣ II 314.
siṣakti IV 101.
sisicē siṣicē IV 21.
sítā II 227.
sī́dati sīdáti I 410. 449, IV 106.
sīdatur (3rd du.) IV 106. 107. 398.
sīdiṣyati IV 106. 273.
sīmán- II 342. 367. 369.
sīmánta-s I 196, II 249.
sī́mā- II 369.
sī́vyati IV 236.
su- ('to press') IV 98. 179.
sú su- ('well') I 40, II 39.
sukhasukhēna II 94. 99.
sutá-s II 227.
sutávant- II 406.
sudás- II 424.
sunóti IV 179.
subhru-ṣ I 251.
sumánas- II 416.
sumēdhás- II 417.
sumnāyáti IV 284.
suváti IV 87. 218.
suvar I 216.
suvá-s I 141.
suṣirá-s II 200.
suṣṭhú-ṣ II 314.
sū́ṣvati (3rd pl.) IV 98.

I. Index of Words. Sanskrit: sū́kará-s — svā́itu-ṣ̌. 23

sū́kará-s II 263.
sū́cī́ka-s II 257.
sū́tu-ṣ̌ II 326.
sū́tra-m I 136.
sū́nū́-ṣ̌ II 320.
sū́má-m II 172.
sū́rkṣati IV 194.
sū́rta-s II 227.
sū́ṣyant- IV 271.
sr̥jā́ti IV 87.
sécatē IV 85.
séjur (3rd pl.) IV 401.
sētā́r- II 461.
sḗtu-ṣ̌ I 87, II 326.
sēdí-ṣ̌ I 447.
sēdū́r (3rd pl.) IV 396.
sēhur (3rd pl.) IV 401.
sāindhavá-s II 112.
só III 337.
sódhum I 299.
sóma-s II 172.
skándati IV 84.
skambhur (3rd pl.) IV 392.
skhálati I 406.
stanati IV 82.
stanayitnú-ṣ̌ II 322.
stanihi (impcr.) IV 115. 503.
stabhnā́ti I 194.
stambhatē IV 166.
starimā́n- II 370.
stā́rīman- II 370.
stāyú-ṣ̌ I 136, II 318.
stī́má-s II 171.
stīrṇá-s I 241, II 143. 149.
stút- ('hymn of praise') II 391.
-stút- ('praising'), II 391.
stutá-s ('praised'), stutá-m ('praise') II 225. 475.
stuṣḗ (1st and 3rd sg.) IV 191.
stuṣḗyiya-s 1V 607.

str̥ṇóti IV 136. 177.
stēná-s I 136.
stōtā́r- II 384.
stāúti IV 55.
striyā́tē IV 244.
strī́- I 115. 254, II 336. 386.
strāíṇa-s II 142.
sthágati I 446, IV 83.
sthā́- ('stand') I 351.
sthāṇú-ṣ̌ II 320.
sthātā́r- sthā́tar- II 380. 382.
sthā́ti IV 477.
sthā́tur I 228.
sthātrá-m II 120. 461.
sthā́na-m II 154.
sthāpáyati I 263, IV 333.
sthā́man- II 367.
sthāvará-s II 365.
sthitá-s I 255.
sthíti-ṣ̌ II 297.
sthirá-s I 103.
sthíyatē IV 237.
sthū́ṇā- I 243, II 141.
sthūrá-s sthūlá-s II 200.
sthū́labhá-s II 216.
sthḗyas- II 244.
sthḗyāt IV 481.
sthḗṣam (1st sg.), sthḗṣur (3rd pl.) IV 486.
sthḗṣṭha-s II 245.
snapáyati IV 334.
snā́ti IV 121. 124.
snāpáyati IV 333.
snā́yatē IV 261.
snā́van- IV 127.
snu- ('peak') II 315.
snāúti IV 55. 121.
spandatē IV 163. 166.
spanda-s IV 163.
spárdhatē IV 88.
spáś- I 446, II 487.
spaṣṭa-s II 226.
spūrdhán (3rd pl) IV 88.
spr̥hayati I 290.

sphāti-ṣ̌ II 305.
spháyati I 103, IV 234.
sphirá-s I 103, II 181.
sphī́ti-ṣ̌ II 305.
sphuṭati IV 211, Addenda to same page.
sphurā́ti I 232. 418, IV 87. 148. 149.
sphḗyas- sphḗṣṭha-s II 244.
sphóṭati IV 211.
sma III 349.
smáyatē I 427.
smárati I 446.
smaryátē IV 245.
smāpayati IV 333.
syá III 328.
syū́man- II 367.
sravát- II 391.
srávati II 21, IV 45. 47. 82.
srāmá-s I 444.
srī́ma-s II 172.
srutá-m II 474bis.
sruti-ṣ̌ II 295. 296.
srédhati IV 221.
srótas II 222. 416.
svā́ti IV 87.
svádati IV 221.
svadhā́- IV 218.
svánati IV 83.
svápiti IV 115.
svapnayā́ III 179.
svápna-s II 140.
svápnya-m II 126.
srayám III 335.
svarōcas- II 416. 425.
svā́-s I 141. 142, III 371. 390. 392.
svásar- II 8. 381, III 390.
svā́datē IV 221.
svā́dīyas- svā́diṣṭha-s II 242. 430.
srādū́-ṣ̌ II 312. 313.
svāpáyati IV 328.
svidyati IV 247. 253.
svā́itu-ṣ̌ 328.

hqsá-s I 165. 294. 425.
hatá-s I 335.
hati-ṣ I 204, II 297.
hatyā- I 205, II 126.
hadati I 302.
hanati IV 85.
hanātha (2nd pl.) IV 469.
hanūta (opt.) IV 58. 484.
hánu-ṣ II 313.
hantár- II 382.
hánti I 317. 335, IV 58.
handhi (imper.) IV 58. 503.
hanyátē I 335.
hanyāt IV 484.
háya-s I 301.
háras- I 317, II 417, IV 193.
hárikṇī- II 335.
hárita-s II 226.
háriśmaśāru-ṣ II 322.
hári-ṣ I 291, II 280.
haryatá-s II 226.
haryati IV 233.

hávatē IV 119.
hávana-m I 299, II 150.
hávītavē IV 320.
hasrá-s II 200.
hásatē IV 195.
hísati hístē IV 200.
-hiti-ṣ II 296.
hind III 344.
hinóti IV 177.
hinvati IV 177. 186.
himá-s himā- I 288, II 171.
hiraṇyáya-s II 128.
hiruk III 258.
hiṣē (1st sg.) IV 191.
hīḍamāna-s IV 222.
huruk III 258.
huvéma (opt.) I 139.
hū- ('call to') IV 87.
hūrchati IV 203.
hṛṇāydnt- IV 144. 156.
hṛṇūtḗ IV 138. 144. 156.
hṛṇīydmāna-s IV 144. 156.

hṛd- II 487.
hēḍamāna-s IV 222.
héda-s I 451.
héman- ('in winter') II 366.
hēmán- ('impulse') II 368.
hēmantá-s II 249.
hótar- I 301, II 384.
hōtápōtārāu II 41.
hótrā II 118.
hóman- II 366.
hóma-s II 170.
hyastana-s II 160.
hrasati IV 192. 193. 195.
hrādayati IV 329.
hruṇāli IV 150.
hrút- II 391.
hvдyati IV 323.
hvar- hvārátē IV 150. 203.
hvātar- IV 119.
hvāsyatē IV 119.

Prākrit.

amhesu (loc.) III 386.
ariṇa- I 170.
itthī- I 469.
evva I 463.
kajja- I 117.
caranta- II 112.
ciṭṭhamha (1st pl.) IV 537.
cória- I 115.

ja- I 117.
ṇiutta- I 115.
tumaṃ III 167.
tumhesu (loc.) III 386.
duhidā II 110. 383.
paduma- I 469.
pemma I 463.

bhindadi IV 162. 164.
mādā II 110. 383.
mamam III 390.
sinēha- I 469.
sumaradi I 469.
sē I 162, III 371. 384.
harisa- I 469.

Pāli.

amhesu (loc.) III 386
ariya- I 115.
kammañña- I 115.
kammaṇiya- I 115.
kīḷū- I 463.
khiḍḍā- I 463.
taṃ ('thee') I 142.
taṃ ('that') III 339.

tavaṃ III 369.
tumhe III 364. 369.
tumhesu (loc.) III 386.
tuvaṃ I 142.
dadamha (1st pl.) IV 537.
dibba- I 144.
dēmi IV 100. 481.

dhēmi IV 481.
pabbata I 144.
mamaṃ III 369.
mayaṃ III 369.
mariyādā- I 115.
milakkha- II 275.
sā ('dog') I 142.
suvāna I 142.

Gipsy (Romany).

kockli I 279. | schucklo I 279.

Avestic.

Order of the Letters: a ā e ē ę ẹ̄ o ō å̄ ą i ī u ū k g x x' γ c j t d p b d ḏ p b f w ϑ (ϑ̌) n ń ň m y v r š (ṣ̌ ṣ̌) s ž z h. As regards ϑ š ṣ̌ see
Vol. II, Preface, p. viii.

a- (pronoun) III 329.
a- an- ('un-') II 43.
aęta- III 329.
aętavant- II 405.
aęiti I 49. 116, IV 59.
aęnaϑhō (inf.) IV 599.
aęnah- II 416.
aęm III 335.
aęva- I 69, II 134, III 4. 320.
aęvadasa- aęvandasa- II 44, III 25.
aęša III 329.
aęšemna- IV 193.
aęšma- II 172.
aęsma- I 88, II 170.
aoxta aog'dā (3rd sg.), aoγžā (2nd sg.) I 356.
aojah- I 88. 334, II 416.
aopre-m II 119.
aom III 337. 339.
aora II 191.
aiti I 273.
aibijar'tar- II 385.
aiwi I 355.
aiwigaiti-š II 297.
aiwipūra- I 295, II 183.
aiwišastar- II 384.
aiwišōipnę̄ (inf.) II 161, IV 600.
aiwy-āxšayęinti (3rd pl.) IV 332.
aiwyō (dat.-abl. pl.) I 264.
airyaman- II 368.
airyamana- II 164.
airyava- II 112.

auruša- I 478.
aurvant- I 478.
axštap IV 54. 88.
ayraęrapa- II 44.
ayre-m II 201.
aγru-š I 232, II 312.
atāra- II 191.
apaurun- see āpravan-.
apka- I 274. 349, II 254.
adairi II 189.
adara- II 190.
adwan- II 364.
ap- II 486.
apa I 88.
apara- II 190.
apema- II 167.
aper'š (2nd sg.) IV 63.
abda III 326.
afšcipra- II 43.
awra- I 355.
awždāta- I 414, II 43.
aϑrōmainyava- II 44.
aϑhāiti IV 469.
aϑhuyu-š II 319.
aϑhu-š II 314.
an- ('un-') I 197.
-anc- II 492.
antara- II 191.
antar' I 212.
antar'edaxyu-š II 44.
anya- I 168, II 132.
anvaršti-š II 302.
amayavā- IV 320.
amavant- II 405.
amer'tāt- I 482, II 308.
ameša- I 213. 230.

amēhmaidī (1st pl.) IV 353.
ayaϑhaęna- II 159.
ayan- II 348.
ayāp IV 469.
ayōayra- II 43.
ayōver'pra- II 43.
ayōzaya- II 43.
ayąn III 124.
ava- III 329.
avajata- II 37.
avapasti-š I 349.
ava-ϑuhabdaitę̄ IV 223.
avaspašti-š II 297.
avah- I 88
avāu III 337.
avācī IV 453.
avāstryęitę̄ IV 286.
ar'jaiti I 355, IV 82.
ar'ma- I 241, II 171.
ar'šva (imper.) IV 58.
aršan- I 419, II 345. 348.
ašavan- II 363. 364.
ašavasta- II 232. 407.
ašavazdha- II 416.
ašādā II 42.
ašāvairī- II 201.
aši- II 280.
ašta I 68, III 20.
aštāiti-š III 36.
aštema- II 170, III 20.
asbourva- I 89.
asnaoiti I 195, IV 179.
asnavāp IV 185.
asan- II 348.
asar'ta- I 242.

I. Index of Words. Avestic: asąsaþ — karšvarᵉ.

asąsaþ IV 369.
asixšant- IV 194.
aste-m II 229.
asti I 32, IV 60.
astūm (inf.) IV 600.
astvant- II 406.
aspa- I 142.
aspavīrajan- II 5.
asman- I 88, II 368.
asru- II 322.
aži-š II 278.
azaiti IV 82.
azem III 364. 372.
ahi (2ⁿᵈ sg.) III 258, IV 523.
ahura-, ahurō mazdå I 415, II 44. 201.
ahūmmerᵉnc- II 44.
ahma- (1ˢᵗ pl.) IV 30.
ahma (personal pronoun) III 367. 368. 379.
ahma- (possessive pronoun) III 393.
ahmāka- ahmākem I 415, II 257, III 396.
ahmi (1ˢᵗ sg.) I 415.

āxtūirya- I 348, III 10.
āxšnu- āšnu- I 298.
ātar- II 383, III 72.
ātar‛carana- II 42.
ātarščiþra- II 43.
ādišti-š II 296.
āpravan- apaurun- I 140, II 364. 366.
āfant- I 143. 348.
āfrītar- II 380. 388.
āvā III 400.
ārᵉzva ārzava II 112.
āsita- II 226.
āsuyā- III 184.
āsu-š I 83, II 314.
āstaoþwane-m II 163.
ā-stāyā (1ˢᵗ sg.) IV 234.
āsyah- II 431.

āzainti-š II 296.
āh- II 485.

evista- I 89.
evisti-š II 295.
erᵉxša- I 230.
erᵉdwa- I 143.
erᵉzataęna- II 160.
erᵉzifya- I 233. 301. 348.
erᵉzi-š II 279.
erᵉzu-š II 314.

ęnāxšta IV 401.

ōiva- see aęva-.

å<i>ŋ</i>ha IV 396.
å<i>ŋ</i>håþ IV 469.

qiþyā- I 207.
qsašnutā IV 180.
qzah- I 90.
qzōbūj- II 492.

iþyęjah- I 89. 349.
iþ III 331.
inaoiti IV 179.
ima- III 331.
irinaxti IV 162.
irista- I 212. 497.
išaiti IV 193.
išasa- IV 204.
išasaiti IV 201. 204.
išu-š II 314.
isaitę ('has power over') IV 404.
isaiti ('wishes') IV 204.
isę (3ʳᵈ sg.) IV 391.

īm III 332.
īšti-š II 303.

uxđa- I 351.
uẋšan- II 348.
uxšyęitū IV 267.
uyra- I 353, II 201.
udra- II 183.
upabda- I 264.
upara- II 189.
uparatāt- II 309.
ufyā (1ˢᵗ sg.) IV 517.
urusta- I 212.
urūpayęiti IV 331.
urvaęsyęiti IV 243.
urvāiti-š II 299.
urrāta- I 137. 141. 213. 497, II 226.
urvāzemna- I 141.
urvisyęiti IV 243.
ušastara- II 192. 197.
ušā- III 282.
us uz I 352, III 258.
usaiti IV 204.
uska- II 256.
usca I 352.
ustema I 349, II 178.
usvaoiri-š II 279.
uz see us.
uz-yarāþ IV 19.

ūcąm (3ʳᵈ sg.) IV 510.
ūnā- II 141.

ka- III 333.
kaęnā- I 69, II 140.
kainę III 282.
kainikę III 67.
kainin- II 358. 430. 464.
kata- II 227.
katāra- II 189. 190.
kana III 344.
kavi-š II 279.
karšvarᵉ II 201. 376.

I. Index of Words. Avestic: kasu- — janaiti. 27

kasu- I 90.
kāvaya- II 112.
kem (pron. neutr.) III 339.
-ker⁵t- II 339, 391.
ker⁵tar- II 380. 384.
ker⁵pwan- II 364.
ker⁵pta- I 348.
ker⁵fšxwar- II 43.
ker⁵naoiti IV 178.
ker⁵navāp IV 469.
ker⁵navō (2nd sg.) IV 185.
ker⁵ntaiti IV 166.
ker⁵ntayeiti IV 332.
ker⁵yętę̄ I 231.
kehrp- I 213. 230, II 486.
kąm (adv.) III 163.
kupra III 333.

gaomaęze-m II 111.
gaoya- I 144, II 126.
gaoyaoti-š II 304.
gao-š VI 75.
gaośa- II 111.
gairi-š I 231. 334, II 279.
gaδavara- II 25. 42.
gam- jam- ('to come') IV 58.
gav- II 482, III 98. 235.
-gara- I 334.
gar⁵ma- I 335, II 171. 477.
gāu-š II 482.
gātu-š II 326.
ger⁵wnāiti IV 143.
ger⁵ždā (3rd sg.) I 298.
gouru-š I 232, II 312.
gā̊ (acc. pl.) III 235.
gąm (acc. sg.) III 98.
guz- guzayęiti IV 88. 331.
grabem (1st sg.) IV 59.

xā̊ II 486.
xumba- I 350.
xwa- I 141. 143. 144, III 336 (and see hva-).
xwairyąm (inf.) IV 601.
xwafsaiti IV 204.
xwanhar- I 143, II 380. 383.
xwanvainti (3rd pl.) IV 138. 186.
xwar⁵nah- II 416.
xwasura- I 413.
xwēŋg- III 124ᵇⁱˢ.
xwēnvap IV 138. 186.
xwīsaiti IV 204.
xraodaitī IV 221.
xraoždaiti IV 222.
xraoždusma- I 300.
xratu-š II 326.
xružđra- IV 222.
xrūra- II 201.
xrvīšyeiti IV 282.
xšaętar- II 384.
xšapre-m II 118.
xšaprōdāh- II 42.
xšap- II 486.
xštā (1st sg.) IV 477.
xštāitę̄ IV 447.
xštva- VI 16.
xšnaošemna- IV 371.
xšnevīša (1st sg.) IV 375.
xšnūt- II 391.
xšnūmainę̄ II 369.
xšmāka- xšmākem III 396.
xšvaš III 16.
xšvaštivant- III 50.
xšvašti-š III 36.
xšvašdasa- III 26.

γ⁵na- I 469.
γ⁵nā- I 353.
γnę̄ (1st sg.), γnāp γnita I 355, IV 58. 484.
γmap I 250, IV 71.

ca I 49. 332, III 333.
caxre-m II 96.
cataŋrō III 12. 220.
catura III 10.
capwar- III 10. 36.
capwar⁵sat- III 29. 30. 35. 36.
capwārō I 332, III 10.
capru- III 10, IV 150.
caprudasa- III 25. 26.
capruš III 49.
car⁵ker⁵mahī (1st pl.) IV 112.
car⁵tu-š II 326.
cašmąn cašmēŋg II 369, IV 599.
car⁵p I 89, IV 57. 529.
ci- (pronoun) I 32. 332. III 333.
cikōiter⁵š (3rd pl.) IV 402.
cipra- II 183.
cip- I 32. 332, III 333.
cinasti (cinap-) IV 162.
cinahmi (1st sg.) IV 162.
cinem (acc.) III 344.
civištā (3rd sg.) IV 375.
cistā- II 227. 474.

jaiti-š II 297.
jaiδi (imper.) IV 503.
jaiδyęiti IV 234.
jaini (3rd sg.) IV 453.
jaini-š II 279.
jainti I 335, IV 58.
jainti-š II 297.
jagāurū- III 283.
jaγnenti (3rd pl.), jaγnāp IV 110.
jaγmap IV 403.
jata- I 335.
jaŋhāp IV 469.
jaŋhentu (3rd pl.) IV 370.
jan- ('kill') IV 58.
janaiti IV 85.

28   I. Index of Words.   Avestic: janāḇ — der°ta-

janāḇ IV 469.
janyāḇ IV 484.
janyeṯē I 335.
jantar- II 384.
jam- gam- ('to come')
    IV 58.
jamyama (1st pl.) IV
    486. 536.
jamyāḇ I 334, II 484.
jasaẽtem (2rd du.) IV
    572.
jasaiti I 296. 297. 334.
    IV 203.
jāgər°buštara- II 440.
jə̄nghaitī IV 352.
jiyaẽša (2nd sg.) IV 98.
-jit- II 391.
jimama (1st pl.) IV 536.
jīger°zaḇ (3rd pl.) IV
    545.
jiti-š II 304.
jīvya- I 334.
jyā- I 114. 334, II 111.

ta- I 273, III 327.
taẽža- I 353.
taoxman- II 172. 368.
taxma- I 332.
taxšaiti IV 194.
tatašaḇ IV 403.
taḇkuš- II 443. IV 396.
tafsaiti IV 204.
tanaoiti I 194.
tanuya (1st sg.) IV 478.
    484.
tanuši (loc. pl.) III 256.
tancišta- I 275, II 431.
tava III 287.
tarō I 232.
tašan- II 347.
tašte-m II 227.
tācayeiti IV 344.
tāyu-š II 318.
tāšt IV 54.
temaŋha- II 112.
temaŋhaẽnā- II 160.

tevīšī- I 89.
ter°saiti IV 201. 202.
    203.
tẽ tōi (loc.) I 162.
taḇra- II 182.
taṣ̌yah- I 168. 333, II
    431.
tiyra- I 353, II 200. 207.
titaraḇ IV 105.
titārayeiti IV 331.
tišarō III 9.
tū III 373.
tüirya- I 348. 491, II
    133, III 10.
tūtuyå (2nd sg.) IV 486.
tūm III 373.
tūma- II 171.
tvēm (tuvēm) I 141, II
    373.

daẽnā- II 149.
daẽnōdisa- II 42.
daẽnu-š II 320.
daẽmajīra- II 182.
daẽvōtema- II 178.
daẽvōdāta- II 42.
daẽvī- II 338.
daidyaḇ IV 545.
daiδyama (1st pl.) IV
    386. 536.
daibitar- II 385.
daxšaḇ IV 200. 210.
dadaḇ (3rd pl.) IV 545.
daduyē IV 54.
dapaiti IV 111.
daδa IV 396. 403.
daδāiti IV 101. 109.
daδō IV 403.
dapta- I 356.
daᵇbitya- I 275. 469, III8.
daᵇbiš- daᵇbišentī (3rd pl.)
    I 143. 275, IV 190.
dantan- II 399.
daṅhu-š II 318.
dayeṯē IV 244.

dar°ya- dar°ga- I 243.
    335. 355, II 111.
dar°yemjūti-š II 44.
dar°dairyāḇ IV 112.
    484.
dar°prāi (inf.) IV 600.
dar°pre-m II 118.
dar°nā- II 141.
dar°sata- II 226.
darši-š I 275.
darštōiš (inf.) IV 600.
daršti-š II 296.
darsem (1st sg.) IV 59.
dašina- I 296, II 155.
dasa III 22.
dasamāhya- II 126.
dasema I 88, II 167,
    III 24.
dastē (3rd sg.) IV 101.
dastē (inf.) IV 102.
dasti IV 101.
dasva (imper.) IV 510.
dasvar° II 376.
dažaiti I 355.
dazdē (3rd sg.) IV 101.
dazdē (3rd du.) IV 572.
dazdē (inf.) IV 102.
dazdī (3rd sg.) IV 101.
dazdi (2ud sg. imper.)
    I 448, IV 503.
dāitī IV 477.
dāitya- I 116.
dāuru II 314.
dāta- II 223.
dātar- II 384.
dāḇ IV 60.
dānu II 320.
dāmi-š II 289.
dāyata (2ud pl.) IV 486
dāyāḇ IV 485.
dārōi (inf.) IV 601.
dārayeiti IV 330.
dār°št IV 352.
dāštayāni-š II 280.
debenaotā (2nd pl.) IV
    138.
der°ta- I 233.

I. Index of Words. Avestic: der̃ᵉtar- — pourviya- paoirya-.

derᵉtar- II 384.
derᵉwđa- I 264. 353. 356.
403, II 225.
derᵉšnaoiti I 230.
dǝušsravah- II 415.
dǝ̄ŋg (gen.) II 483, III 125.
dōiš (2ⁿᵈ sg.) IV 483.
dōišī (2ⁿᵈ sg.) IV 460.
dōrᵉšt IV 352.
daṇ (3ʳᵈ pl.) IV 546.
daṃ (loc. of dam) II 483.
daṃ (inf.) IV 599.
daṃman- II 368.
diđaẹiti IV 97.
diđya (imper.) IV 106.
diwžaidyāi I 357, IV 199.
dītā- II 227.
dīšemna- IV 370.
dugᵉdar- duyđar- I 104. 346, II 383.
dušmanah- II 416.
dužvaršnah- I 298.
dūta- II 227.
dūnman- II 369.
dūra- II 201.
dūraẹfrađāta- II 44.
dūraẹsrūta- II 37.
dūraoša- I 482.
dyātąm (3ʳᵈ sg. opt.) IV 511.
dyāp IV 481.
dmāna- II 484.
dva III 6.
dvaẹþa IV 190.
dvaẹšah- I 143.
dvadasa II 32. 37, III 25.
dvadasa- III 25.
draoya- I 335.
drafša- I 413.
drafšakavant- II 405.
dru- II 314.
druxta- I 356.
druj- I 335, II 486.

drujimvanant- II 44.
družaiti IV 88.
drvaẹni-š II 155.
drrant- I 335.

þwa- III 390.
þwāvant- II 405.
þwōi (nom. sg. fem.) III 336.
þwisra- IV 210.
þwyant- IV 191.
þwyā- IV 191.
þraotōstāt- II 389.
þrātar- II 384.
þrāyẹiti IV 262.
þrąfđa- I 168. 351.
þri- þrāyō III 8.
þritya- II 133. 244, III 9.
þridasa- III 26.
þriš III 48.
þrišva III 33.
þrisat- III 30. 35. 36.
þrisata- III 37.
þrisataþwem III 49.
þrisaþwant III 59.
þrisąs III 30. 35.
þrižvaþ III 49.

đbiš- I 143. 275.

paoirya- II 133.
paouru- see pouru-.
pǝnǝtaṇhe-m III 14.
paititi-š II 296.
paitibiši-š II 44.
paitibusti-š II 296.
paiti-š III 150.
paitištāþ IV 61.
pairi I 49.
pairidaxyu-š II 44.
pataiti IV 82.
patara- II 460.
paþ- I 351.
pađ- II 480.

panca- I 49. 332, III 13.
pancadasa III 25.
pancadasa- III 26.
pancadasya- III 26.
pancasat- III 30. 36.
pancāsat- III 30. 35.
pancāsatagāya- III 36.
pantan- I 351.
pavaiti-š II 298.
parao- see pouru-.
parō II 178.
parštah- II 416.
pasu-š II 313.
pasušasta- II 223.
paskāþ III 135. 177.
pasca III . .
pāiti IV 129.
pātar- II 384.
pāđa- II 112, III 282.
pāperᵉtāna- IV 109.
pāyāþ IV 485.
perᵉþu-š I 230, II 314.
pāperᵉtāna- IV 109.
perᵉna- I 238, II 140. 452.
perᵉnā (imper.) IV 142.
perᵉnā- II 140. 448. 475.
perᵉnāitē IV 477.
perᵉnin- II 358.
perᵉsaiti I 230. 296. 297, IV 204.
perᵉsanyẹiti IV 157.
perᵉsā (1ˢᵗ sg.) IV 466. 517.
perᵉsu-š II 315.
perᵉskā- IV 202.
pešanaiti IV 140. 155. 156.
pešanā- IV 156.
pešu-š I 235, II 325.
pešyẹiti IV 244.
pouru- paouru- parao- I 89. 231. 478.
pourujīra- II 182.
pourunar- II 24.
pourva- II 134.
pourviya- paoirya- III 5.

I. Index of Words. Avestic: *pitar-* — *mainya.*

pitar- I 100, II 383.
pitu-š II 326.
-pinaoiti IV 186.
puxđa- II 243. 246, III 14.
puþran- II 348.
puþravant- II 405.
ptar- II 383.

baęvar^e II 376.
baođaitę̄ 82.
baođah- II 417.
bairyętę̄ IV 244.
baxtar- II 384.
baxšaiti IV 194.
baya- I 257. 334. 352, II 111.
bawraęni-š II 157.
bawri-š II 96.
bandaiti IV 81.
bavāva IV 388. 399.
baraiti IV 81.
baranā (imper.) IV 143. 519.
bar^etar- II 384.
bar^eþrī- II 336.
bar^ešnu-š I 300.
bar^esmōzasta- II 42.
bar^ez- II 479.
basta- I 194. 356, II 225.
bānu-š II 320.
bāmya- II 172.
bāšar- II 384.
bāzu-š II 314.
bāzušaojah- II 42.
ber^exđę̄ III 67.
-ber^et- II 391.
ber^etar- II 384.
ber^eti-š II 296.
ber^eþrī- II 336.
ber^ez- II 479.
ber^ezaitī- II 337.
ber^ezant- I 230, II 399.
bitya- I 275, II 133, III 8.

biš III 49.
bižvaþ III 49.
bībarāmi (1st sg.) IV 105.
buyamā (1st pl.), *buyata* (2nd pl.) IV 481. 486.
buyāþ IV 486.
buna I 356.
bunjaiti IV 164.
bunjayęiti IV 332.
būjāþ IV 98.
būn (3rd pl.) IV 87.
būmi-š II 289.
būšyęiti (fut.) IV 268.
brātar- II 383.
brōiþra- IV 139.
bvaþ IV 87.

f^eđr- I 274. 348.
fra- I 264. 348.
fraęšta- II 244.
fraor^enata IV 142.
frayrārayęiti IV 334.
fratara- II 189.
fratarōtara- II 191.
fratema- II 178, III 5.
fratemađāt- II 389.
fraþah- II 415.
frađāte-m II 227. 475.
frabda- I 250. 251.
-fravaiti I 211.
fravāxšaęne-m II 160.
frašna- I 295, II 141.
frašnu- I 294. 298, II 313.
frazainti-š II 295.
frādāhiš (2nd sg.) IV 377.
frāyah- II 431.
frita- II 225.
frīnāiti IV 138.
frīnāþ IV 143.
fryqmahī (1st pl.) IV 138. 141.

na- III 342. 394.
naęci-š II 9. 31, III 349.
naęnižaiti I 334, IV 113.
naoma- III 22.
napāt- naptar- II 383, III 281.
nafšu (loc. pl.) I 348.
nayęiti IV 81.
nava III 21.
navaiti-š I 205, II 306, III 22. 36.
navadasa- III 26.
nar- II 383.
nara- II 111.
nar^egar- II 42.
nar^emanah- II 416.
nasušpacya- II 42.
nasyęiti IV 243.
nazdyah- I 447, II 9. 431.
nāšę̄ (inf.) II 590, IV 363.
nāšīma (1st pl.) IV 353.
nemaiti IV 81.
nemah- I 88, II 415.
ner^efsaiti IV 204.
nō III 367. 378.
nå III 375. 378
nåṅhan- II 459.
nåṅhā- I 97.
nqman- II 368.
nilema- II 178. 189.
niđāiti-š II 296.
ni-šaurvaiti IV 47.
ni-šaṁhasti IV 108, Addenda to same page.
ni-šūđayęiti IV 330.
nista (2nd pl.) IV 101.
nmāna- I 353.

ma- III 390.
maęsman- I 300.
maęzaiti IV 83.
maiđya- I 275.
maiđyāirya- I 482.
mainya (1st sg. opt.) IV 560.

mainyu-š I 195, II 318.
maß ('meum') III 338.
maðu I 275. II 314.
maðema- II 167.
mana III 384.
manah- II 415.
manya (1st sg.) IV 235.
manyętē I 195.
mamanuš (nom. sg.) II 440.
maraiti I 414.
mar°tan- II 345. 348. 466.
mašya- mašiya- I 213. 274. 349, II 126.
mas- II 487.
masita- II 226.
masti-š I 352.
masya- I 349. 413.
masyah- II 428. 431.
maz- II 487.
mazåᵘt- II 399.
mazga- I 447. 448.
mazdah- I 352.
mazyah- II 431.
mahi (1st pl.) I 414. 497.
mahrka- I 211.
mātar- II 383.
māzdayasni-š II 280, III 74.
merᵉta- I 230.
mᵉrąždyāi (inf.) I 168.
merᵉᵑgᵉdyāi (inf.) IV 601.
-merᵉnc- ('harmful') II 492.
merᵉncaitē IV 162. 166.
merᵉncinti (3rd pl.) IV 162.
merᵉyęiti I 111. 229. 231, IV 235.
merᵉždika- I 298, IV 222.
morᵉndaß IV 166.
mošu I 89.
mōist IV 59.
måᵚha- I 97, II 111.

mąnayęiti IV 327.
miß- IV 59.
mißwan- mißwarᵉ II 201. 363.
mißra- I 349.
mīžda- I 275. 452.
mraoß IV 116.
mravāirē (3rd pl.) IV 469.
mrūitē IV 116.
mruyē (3rd sg.) IV 565.

ya- I 113, III 332.
yaēßma (1st pl.) IV 397. 400.
yaēšyęiti IV 110. 260.
yaona- II 364.
yao-š ('confederate') III 75.
yaoš yaoždāiti yaožda-dāiti IV 219.
yatāra- II 191.
yayata IV 397. 400.
yavaętāt-, yavaęca tāitē II 7. 309.
yavant- II 405.
yaštar- II 384.
yasaiti I 194, IV 203.
yasna- I 88. 298, II 141.
yazaitē I 113.
yazata- II 226.
yāiti IV 129.
yākarᵉ III 103.
yātu-š II 326.
yārᵉ I 110, II 180. 187.
yāsaitē (yam-) IV 203.
yāsaiti (yā-) IV 201. 204.
yāsta- I 83. 452.
yāsti IV 77. 191.
yęyąn (3rd pl.) IV 19. 97.
yevin- II 358.
yęsnya- I 89.
yęzimna- IV 234.
yim (neutr.) III 339.

yima- I 89.
yuxta- I 350.
yuxtaaspa- I 454, II 41.
yūiðyaßō (3rd du.) IV 557.
yūxtar- II 380. 382.
yūjēn (3rd pl.) IV 59.
yūš III 369. 374.
yūšma- III 367.
yūšmāka- yūšmākem III 396. 400.
yūžem III 374.
yvan- II 348.

raęiði-š II 283.
raęti-š II 295.
vaędā IV 391.
vaęnōißē (3rd du.) IV 572.
vaęm III 367. 374.
vaęsman-da IV 610.
-raoiri- II 96. 279.
vaoxᵉmā (1st pl.) IV 400.
vaocē IV 395.
voacātarᵉ (3rd du.) IV 557.
raonarᵚ (3rd pl.) IV 395.
vaonuš- (part.) I 141. 144, II 443.
vaorāzaßa- I 144.
vaozirem (3rd pl.) IV 385. 396. 400. 403.
vairya- II 124.
vairyastara- II 190. 191.
vaxðwa- I 349.
vaxðra- I 349.
vaxšaitē ('speaks') IV 193. 194.
vaxšaiti ('makes grow') IV 192.
vaxšayęiti IV 332.
vaxšya (1st sg.) IV 517.
vaćyah- II 431.
vac- II 480.
vacah- I 333, II 415.

vaṇhaitę̄ IV 192. 195.
vaṇhuδāh- II 424.
vaṇhu-š II 314.
vaṇhušdāta- II 42.
vanaiti I 196.
vaṅhah- I 115.
vayęiti IV 80.
vayu-š II 318.
vavaca IV 395. 400.
vavanvah- II 443.
varᵉšānę̄ (1ˢᵗ sg.) IV 559.
varšta- II 234.
varšni-š II 285.
varᵉza- II 113.
vaštar- I 356, II 384.
vaštī (vas-) IV 60.
vasēyāiti-š II 305.
vastę̄ IV 191. 195.
vastravant- II 405.
vastre-m II 118.
vasna- II 142.
važdri-š I 298. 356.
vazra- II 183.
vahištōtema- II 178.
vahyah- I 115, II 431.
vāurāitę̄ IV 111.
vāxšaęša- II 43.
vāyᵉᵇbyō (dat.-abl. pl.)
I 141, II 43.
vāc- II 480.
vācī (3ʳᵈ sg.) IV 453.
vāδayęiti IV 324.
vāδāyęiti IV 284. 336.
vārayęiti IV 330.
vārᵉþrayni-š II 280.
vāstryęitę̄ IV 286.
vereiδyę̄ (inf.) IV 600.
verᵉþra-ja -jā̊ -yn-,
verᵉþrājan- II 38. 41.
verᵉnaoiti IV 178.
verᵉnātā IV 477.
verᵉntę̄ IV 142.
verᵉndyāi (inf.) IV 601.
verᵉnvaiti IV 178.
verᵉzda- I 352.
verᵉzyęiti I 238, IV 236.
vehrka- I 212. 230.

vēṇghaitī IV 352.
vouru-š II 314.
vohu I 89.
vohvazdah- II 416.
vō III 367. 378.
vōividāitę̄ IV 469.
vōistā (2ⁿᵈ sg.) I 349.
vōiždaiti IV 223.
vōizdūm (2ⁿᵈ pl.) IV 403.
vå III 375. 378.
vindaiti IV 166.
vi-š II 279.
vista- I 349.
vītara- vītarem II 191.
vīdaþ IV 87.
vīdātu-š II 326.
vēdvanōi (inf.) II 363, III 153, IV 597.
viδuš (nom. sg.) II 440.
vīverᵉzduvant- IV 608.
vīra- I 38.
vīrajan- II 37.
vīrenjan- II 44.
vīs- II 479.
vīsaitę̄ IV 88.
vīsaiti III 30. 31. 33. 198. 199.
vīsaitivant- III 50.
vīsan- II 348.
visąstah- II 416.
vīsąstema- II 177, III 31. 34.
vīspa- II 134, III 320.
vīspāhišant- II 44.
vyā-mrvūtā IV 116.

raęxnah- I 332, II 416.
raęvasciþra- II 43.
raoiδita- II 226.
raoxšna- II 140.
raoxšni-š II 284.
raocayęiti IV 330.
raocah- I 211, II 415. 425.
raocahina- II 155.

raoδayęiti IV 221.
raostā IV 77.
ratu-š II 326.
raþaęštar- I 255, II 44. 384.
rafnah- II 416.
ray- rāy- II 482.
rašni-š II 285.
rasman- I 298, II 369.
rāiti-š II 297. 460.
rārišyęiti IV 260.
renjayęiti I 167. 335.
renjyah- II 427. 430.
rōiþwan (inf.) IV 597.
rå̄ṇhaṇhōi (1ˢᵗ sg.) IV 191. 372.
rå̄ṇhę̄ (1ˢᵗ sg.) IV 195.
rąrema- II 95.

šaęiti IV 59.
šavaitę̄ IV 81.
šāta- II 231.
šę̄ III 371.
šōiþrapān- III 282.
šōiþre-m II 461.
šiti-š II 296.
šusaiti šūsaiti IV 204.
šyaoþna- I 333. 349. 350, II 161.
šyęiti-š II 297, IV 132. 207.

saętę̄ IV 56.
saęrę̄ sōirę̄ (3ʳᵈ pl.) IV 574.
saxšaiti IV 194.
sate-m I 194, III 42.
satōtema- III 43.
safa- I 351.
saṅghaiti IV 81.
sayana- II 141.
sayamna- II 164.
sarah- I 223.
sarᵉta- II 227. 237.
sasti-š II 297.

I. Index of Words. Avestic: sāstar- — haenā. 33

sāstar- II 384.
sūzdūm (2nd pl.) IV 353.
sāhiḵ IV 484.
sēnghaitī IV 81.
sąstā (2nd pl.) IV 52.
sirinaoiti see srinaoiti.
sižd yeiti sūžd yeiti IV 223. 280.
suxra- I 333. 350, II 183.
surunaoiti see sru-.
susruyē IV 395.
skārayaḵ- I 351.
scantū (imper.) IV 53.
staotar- II 384.
staomainē II 369.
staxra- II 200. 207.
star°ta- I 241.
stā- xš/ā- I 351, IV 61.
stāiti-š II 297.
stāta- II 226.
stāna- II 154.
ster°natā IV 148.
-stut- II 391.
stuta- II 225.
stuta- ('hymn of praise') II 225. 475.
stūt- II 391.
stūnā- II 141.
strī- II 336.
stryamna- IV 244.
sūni-š II 284.
sūra- II 182.
span- I 142, II 348.
sparaiti I 232. 351, IV 87.
spas- II 487.
spasan- II 346.
spastar- II 387.
spasyeiti IV 234.
spenta- I 158.
spentōtema- II 43.
spentōmainyava- II 44.
spēnvaḵ IV 138. 186bis.
snaežaiti I 335. 355, IV 81.

snāδaiti IV 223.
snāvar° IV 127.
syazdaiti IV 222.
syeiti IV 244.
sraęšemna- IV 193.
sraęšta- II 245.
sraota (2nd pl.) IV 59.
sraote-m II 222. 474.
sraoþrī- II 384.
sraoni-š I 217, II 285.
sraoman- II 366.
sraošemna- IV 193.
sravah- II 415.
srāvayeiδyāi (inf.) IV 601.
srinaoiti sirinaoiti I 212, IV 179.
srinavāhi (2nd sg.) IV 185.
srīra- II 201.
srīraoxšan- II 41.
srīrōtara- II 43.
sru- suru-, srunaoiti surunaoiti I 211. 212, IV 59. 146.
srūta- II 221.
srvīmā (1st pl.) IV 483.

žnātar- II 384.

zaęnah- II 416.
zaęman- II 368.
zaotar- II 384.
zaoþrā- II 118.
zaozaomī (1st sg.) IV 113.
zairita- II 226.
zairi-š II 280.
zantu-š II 326.
zanva II 313.
zafar° II 200. 376, III 104.
zafra- II 200.
zaṅga- I 335.
savana- II 150.

zaranaęna- zaranaęni-š II 159. 160.
zaranaęmā (1st pl.) IV 138. 156.
zaranumana- IV 138. 156.
zaranyetē IV 156.
zar°zdāh- II 43.
zard- II 487.
zazaḵ (3rd pl.) IV 545.
zazanti IV 108.
zazaran- II 96.
zazāiti IV 109.
zazāiti-š II 298.
zāta- I 206.
zānatā (2nd pl.) IV 142.
zāmātar- II 383.
z°m- (nom. zå, acc. zqm) I 300. 407, II 482.
z°masciþra- II 44.
zemfraþah- II 42.
zōižda- zōiždista- I 452, IV 222.
zå see z°m-.
zqm see z°m-.
zim- (nom. zyå, acc. zyqm) II 171. 340. 483.
zima- II 171.
zināḵ IV 143.
zīšnåṅhemna- IV 199.
zīzanaḵ zīzananti IV 103. 105.
zuvayeiti I 139, IV 323.
zdī (imper.) I 252. 447, IV 60. 502.
zbayeiti I 139, IV 323.
zbātar- I 142, II 383.
zyāni-š II 288.
zyå see zim-.
zyqm see zim-.
zrvāyu- II 27.
zrayah- II 415.

haętu-š I 88, II 326.
haenā- I 414.

Brugmann, Elements. Indices.   3

haoma- II 172.
haurvatāt- II 308.
haurvafšu- I 251. 296,
　II 313.
haxa I 351.
haxmī (1st sg.) IV 53.
hacaitē I 332.
haḍiš- II 425.
hapta I 348, III 17.
haptaiþivant- III 36.
haptaþa- II 243, III 19.
haptāiti-š III 36.
hafši (loc. pl.) III 256.
haṃhāna (2nd pl.) IV 402.
hanaiti 1 196.
ham- II 483.
hama ('in summer') III 104.
hama- ('like') I 414.
hava- III 370. 389. 390.
havane-m II 150.

haraxwaitī- I 143. 415,
　II 338. 406.
haši- I 351.
hazaṇre-m I 415, II 199,
　III 47.
hazaṇhan- II 348.
hazah- II 415.
hazdyāþ IV 396.
hāu III 337.
her²zaiti IV 87.
hę̄ hōi I 162, III 371.
hō (nom. sg.) III 327.
hiḍaiti IV 88.
hincaiti IV 166.
hindu-š I 414, II 314.
hišaxti IV 101.
hišcamaiḍę̄ (1st pl.) IV 536.
hištaiti IV 107.
hīšasaiti IV 204.
hu hu- I 49, II 43.
huxšnuta- IV 179.

hudānuštema- II 43.
hupatur²ta- II 182. 224.
huper²þwī- I 235.
hunaoiti IV 138.
hunar²tāt- II 309.
hunahi (2nd sg.) IV 143.
hunāiti IV 138.
hunu-š II 320bis.
hunūta IV 179.
hunvaṇuha (imper.) IV 179.
humanah- II 416.
humayāka- II 257.
huva- see hva-.
huška- I 332, II 254.
hva- I 140. 142, III 371.
　390. 392 (see also xwa-).
hvar, I 216.
hvova- I 334.
hvąnmahī (1st pl.) IV 138, Addenda p. 141

Old Persian.

Order of the Letters: a ā i ī u ū k g x c j t d þ p b f n m y v r l
š s ȿ z h.

aita- I 273.
aitiy I 49, IV 59.
aiva- I 69, II 134, III 4.
aištatā I 410. 415, IV 107.
aura- II 201. 314.
auramazdāh- I 415, II 44.
akūnauš IV 355.
akūnavatā (3rd pl.) IV 185.
akūnavam I 231, IV 178.
akūnavayatā (3rd pl.) IV 332.
akūmā IV 57.
agarbāyam IV 262.
aja (3rd sg.), ajanam (1st sg.) IV 58.

atarayāma IV 331.
atiy I 273.
adadā IV 101.
adam III 372.
adaršnauš I 230. 275, IV 355.
udānā I 207, IV 142.
adāriy IV 453.
adīnā (3rd sg.), adīnam (1st sg.) IV 143.
aþaha I 295.
apa- I 88.
apataram II 191.
aparam II 190.
aparsam I 230.
abara IV 81.
abiš III 136. 258.
an- ('un-') I 196.
anayam IV 81.

aniya- I 116, II 132.
aniyanā III 344.
amahy (1st pl.) IV 60.
amāxam I 415, III 396.
amīy (1st sg.) I 415, IV 60.
aya (3rd pl.) IV 30.
ayasatā IV 203.
ayastar- II 384.
ava- III 329.
avajata- II 37.
arasam IV 201. 204.
ariyārāmna- II 42.
-aršan- I 419.
ašiyavam I 333. 350, II 81.
asariyatā IV 244.
astiy I 32, IV 60.
aspa- I 142.

I. Index of Words. Old Persian: *aspacanah-* — *ya-*.

aspacanah- II 416.
asman- I 88, II 368.
aśārayam IV 288.
aha (3rd pl.) IV 30.
ahatā (3rd pl.) IV 569.
ahy (2nd sg.) IV 523.

-āiš (3rd sg.), *-āiša* (3rd pl.) IV 355.
āpiyā II 181.

ima III 331.
iyam III 337.

u- ('well') I 40. 414.
ud-apatatā IV 82.
ubarta- II 43.
uva- I 143, III 371. 390.
uvāmaršiyu-š II 42.
uvārazmī- I 300. 415.
uška- I 332. 413, II 254.

katanaiy II 161.
karta- I 230.
kūnavāhy (2nd sg.) IV 469.

gaudaya I 300.
gauša- II 111.
gāp̄u- II 326.

xšayāršan- II 42. 348, III 70.
xšasapāvan- II 41.
xšaśa-m II 118.
xšnāsātiy I 296. 298, IV 203. 204.

caxriyā IV 486.
cartanaiy II 161. 476, IV 600.

cā I 49. 332.
ciy I 32, III 333.
cišciy III 333.

jata- I 335.
jatar- II 384.
jadīy (imper.) IV 503.
jadīyāmīy IV 234.
janiyā IV 484.
jamīyā I 334, IV 484.

taiy ('tibi') I 162, III 384.
taumā- II 172. 369, III 102. 282.
tarsatiy IV 203.
tūvam III 373.
tya- I 116, III 328.
tyanā III 344.

dauštar- I 49. 297. 410. II 384.
darga- I 243. 335, II 111.
dastayā III 206.
dahyāu-š II 318.
dārayavau- II 43.
dārayāmīy IV 330.
dīdā- I 300.
duvarayā III 206.
dūvītiya- I 143, III 8.
dūra- II 201.
dūrūxta- I 356.
dūrūjiya- (present stem) I 335. 470, IV 244.
drauga- I 335.
drayah- I 297, II 415.

p̄ahyāmahy IV 244.
p̄ātiy I 415.
p̄uxra- I 332. 350, II 183.

patiy-axšaiy IV 193. 194.
patiš III 136.
pap̄i- I 350.
pariy I 49.
paru- I 231, II 314.
parūva- II 134.
parsā (imper.) IV 204.
pātišuvari-š II 280.
pātūv IV 129.
pitar- I 100, II 383.
pusra- I 213.

basta- I 194. 356, II 225.
biyā (opt.) I 112. 150, IV 481.
bumi- II 289.
brātar- II 383.

fra- I 264. 348.
fratama- II 178, III 5.
framātar- II 384.

napā I 416.
navama- III 22.
nāman- II 368.
nāham (acc.) I 97, II 480.
niy-apišam IV 195. 369.
niy-ašādayam I 410, IV 330.
niy-aštāya IV 234.
ni-rasātiy IV 204.

maiy (dat. gen.) III 384.
map̄išta- I 90, II 428.
manā (gen.) III 389.
maniyāhy I 195, IV 235.
martiya- I 116, II 126.
mātar- II 383.
mārgava- II 112.

ya- I 113.

3*

vayam III 374.
varnavatām (imper.) IV 185.
vašna- I 296, II 142.
vasiy (vasaiy) I 296, III 185.
vazraka- II 183.
vahuka- II 314.
vahyazdāta- II 43.
vip̄- II 479.
vīspa- II 134.

raucah- I 211, II 416. 425.

rautah- I 414, II 416.
rāsta- II 235.

ša (abl.) III 379.
šaiy (dat. gen.) III 371.
šiyāti-š II 297, IV 207.

suguda- sugūda I 470.
stā ('to stand') I 351.
σπακα II 264.

ši- 'drei', šitiya- I 213. 274. 349, II 244. 470, III 9.

hainā- I 414.
hauv II 3. 9, III 337.
haxāmani-š I 351.
hadiš- II 425.
hama- I 414.
hamapitar- II 24.
hamarana-m II 150.
harauvatī- I 143, II 338. 406.
harūva- I 142.
hašiya- I 114. 274. 349.
hidū-š I 414, II 314.
hya III 328.

Modern Persian.

bām II 172.
nāxun I 406.

sāyah I 294.
varvarah II 95.

Ossetian.

ard (art) II 227. | nŭx¹) I 406.

Armenian.

Order of the Letters: a b g d e z ē ę̄ t ž i l x c k h j ł č m y n š o u č̣ p j ṙ s v t r c̣ p̣ k̇ ō (au).

agevor II 45.
ac (3. sg.) IV 29.
acem I 87, IV 81.
akn I 336. 357, II 347.
aknkal II 45.
ał I 94. 416, II 281. 485.
ałaček IV 202. 205.
ałbeur I 214. 228. 233. 266, II 364.
ałuēs I 63. 214, II 251.
ałauri II 119.
amaṙn I 197. 416, II 171. 483.

amis I 62. 169. 416, III 285.
ail I 87. 112. 117, II 132.
aic I 301, II 280.
ait I 70.
aitnum I 70, IV 180.
air II 345.
airevji II 46.
aič I 301, II 275.
an- ('un-') I 194. 197, II 29. 46.
ananun II 46.

anarg II 46.
anban II 46.
ancuk see anjuk.
ankin II 46.
anjuk I 301. 358, II 263. 269. 313. 455.
anun I 169. 197, II 367.
anc̣anem anc̣i IV 29. 204.
ač̣k̇ (pl.) I 70. 336. 357, II 279. 280.
aṙajin III 6.
aṙn III 124.

---

1) nix̌ in Tagaurian, nix in Digorian, according to Hübschmann, Etym. und Lautl. der osset. Sprache, 52. 84.

I. Index of Words. Armenian: aṙnakin — zercanin. 37

aṙnakin II 46.
aṙnem IV 113. 149.
aṙnim IV 246.
aṙnum aṙi IV 29. 177. 180.
aṙoganem IV 156.
aseλn I 89. 300.
astλ I 214. 276. 416.
-a-vor II 7.
ateam I 70.
arari IV 113. 149.
arb I 266.
arbi I 266. 358.
argel I 90. 336. 357.
ardar I 233, II 183. 227.
ardarev III 133.
arciv arcui I 233. 301. 350.
armukn I 241, II 171. 264.
arj I 230. 233. 358. 417.
araur arōr I 94. 222. 276, II 118.

bazuk II 315.
ban I 255. 266. 358, II 287.
banam IV 144.
baṙnam barji IV 88. 144.
barapan II 45.
barj I 301.
barji see baṙnam.
barjr I 232. 304. 359, II 315.
baçi IV 201. 203. 204.
bekanem IV 169.
berem I 263, IV 80.
bok I 419, II 254.
bu buēč I 265.

gail I 227. 233. 336, II 111.
gan I 317. 336. 358.
gaṙn I 218. 233, II 349.
geλmn II 369.

get I 277.
gin II 142.
gini I 70, II 127. 134.
gišer I 417.
giut IV 164. 166.
gitaçi IV 204.
gitem I 137. 145, IV 82. 404.
gom IV 64.
yočem I 332.
gorc I 145, II 113.
gorcem IV 293.
gtanem I 32. 473, IV 87. 88. 157.

-d (Pronoun) III 327.
da III 327.
dalar II 183.
dayeak I 101.
dail dal I 101. 210, II 198.
daṙnam IV 144.
diem I 63. 276. 368.
dizem I 50.
diuçazn II 46.
dnem I 273, IV 149.
du III 373.
duṙn I 43. 213.
dustr I 276 343, II 382.
durgn I 327. 336. 406.
duk III 364. 369. 374.
drakiç II 45.
drand drandi I 207. 276. 357, II 45. 227.

e- (augment) IV 24.
egit (3. sg.) IV 52. 88. 157.
edi IV 31. 53. 63. 519. 529. 546.
ediç IV 28.
etuk (3rd sg.) IV 88. 157.
eliλ (3rd sg.) IV 88. 157.
eker (3rd sg.) I 336, IV 82.

eki, 3rd sg. ekn, I 336, IV 31. 51. 63. 529. 530.
ekiç IV 28.
ekul (3rd sg.) IV 157.
eλbair I 97. 214, II 382.
eλbeur I 358.
eλn I 50. 214, II 349.
em I 417, IV 52. 63. 519.
en (3rd pl.) IV 546.
es ('ι') I 50, III 364. 372.
es (2nd sg.) IV 63. 523. 524.
ev I 50. 265. 357.
evtanasun III 37.
evtn I 50. 265. 357. 408. 416, III 17.
evtnevtasn III 26.
evtnerord III 19.
etes (3rd sg.) IV 82.
etu I 256, IV 31. 53. 64. 519. 546.
erdnum II 227.
erek I 47. 213. 214. 308. 336. 470, II 414.
eresun I 70, III 37.
erek I 213. 214. 357, II 279, III 7.
erektasan III 26.
erir III 9.
eris (acc.) I 497, III 230.
erkeriur III 44.
erkeriurerord III 46.
erkir III 8.
erkotasan III 26.
erku III 7. 190. 192.
erkrord III 8.
errord III 9.
epʿem I 265. 357. 417, IV 192.

zard II 327.
zercanim IV 157.

zgenum I 409. 417, IV 139. 178. 180.
zgest I 409. 416, II 298. 300.

ē (3rd sg.) IV 63.
ēanç (3rd sg.) IV 29.
ēi ('eram') IV 28.

ǝnderk̃ II 189. 192. 450.

t̃anjr I 275.
tar̃amim I 275. 357. 418, IV 287.
taršamim I 275. 418.
tak̃num IV 180. 201.
t̃uk̃ I 416.
t̃k̃anem IV 88. 157.

i ('what?') III 332. 344.
iž I 338, II 278.
im ('mei') III 365.
im ('meus') III 390.
inev (instr.) III 380. 388.
(y) inēn (abl.) III 380.
inj inc ('leopard') I 301.
inj ('mihi') III 365. 376. 380.
inn I 197, III 21.
innevtasn III 26.
innerord III 22.
innsun III 37.
ink̃n III 329. 371.
iur ('sui') III 370. 379. 393. 394.
iur ('suus') III 394.
is ('me') III 376.
iv ('wherewith?') III 344.

lap'em I 268.
leard III 104.
li I 61. 62. 357, II 124. 430.
lizanem I 50, IV 157.
lizem I 48. 50, IV 82. 335.
lizeçi IV 205.
lizum I 301. 359.
linim IV 149.
lnum I 63. 461, IV 180.
loganam I 145.
lois I 50. 211.
lu I 211. 289. 301. 358.
luanam I 211. 357, IV 144.
lusaber II 45.
lusavor I 66. 358, II 45.
lur I 301.
luçi IV 195.
lsem IV 201. 205.
lsnagoin II 45.
lçi IV 204.
lk̃anem I 32. 336. 357, IV 88. 138. 157.

xroxtam IV 123.

calr I 301.
cer I 50. 301. 358.
cin I 50.
cnay IV 125.
cnaut II 315.
cunr II 315.
kalin I 233. 322.
kanaik̃ (pl.) I 197. 315.
kap I 318.
keam I 308, IV 122.
keank̃ I 455, II 134.
ker I 315. 336. 358.
keri I 336, IV 82.
keçi IV 204.
kin I 325. 336.
klanem IV 157.
kogi II 126. 127.

kov I 145. 315. 336, II 482.
ku I 45.
kr̃unk I 308, II 276.

h- ('good') I 416, II 46.
hazar III 47.
ham- II 46.
hair I 100. 262. 276. 357. 455, II 381.
hairanun II 45.
handart II 46.
handēs II 46.
hast II 227.
hatanem IV 157.
hariur III 42.
hariurord hariurerord III 43.
harsn I 301.
harç I 232. 301. 358. 417, II 274.
harçanem I 233, IV 157. 202. 204.
harçi IV 157. 203. 204.
her̃i I 214. 265. 357.
het ('footstep') I 276.
het ('behind') I 263. 276.
heru I 276.
hzōr II 45.
hin I 50. 408. 416, II 113.
hing I 49. 50. 166. 169. 265. 307. 336. 358, III 13.
hingameay II 45.
hingerord III 15.
hngetasan III 26.
hum I 84.
hun I 70.
hur I 215, III 285.
haureλbair II 46.
hauru I 265.

jez ('vobis') III 367. 370. 383.

I. Index of Words. Armenian: jet — srbem.

jet I 302.
jer ('vester') I 110. 117, II 192, III 394.
jer ('vestri') III 370. 394.
ji I 301.
jiun I 48. 50. 163. 169. II 366.
jmeŕn II 171.
jukn I 301. 336, II 263. 486.
jaŕnem I 304. 358, II 150.

magil I 406.
malem IV 86.
macanim IV 157.
mair I 62. 96. 276, II 382.
mard I 233. 276. 357, II 222.
marh mah I 276. 357, II 319.
marmin II 369.
mez ('nobis') III 383.
mecamec II 99.
mecarem II 183.
melsasēr II 46.
meŕanim IV 157. 246. 266.
metasan III 26.
mer ('noster') II 192. 450, III 394.
mer ('nostri') III 394.
melḱ III 369. 374.
mēg I 70. 336.
(i) mēnj (abl.) III 380.
mēj II 132.
mi ('unus') I 416, III 4.
mi ('lest') I 62.
miacin II 45.
mizem IV 83.
miorji I 301, II 127.
mis I 169.
mit I 62. 279, IV 29.

mnam IV 122.
mnaçi IV 204.
moruk mōruk muruk II 322.
mukn I 45. 417, II 263. 264.
msaker II 45.
mrmŕam mŕmŕam IV 135.

yaŕnem IV 149.
yesan I 296.
yet I 263. 276.
yisun I 265, III 37.
yauray I 265.

-n (article) III 329.
nax III 6.
nav I 97.
neard I 416.
nist I 274. 447. 449, II 9. 30. 46. 111.
noin III 329.
nor I 50, II 192.
nu I 40. 169. 416. 417, III 284.

šun I 84. 294. 301. 497. II 346, III 70.

o III 333.
ozni I 301.
olbam I 214, IV 123.
ost I 70. 447. 449.
otn (pl. otḱ) I 249. 265, II 480. 487.
orb I 267, II 113.
orṫ II 327.
orcam I 214.
orji I 301, II 127.

uṫ I 67. 276. 301. 357. 358, III 20. 190. 192.

utevtasn III 26.
uterord III 20.
uṫsun III 37.
unain I 50, II 142.
us I 169. 416.
ustr I 343.
utem I 279.

çaraçar II 99.
çorektasan III 26.
çorir III 12.
çorrord III 12.
çorḱ I 307. 336, III 10.
ču I 117. 335. 336.
čuem IV 293.

pirk IV 167.

janam IV 123.
jer I 336.
jerm I 304. 336. 358, II 171, IV 180.
jeŕnum I 213, IV 180.

-s (pronoun) I 290, III 330.
sast I 276, II 298.
sar I 233. 300. 358, II 417.
siun I 38, II 364.
sirem IV 293.
sirt I 283, II 280. 480. 487.
sxalem I 406. 416.
skesur I 145. 418.
skesrair II 45.
sug I 327.
surb I 41. 214. 266. 300, II 183.
stanam IV 144. 153.
sterj I 416.
stndi II 45.
srbem I 41.

40   I. Index of Words.   Armenian: *srnkunk* — Greek ἄγχαυρος.

srnkunk II 276.
srunk (pl.) I 45. 300,
   II 277. 286.

vatsun III 37.
vasn I 145, II 142.
veštasan III 26.
(*i*) *ver*, (*i*) *veroy* I 418.
veç I 145. 301. 358. 417.
   446, III 16.
veçerord III 17.

t- ('mis-, un-') I 277,
   II 29. 46.
tam I 101. 276, II 899.
taigr I 90. 145, II 381.
tanim IV 149.
tasn I 50. 197. 497,
   III 22.

tasnerord III 24. 26.
tgēt II 46.
tesanem I 214, IV 157.
tzōr II 46.
tiv I 276. 358.
tun II 484.
tur I 83. 84. 213, II 183.
   188.

çelem IV 32.
çin I 38.

p'oit I 71. 265. 357.
   416.
p'utam I 71.
p'uk II 275.

k̇aŕasun I 233. 276, III
   10. 29. 37.

k̇aŕord III 12.
k̇ez ('to thee') III 383.
(*i*) *k̇ēn* ('from thee')
   III 380.
k̇irtn I 214. 276. 417,
   II 183.
k̇o ('thy') I 145. 276·
   357, III 389.
k̇oy III 389. 391. 392.
k̇oir I 145. 416. 455,
   II 381.
k̇un I 165. 169. 262.
   417, II 140.
k̇san I 197. 289, III
   30. 33. 34.

auc (3rd sg.) IV 29.
aur II 180.

Phrygian.

αδδυκετ αδακετ IV 412.

Thracian.

Στρύμη II 175.

Greek.

ἀ- ἀν- I 194, II 29. 36.
   53.
ἀ- I 192.
ἆ (adv.) Gortyn. III 179.
ἆατος II 228.
ἄβληρα I 148.
ἀβρός I 308. 315.
ἀγαγύρτης II 98.
Ἀγαθθώ II 35.
ἄγαμαι IV 117.
Ἀγαμέμνων II 366.
ἀγάννιφος I 165. 408. 422.
ἀγγέλλω IV 287.
ἄγγελος II 200.
ἀγείρω I 311.

Ἀγέλαος II 24. 46.
ἀγέλη II 203.
ἀγέραστος II 225. 229.
ἄγες IV 458.
ἀγήνωρ II 378.
ἁγίω ἁγινέω IV 61. 187.
   337.
ἅγιος I 110, II 107. 123.
   452.
ἀγκάς III 258.
ἄγκοινα II 335.
ἄγκος II 417.
ἀγκύλος I 542, II 199.
ἀγκών I 178. 311.
ἀγκλιεῖσθαι Hom. IV 277.

ἀγνέω Cret. IV 187. 337.
ἁγνός I 88. 117. 257, II
   141. 452.
ἁγνώς II 391.
ἄγος II 413.
ἀγός II 113.
ἄγος I 114, II 414.
ἄγρα II 186.
ἄγριος II 126. 450.
ἀγρός II 181. 462.
ἀγρότερος II 450.
ἄγυια II 438, IV 392.
Ἀγύλος II 203.
ἄγχαυρος I 92, II 181.
   381.

I. Index of Words. Greek: ἄγχι — Ἀλκιμέδων. 41

ἄγχι I 90.
ἄγχω I 90. 292. 394.
ἄγω I 293, IV 41. 81.
ἀγωγή II 98.
ἀγωγός II 98.
ἀδάματος I 104.
ἀδελφεός I 316.
ἀδελφίδιον II 128. 464.
ἀδήν II 352.
ᾄδην I 101.
ἀδικήει Lesb. IV 293.
ἀδικημενος Arcad. II 165.
Ἄδμητος II 33.
Ἀδρηστίνη II 359.
ἄδωρα δῶρα II 98.
ἀεί I 90, III 165 (see also αἰεί).
ἀεικίζω IV 298.
ἀεικώ Hom. IV 277.
ἀείρω IV 246.
ἀέκασσα II 400.
ἀελλόπος II 48.
ἀέξω IV 192.
ἀερίοικος II 5. 54.
ἀέρρω Lesb. IV 246.
ἄερσα Cret. I 470.
Ἀεσχρώνδας Boeot. I 90.
ἄετμα ἀετμόν II 365. 370. 372, IV 212.
ἄζομαι I 114. 363, IV 234.
ἀηδώ III 70.
ἄημι IV 128.
ἀήρ II 385.
ἀήτης ἀήτη II 223. 229.
Ἀθηνᾶ I 456.
Ἀθήναζε I 171. 450.
ἀθρέω I 202.
ἀθρόος I 421.
αἴ I 92.
αἰάζω IV 293.
αἴγιβοτος II 280.
αἴγινθος II 162.
αἰδέομαι II 423, IV 106.
αἰδώς II 423. 424.
αἰεί αἰϝεί I 90. 138. 147, III 165.

αἰέν I 140, II 343. 362. 430, III 158.
αἰές II 329. 423. 426. 430, III 159.
αἰή Tarent. II 176.
αἴθαλος II 202.
αἰθήρ II 180. 385.
αἶθος II 414.
αἴθοψ II 488.
αἴθρα II 180. 385.
αἴθυια II 438.
αἴθω IV 83.
αἴκνον I 479.
αἶλος Cypr. I 119. 479.
αἷμα II 370.
αἱμασιά II 367.
αἱματίζω IV 298.
αἰμι- Lesb. I 63.
αἱμοβαφής II 27. 340.
αἰνίζομαι IV 298.
αἴνυμαι IV 179.
αἴξ I 301.
αἰόλλω IV 287.
ἄιον IV 379.
αἴρω IV 246.
αἶσα III 4.
αἰσθάνομαι IV 379.
ἀίσθω IV 379.
Αἰσίοδος Lesb. I 63.
ἄισσω I 90, IV 12. 259.
αἰσχρολόγος I 543.
αἴτιος I 361.
αἰχμή I 479.
ἀίω ('I hear') IV 379.
αἰῶ (acc. sg.) II 423. 425. 430.
αἰών I 90. 138, II 341. 362. 430.
ἄκαινα II 346.
ἀκακία II 98.
ἀκαλαρείτης II 56.
ἄκανθος II 162.
ἀκαχίζομαι IV 114.
ἀκαχμένος II 98.
ἄκομαι IV 282.
ἀκκόρ Lac. I 423.
ἄκμων I 295, II 27. 367.

ἀκόνη I 296, II 139. 346.
ἀκοντίζω IV 298.
ἄκρα see ἄκρος.
ἀκρατέστερος II 194.
ἄκρατος IV 122.
ἀκρεμών II 371.
ἄκρις II 290.
ἀκρόπολις II 25.
ἄκρος, ἄκρον, ἄκρα I 300, II 184. 477.
ἀκτή II 229.
ἀκτῖν- II 359.
ἄλοχος I 71. 471.
ἀκτινηβολία II 49.
ἄκτωρ II 383.
ἄκυρος I 295, II 182.
ἀκωκή II 98.
ἄκων ('javelin') II 346. 350.
ἄκων ('unwilling') I 456.
ἀλαλά II 98.
ἀλάλαγξ II 98.
ἀλαλητός II 229.
ἄλαλκε IV 15. 114.
ἀλγεινός II 143.
ἄλειμμα I 172.
ἄλειφα ἄλευραρ I 200, II 350.
ἀλείφω I 359. 470, IV 133.
ἀλεξίκακος II 52.
Ἄλεξις II 123.
ἀλέξω IV 192.
ἄλεσσα IV 381.
ἄλεται (conj.) IV 463.
ἀλετρίβανος II 119.
ἀλέτριος II 119.
ἀλετρίς II 386.
ἀλέω IV 196.
ἀληθόμαντις II 50.
ἁλι- II 281.
ἀλίναι I 215.
ἀλίνω IV 142. 148. 150.
ἄλιππα Lesb. I 172.
ἅλις III 274.
ἁλίσκομαι IV 206. 379.
Ἀλκάθοος II 48.
Ἀλκιμέδων II 54.

ἄλκιμος II 174.
Ἀλκίνοος II 55.
Ἀλκίφρων II 55.
ἀλκυών I 422.
ἄλλα (adv.) Lesb. III 179.
ἄλλᾳ (adv.) Gortyn. III 178. 179.
ἄλληκτος I 102. 423.
ἀλλήλων II 56.
ἀλλοδαπός II 56, III 380.
ἀλλοῖος II 128.
ἄλλομαι IV 250
ἄλλος I 112. 117, II 132.
ἀλλότερρος Lesb. I 119.
ἀλλότριος II 189. 193.
ἄλλυ Arcad. I 71.
ἀλοιφή I 81.
ἄλοξ II 487.
ἄλσχος I 71. 421.
ἅλς I 94, II 485.
ἀλυκός II 258.
ἀλυσκάνω IV 157. 158.
ἀλφάνω I 317, IV 157. 159.
ἀλώπηξ I 63, II 251. 410.
ἀλωπός II 251.
ἀλωπόχρους II 251.
ἅμα I 87. 199, III 174. 185.
ἁμᾶ Dor. III 185.
ἀμαλδύνω IV 220.
ἀμαλλοδετήρ II 386.
ἁμαξιτός II 222.
ἀμαρεῖν IV 214.
ἁμαρτάνω IV 158. 214.
ἁματροχιά II 56.
ἀμαχεί III 165.
ἀμβρόσιος I 112, II 126.
ἀμβρότην (inf.) Lesb. IV 214.
ἄμβροτος I 170, II 222.
ἀμείβω I 322.
Ἀμεινοκλεῖος Boeot. I 119.
ἀμεινότερος II 104. 194.
ἀμείνων I 119, II 432.

ἄμειπτο IV 56.
ἀμέλγω I 288. 470, IV 92.
ἄμελξις II 305.
ἀμές Dor. I 422, III 370. 374.
Ἀμηνέας Arcad. I 119.
Ἀμηνιζα Cypr. I 119.
ἄμητος II 229.
ἀμῖξαι I 470.
ἄμμε Lesb. III 367. 368.
ἄμμες Lesb. I 198, III 374.
ἄμμεσιν Lesb. III 387.
ἄμμι Lesb. III 387.
ἄμμος Lesb. III 393.
ἀμνός I 315, II 144.
ἀμό- ('some or other') I 163. 193. 199. 421, III 334.
ἁμός ('our') Dor. III 393.
ἄμπωτις I 84, II 299.
ἀμυνάθω IV 223.
ἀμφήριστος II 113.
ἀμφί I 91, III 61. 175.
ἀμφιαχυῖα IV 391.
ἀμφιέω -ῶ (fut.) IV 277.
ἀμφίκρανος II 105. 347.
ἀμφίς I 91, III 136. 258.
ἀμφορεύς I 482.
ἄμφω III 61. 175. 191.
ἀν- ('un') see ἀ-.
ἄν (ἐάν) III 176.
ἄνα (voc.) III 88.
ἀνα-βιώσκομαι IV 204.
ἀνα-βρώσκων IV 205.
ἀνακαίη II 128.
ἀνάθημα II 367.
ἀναιδής II 423.
ἄναιμος II 27.
ἀν-αιρέρηαι IV 408.
ἀνάλογος II 53.
ἀν-αραίρημαι IV 408.
ἀνατολή I 314.
ἀνδράποδα II 49.
ἀνδρήιος II 128.
ἀνδρόγυνος II 91.

Ἀνδρομένης II 24. 415.
ἀνδροτῆτα II 309.
ἀνδρών II 364.
ἀν-έθεαν Boeot. IV 549.
ἀν-εθείκαϊν Thess. IV 549.
ἄνεμος I 17. 104, II 174.
ἄνεσις II 298.
ἄνευ III 163.
ἀνεψιός I 112. 269. 361. II 130.
ἀν-εώσθαι Herakl. I 86. 254.
ἀνήνυτος II 229, IV 214.
ἀνήρ I 164, II 381.
ἀνησίδωρος II 298.
ἀνθεσίχρως II 54.
ἀνθέω IV 296.
ἄνθος II 414.
ἀνθύλλιον II 203.
ἀνιάζω IV 298.
ἄνις III 274.
ἀν-κλίμενος Cret. IV 120. 129.
ἀντί I 91. 361.
ἀντιβίην III 180.
ἀντίθυρον II 39.
ἀντικρῦ -ύ I 258.
ἄντλον ἄντλος ἄντλη I 170, II 119.
ἄνυδρος II 181.
ἄνυμι I 197, IV 177.
ἄνυσις II 299.
ἀνύτω IV 214.
ἀνύω ἀνύω I 197.
ἀνφότερος Locr. I 51.
ἄνω ('above') I 86.
ἄνω ('I bring to an end') IV 177.
ἄνωγα IV 407.
ἀνώγω ἄνωγον IV 413. 414.
ἄνωχθε (2nd pl.) IV 541.
ἄξετε (imper.) IV 370. 464.
ἄξων I 303.
ἄοδμος II 53.

άοζος II 53.
άοινος II 53.
άοσσητήρ I 71. 321, II 123.
άπ-αλλαξείων IV 446.
άπαξ II 49, III 4. 49. 258.
άπας II 398. 457.
άπατηλός II 203.
άπαφός II 98.
άπεδος I 421.
άπειρος II 27.
άπείρων I 138. 146, II 363.
άπ-έκτονα IV 388.
άπ-έλλω Lesb. I 171, IV 150.
άπευθής II 417.
άπηνής IV 183.
άπ-ήστελκε Cret. IV 17. 24.
άπινύσσω IV 287.
άπλόος II 27, III 4. 50.
άπλός III 50, IV 213.
άπο-δεδήμηκα IV 407.
άπο-κλάς IV 196. 224.
άπο-κρύψει (conj.) IV 454.
άπόμυξις II 304.
άπο-μύττω 247.
άποστατήρ II 383.
άπο-τειστέος IV 411.
άπύ Thess. I 71.
άπυστος II 227.
άρ άρα I 229.
άραρίσκω II 98, IV 206. 211. 379.
άραρυΐα IV 405.
άράσοντι Herakl. IV 124.
άράω (Hom. άρόωσι) IV 124. 262.
άραχνούφής II 47.
άργής (άργετ- άργητ-) I 291, II 390. 392.
'Αργειφόντης see Addenda to this volume.
άργυφος II 217.
άρδις II 282.

άρειθύσανος II 5. 55.
άρειότερος II 194.
άρείων II 190.
άρεσκος II 275.
άρέσκω IV 201.
άρέσσασθαι IV 380.
άρετή II 229.
άρηγών II 342.
'Αρηίλυκος II 5. 33.
άρήν II 349.
άρηρα IV 405.
άρθμός II 213.
άρθρον II 213.
άριδείκετος II 229.
άριθμός II 173. 174, IV 206.
άριστερός II 190. 194.
'Αριστόθοενος Boeot. I 72.
άριστον I 250, II 380.
άριστος II 190.
άρκεσίγυιος II 52.
άρκέω I 336.
άρκτος I 230. 234. 408. 500.
άρκτύλο; II 203. 464.
άρμενος IV 357.
άρνάσι (dat. pl.) III 263.
άρνυμαι I 234, IV 177.
άρνωδός II 26.
άροτρον II 118.
άρόω IV 117.
άρπάζω IV 298.
άρπαξ II 411.
άρρεκτος II 234.
άρρην see άρσην.
άρρητος I 148.
άρσην άρρην I 234. 419, II 345.
άρσης Lac. III 71.
άρτύνω IV 150.
άρτύς II 327.
άρύσσω IV 280.
άρυτήρ IV 461.
άρύτω IV 214.
άρχέπολις II 46.
άρχοντιάω IV 295.

άρχων II 401.
άς Dor. II 405.
άσηρός II 185.
άσθενόω IV 291.
άσθμα IV 379.
άσκάλαφος II 216.
άσκηθής IV 251.
άσμενος I 422, IV 358.
άσπαίρω I 229. 234. 469.
άσπιδηφόρος II 47. 50.
άσπίδιον II 464.
άσπιδόδουπος II 47. 50.
άσσα άττα I 360. 501.
άσσον I 365, II 432.
αύτράπτω IV 214.
άστυ I 145, II 324. 326. 327.
άσφε άσφι Lesb. III 372.
άτ (άπ) τάς Thess. I 500.
άταλάφρων II 55.
άτάρ II 189.
άτε Dor. II 178.
άτέμβω IV 167.
άτερ II 189.
άτέραμνος I 104.
άτερος Dor. etc. II 193.
'Ατθόνειτο; Thess. I 266.
άτιμάω IV 284.
άτρεκής IV 172.
άτρίβαστος II 229.
άττα ('daddy') I 95.
άττα ('some') see άσσα.
ά-ττασι Lac. I 423, IV 504.
άττω I 90, IV 12. 259.
αύ αύτε αύτις I 90. 93.
αύαίνω IV 156. 162. 266.
αύελλα Lesb. I 146.
αύήρ Lesb. I 146, II 385.
αύκά Cret. I 216.
αύλαξ I 146. 240, II 487.
αύληρον I 148.
αύλός II 200.
αύξάνω IV 158.
αύξω I 323, IV 190. 192. 193.
αύονή αύονον IV 162.

I. Index of Words. Greek: αϋος — βουλήσομαι.

αϋος II 115.
άυπνος II 53.
αϋρα II 385.
αϋρηκτος Lesb. I 148.
αϋριον I 92, II 181. 381.
αϋσω (fut.) I 421.
αΰταυτος II 99.
αϋτε see αύ.
αύτή II 229.
αύτη III 337.
αύτις see αύ.
αύτμήν II 365. 370. 372.
αύτοίοιο El. III 210.
αύτόματος I 179. 192, II 222.
αύτοοαυτοΰ II 56.
αϋω αϋω I 95. 421.
άφ-έωκα -ίωμαι Dor. I 254, IV 384. 390. 413.
άφήτωρ II 380. 386.
άφλοισμός II 173.
άφρονέω IV 296.
άφρός II 184.
άφρων II 344. 378.
άχαρίστερος II 194.
άχείμαντος II 225. 250.
άχθομαι IV 46. 223.
άχνυμαι IV 181.
άχος II 420.
άψ III 135. 258.
άωτος II 229, IV 128.

βαβράζω IV 261.
βαθμός II 213.
βάθρον II 213.
Βάθυλλος II 203.
Βαθύλος II 203.
βαίνω I 118. 170. 192. 198. 308. 315, IV 235.
-βαίνωριν Eretr. I 361.
βάλανος I 233. 322.
βαλκιώτης II 265.
βάλλω I 234. 316, IV 89. 246.

βανά Boeot. I 194. 199. 315, II 111.
βάραθρον I 316.
βάρβαρος I 263, II 13. 95.
βαρδήν I 233.
βαρνάμενος I 233, IV 141.
βαρύθω IV 223.
βαρύς I 229. 232. 234. 315, II 312.
βαρύτης II 239. 310.
βασιλεύτερος II 194.
βάσιμος II 174.
βάσις I 191, II 295.
βάσκε I 197, IV 203. 205.
βάτην (3rd du.) IV 51.
βατήρ II 380. 382.
βατός I 191, II 220.
βδέννυμαι IV 182.
βδέω I 266. 450, IV 182. 192. 196.
βεβάασι IV 409. 549.
βέβαμεν IV 388.
βεβαρηώς II 444.
βεβαώς I 193, II 443.
βέβηλος II 96.
βέβληαι IV 562.
βεβλήαται βεβλήατο IV 570.
βεβούλημαι IV 406.
βέβριθα IV 406.
βεβριώθοις (2nd sing.) IV 223.
βέβρωμαι IV 388.
βεβῶσα II 445.
βείλομη Boeot. I 316, IV 150.
βέλεμνον II 165.
βέλλετει Thess. I 170. 316, IV 150.
βέλος I 316.
βέλτατος II 245.
βελτίων II 433.
βέμβιξ II 270.
βῆμα II 370, IV 57.

βία I 315, II 486, IV 42.
βιάω IV 42.
βίβασις II 97.
βίβημι IV 57. 134.
βιβρώσκω I 242. 316, IV 210.
βίδεοι βίδνοι Lac. II 440.
βινέω I 315, IV 337.
βινητιάω IV 295.
βίος I 308. 315.
βιός I 112. 315.
βιοτή II 219.
βιότης II 308.
βίοτος II 219.
βλαδαρός IV 220.
βλακίστερος II 194.
βλάξ Dor. I 163, IV 122.
βλάπτω IV 214.
βλαστάνω IV 213.
βλάστη II 229.
βλαστός II 229, IV 213.
βλέπω IV 334.
βλέφαρον IV 334.
βλήεται IV 476.
βλῆρ Aeol. I 315.
βληχή II 110.
βληχρός I 163, IV 122.
βλίττω I 170, IV 283.
βλωθρός I 242, IV 214.
βλώσκω I 170. 244.
βοή I 316.
βοηνόμος II 48.
βολή I 315.
βόλομαι I 244.
βοόκλεψ II 48.
βορά I 316.
βοσκή II 275.
βοσκήοω IV 276.
βόσκω IV 100. 205.
Βόσπορος III 120. 130.
βοτήρ II 380.
βότρυς II 322.
βουκόλος IV 215.
βουλεύω IV 297.
βουλέωνται Ion. IV 336.
βουλήσομαι IV 276.

I. Index of Words. Greek: βούλομαι — γνωτύς. 45

βούλομαι I 170. 243. 316.
466, IV 150.
βουλυτός II 227.
βοῦν III 98.
βοῦς I 83. 315. 461, II
482 (see also) βοῦν,
βῶς, βῶν).
βραδίων II 432.
βραδύτης βραδυτής II 240.
βραδύς II 315.
βράζω IV 248.
βραχεῖν IV 90.
βρᾶξαι IV 356.
βραχύς II 317.
βρέφος II 480.
βρήτωρ Lesb. I 146.
βρίθω IV 218. 223.
βρόγχος I 325.
βρομέω IV 336.
βροντή II 229. 474.
βροτός I 112. 170, II 220. 221. 222.
βρόχθος I 325.
βρύκω I 315.
βρύχω I 316.
βρῶμα I 242.
βρῶσις II 298.
βρωτήρ I 242.
βρωτύς II 327.
βυνέω IV 337.
βώλομαι Dor. IV 148. 150.
βῶμαξ II 265. 464.
βῶν (acc. sg.) Dor. Hom. I 84. 162, II 482, III 98.
βῶς (nom. sg.) Dor. II 484, III 80.
βῶς (acc. pl.) Theocr. II 428, III 236.
βώτωρ II 380.

γαγγαίνω IV 12.
γαγγαλίζω I 215.
γαλόως γάλως I 240. 291.
γαμετή II 229.

γάνυμαι IV 183.
γαργαίρω IV 12. 260.
γαργαλίζω I 215.
γάγαρα I 311, II 95.
γαργαρεών I 225. 322, II 94.
γαργαρίς II 95.
ΓαρυFόνης Chalcid. I 148.
γαστήρ II 386.
γάστρων II 345. 349.
γαῦλος II 200.
γαυλός II 200.
γαῦρος IV 223.
γεγάασι IV 409.
γέγαχα Pind. IV 413.
γέγαμεν I 198. 245, IV 384. 388.
γεγάτην IV 413.
γεγαώς γεγαυῖα I 193, II 444.
γέγευμαι IV 389. 410.
γέγονα IV 388.
γεγονεῖα II 338.
γεγράψαται Herakl. IV 411.
γεγώς II 444.
γείνομαι IV 251.
γείταινα II 103. 335.
γειτνία II 343.
γελανής II 425.
γελάω I 301, IV 282.
γέλον (acc.) II 425.
γέλω; II 425.
γελώω IV 294.
γέμω IV 95.
γένεθλον γενέθλη II 121.
γενέτειρα II 336.
γενετή II 224. 474.
γενετήρ γενέτωρ I 104, II 383.
γενέτης II 224. 229. 239.
γέννα II 370.
γένος I 291, II 414.
γέντο I 170, IV 56.
γένυς II 313.
γεραίτερος II 192.

γέρανος I 308.
γέρας II 425.
γέργερα II 94. 480.
γέργερος I 225. 322, II 94.
γέρων I 301, II 398.
γεννῶν (gen. pl.) II 313.
γεῦσις II 295.
γευστήριον II 384.
γεύω I 289, IV 81. 91.
γεφυρόω IV 297.
γηθέω IV 223. 337.
γήθομαι IV 223.
γῆρας I 104, II 425, IV 371.
γηρύω I 308. 324.
γίγαρτον II 97.
Γίγας II 13.
γίγνομαι I 245. 291, IV 80. 106.
γιγνώσκω I 288. 304, IV 201. 210.
γιμβάναι (fιμβάναι) IV 168.
γίνομαι I 362. 466.
γινώσκω I 363.
γλέφαρον IV 334.
γλίσχρος IV 201. 202.
γλίχομαι IV 201.
γλοιός IV 146.
γλυκίων II 432.
γλυκύπικρος II 91.
γλύφω IV 89. 90.
γλωχίν- II 359.
γνοίην IV 482.
γνοῦμα Thess. I 84.
γνύξ II 265.
γνυπετεῖν II 313.
γνῶμα II 367.
γνώμων II 367.
γνώομεν γνῶωσι IV 476.
γνῶσις II 296.
γνώσκω Epir. IV 201. 203.
γνωστήρ II 383.
γνωτός ('kinsman') I 86, II 296, IV 119.

46   I. Index of Words. Greek: γοάω — δεξιός.

γοάω IV 295.
γογγύζω I 316, IV 13.
γογγύλλω IV 13.
γογγύλος II 95.
γομφίος II 127.
γόμφος I 302. 393.
γόνατα I 146.
γόννα Lesb. I 146.
γόνος II 110.
γόνυ I 294, II 313.
γοργός I 378.
γοῦνα I 146. 466.
γραίνω IV 159.
-γράφηντι (3rd pl.) Messen. IV 475.
γράφω IV 89. 90.
γράω IV 159. 195.
γύναι (voc.) I 498, III 88.
γυνή I 316, II 106. 111.

δαγκάνω IV 168.
δαέρων (gen. pl.) I 140.
δάϝιον I 257.
δαήρ I 90, II 381.
δαιδύσσομαι IV 12.
δαίνυμι IV 237.
δαινῦτο δαινύατο IV 482. 488. 570.
δαίομαι IV 237.
δαιτρός IV 237.
δαιτυμών II 326. 371.
διιτύς II 326.
δοίω I 90. 148. 257.
δακετόν II 229.
δάκνω I 192, IV 87. 149. 163.
δάκρυ I 90. 220, II 322.
δάκτυλος I 102
δάμαρ I 199, II 483.
δαμάω (pres.) I 117.
δαμάω (fut.) IV 277.
δαμήης IV 476.
Δᾶμις I 80.
δαμιώοντες Boeot. IV 293.

δαμνάω IV 144.
δαμνεῖ Hesych. IV 337.
δάμνημι IV 144. 182.
δάνος I 101. 102. 256, II 142. 417.
δαπανάω IV 155.
δαπανέω IV 295.
δαπάνη II 488, IV 155. 333.
δάπανος IV 155.
δάπεδον II 9. 27. 483.
δάπτω IV 333.
δαρθάνω IV 158. 223.
δάρσις I 233, II 298.
δαρτός δρατός I 233. 234, II 228.
δασμός II 173.
δατέομαι IV 61.
δάττασθαι Cret. I 360.
δαυλός I 456, II 202.
δέατο IV 67.
δέδαρμαι IV 387.
δεδαυμένος IV 390.
δέδδιμεν see δείδιμεν.
δεδέημαι IV 405.
δέδειχα IV 409.
δέδεκα IV 413.
δέδεμαι IV 405.
δέδηα IV 390.
δεδηχώς δέδηγμαι IV 409.
δέδια δέδιμεν IV 404. 408.
δεδίδαχα IV 406.
δεδιέναι II 365.
δεδίσκομαι IV 211.
δεδίσσομαι δεδίττομαι IV 260. 412.
δεδιώς II 444.
δεδδανθι (3rd pl.) Boeot. IV 549. 571.
δέδορκα IV 389.
δέδρομα IV 404.
δέδωκα IV 412.
δειδέχαται δείδεκτο (δη-) Hom. IV 17. 110.
δείδια δείδιμεν Hom. I 118, 147, IV 21. 404.

δειδίσσομαι Hom. IV 260.
δείδω Hom. I 118. 147, IV 404.
δεικανάομαι (δηκ.) Hom. IV 158.
δείκηλος δεικηλικτάς Lac. II 202.
δεικνύμενος (δηκν.) Hom. IV 158. 177. 178. 181.
δείκνυμι I 224, IV 181.
δειλινός II 144.
δείλομαι Delph. Locr. I 171. 316, IV 150.
δειμαλέος II 202.
Δεῖνις I 80.
δεινός I 147.
δείξει (conj.) Cret. IV 464.
δεῖξις II 296.
δειπνίζω IV 298.
δεῖπνον I 330. 479.
δείρω IV 235.
δέκα I 192. 290, III 23.
δεκάς I 199. 346, II 390.
δέκατος I 202, II 242, III 24.
δεκάχιλοι δεκάχειλοι II 199, III 2. 45. 47.
δέκνυμι Ion. IV 181.
δέκομαι Ion. I 359.
δέκοτος Lesb. Arc. III 24. 31.
δέκτης II 230.
δέλεαρ I 315.
δέλετρον II 119.
δέλλω Aroad. I 315.
δέλφαξ I 271. 393, II 265.
δελφῖν- I 316, II 359.
δελφύς I 271. 316. 393.
δέμα II 370.
δέμας II 425.
δέμνιον II 143.
δενδρώεις II 407.
δεξιά II 465.
δεξιός I 293, II 132. 155.

I. Index of Words. Greek: δεξιτερός — δρυτόμο:.

δεξιτερός II 137. 195.
δέος I 118, II 417.
δέρεθρον Arcad. I 318.
δέρκομαι I 292, IV 82. 87.
δέρμα II 370.
δέρξις II 296.
δέρω IV 82.
δέοις II 298.
δέομα II 370.
δέσποινα I 360. 363. 479. II 335.
δεσπότης I 164. 166. 171, II 9. 32. 483, III 112. 125.
-δετήρ II 380.
δεῦρο δεύρω II 493, III 106.
Δεύς Boeot. I 365.
δεύτερος δεύτατος III 8. 208.
δέρω IV 196.
δέχαται IV 392.
δέχομαι I 359.
δέψω IV 196.
δέω ('I bind') IV 237.
ΔϜεινίας Corinth. I 147.
δῆγμα I 192.
δήιον I 257.
δηκανάομαι see δεικανάομαι.
δηκνύμενος see δεικνύμενος.
δήλομαι Dor. I 170. 316, IV 148. 150.
δημοβόρος I 543.
δῆμος IV 61.
Δημοσθᾶς II 35.
δημότερος II 194.
δῆνος I 167, II 414.
δήξομαι I 192.
δι- ('two') I 32. 138, III 7.
Δί (dat.) El. I 456.
δῖα II 338, III 285.
διακεχλοιδώς IV 224. 406.
διακόσιοι II 28, III 45.

διακοσιοστός III 46.
δια-κωλύσει (opt.) Arcad. IV 489.
διδάσκω I 361, IV 200. 210.
διδαχή II 97.
διδέουσαι Delph. IV 102.
διδόασι IV 549.
διδόαται Ion. IV 570.
διδοίην IV 488.
δίδοντι Dor. IV 548.
διδράσκω IV 211.
δίδημι IV 102.
δίδωθι IV 102. 504.
δίδωμι IV 99. 102.
διδώοιω IV 198. 275.
δίεμαι IV 247.
δι-έφθορα IV 388.
δίζημαι IV 106. 134.
δίζομαι IV 14. 97. 106.
διηνεκής IV 139.
διιά Pamph. I 120.
δίφιλος II 4. 54.
δίκαιος II 128.
δικασπόλος I 171, II 54.
δίκη II 487.
Δικκώ II 35.
δινέω IV 337.
δίννα Lesb. IV 187.
δίννω Lesb. IV 187.
δῖνος δίνη IV 187.
δίνω IV 187.
διξός Ion. II 257.
Διόζοτος see Διόσδοτος.
δῖος II 127.
Διόδοτος Διόζοτος I 449, II 32. 53. 457.
Διοπούρειον II 5. 53.
Διόσκουροι II 3. 4. 53.
δίπαλτος III 50, IV 213.
διπλάσιος III 50.
διπλεῖ Cret. III 165.
διπλός III 50.
δίπους II 24.
δίς I 147.
δίοκος II 275.
δισσός διττός II 257, III 7.

διψῶ IV 294.
δίω IV 247.
διωκάθω IV 223.
δμήτειρα II 379.
δοάσσατο IV 67.
δοϜέναι Cypr. II 363, III 153bis.
δοίην IV 481.
δοιοί III 6.
δοκέω IV 338.
δοκιμάζω IV 298. '
δολιχός I 243, II 111.
δολόεις II 405.
δόλος II 114.
δολφός I 271. 316. 393.
δόμα II 367.
δόμεναι II 367. 368.
δόμην Cret. III 157. 158, IV 601.
δόμος II 114.
δόξα I 360.
δορικμής II 391.
Δόριλλος II 203.
δορίμαχος II 54.
δόρξ II 479.
δόρυ II 314.
δός IV 477.
δόοις II 296.
δότειρα II 336.
δοτήρ II 378. 380. 384.
δοῦναι II 363.
δουρίκτητος II 54.
δράγμα I 364.
δραίνω IV 159. 266.
δράκων II 400.
δρατός see δαρτός.
δράω δρῶ IV 159. 263.
δρέπανον IV 334.
δρέπω IV 334.
δριμύλος II 202.
δροσόν I 157.
δρύα δρύες II 314.
δρύινος II 155.
δρυμά II 171.
δρυμός II 171.
δρῦς II 314.
δρυτόμος II 314.

48   I. Index of Words.   Greek: δρύφακτος — ἐδούκαεν.

δρύφακτος I 215.
δρώψ I 164. 170, II 381.
δυάς II 392, III 14.
δυγόν Boeot. I 452.
δύε Lac. III 198.
δυεῖν III 198.
δυϜάνοι Cypr. I 148.
δύη ('pain, woe') I 257.
δύη (opt.) IV 487.
δυναίμην IV 482. 488.
δύνᾰμαι IV 144.
δύναμαι (conj.) Cret. IV 478.
δύνωμαι IV 478.
δύο III 6. 190. 196. 197.
δυοδέκατος III 27.
δυόδεκο Arcad. III 23. 31.
δυοίοις El. III 210.
δυοκαίδεκα III 26.
δυσ- I 277, II 29. 53.
δυσκλεής II 415.
δυσμενής II 415.
δυσμή II 173.
δυσποτμώτερος II 193.
δύστηνος I 96. 445, II 154.
δυσχερής II 417.
δύοχιμος II 171.
δύω ('two') I 109. 148, III 6.
δυωδεκα III 26.
δυωδέκατος III 26.
δῶ ('house') III 102.
δώδεκα I 85. 109. 138. 147. 148, II 32. 37. 53, III 6. 25. 26.
δωδεκάς III 30.
δωδέκατος III 26.
δώῃ Delph. IV 479.
δω´κω IV 412.
δῶμα II 484.
δώομεν IV 478.
δωός Gortyn. I 363.
δῶρον II 183. 188.
δωτήρ II 378. 380. 384.
δωτίνη II 294. 359. 360.

δῶτις II 296.
δώτωρ II 378. 380. 384.
δώω Gortyn. IV 263.

ἒ III 371.
ἐ- (Augment) II 6, IV 24.
ἕα (opt.) El. IV 487.
ἑάλων IV 27. 131.
ἑάν III 176.
ἔανος (subst.) II 141.
ἑανός (adj.) II 152.
ἔαρ ('blood') II 118, III 103. 104.
ἐαρίδρεπτος II 54.
ἐαρινός II 144. 155.
ἕας ἕατε IV 67. 68.
ἔασι I 193, IV 65. 549.
ἔασσα Dor. I 195, II 396. 400.
ἔβαλον I 234.
ἐβάλονϑο Boeot. IV 571.
ἐβδεμαῖος Epidaur. III 19. 38.
ἐβδεμήκοντα Herakl. Delph. II 167, III 19. 38.
ἑβδομάκις III 17.
ἑβδομάς III 14. 17.
ἑβδόματος II 168. 245, III 19.
ἑβδομήκοντα III 17. 19. 38.
ἑβδομηκοστύς III 38.
ἕβδομος I 345, II 166. 167, III 19.
ἔβην I 206, IV 57. 121. 123.
ἐβήσετο IV 369.
ἐβίων IV 131.
ἐβλάστηκα IV 23. 24.
ἔβλαοιον IV 41.
ἔβλην I 315, IV 127.
ἔβλων IV 57.
ἔβρων IV 64.
ἐγ ἐκ I 499.
ἐγ ἐξ I 499.

ἐγγιοτότατα II 245.
ἐγγύη I 316.
ἐγέγευντο IV 410.
ἐγείρω IV 14.
ἐγέλασσα II 425.
ἐγενόμην IV 80. 83. 89.
ἐγένονϑο Thess. IV 571.
ἔγεντο IV 56.
ἐγήγερμαι IV 17. 387.
ἐγήραν IV 123.
ἐγκέφαλος II 5. 30. 53.
ἐγ-κίκρα IV 134.
ἐγ-κύω IV 250.
ἔγνωκα IV 23.
ἔγνων IV 128.
ἐγνωσμαι ἐγνώσϑην IV 391. 411.
ἔγραμμαι IV 23. 24.
ἐγρήγορα IV 14.
ἐγρήγορϑε IV 541.
ἐγρήσσω IV 14. 202. 280.
ἐγχειρίϑετος II 56.
ἐγχεσίμωρος II 186.
ἐγώ I 50. 347. 408, III 365. 372.
ἐγνώ III 372.
ἐδανός; ἐδανόν I 194, II 141. 452.
ἐδανός IV 221.
ἐδάρην I 234.
ἔδαφος II 217.
ἐδδίηται Cret. I 359. 500.
ἐδέησα IV 360.
ἔδεϑλον I 421, II 121.
ἐδηδών II 98.
ἐδηδώς II 442, IV 19. 394. 408.
ἐδίκαξα IV 360.
ἔδμεναι II 366.
ἔδνα II 149.
ἐδνάομαι IV 284.
ἔδομαι IV 464.
ἔδομεν IV 53. 67.
ἔδοντες Lesb. II 398.
ἔδος II 414.
ἐδούκαεν (3rd pl.) Thess. IV 549.

I. Index of Words. Greek: ἴδουκε — εἰσι. 49

ἴδουκε Thess. I 84.
ἴδρα II 184. 462.
ἴδραθον ἰδαρθον IV 46.
ἴδρακον I 227.
ἴδραμον IV 47.
ἴδραν IV 120. 122. 123.
ἴδω IV 83.
ἰδωδή II 98.
ἴδωκα IV 412.
ἰέ II 370.
ἔεδνα II 149.
ἰεδνωτής II 230.
ἰεικοσάβοιος III 11.
ἰείκοσι I 470, III 34.
ἔειπον IV 17. 109. 110.
ἰεισάμην IV 349.
ἐέλδομαι IV 224.
ἔελμαι IV 392. 404. 409.
ἰέρση I 470.
ἰέρχατο IV 392.
ἐϝρηξα Cypr. I 148.
ἔζευγμαι IV 389.
ἔζην IV 263.
ἔζινεν IV 187.
ἴζομαι I 449, IV 108. 111. 252.
ἔζωμαι ἐζωται IV 410.
ἔηκα IV 26.
ἔην ἔησθα I 406, IV 124. 408.
ἔθανον I 199. 317.
ἐθελήμων II 341.
ἐθελήσω ἐθέλησα IV 276. 360.
ἐθελόπονος II 51.
ἐθέλω III 145, IV 27.
ἔθεμεν IV 53. 67.
ἴθεν III 380.
ἔθενον IV 58. 83. 85.
ἔθηκα IV 412. 419.
ἔθορον I 244.
ἔθος IV 218.
ἔθρις II 290.
ἐθώκατι Dor. IV 547.
ἔθων IV 218.
εἰ III 176. 329. 348.

εἰ ('thou art') I 456, III 258, IV 65. 523.
εἰ ('thou goest') IV 523.
εἰαρ (ἤαρ) ('blood') III 104.
εἰαρινός (ἠαρινός) II 144.
-ειαν Boeot., see παρειαν.
εἴαται ἔατο (ἥαται ἥατο) IV 568. 569.
εἴβα Thess. I 63.
εἴβω I 328.
εἴδαρ (ἔδϝαρ ἔδδαρ) II 183. 250. 363.
εἴδεα see ᾔδεα.
εἰδείην εἰδεῖμεν I 37, IV 372. 483. 489.
εἰδέναι II 363, III 153.
εἴδεσαν IV 548.
εἰδέω -ῶ IV 372. 461. 464.
-ειδής II 7.
εἰδήσω IV 272.
εἴδομαι IV 82.
εἴδομεν (conj.) IV 52. 384. 462.
εἶδον IV 26.
εἰδοπεποίημαι IV 407.
εἶδος II 135. 414, IV 193.
εἰδώς II 438. 439, IV 394.
εἴην (from εἰμί) I 118, IV 65. 487.
εἴην (opt. of εἶμι?) IV 372.
εὔθιζον IV 26.
εἶκα IV 413.
εἰκάς III 30bis. 33. 34.
εἴκοσι I 145. 198. 289, II 9, III 31. 33. 34. 197.
εἰκοστός II 242, III 31. 34.
ἴκτον IV 384. 405.
εἰκώ III 70.
εἴκω IV 90.

εἰκώς II 438. 443, IV 405.
εἰλέω IV 336.
εἰλήλουθα IV 405.
εἴλκον IV 26.
εἶλον IV 83.
εἴλω I 171, IV 150.
εἶμα I 409, II 366.
εἶμαι (ἵημι) IV 390. 405.
εἵμαρται IV 21.
εἰμέν IV 65.
εἰμέν IV 66.
εἰμί I 422. 466, IV 52. 65.
εἶμι IV 51. 64.
Εἴμων Boeot. I 90.
εἰν I 119. 489.
ἵν III 370. 386. 387.
εἶνα- III 21.
εἰνάτερες I 207, III 377. 385.
εἴνατος III 22.
εἵνεκα III 185.
εἴνυμι I 422, IV 139. 178. 181.
εἶος see ἧος.
εἶπα IV 16. 68. 109.
εἰπέ IV 500.
εἰπόμην I 422, IV 26.
εἶπον IV 17. 110.
Εἰραφιώτης II 216.
εἰργαζόμην IV 26.
εἰρέθην IV 130.
εἰροκόμος II 50.
εἶρος II 417.
εἴρκτή II 229.
εἶρπον IV 26.
εἰρύαται εἴρυατο IV 570.
εἴρυσμαι IV 406.
εἴρυσσα IV 381.
εἰς ἐς I 486. 544, III 136.
εἷς II 479, III 4. 102.
εἷς (εἶς) 'thou art' IV 65. 524.
εἷς 'thou goest' IV 524.
εἰσί IV 543. 546.
εἶσι ('they go'?) IV 546.

Brugmann, Elements. Indices. 4

Εἴσοδος Boeot. I 63.
ἴσκω I 361, IV 205. 211.
εἶσ-φρῆναι IV 129.
εἶτα III 329. 348.
εἴωθα IV 218.
ἐκ III 136.
ἑκάεργος III 185.
ἐκάθευδον IV 25.
ἐκάλεσσα IV 381.
ἑκάς I 147, III 51.
ἑκάτερος II 193.
ἑκατόμβη II 9. 482.
ἑκατόμπους II 29.
ἑκατόν I 191. 288, II 193, III 42bis.
ἑκατοντακάρηνος III 42.
ἑκατοντάκις III 42.
ἑκατοντάς III 14. 42.
ἑκατόστομος III 42.
ἑκατοστός II 245, III 43.
ἐκ-δῦμεν (1st pl.) IV 487.
ἐκεῖ III 327. 329. 348. 368.
ἐκεῖνος II 150.
ἔκελσα IV 355bis.
ἐκέρασσα IV 380.
ἔκερσα IV 355bis.
'Εκέφυλος Delph. I 365.
ἐκεχειρία I 365.
ἑκκαίδεκα III 26.
ἔκλαγξα IV 359.
ἐκλάπην I 234.
ἔκλασσα IV 380.
ἔκλειψις II 304.
ἔκλινα IV 359.
ἔκομεν IV 67.
ἐκόρεσσα IV 380.
ἐκοτόνβαια Arcad. III 31. 42.
ἔκπαγλος I 215, II 202.
ἐκρέμασσα IV 380.
ἔκταν ἔκτα ἐκταμεν ἔκτατο I 198, IV 64.
ἔκτανον I 199, IV 64.
ἔκτημαι IV 23.
ἐκτός III 66.

ἕκτος I 446, II 242, III 17.
ἑκυρά I 288.
ἑκυρός I 288. 543, III 8.
ἐκ-φλαίνω IV 158. 266.
ἐκ-φλύζω IV 224. 280.
ἐκ-φρηται IV 129.
ἑκών I 295, II 400.
ἐλάα ἐλαία I 90.
ἐλαφρός I 318.
ἐλάσσων ἐλάττων I 318. 365, II 427. 430.
ἔλαφος I 50. 171, II 216. 349.
ἐλαφρός I 192. 215. 317. 470, II 184.
ἐλάχιστος II 427.
ἐλαχιστότατος II 104.
ἔλαχον I 198.
ἐλαχύς I 192. 317, II 313.
ἐλάω (pres.) IV 117.
ἔλδομαι IV 224.
ἐλέγχιστος II 427.
ἐλεόθρεπτος II 51.
ἐλεύσομαι IV 272.
ἐλήλεγμαι I 363.
ἐληλιγμένος IV 408.
ἐλήλυθα IV 405.
ἐλθέ IV 500.
ἐλθετῶς IV 507.
ἐλίκωπες II 488.
ἐλίπην IV 130.
ἕλκέω IV 337.
ἕλκήεις II 407.
ἕλκω I 146, IV 85.
ἐλλά Lac. I 277. 363, II 198. 462.
ἔλλαθι Lesb. IV 102.109.
ἐλλός I 171, II 139. 216. 349.
ἔλμις II 289.
ἔλογχα IV 24.
ἔλυτρον II 119, IV 136.
ἐλύω IV 136.
ἐμάνην IV 128.
ἐμάρναο IV 562.
ἐμαυτοῦ II 57.

ἐμέγε III 325.
ἐμέθεν III 380.
ἐμεῖ Dor. III 387.
ἔμεικτο IV 357.
ἐμέλησε IV 360.
ἐμέμηκον IV 413.
ἐμέν ('me') III 375.
ἐμεν ἐμὶ ἐμεν ἐμεντι IV 66.
ἐμέος ἐμεῦς Dor. III 389.
ἔμεσσα IV 381.
ἔμετος II 223. 229. 475.
ἐμέω I 105, IV 117.
ἐμεωυτοῦ II 57.
ἐμίν Dor. III 386. 387.
ἐμίνη Tarent. III 386.
ἐμμήνιος II 126.
ἔμμι Lesb. I 422.
ἔμολον I 243, IV 57.
ἐμορτεν IV 213.
ἐμός III 390. 393.
ἐμοῦς Dor. III 392.
ἐμ-πάω El. II 370.
ἔμπεδον II 31.
ἐμ-πλῆτο IV 488.
ἐμπυριβήτης II 56.
ἐν I 165. 544, II 177.
ἔν I 172.
ἐνα- III 21.
ἐναγώνιος II 53.
ἐνακόσιοι III 45.
ἑνάς III 14.
ἔνατος I 205, II 245, III 22.
ἐνδεδήμηκα IV 407.
ἔνδεκα II 53, III 26.
ἐνδεκά; III 30.
ἐνδέκατος III 26.
ἐνέγκαι (inf.) IV 597.
ἕνεκα IV 408.
ἕνεκα III 185.
ἐνενήκοντα III 21bis. 38.
ἐνενήκοντα Herakl. III 38.
ἐνενηκοστός III 38.
ἐνένιπον IV 20.
ἐνέπω IV 119.

ἔνεροι II 192.
ἐνέρτερος II 192. 195.
ἐνετή II 229.
ἐν-εφανίοσοεν (3rd pl.) Thess. IV 549.
ἔνη I 408.
ἐνηβώαις Lac. I 361.
ἐνήκοντα Oet. III 38.
ἐνήνεγκται IV 408.
ἐνήνοχα IV 408.
ἔνθα I 91.
ἐνθύσκω IV 205.
ἐνίκαε Lac. IV 357.
ἐνιπή II 255.
ἐνίπτω IV 214.
ἐνι-σπε(ν) I 321, IV 124. 250.
ἐνί-σπες IV 458.
ἐνι-σπήσω IV 119.
ἐνισσω IV 214.
ἐννέα I 138. 298, III 21.
ἐννέα Herakl. III 21.
ἐννεάς II 391, III 14.
ἐννεάχειλοι III 47.
ἔννη (3rd sg.) I 422. 446, IV 128.
ἐννήκοντα III 21. 38.
ἐννῆμαρ III 21. 38.
ἐννηφι(ν) III 187.
ἔννυμι I 423, IV 139. 178. 182.
ἐνοικοδομεικόντεσσι Thess. II 444.
ἔνος II 113.
ἐνς Cret. III 136.
ἔνς Cret. I 170, II 479.
ἔντασσι Herakl. III 264.
ἔντες Dor. II 397, IV 65.
ἔντερον II 177. 189. 450.
ἐντί (3rd pl.) Dor. IV 65. 543. 546.
ἐντός III 66.
ἐνωπή I 324.
ἐξ I 544, III 136.
ἐξ I 147. 301, III 16.
ἐξα- III 16.

ἐξαίφνης I 479.
ἐξακόσιοι III 45.
ἔξαμμαι IV 406. 411.
ἑξᾶς II 392, III 14.
ἕξασι (ἑξᾶσι) III 16.
ἕξ-ει IV 497.
ἐξ-ερρύα (3rd sg.) Epid. IV 121. 123. 125.
ἑξήκοντα III 38.
ἑξηκοστός III 38.
ἔξηνα IV 359.
ἐξίνει IV 187. 337.
ἔξυσμαι IV 406.
ἔοι IV 483.
ἔοικα IV 392. 405.
ἔολα IV 392. 404.
ἔολπα IV 405.
ἔον IV 53.
ἐοη ἔορες II 381.
ἔοργα IV 388.
ἑός I 52, III 370. 391.
ἔπαθον I 197.
ἐπάιστος IV 378.
ἐπακτήρ II 383.
ἐπανιτακώς El. IV 302.
ἔπαρδον I 233.
ἐπεισφρείς IV 129.
ἐπ-εν-πήτω El. IV 263. 323.
ἐπέπιθμεν IV 403. 405. 413.
ἐπέπληγον IV 413.
ἐπ-έπλων IV 127.
ἔπεσον IV 369.
ἔπετον Dor. IV 83.
ἔπεφνον I 317, IV 110.
ἐπέφυκον IV 413.
ἐπηγκενίδες II 335.
ἐπῃετανός II 160.
Ἐπίασσα IV 64.
ἐπιβάθρη II 461.
ἐπίβδαι I 263. 347 f.
ἐπι-βῆ (conj.) Herakl. IV 476.
ἐπι-βήσεο (imper.) IV 370.
ἐπιβήτωρ II 382.

ἐπίγαιος II 31.
ἐπί-εσται IV 42. 46. 191.
ἐπιίστωρ II 386.
ἐπιλήσμων II 372.
ἐπιμήνιος II 126.
ἐπίσταμαι II 54.
ἐπίστημα II 367.
ἐπιστήμη III 102.
ἐπίστηται (ind.) IV 478.
ἐπίστωμαι IV 477. 478.
ἐπί-σχες IV 458.
ἐπί-τευκται IV 392.
ἐπίτηδες III 238.
ἐπιτνον IV 144.
ἐπιχωριάζω IV 298.
ἔπλαγξα IV 352. 359.
ἔπλετο I 313.
ἐποίϝηξ Argive IV 357.
ἐποίηα El. I 422, IV 357.
ἕπομαι I 307, IV 81.
ἐποποιός II 50.
ἔπορον I 244.
ἔπος I 137. 145, II 415.
ἔποψ II 98.
ἐπριάμην I 312, IV 117.
ἑπτά I 408, III 17.
ἑπτακόσιοι III 45.
ἕπταρον I 234.
ἑπτάς II 391, III 14.
ἐπύλλιον II 203.
ἕπω IV 192.
ἐρ(α) Cypr. I 229.
ἔραμαι IV 117.
ἐραννός II 143. 425.
ἐρασίμολπος II 297.
ἐρατός I 197.
ἐργοδιώττας Cret. I 289.
ἔργον I 289, II 113.
ἔρδω IV 234.
ἔρεβος I 308. 315, II 414.
ἐρείπια II 124.
ἔρεισμα II 372.
ἐρέσσω ἐρέττω I 360.
ἐρέτης I 104.
ἐρετμός II 173.
ἔρετο IV 57.
Ἐρετρία II 118.

4*

ἐρεύγομαι I 311.
ἐρεύθω IV 83.
ἐρέχθω IV 223.
ἐρήρισμαι IV 408.
ἐριαυγής II 414.
ἔρις II 281. 408.
ἔριφος II 216.
ἐρκτή II 229.
Ἑρμήσανδρος II 53.
Ἑρμησιάναξ II 53.
Ἑρμησίλεως II 52.
ἔρον (acc.) II 425.
ἑρπετόν II 219.
ἕρπω IV 83.
ἔρραδαται (3rd pl.) IV 159. 224. 406.
Ἐρραφεώτας Lesb. II 216.
ἐρρέθην IV 130.
ἐρρηγεῖα Herakl. II 338. 439, IV 394. 405.
ἐρρίγοντι Hesiod II 444.
ἔρριφα IV 23. 24.
ἔρρωγα IV 23. 24. 405.
ἐρρωμενέστερος II 194.
ἔρση (3rd sg.) IV 57.
ἔρσην I 419, II 345.
ἐρυγγάνω IV 168.
ἐρυθρός I 215. 470, II 181.
ἐρύκακον IV 20. 114.
ἐρυκανάω IV 155. 156. 158.
ἐρυκάνω IV 155.
ἔρυμα IV 137.
ἔρυμαι IV 137.
ἐρύομαι IV 470.
ἔρυσσα IV 381.
ἐρύω IV 92.
ἔρχαται (3rd pl.) IV 392.
ἔρψις II 297.
ἐρωή II 137.
ἔρως II 425.
ἐς εἰς I 171. 486. 544, III 136.
ἔς (imper.) IV 477.
ἔσβεσμαι IV 406.
ἔσβεσα IV 380.

ἔσβην I 322, IV 130.
ἐσδυτῆρες Arcad. I 361.
ἐσθής I 409.
ἔσθι IV 66. 504.
ἐσθίω IV 223. 228. 231. 247. 280.
ἐσθλός II 214.
ἔσθω IV 223.
ἔσκε IV 203.
ἐσκέδασμαι IV 406.
ἐσκέδασσα IV 380.
ἐσκηδέκατος Boeot. I 361, III 26. 27.
ἐσκιηρέμεν Thess. IV 135.
ἐσμὲν I 422, IV 65.
ἔσπαρμαι IV 404.
ἔσπασμαι IV 406.
ἔσπασσα IV 380.
ἔσπεικα IV 412.
ἔσπεισμαι I 171.
ἕσπετο IV 110.
ἐσπιφράναι IV 18. 99.
ἔσσα (part. fem.) IV 65.
ἔσσαι (2nd sg.) IV 191.
ἔσσευα Aeol. IV 67.
ἐσσὶ III 258, IV 523. 524.
ἐσσοημένον IV 327.
ἔσσυμαι IV 388.
ἔσσυο (pluperf.) IV 562.
ἔσσων II 433.
ἐσταίην IV 489.
ἔσταλμαι I 234, IV 404.
ἔσταμεν IV 23. 390.
ἔσπασαν IV 358.
ἱστᾶσι IV 409. 549.
ἑσταώς ἑστηώς ἐστεώς ἑστώς II 439. 442. 444.
ἔστεισις Arcad. II 299.
ἔστελσεν IV 355bis.
ἐσ-τετέκνωται (conj.) Gortyn. IV 475.
ἑστεώς see ἑσταώς.
ἑστεῶσα ἑστῶσα II 445.
Ἐστϝέ(ϝ)διυς Pamphyl. I 120.

ἕστηκα ἕσταμεν IV 23. 390.
ἔστην IV 54. 55. 67. 123.
ἑστήξω IV 276.
ἑστηώς see ἑσταώς.
ἔστι I 32. 361, IV 65. 528. 530.
ἑστιοπάμων II 48.
ἑστιόω IV 291.
ἔστολα IV 404.
ἐστροτεύαθη (3rd pl.) Boeot. IV 571.
ἑστῶ IV 479.
ἑστώς see ἑσταώς.
ἑστῶσα see ἑστεῶσα.
ἔσχατος ἐσχατώτατος II 245.
ἔσχεθον IV 223.
ἔσχον IV 89.
ἑταίρα II 338, III 69.
ἑταιρίδιον II 464.
ἔταμον I 198.
ἐταξάϊν (3rd pl.) Thess. IV 549.
ἐτείσθην IV 411.
ἔτεκον IV 83.
ἕτερος II 193.
ἔτερσεν I 429, IV 192.
ἔτης II 109.
ἐτήτυμος II 174.
ἔτι I 273. 361.
ἔτλην IV 123.
ἔτορον I 244.
ἔτος I 145, II 417.
ἔτταχα IV 23.
ἔττε Boeot. I 423.
ἔτυμος II 174. 325. 327.
ἐτύπτησα IV 360.
εὐδήσω IV 276.
εὐείμων II 366.
εὐεργετήκοισαν Lesb. II 444.
Εὐηνίνη II 359.
εὐθήμων II 367.
εὐθηνέω II 154.
Εὔθυμος Boeot. I 46.
εὔθυνα II 364.

I. Index of Words. Greek: εὐθύνω — ζίκαια.

εὐθύνω II 364.
εὔιδον Lesb. I 146, IV 26.
ἐυκτίμενος IV 59.
εὔληρα I 148.
εὐναία εὐναῖον II 129.
εὐνέτης II 240.
εὖνις II 153. 286.
ἐΰννητος II 228.
εὔνους I 543.
εὐπάτειρα II 379.
εὐράγην Lesb. I 140. 148.
εὑρέ IV 500.
εὕρεσις II 299.
εὑρετής II 229.
εὑρίσκω IV 206.
εὖρος II 416.
εὐρύοπα III 85.
εὐρύς II 314.
εὐρώεις II 406.
εὐσαβέοι El. I 51.
εὐτράπελος II 203.
Εὔχρις II 35.
εὔω εὔω I 52, IV 83.
εὐώνυμος II 190.
ἐφανγρένθειν (3rd pl.) Thess. IV 571.
ἀφερσεν IV 348.
ἐφετμή II 173.
ἐφευμένος IV 410.
ἔφηνα IV 359.
ἔφησθα IV 525.
ἔφθαρμαι IV 388.
ἔφθεγμαι I 363.
ἔφθερσα IV 348.
ἔφθην IV 123.
ἔφθιτο IV 65.
ἄφλαδον IV 224.
ἔφλιδεν IV 224.
ἐ'φύην IV 119. 128.
ἔφυν IV 56.
ἔχαδον I 197.
ἐχαίρησα IV 360.
ἤχεα (ἔχευα Aeol.) I 146, IV 67.
ἤχεσον IV 369.
ἔχης II 392.

ἤχθαίρω I 234, IV 287.
ἔχθές I 470.
ἐχθίων II 432.
ἐχῖνος I 301.
ἔχις II 279.
ἔχος II 417.
ἔχραισμον IV 41.
ἐχύθην I 365.
ἔχω ἔχω I 290. 421, IV 83. 90.
ἔψω I 417, IV 192.
ἔω ὦ conj. IV 461. 368. 517.
ἐών II 397.
ἔωρων IV 27.
ἔως ('dawn') II 423.

Ϝάρνων Boeot. I 145.
Ϝάστυ Boeot. etc. II 326.
Ϝατάλαι (ϝατάλαι) I 202, II 234.
ϜεϜαδηκότα Lokr. IV 23.
ϜεϜυκονομειόντωνBoeot. II 444, IV 406. 414.
Ϝειζώς El. I 277. 362.
Ϝείκατι Herakl. I 145, III 33. 34. 197. 198. 199.
Ϝhεκαδάμοε Boeot. I 147.
Ϝέμμα (ϝέμμα) Lesb. I 409.
Ϝέξ Heracl. etc. III 16.
Ϝεξήκοντα Cret. etc. III 38.
Ϝέπος El. etc. II 415.
Ϝέτος Herakl. etc. II 417.
Ϝέχω Pamph. I 137, IV 81.
Ϝήλω (ϝηλω) Dor. I 171, IV 150.
Ϝῆμας (gen.) Cret. III 102.
Ϝικάς Boeot. III 30bis. 33. 34.

Ϝικαστός Boeot. I 199, II 242, II 33. 34.
Ϝίκατι Boeot. etc. I 145. 289, II 9, III 30. 33. 34. 199.
Ϝικατίπεδος Herakl. II 480.
Ϝίν Cret. III 386.
Ϝίσος Boeot. etc., ϜίσϜος Cret. I 145. 420, II 135.
Ϝός III 391.
Ϝράτρα El. I 137. 146.
Ϝρητός Cypr. I 137, II 226.
Ϝυκία Boeot. etc. I 72.

ζά Lesb. I 119.
ζάτημι Aeol. IV 134.
ζάω see ζῆ.
ζέ El. I 362.
ζειαί I 452.
ζείνυμι (ζείναμεν) IV 182.
ζέλλω Arcad. I 314. 316. 362.
ζέρεθρον Arcad. I 316.
ζεύγλη II 202.
ζεῦγμα II 370.
ζεύγνυμι IV 181.
ζεῦγος II 417.
ζευκτήρ II 380. 382. 461.
Ζευξίας II 34.
ζεῦξις II 299. 300.
Ζεῦξις II 34. 123.
Ζεύς I 62. 109. 111. 252. 363. 461, II 481, III 82.
ζέω I 109. 452, IV 83.
ζῆ (3rd sg.) I 317. 363, IV 263.
ζῆθι IV 263.
Ζήν II 481.
Ζῆν (acc.) I 64. 162, III 98.
Ζής II 537, III 80.
ζίκαια El. I 277. 362.

I. Index of Words. Greek: Ζόννυσις — ἠώς.

Ζόννυσος Lesb. I 119.
ζούγωνερ (pl.) Lac. II 346.
ζυγόν I 101. 308. 341. 452, II 111.
ζύμη I 452.
ζῶ (ζάω) see ζῆ.
ζῶμα I 171. 422.
ζώνη I 423.
ζώννυμι I 423.
ζωός I 457.
ζωρός II 183.
ζῶσμα I 171.
ζωστός I 452.
ζώω IV 263.

ἤ ('if') III 176. 329.
ἦ ὅπη (adv.) Gort. III 176.
ἦ (adv.) Ion. Att. III 179. 345.
ᾗ (adv.) Ion. Att. III 179. 180.
ἦ ('I was') I 107, II 28.
ἦ ('he said') I 498, IV 66.
ἦα I 62. 107. 421, IV 28.
ᾖα I 114. 118, IV 28. 64.
ἧαρ (εἶαρ) ('blood') III 104.
ἤαται ἤατο (εἴαται εἴατο) IV 568. 569.
ἡβέω IV 295.
ἥβη I 63.
ἠβουλόμην IV 27.
ἤγαγον IV 114.
ἡγεμονέω IV 296.
ἡγεμόνη II 164.
ἤγραπται ἠγραμμένος Cret. IV 17. 24.
Ἡγύλος II 203.
ᾔδεα I 37. 105. 421, IV 189. 357. 372. 373.

ᾔδεσαν IV 548.
ἡδίων II 430.
ἥδομαι IV 221.
ἡδύλος II 202. 455.
ἡδυνάμην IV 27.
ἡδύνω IV 150.
ἡδύς II 312. 313. 335.
ᾔε I 534, III 337.
ᾐείδη IV 27.
ᾔειν IV 372.
ἠέλιος I 216.
ᾖεν (3rd sg.) IV 65.
ᾔην IV 124. 408.
ἦθος IV 218.
ᾐί Boeot. I 90.
ἧια (ἤεα ἤεα) IV 372.
ᾔθεος II 133.
ᾖσα IV 378.
ἥκω IV 414.
ἡλίκος ἧλιξ II 265.
ἥλιος I 216.
ἠλίφην IV 133.
ἦλυθον IV 90. 223.
ἦλφον I 317, IV 82.
ἦμα I 63, II 370.
ἧμαι II 56. 393. 409.
ἦμαρ ἤματα II 180. 182, 371, III 104.
ἡμέας ἡμᾶς ἧμας III 379.
ἡμεδαπός II 56, III 380.
ἡμέδιμνον I 482.
ἡμεῖς I 198. 422, III 367. 370. 375.
ἤμελλον IV 27.
ἦμεν (1st pl.) IV 30.
ἦμεν (1st pl.) IV 30.
ἡμέρα II 180. 182.
ἡμερινός II 144.
ἡμέτερος II 450, III 394.
ἠμί ('I am') Dor. I 422.
ᾐμὶ ('I speak') IV 66.
ἡμιθέαινα II 335.
ἥμισσος Arcad. I 420.
ἦμος II 405.
ἠμφίεσμαι I 422, IV 398.
ἤμων II 370.
ἤν (ἐάν) III 176.

ἦν 1st and 3rd sg. 3rd pl. IV 65. 543. 546.
ἤνεγκα IV 68. 113.
ἤνεγκαν IV 15. 114. 390.
ἤνεικα IV 68.
ἠνειχόμην IV 25.
ἠνεμόεις II 113.
ἦνθον Dor. I 217.
ἠνίπαπον IV 20. 114.
ἦνται Mess. IV 479.
ἦνται ἦντο IV 570.
ἤνυτο IV 177.
ᾐοῖος II 127.
ἦος (εἷος) II 405.
ἧπαρ I 117. 228. 312, II 250. 346, III 103. 104.
ἤραρον IV 113.
ἠρασσάμην II 425.
ἠργαζόμην IV 27.
ἦρι II 180. 380. 381.
Ἥρις II 55.
ἠρίσταμεν IV 413.
ἤρπασα IV 360.
ἧς (3rd sg.) Dor. I 62. 498, IV 28. 529.
ᾖσαν IV 548.
ᾖσαν IV 358.
ᾖσθα I 406, IV 394. 407. 525.
ᾖσθας IV 525.
Ἡσίοδος II 298.
ἴσμεν IV 410.
ἥσσων ἥττων, ἥσσα ἥττα, ἡσσᾶσθαι ἡττᾶσθαι I 360, II 432.
ᾖσται I 422, IV 54. 409.
ἡσυχάζω IV 298.
ἡσυχαίτερος II 192.
ἡσυχία II 476.
ᾖχυμμαι IV 411.
ᾗτε IV 65.
ἦτορ III 103. 104.
ἥττων ἥττα ἡττᾶσθαι see ἥσσων.
ἦχα IV 387. 394. 407. 410.
ἠώς II 423bis.

I. Index of Words. Greek: θανατηφόρος — ἴδυοι. 55

θανατηφόρος II 38. 47.
θάνατος II 228. 475.
θάρνυμαι IV 181.
θάρρος I 419.
θάρσος I 409. 419, II 417.
θάρσυνος I 482, II 163.
θάσσον II 427. 432.
θαυματός II 249, IV 283.
θέατρον II 462.
θεθμός Lokr. I 365, II 173. 213.
θείην IV 481.
θεῖναι II 365.
θείνω I 317, IV 225. 235.
θείομεν (θήομεν) IV 478.
θελκτήριον II 476.
θέμα II 367.
θέμις II 289. 426, III 142.
θεμισκρέων II 426.
θεμιστοσύνη II 35.
Θεοκκώ II 35.
θεοπεποίηκα IV 407.
Θεοδότειος Thess. I 450.
Θεόσδοτος I 450, II 5. 33. 54.
θεουδής (θεοδϝής) I 147.
θέπτανος II 161.
θεράπαινα II 335.
θεράπων II 350.
θερμαίνω IV 299.
θέρμανσις I 173.
θέρμασσα II 400.
θέρμετο IV 41.
θέρμη II 476.
θερμός I 309. 317, II 171.
θέρος I 317, II 417.
Θερσίτης I 409. 419.
θέρσος Aeol. I 414, II 417.
θές IV 477.
θέσις II 296.
θεσμός II 173.

θέσασθαι I 317. 365.
θέσσομαι IV 234.
θετήρ II 382.
θεύγω Cret. I 216.
θέω IV 82.
Θηβαιγενής III 167.
θήγανον θηγάνη IV 140. 155. 159.
θηγάνω IV 41. 140. 155. 157. 159.
θήκη II 254.
θηλή II 198.
θηλητήρ I 215.
θῆλυς I 136, II 165. 198. 322. 335.
θημών II 367.
θήομεν see θείομεν.
θήρ I 317, IV 23.
θηρεύω IV 297.
θής II 389.
θῆσσα II 339.
θιγγάνω IV 168.
θίθεσθαι Gortyn. I 365, IV 21.
θιός Lac. I 51.
θναίσκω Aeol. IV 206.
θνήσκω IV 90. 206.
θολερός IV 149.
θόλος II 115.
θόρνυμαι I 244, IV 181.
θρᾶνος II 321.
θράσκειν IV 206.
θράσος II 417.
Θρασύλος II 200. 203. 465.
θρασυμέμνων II 366.
θρασύς II 315, IV 136.
θρῆνυς II 321.
θρῄσκω IV 206.
θρίξ I 365.
θρόνος II 152.
θρώσκω θρώσκω I 244, IV 205. 206.
θυγάτηρ I 104. 276. 405, II 382.
Θυέστα III 84.
θυήεις II 407.

θυηπόλος II 50.
θυίω Lesb. IV 236.
θυμέλη II 203.
θυμός II 171.
Θύναρχος Boeot. I 72.
θυνέω IV 178. 185. 337.
θῦνος II 143. 476, IV 187.
θύνω IV 178. 187.
θυοσκόος I 326. 433. 446.
θυπανωτύς II 224.
θῦσις II 297.
θύσσομαι IV 230. 280.
θύω IV 87. 91.
θῶ IV 479.
θωμός I 254, II 175.
θώραξ II 273.
θώς II 488.

ἴα Lesb. Thess. III 5.
ἰαίνω IV 138. 155. 266.
ἰάομαι IV 263.
ἰαρός Corcyr., ἰαρός Boeot. I 110. 229. 234. 454, II 181. 185.
ἴαπι IV 410. 549.
ἰάσκω IV 19.
ἰατρόμαντις II 91.
ἴαττα Cret. II 400.
ἰαύω IV 19.
ἰαχή II 97.
ἰάχω IV 107.
ἰδέ ('and') III 339.
ἰδέ ('see') IV 500.
ἰδέω IV 372.
ἰδησῶ IV 272.
ἰδίᾳ adv. III 179.
ἰδιαίτερος II 192.
ἰδίω I 119, IV 247.
ἴδμεν (1st pl.) IV 65.
ἴδμεναι II 368.
ἴδρις II 290.
ἱδρό- (ἱδρώς) II 180.
ἱδρώω IV 294.
ἰδυῖα II 338. 443.
ἴδυοι ἴδυιοι II 440.

ἴε IV 65.
ἰείην IV 489.
ἰέναι II 365, III 153.
ἰερητεύκατι Phok. IV 547.
ἱερός I 229, II 185.
ἱερώσυνα ἱερωσύνη II 162.
ἵζω I 449, IV 106.
ἵημι I 63. 254, IV 26. 99. 102. 103.
ἰθαρός I 229, II 180.
ἴθθαντι (conj.) Cret. I 423, IV 478.
ἰθμα II 372, IV 226.
ἰθύντατα II 364.
ἰθύνω IV 150.
ἰθύς I 46.
ἰμιτῆραν Cypr. I 120.
ἵκαντιν III 34.
ἱκάνω IV 138. 187.
ἱκάς Thess. III 33. 34.
ἱκέτης II 230.
ἴκκος I 147.
ἰκμαλέος II 202.
ἱκνέομαι IV 138. 187. 337.
ἰκτερώσσω IV 280.
ἰκτίς I 469.
ἵλημι (ἵλᾶθι ἵληθι) IV 21. 102. 134. 504.
ἱμάς I 37. 195. 420, II 249. 250. 367.
ἵμερος II 172.
ἱμονιά I 37. 196, II 367.
ἔμψας (part.) IV 168.
ἰν ('ea') Cypr. III 332.
ἰν ('eum') III 331.
ἵνα III 331. 332. 344.
ἰνδάλλομαι IV 164.
ἴξον IV 369.
ἴομεν IV 463.
ἰός I 38. 420.
ἱππαγωγός I 454.
Ἴππακος II 265.
Ἱππημολγοί II 133.
ἱππικόν II 463.
ἵππιος II 126.
Ἱππόλας II 34.

Ἱππόμαχος II 33.
ἵππος I 138. 147. 290. II 133.
ἱππότα II 240. 392, III 84. 85.
ἱπποτετρόφηκα IV 407.
ἱππών II 364.
ἱρός Hom., ἶρος Lesb. I 229, II 181.
ἷς II 486.
ἴσαμι Dor. IV 411.
ἴσαν IV 349. 358. 544.
ἴσασι ἴσσασι IV 411. 549.
ἴσθι ('be') I 447. 470, II 66. 502. 504.
ἴσθι ('know') I 363, IV 52.
Ἰσθμοῖ I 536, III 164.
ἴσκω IV 205.
ἴσμεν IV 410.
ἴσος ἴσσος I 145. 147. 420, II 135. 414, IV 193.
ἴστανται Dor. IV 158.
ἴστατοι (conj.) Arcad. IV 466. 478.
ἵστημι I 32, IV 100. 102. 478. 488. 549.
ἱστός II 97.
ἴστωρ (ἵστωρ) II 380. 382.
ἰσχάνω ἰσχανάω IV 158.
ἰσχυρός II 185.
ἴηχω I 421, IV 107.
ἰτέα IV 320.
ἰτητέον IV 302.
ἴττω Boeot. I 423.
ἴτυς II 327, IV 320.
ἶφι III 187.
Ἰφικράτης II 54.
Ἰφιμέδουσα II 54.
ἴφιος II 29.
Ἶφις II 55.
ἰχθυοφάγος II 48.
ἰχθύς (ἰχθῦς) I 470, II 486.
ἰχθυσιληστήρ II 55.
ἰῷ III 5.

ἰών ἰών Boeot. I 362, III 372.

κάββαλον I 500.
κάγχρυ II 322.
καθαρός II 183.
καθαρύλλος II 203.
καθ-ιζήομαι καθ-ιζήσας IV 276. 360.
καθίζω II 6.
καθ-ιστάει Boeot. IV 479.
καί III 354.
καινός II 430.
καίνυμαι IV 183.
καίνω I 198, IV 246.
καίω I 119, IV 238.
κακιων II 432.
κακκός I 90.
κακός I 90.
κακοῦργος II 47.
κάλαμος II 175.
καλαῦροψ I 149.
κάλαφος II 216.
καλέμενος II 216.
καλείμενος Delph. Locr. II 165.
καλέονθι Boeot. IV 571.
καλέω IV 196.
καλιά I 239.
Καλλία Boeot. III 67.
καλλιστότατος II 245.
καλλίων II 433.
Καλλοννώ II 35.
καλοκἀγαθία II 5. 51. 90.
κάλπις II 408.
κάματος II 228.
κάμνω IV 144. 149. 182.
καμπύλλω IV 287.
καμπύλος I 542.
καμψός I 360.
καταχίζω IV 298.
κανάζω I 318.
κάπη I 318.
κάπηλος II 202.
κάπραινα II 103. 105. 335.

I. Index of Words. Greek: κάπρος — κίχημι. 57

κάπρος II 184.
κάρα κάρη I 200. 300, II 110. 347. 348. 350.
κάρανον II 346.
καρδία κραδίη I 234. 289. II 479.
κάρζα Lesb. I 119.
καριατα II 424.
καρηκομόωντες II 4.
κάρηνον II 250.
κάρητα II 250.
κάρκαρος II 98.
καρκίνος I 306. 341, II 95.
κάρνος I 238.
καρπός I 311.
κάρρων Dor. II 433.
κάρπις II 302.
κάρταλος I 306.
κάρτος II 417.
κάρτων Cret. II 433.
καρυωτός II 229.
κάρφω IV 90.
κασιγνητος IV 119.
-κάσιοι Arcad. I 113.
κασκάνδιξ IV 22.
κάσσυμα I 113, II 249. 367.
κασπύω I 126, IV 236.
κατά I 201.
κατα-βλέθω IV 223.
κατα-ϝελμένος Gortyn. IV 392.
καταξίαιρ El. I 172.
κατα-πέπυθα IV 406.
καταριγηλός II 202.
κατ-ήνοκα IV 15. 390.
-κατιοι Dor. I 113, II 127.
κάττυμα I 118.
καυλός II 202.
καχεξία II 47.
καχλάζω IV 261.
καχληξ II 207.
κάχρυς κάχρυ II 322.
κάω see καίω.
κέαται κείαται κείατο IV 570.

κέβλη II 202.
κεῖμαι I 101. 453, IV 56.
κεῖνος III 368.
κεινός II 135.
κεκαδμένος κέκασμαι IV 390. 410.
κεκαφηώς IV 405.
κεκέλευσμαι IV 411.
κεκέρασμαι IV 406.
κεκήρυχα IV 409.
κέκλαγγα IV 406.
κέκλασμαι IV 406.
κέκλανσμαι IV 411.
κεκλεβώς Messen. I 359, II 439, IV 389.
κέκλεμμαι IV 389.
κεκλήγοντες Hom. II 444, IV 414.
κέκλιμαι IV 388.
κέκλομαι IV 111.
κέκλοφα IV 389. 409.
κέκλυθι IV 109. 388.
κεκμηώς IV 405.
κεκόρεσμαι IV 406.
κεκορυθμένος IV 410.
κεκοτηώς IV 406.
κέκραγμα κεκραγμός II 94. 96, IV 11.
κεκράκτης IV 11.
κέκριμαι IV 405.
κεκρύφαλος II 96.
κεκτήμην IV 488. 489.
κέλαδος II 408.
κέλης I 313, II 392.
κενευϝόν Cypr. II 135.
κενεών II 364.
κέννος Lesb. II 135.
κενός II 135.
κενό-τερος -τατος II 135. 193.
Κένταυρος I 479.
κέντωρ I 482.
κεράεις II 407.
κεραοξόος II 51.
κέρας; II 425.
κεραυνός II 143.
κέραφος II 217

κεράω (fut.) IV 377.
κερδαίνω I 17.
κέρδος I 378.
κεροφόρος II 51.
κεστός I 171.
κευθάνω IV 157.
κευθμός II 170.
κευθμών II 170.
κεύθω IV 90.
κεφαλαργία I 215.
κεφαλή II 202.
κέχανδα IV 406.
κεχαρηώς II 444, IV 405.
κέχηνα IV 406.
κέχλαδα Dor. IV 390.
κεχλιδώς IV 224.
κέχοδα IV 405.
κέχονδα IV 406.
κέχυμαι IV 388.
κήληθρον II 461.
κῆνος Dor. II 150, III 329. 349.
κῆρ II 479, III 106.
κηρεσιφόρος II 55.
κηρεσσιφόρητος II 54.
κήρυξ II 272.
κητώεις II 407.
κηφήν I 338.
κιγκρᾷ (3rd sg.) IV 265.
κίγκραμι IV 134. 135. 158.
κιγχάνω IV 158. 187.
κίχρημι IV 135. 158.
κιδάφη II 216.
Κίκυννοι III 164.
κίκυς II 97.
κινέω IV 185. 337.
κίνυμαι IV 181.
κιόκρανον II 27. 49.
κίραφος II 216.
κίρνημι κιρνάω IV 144.
κίς Thess. I 314.
κῖς II 488.
κίσσα κίττα II 339.
κίστη II 229.
κιχάνω IV 138. 158. 187.
κίχημι IV 135. 241. 476.

κίχρημι IV 134.
κίων II 342. 364.
κλαγγάνω IV 158. 165. 168.
κλάγξω IV 275.
κλαδάσαι I 280, IV 224. 227.
κλάζω IV 165. 167. 266. 359.
κλαίω I 119. 148.
κλάσις II 305.
κλάσσαι I 280.
κλαστός II 228.
κλαυστός IV 411.
κλάω ('I break off') IV 196.
κλάω ('I weep') see κλαίω.
κλέ(ϝ)ος II 414, IV 193.
κλειτύς II 324. 327.
Κλεοϑϑίς II 35.
κλέομαι IV 85. 92.
Κλεόμμις II 35.
κλεπτίστερος II 194.
κλέπτω IV 334.
κληίς I 311.
κλῆρος IV 224.
Κλῆτος II 35.
κλίνη II 143. 146.
κλίνω (Lesb. κλίννω) I 290, IV 150. 265.
κλίσις II 304.
κλιτύς II 324. 327.
κλόνις I 217. II 285.
κλόνος II 152.
κλύδων IV 224.
κλύζω IV 224. 280.
κλῦϑι κλῦτε IV 59.
κλυτός I 289, II 221.
κλύω IV 90. 92.
κλώζω IV 165.
κλῶσμα II 372.
κλώψ I 253.
κναμιν Aeol. II 290.
κνίϑω IV 223.
κνίζω IV 247.
κνῶ IV 263.

κό- (κόϑεν etc.) I 310. 319.
κοέω I 326. 446.
κοινός I 170. 478.
κοῖτος κοίτη II 229. 475.
κόκκυξ I 323, II 277.
κόλαφος II 217.
κολωνός I 175. 311.
κομιττάμενος Boeot. I 360.
κομιῶ (fut.) Hom. IV 277.
κόν (part. neut.) IV 67.
κονιορτός II 230. 475.
κόνις II 426.
κονίσσαλος I 420.
κοντωτός II 229.
κόπρος III 104.
κορακῖνος I 37.
κόραφος II 216. 217.
κόρδαξ IV 220.
κορέννυμι IV 182.
κόρϝα I 147, II 135.
κόρζα Cypr. I 119.
κόρη I 147, II 135.
κόρμος Cret. I 422. 450.
κόρση I 419.
κόρση I 242. 419, II 413.
κόρυδος II 408.
κορύσσω IV 283.
κορυφή II 217.
κορώνη I 74, II 351.
-κόσιοι III 31.
κοσκυλμάτια II 98, IV 22.
κόσμος II 223.
κόσσυφος κόττυφος II 217.
κοτεινίς II 144.
κοτυληδονόφι III 187. 278.
κούρη I 147, II 135.
κράατ- II 424.
κραγγών II 439.
κραδάω IV 220.
κραδίη see καρδία.
κραίνω I 332, IV 159. 266.
κράννα Lesb. II 136. 250.
κράνος κράνον I 235.

κρᾶτα II 250.
κρατερός II 184.
κράτεσφι III 187.
κράτιστυς II 427.
κράτος II 417.
κρέας I 104. 306, II 425, IV 193.
κρεηδόκος II 51.
κρείσσων κρείττων I 360. 479, II 432.
κρείων II 401. 431.
κρέμαμαι I 105, IV 117.
κρεμάω (fut.) IV 271. 277. 377.
κρέμβαλον II 202.
κρεννέμεν Thess. I 33.
κρεοδόχος II 51.
κρέσσων II 427. 433.
κρέτος Aeol. II 417.
κρήδεμνον II 26. 350.
κρήνη II 136. 250.
κρῖ II 488.
κρῖμα κρίμα II 372.
κρίπνημι IV 144.
κρίνω (Lesb. κρίννω) IV 139. 150. 151. 265.
κριτής II 230.
κρόκα (acc.) II 487.
Κρόνος I 70, II 151. 152.
κρόταφος II 217.
κρυμαλέος II 202.
κρυμός II 172.
κρύπτω IV 214.
κρυσταίνω IV 197. 215. 222.
κρυφᾶ κρυφᾶ (Dor.), κρυφῇ (Att.) I 106, III 174. 178.
κρώζω IV 234.
κρώπιον I 311.
κταίνω Lesb. I 198, IV 246.
κτείνυμι IV 183.
κτείνω (Lesb. κτέννω) I 119. 466, IV 90. 246.
κτεριοῦσι (fut.) Hom. IV 277.

I. Index of Words. Greek: κτέωμεν — λῦμαρ. 59

κτέωμεν IV 64.
κτίσις I 418, II 296.
κυαίνω IV 159. 266.
κύαμος I 148.
Κυανοψιών I 148, IV 159.
κυδάνω IV 138. 157.
κυέω IV 323.
κύκλος I 314, II 14. 96.
Κύλκωψ II 488.
κυνάμυια II 48.
Κύναξ II 263. 464.
κυνέω IV 139.
κύντερος κυντερώτερος II 194.
κυντότατος II 245.
κυνῶπις II 26. 49.
κύπελλον I 318.
κύπη I 318.
κῦρος II 371.
κύσθος I 345. 363. 405.
κύτος I 341.
κύων I 142. 148. 294, II 346.
κωκυτός II 229. 475.
κωκύω IV 197.
κωμῳδιδάσκαλος I 482.
κωνάω IV 295.
κῶνος II 300.
κώπη I 318.
κώρα Dor. I 147, II 135.

λαβέ IV 500.
λάβον (2nd sg.) Syrac. IV 511. 598.
Λάβραξ II 265.
λαγαρός I 102.
λαγνός II 143.
λαγόνες I 102.
λαγχάνω IV 168.
λάζυμαι IV 183.
λαθικηδής II 52.
λάθρα λάθρη III 178. 179.
λαιμός IV 170.
λαιός I 90. 147, II 135.
λαῖτμα II 372, IV 170.

λακεῖν I 310.
λάκκος II 316.
ἄλκτις II 303.
λαλίστερος II 194.
λαμβάνω IV 168.
λάμψομαι Ion. IV 275.
λανθάνω IV 168.
λάπτω I 268.
λάρυγξ II 411.
λασιών II 364.
λάσκω IV 90. 205.
λάταξ II 411.
λάχεσις II 299.
λέαινα II 103. 105. 335.
λέβης II 392.
-λέγμενος I 364, IV 357.
λειαίνω IV 299.
λεῖμαξ II 265.
λειμών II 365. 371.
λείπω I 312, IV 85.
λείχω I 293, IV 82.
λειψόθριξ II 52.
λεκάνη IV 173
λέκτο I 423, IV 357.
λέκτρον II 119. 462.
λελάκοντο IV 413.
λελακυῖα IV 405.
λέλαμπα IV 405.
λέλασμαι IV 410.
λέλειμμαι IV 389.
λέλεχα IV 410.
λέληκα IV 405.
λελόγχᾶσι (3rd pl.) IV 547.
λέλοπα IV 389.
λέξαι (imper.) IV 511.
λέξεο (imper.) IV 370.
λέξις II 300.
λέξο (imper.) IV 357. 511.
λεόπαρδος II 350.
Λεττίναιος Thess. I 266.
λευκαίνω I 17, IV 159. 299.
λευκομέλας II 91.
λεύσσω IV 234.
λέχος I 311.

λέων II 350, III 285.
λεώς II 113.
λήγω I 102. 423, IV 83.
ληδεῖν IV 85. 226.
ληθάνω IV 157.
ληιστήρ ληίστωρ ληστρίς ληστρικός II 377.
λήιω Gortyn. IV 263. 337.
ληοίταν (3rd du.) El. IV 263.
λιγνύς II 321.
λιγυρός II 184.
λίζω IV 167. 266.
λιθάζω IV 283.
λίθαξ II 265.
λικριφίς III 187.
λιλαίομαι IV 110. 261.
λιμενήοχος II 49.
λιμήν II 365. 371.
λιμός II 170. 172.
λιμπάνω IV 158. 167.
λίναμαι IV 142.
λινδέσθαι IV 167.
λιπαρέω I 270.
λιπαρός II 184.
λίπος II 413.
λιπνρία I 482.
λίσσομαι IV 247.
λίσσομεν IV 236.
λίχνος I 394, II 142.
λοετρόν λουτρόν II 119.
λοιμός II 170. 172.
λοιπός II 115.
λοῖσθος II 243.
λοξός IV 173.
λυγγάνομαι I 189, IV 169.
λυγκαίνω IV 169.
λύγξ ('hiccough') II 487.
λύζω IV 266.
λύθρῳ (dat.) II 214.
λύκαινα II 47. 103. 105. 335.
λύκος I 314, II 111.
Λυκόσουρα II 54.
Λύκων II 350.
λῦμαρ II 371.

I. Index of Words. Greek: λύμη — μοῖτυς.

λύμη III 102.
λύσιμος II 174.
λύσις II 302.
λύτο λῦτο IV 65.
λύω IV 91. 252.
λῶ Dor. IV 263.

μά͂ El. I 63.
μᾶ (μῆτηρ) II 34.
μαθητιάω IV 295.
Μαῖα II 482.
μαιμάω IV 12. 18.
μαινόλος II 211.
μαίνομαι I 192. 198, IV 231. 235. 238.
μαῖτυρ- Cret. I 215.
Μαίων II 431.
μακαρίζω IV 298.
μάκαρς III 72.
μακρός I 90, II 185.
μακών IV 90.
μαλακός μαλθακός IV 220.
μάλθων IV 220.
μάνδρα II 183. 462.
μαντεύομαι IV 297.
μάντις II 295.
μαντοσύνη II 162.
μαραίνω IV 157. 246.
μαρμαίρω IV 260.
μάρμαρος II 95.
μάρναμαι I 233. IV 141. 478.
μάσσω IV 247.
μάσσων I 289. 360, II 427. 428. 431.
μάστιξ II 411.
μαχέομαι (fut.) 277.
μάψ III 258.
μεγαίρω II 184.
μέγαρον II 184.
μέγας μεγάλο- I 347, II 209. 348, III 286, IV 117.
μέδω IV 219.
μέδων II 401.
μέζων II 431. 433.

μέθυ II 313.
μειδάω I 163. 419. 500, IV 224.
μείζων I 479, II 433.
μειλίσσω IV 287.
μεῖνα (acc.) Boeot. I 63.
μείξω (fut.) IV 270.
μειράκιον II 263. 265. 464.
μεῖραξ II 253. 263. 265. 410. 464.
μείς I 462.
μεῖστος II 432.
μείων II 432. 434.
μελαγχροιής μελάγχροος II 49.
μελαίνω μελάνω IV 158. 159.
μέλας IV 159.
μέλδω I 277. 390.
μελήσει IV 276.
μέλλων II 401.
μεμάασι IV 409.
μέμαμεν μεμάτω IV 388. 506.
μεμαώς II 444.
μέλβλεται IV 414.
μεμηκώς μεμακυῖα IV 405.
μέμηλε IV 409.
μεμισθώσωνται Herakl. IV 411.
μέμηνα IV 409.
μεμνήμην IV 488. 489.
μέμονα IV 388.
μέμορθαι Lesb. I 234.
μέν ('me') Cypr. III 375.
μένος II 415.
Μέντωρ II 387.
μέρμερος II 96.
μεσ'εις II 407.
μεσόδμη II 488.
μέσος μέσσος I 109. 119. II 132.
μέσσατος II 245.
μετα-κιάθω IV 223.
μεταξύ III 258.

μετ-είω Hom. IV 479.
μέτερρος Lesb. I 119. 470.
μέτρον I 101. 102, II 118.
μέττες Gortyn. I 423.
μή I 62.
μήδομαι IV 16. 29. 55.
μῆδος IV 29.
μήκιστος II 427. 428.
μήν ('month') I 63. 172. 422. 462, II 415, III 81.
μηνίτης II 229.
μῆννος (gen.) Lesb. I 172. 422, II 415.
μήστωρ Μήστωρ II 380. 386, IV 29.
μήτηρ II 382.
μητίετα III 85.
μητίομαι IV 289.
μήτις II 31. 53.
μητροπάτωρ II 378. 381.
μηχανή IV 435.
μῆχος IV 87. 435.
μι ('me') Cypr. III 387.
μία I 193. 420, II 339. 479, III 285.
μιαρός II 185.
μιγάζομαι IV 283.
μίγνυμι IV 181.
μίκκυλος II 203.
μιμηλός II 202.
μιμνήσκω, μιμνήσκω, μιμναίσκω Aeol., IV 206. 210.
μίμνω IV 107.
μίν III 331.
μινυθέω IV 337.
μινύθω IV 177. 224.
μίσγω IV 205.
μίσδαρνος I 234.
μισθοδοτέω IV 296.
μισθός I 275. 452.
μισόξενος II 51.
μνάομαι I 194. 315. 362.
μογοστόκος I 171.
μοῖρα II 340.
μοῖτος II 175.

I. Index of Words. Greek: Μόλυκος — ξύω. 61

Μόλυκος Μόλυξ II 265.
μονάς III 14.
μορμολύττω I 215.
μορμύρω II 95, IV 12. 260.
μορμώ II 14.
μορνάμενος IV 141.
μορτός I 112. 170, II 221. 222.
μουσίδδει Lac. I 46.
μυζέω IV 337.
μυΐα II 339.
μυκάομαι IV 262.
μῦμαρ II 371.
μυριάς III 14.
μύριοι III 47.
μῦς II 485.
μυσφόνος II 28. 50.
μυχοίτατος II 29. 192.
μωλυρός II 184.
μωμάομαι IV 284.
μωμαρ II 371.
μωνυξ I 170. 193. 416, II 479, III 4.

να- νη- I 206, II 29.
ναί I 90.
ναιετάω II 229.
ναίκι I 290.
νάος νηος II 127.
νᾶμα IV 121.
ναύαρχος II 48.
ναῦς I 96. 462, II 485.
νάω IV 121.
νεαγενής II 47.
νεανίας II 109.
νεανίσκος II 275.
νέαξ II 273. 274. 410.
Νεάπολις II 53.
νεαρός II 189. 192.
Νέαρχος II 48·
νέατος II 245.
νεάω IV 284.
νεηγενης II 47.
νείφει νίφει I 317. 408, IV 81.

νέκυς II 334.
νεμέθομαι IV 46. 223.
νέμος II 418.
νενέμημαι IV 405.
νεοκάττυτος I 118, II 223.
νέομαι IV 81.
νεόπτολις II 93.
νέορτος II 230.
νέος (νέϝος) I 137, II 110. 149.
νεότης II 308.
νέποδες I 69. 264.
νέρτερος II 192. 195. 197.
νεῦμα II 372.
νεῦρον II 128. 144.
νεφέλη II 203.
νεφεληγερέτα III 85.
νέφος II 414.
νεφρός I 309. 317, II 184.
νέω ('I swim') IV 121.
νέω ('I spin') IV 127.
νεώσοικοι II 54.
νη- see να-.
νῆ (3rd sing.) IV 262.
νῆις II 492.
νηλιποκαιβλεπέλαιος II 90.
νῆμα II 372.
νηοσσός II 48.
νήπιος I 147, IV 182.
νηπύτιος IV 139. 182.
νήριτος IV 206.
νῆσις II 299.
νῆσσα I 207, II 334.
νηστειρα II 387.
νῆστις II 305.
νηῦς I 462, II 485.
νήφοσι III 264.
νήχω IV 201.
νίζω I 317. 363, IV 93. 247.
νικάω II 256.
νίκη II 256, IV 292.
Νικομᾶς II 35.
Νικόμαχος II 48.
Νικοττώ II 35.
Νίκυλλος II 203.
νίν III 331.

νίπτομαι IV 214.
νίπτρον I 313, II 119.
νίσομαι (νίσσομαι) I 171. 419, IV 99. 261.
νίφα (acc.) I 165. 309. 422. 500, II 485.
νίφει see νείφει.
νόμιμος II 174.
νόστιμος II 174.
νόστος II 229.
νόσφι(ν) III 187.
νουνεχής νουνεχόντως II 54.
νὺ I 15. 40, III 337.
νυκτερινός II 144.
νύκτωρ III 104. 159.
νῦν I 45.
νύναμαι Gortyn. IV 144.
νύξ I 314, II 390.
νυττί Cret. I 289.
νυχθήμερον II 91.
νώ III 397.
νῶι III 367. 397.
νῶιν νῷν III 210.
νωΐτερος III 402.
νώνυμος I 164. 248, II 164. 250.

ξαίνω IV 137. 158. 266.
ξάνιον IV 137. 158.
ξενία II 476.
Ξεννώ II 35.
ξένος (ξένϝος ξέννος ξεῖνος) I 146, II 136, IV 138. 187.
ξέω II 20, IV 158. 192. 196.
ξιφίδιον II 128.
ξίφος I 423.
ξιφοφόρος ξιφηφόρος II 50.
ξυμβασείων IV 446.
ξύω II 20, IV 136. 158. 196.

ὁ (ὅ) I 73. 117. 544, III 327. 335.
ὀβελός ὀβολός I 316.
ὀγδοᾶς III 14. 20.
ὀγδόατος II 245, III 20.
ὀγδοήκοντα II 247, III 20. 38. 208.
ὀγδοήκοντα Herakl. III 38.
ὀγδοηκοστός III 38.
ὄγδοος I 345, III 20. 38. 208.
ὀγδώκοντα III 38.
ὀγκάομαι IV 262.
ὄγκος I 170. 178. 311, II 114.
ὀγκύλος II 199.
ὄγμος I 256, II 172.
ὀδάζω IV 196.
ὀδάξ II 265. 398.
ὀδαίξω IV 196.
ὀδεῖν III 335.
ὀδελός Delph. I 316.
ὄδερος II 191.
ὀδοντιάω IV 295.
ὀδούς; ὀδών II 395. 398.
ὀδυνηρός II 184.
ὄδωδα IV 394.
ὀείγην (inf.) Lesb. IV 181.
ὀζήσω IV 276.
ὄζος I 70. 77. 447. 449.
ὄζω IV 247.
οἴγνυμι οἴγω IV 90. 172. 181.
οἶδα II 438.
οἶδας IV 525.
οἰδάω IV 180.
οἴδημι Lesb. IV 404.
οἶδμα II 187.
οἶδος II 187.
οἰέτης III 4.
οἶϝος Cypr., see οἶος.
οἰζύρός II 184.
οἰζυρός II 185.
οἰζυρώτερος II 193.
οἶκα Lesb. Ion. IV 391.

οἴκαδε II 479.
οἴκει III 165.
οἰκέτης II 240.
οἰκία οἰκίον II 129.
οἰκοδόμηται (conj.) Herakl. IV 475.
οἴκοι I 530, III 164.
οἶκος I 145. 288, II 113.
οἷμα II 368.
οἷμος οἴμη II 171.
οἰνεών οἴνων II 364.
οἰνόεις II 405.
οἰνοποτήρ II 383.
οἶνος οἴνη οἶνον II 143.
οἰνός οἰνή II 141, III 4.
οἰνόφλυξ I 314. 316.
οἰνοχοεύω IV 297.
οἶνοψ II 488.
οἶος, Cypr. οἶϝος, I 69. 147, II 134, III 4.
οἷος III 332.
οἷς οἷς I 136. 456, II 278.
οἶσε (imper.) IV 269. 370.
οἶυθα I 406, IV 523.
οἴσθας IV 525.
οἴσω II 269.
οἶτος II 222. 475, IV 215.
ὀιχνέω IV 337.
ὀκέλλω III 145.
ὄκκον I 314.
ὀκνείω I 118.
ὄκρις II 290.
ὀκτα- II 29, III 20.
ὀκτακόσιοι III 45.
ὄκταλλος I 314.
ὀκτάς III 14.
ὀκτό Boeot. III 20. 198.
ὀκτώ I 67, 288, III 19. 20.
ὀκτώ Herakl. I 422, III 20.
ὀκτωκαιδέκατος III 27.
ὀκτώπους II 29.
ὄκχος I 364.

ὀκωχή II 98.
ὀλείζων II 427. 432.
ὀλέκω IV 412.
ὀλέω (fut.) IV 277.
ὀλιγηπελέων II 47.
ὀλίγιστος II 427.
ὀλιγοδρανέων IV 159. 332. 337.
ὀλίγος I 337.
ὀλιγοστός II 245.
ὀλίζων II 432.
ὄλιος Tarent. I 362.
ὀλισθάνω ὀλισθαίνω IV 158. 159. 266.
ὁλκός II 115.
ὄλλυμι I 171, IV 181.
ὀλολυγή II 98.
ὀλολυς II 98.
ὅλος I 141. 147, II 136.
ὁλότης II 308.
ὀλυμπιονίκα III 67.
ὀλώλεκα IV 412.
ὀλώλω IV 414.
ὁμαλός II 203. 281.
ὀμβρηγενής II 47.
ὄβρος II 184.
ὀμέομαι (fut.) IV 277.
ὀμιχέω I 292. 470.
ὀμίχλη ὀμίχλη I 223. 470, II 199. 210.
ὄμμα I 172. 312. 359.
ὄμνυμι IV 144. 181.
ὀμνυούρας Eretr. I 361. 450.
ὀμνύω IV 183.
ὀμόγνιος I 128. 203, II 24.
ὀμόζυξ II 492.
ὁμοκλέομεν IV 130.
ὁμοκλή II 488, IV 120. 129.
ὀμόυμαι (fut.) IV 277.
ὁμοπάτριος II 24. 126.
ὀμυπάτωρ II 24.
ὀμόργνυμι I 470, IV 181.
ὀμφαλός II 199.
ὀμώμομαι IV 408.

I. Index of Words. Greek: ὀνειδίζω — πάμπαν. 63

ὀνειδίζω IV 298.
ὄνειδος IV 106.
ὀνειρώσσω IV 202. 280.
Ὀνησίλος II 203.
ὄνομα II 249. 367.
ὀνομάκλυτος II 26. 48.
ὄνομαι ὄνοσθε IV 106. 117.
ὄνυξ I 318. 406.
ὀπιπεύω IV 19.
ὀπισθέναρ I 482.
ὀπιτθοτίλα Boeot. I 423.
ὁπλιτικόν II 463.
ὁπόεις II 405.
ὁπόττος Boeot. I 360.
ὅππᾰ (adv.) Lesb. III 178.
ὅππατα Lesb. I 172. 359.
ὅππως see ὅπως.
ὀπτός I 252.
ὀπιώ El. III 20.
ὅπω Locr., ὅπιω Cret. ('whence') I 108, III 135. 348.
ὄπωπα IV 19.
ὀπωπή II 98.
ὅπως ὅππως I 277, II 9, III 338.
ὁράω IV 283.
ὀργή II 114.
ὄρεγμα II 369.
ὀρέγνυμι IV 181.
ὀρέγω I 289, IV 84.
ὀρεκτός II 235.
ὀρεσίτροφος II 52. 54.
ὀρέστερος II 194.
ὄρθαι see ὄρσο.
ὀρθός I 147. 241. 500, II 135.
ὀρθότης II 309.
ὀρίγναμαι ὀριγνάομαι IV 144.
ὁρίζων II 401.
ὄρινω, Lesb. ὀρίννω, IV 138. 186.
ὁρμή II 172.
ὀρνίθιον II 464.

ὀρνιθόω IV 297.
ὄρνις II 285.
ὄρνυμι IV 138. 149. 177. 186. Addenda.
ὄρπηξ II 273.
ὄρρος I 431. 435.
ὄρσο ὄρθαι IV 57.
ὄρτυξ II 258. 410.
ὀρύσσω I 215. 312, IV 247.
ὀρφοβότης II 113.
ὀρχέομαι IV 336.
ὄρχις I 301, II 279.
ὄρωρα IV 75.
ὀρώρεται IV 414.
ὀρωρέχαται IV 408. 419.
ὀρώρηκα Ion. IV 403.
ὅς Ϝός ('suus') I 141. 408, III 371. 391.
ὅς ('qui') I 113. 117, III 332.
ὅς ('is') III 335.
ὀσμή I 422, II 173.
ὅσος III 332.
ὅσσα II 339.
ὅσσε (du.) I 67. 336. 360, II 279, III 199.
ὄσσομαι IV 247.
ὅστακος II 258.
ὀτεία Cret. I 313.
ὅτις ὅττις, ὅτι ὅττι I 277. 498, II 9. 56, III 338.
ὄτιμι Gortyn. III 346.
ὀτρύνω IV 150. 157. 265.
ὅττις ὅττι see ὅτις.
οὗ ('sui') I 147. 408, III 389.
οὔατα II 105. 347.
οὐδείς II 53.
οὖθαρ I 228, II 250. 346.
οἰκί I 290, III 49. 330.
οὖλος ('whole') I 141. 147. 466, II 136.
οὖλος ('curl') I 137. 145. 171. 242, II 145.
οὐμέ Boeot. III 379.

οὕνεκα ('on account of') I 501.
οὔπω III 345.
οὐρανίων II 341. 357. 359.
οὐρανός II 163.
οὖς II 347. 350. 419.
οὐτιδανός II 144.
οὔτις II 53.
οὗτος I 457, II 9. 56, III 257. 337, IV 9.
οὑτοσί οὑτοσίν I 39, III 345.
οὕτω οὕτως III 135. 136.
ὄφελος III 145.
ὄφις II 279.
ὀφλεῖν IV 215.
ὀφρῦς I 250, II 486.
ὀχέω ("σοχ-) IV 325. 335.
ὀχέω ὀχέομαι (*Ϝοχ-) IV 324. 328.
ὄχος I 137. 288, II 417.
ὄψ II 480.
ὀψείων IV 446.
ὄψεο ὄψεσθε (imper.) IV 269. 370. 464.
ὄψομαι IV 269.
ὄψον I 417.

πᾶ (πατήρ) II 34.
πᾶ Dor. III 333.
πάγιος II 124.
πάθος II 413. 417.
παιπάλη II 95.
παιπάλλω IV 12. 18.
παῖς I 456.
παιφάσσω IV 12. 18.
πακτόω II 228.
παλαίτερος II 192.
παλαίφατος II 56.
παλάμη II 174.
πάλτο I 423, IV 357.
πᾶμα Dor. II 370.
πάμμηνος II 55.
παμμήτειρα II 379.
πάμπαν II 3. 12. 100.

πάμπρωτος II 55.
παμφαίνω IV 12. 260.
παμφανόων παμφανόωσα IV 12. 260.
πᾶν II 4.
παναίολος II 55.
πανδαμάτωρ I 104, II 383.
πάνδημος II 55.
Πανέλληνες II 55.
πανῆμαρ II 4. 54.
πανοῦργος II 47. 55.
Πανόψια I 148.
πάνσα Cret. I 360.
πάνσοφος II 55.
πάντη III 174. 178. 179.
παντοδαπός II 56.
παντότης II 309bis.
πάνυ III 212.
παρά I 87, III 143. 174. 185.
παράβακτρος II 53.
παραθαλάσσιος II 5. 53.
παραί III 143. 185.
παράνομος II 53.
παρ-βαίνοιεν El. IV 547.
παρ-εῖαν Boeot. I 193, IV 65. 357.
παρθενεών παρθενών II 364.
παρθενοπίπης II 98, IV 19.
παρ-ίσδω Lesb. I 449.
παρ-ίσταο (imper.) II 562.
πάρος I 234, II 178, III 143. 185.
πᾶς I 147. 289, II 398.
πᾶσα I 360.
πασιμέλων II 54.
πάσκω El. IV 205.
πάσσαλος I 294. 360, II 205.
πάππων II 432.
πάσχω IV 90. 202. 205.
πατάρα (acc. sing.) Locr. I 51.

πατήρ (Boeot. πατείρ, El. πατήρ) I 63. 100, II 381.
πάτριος I 154, II 107. 126.
πατροφονεύς II 88.
πάτρως II 134.
Παφίξα Cypr. I 120.
παφλάζω IV 261.
παχίων II 432.
παχυλός II 199. 455.
παχύς II 315.
πεδά I 87. 251. 263. 276, II 480, III 174. 185.
πίδε Pamphyl. I 172. 359.
πέδον II 114.
πέζα II 339.
πεζός I 363, II 127.
πεῖ Dor. I 314, III 348.
πείθω IV 82. 90.
πεινῶ IV 294.
πειραίνω see περαίνω.
Πείρανθος I 119.
πεῖραρ πείρατα I 138. 146. 466, II 249. 363.
Πειρίθοος I 119.
πείρω IV 246.
πεῖσμα I 171, II 370. 372.
πείσω I 365.
πεκτέω IV 212. 337.
πέκτω IV 212
πέκω IV 86.
πελάθω IV . 223.
πέλεθρον II 214.
πελεκάω I 147.
πέλεκκον I 147.
πέλεκυς I 147, II 315.
πέλμα II 370.
πέλεμαι IV 83. 89.
Πελοπόννησος I 423, II 54.
πέμμα I 312.
πεμπάζω III 13.
πεμπάς I 312, II 390, III 13.

πέμπε Lesb. III 13.
πέμπτος I 170. 307. 313, II 246, III 15.
πεμπώβολον III 13.
πέμπων (gen. pl.) Lesb. III 13.
πεμφρηδών I 226, II 94.
πενθερός I 273.
πένθος II 417.
πεντα- III 13.
πεντάκι(ς) III 49.
πεντακόσιοι III 45.
πεντάπους II 28.
πεντάς II 390, III 13.
πέντε I 166. 170. 307. 313, III 13.
πεντεκαιδέκατος III 27.
πεντήκοντα III 29. 38.
πεντηκοστός III 38.
πέντος Gortyn. I 313, III 15.
πεντώβολον III 13.
πέος I 427, III 417.
πεπαθυῖα II 443, IV 405.
πεπαλών IV 111.
πέπασθέ (πέποσθε) Hom. IV 541.
πέπαται (conj.) Gortyn. IV 475.
πέπεισμαι IV 405. 410.
πέπηγα IV 390.
πεπιθήσω IV 276.
πέπισθι IV 504.
πέπλεχα IV 409.
πέπληγα IV 390.
πέπλημαι IV 119.
πεπληρώκων Lesb. II 444, IV 414.
πέπλος II 96.
πέπλυμαι IV 388.
πέποιθα IV 405.
πεποίθησις II 96, IV 11.
πεποίθομεν IV 462.
πέπομαι IV 390.
πεπονέαται Ion. IV 570.
πέπονθα IV 405.
πέπορθα IV 405.

πέποσθε (πέπασθε) Hom. IV 541.
πέποσχα Syrac. IV 406.
πέπραται (conj.) Ther. IV 475.
πέπρωμαι I 244, IV 388.
πέπταμαι IV 385.
πεπτηώς πεπτεώς II 443.
πεπτός I 251. 313.
πέπτρια II 382.
πέπτω IV 214.
πεπτώς II 443, IV 385. 389.
πέπυσμαι IV 389. 410.
πέπων I 319.
πέρᾱ (adv.) I 214.
περαίνω πειραίνω I 147, II 363.
πέρας I 147.
πέρδιξ II 270.
πέρδομαι IV 81.
πέρδω IV 212.
πέρι III 143. 185.
περικέφαλον περικεφαλαία II 31. 82.
Περικλύμενος IV 59.
πέριξ II 256.
περισσός περιττός II 256.
περκνός II 142.
πέρνημι I 236, IV 141.
πέρρατα Lesb. I 138. 146, II 249. 363.
πέρροχος I 119.
περσέπολις II 52.
περτ-έδωκε Pamphyl. I 504.
πέρυσι, Dor. πέρυτι, I 276, II 9. III 163.
περυσινός II 144.
πέσσω πέττω I 314, 360, IV 234.
πέσυρες πέσσυρες Lesb. I 361, III 10.
πέταλος πέταλον II 202.
πέταμαι IV 117.
πετάννυμι IV 182.
πέτομαι IV 82. 90.

πέτρατος Boeot. III 12.
πετταράκοντα Boeot. III 38.
πέτταρες Boeot. I 147. 361, III 10.
πεύθομαι IV 82. 90.
πεύσομαι I 365. 421.
πευστήριος II 382.
πέφαμαι IV 388.
πέφανθε (2nd pl.) IV 568.
πέφασμαι IV 406. 411.
πέφευγα IV 389. 409.
πέφηνα IV 406.
πεφιδήσομαι IV 276.
πέφλοιδα IV 406.
πέφνω IV 111.
πεφραδμένος IV 410.
πέφρασμαι IV 405. 410. 411.
πεφρίκοντας Pindar II 444.
πεφύασι (3rd pl.) IV 15. 389.
πεφύγων Aeol. IV 165. 167. 406.
πεφυγμένος IV 389.
πεφυζότες IV 236. 407.
πεφυώς II 442, IV 389.
πέψις II 295.
πῇ πῆ I 106. 307, III 174. 178. 333.
πήγνυμι I 346, IV 181.
πηκτή II 228.
πήληξ II 273.
πηλίκος II 265. 272. 291.
πηλώεις II 407.
πῆνος II 145.
πήποκα Lac. I 62, III 176. 345.
Πηρίθοος Dor. I 119.
πηρῖν- II 359.
πῆχυς I 300, II 313.
πιαίνω II 343.
πιαλέος II 202.
πίπλος II 202.
πῖαρ II 180, III 104.

πιαρός I 192, II 180. 185.
πι-δίκνυτι Cret. IV 181.
πιέζω I 448, II 9, IV 252.
πίειρα II 338.
πιερός II 180. 182. 185. 362.
πικρός I 337.
πίλναμαι I 171, IV 144.
πιλνός I 171.
πῖλος II 202.
πιμελή II 203.
πιμπλάνω IV 158.
πίμπλημι IV 102. 134. 158.
πιμπράνω IV 158.
πίμπρημι IV 102. 134. 158.
Πίνδος I 379.
πινύμενος IV 138. 182.
πινύσσω IV 182.
πινύτη II 229. 472.
πινυτός I 41, II 229, IV 182.
πίνω I 136, IV 90. 149.
πίομαι IV 91. 464.
πῖος (neut.) II 415.
πῖο-ς I 37, II 137.
πιότερος II 182.
πιότης II 182.
πίπλημι see πίμπλημι.
πίπρημι see πίμπρημι.
πίπτω IV 18. 107. 171.
πίσσα πίττα II 339.
πίστις I 365.
πιστός II 228.
πίσυρες II 163, III 10.
πιτνάω II 145. 155.
πιτνέω IV 336.
πίτνημι IV 144. 149.
πίτνω IV 145. 149. 155.
πίτυς II 325.
πιφαύσκω IV 14.
πίφρημι IV 102.
πίων I 37, II 182. 362.

Brugmann, Elements. Indices.

5

I. Index of Words. Greek: πλάζω — πρεῖσβυς.

πλάζω IV 165. 167. 266. 352. 359.
πλάθανον III 330.
πλάσμα II 372.
πλάτανος II 147.
πλάτος II 415.
πλατόω IV 297.
πλατύς I 230. 234, II 313.
πλέες I 461, II 428. 429. 431. 432.
πλέθρον II 214.
πλεῖν (compar.) II 430.
πλεῖστος I 62. 109. 461, II 242. 244. 428. 430.
πλείω Hom. I 161, IV 246.
πλείων (compar.) II 430. 431. 432.
πλεκτός πλεκτή IV 212.
πλέος II 430.
πλέω I 50, IV 80.
πλέων (compar.) II 432.
πλέως II 430.
πλη- ('fill') IV 119.
πληγή II 113.
πλῆθρον II 213.
πλήθω IV 218. 223. 272.
πλήρης II 185. 417.
πλῆσις II 296.
πλῆσμα II 372.
πλήσσω I 271, IV 130. 234.
πλῆτο ('filled itself') IV 127.
πλῆτο ('drew nigh') IV 123.
πλίασι Cret. III 263.
πλίες Cret. I 461, II 432.
πλίυι Cret. II 430.
ΠΛΟΣ Arcad. III 108.
πλύσις II 304.
πλώς II 391.
πλωτός I 85, II 228, IV 127.
πλώω IV 127.
πνύξ II 350.

πό- (πόθεν etc.) I 307. 313.
ποδαπός I 195, II 6. 56. 492, III 338.
ποδηνεκής II 98.
ποεοιτρόφος II 54.
ποεσίχροος II 54.
ποθεινός II 144.
ποθέω IV 336.
πόθος I 317. 365.
ποῖ III 333. 348.
ποιητής II 230.
ποικίλος I 297.
ποιμαίνω II 343.
ποιμήν II 371, IV 129.
ποίμην II 164. 343.
ποίμνιον II 343.
ποινή I 312, II 140.
ποῖος II 128.
ποιπούω IV 12. 18.
ποίφυξις II 299.
ποιφύσσω IV 12. 18.
πόκκι Thess. III 338.
πολεμήιος II 128.
πόλερ El. I 33.
πολιήτης (Dor. πολιάτας) II 334.
Πολιούξενος Boeot. I 41.
πολιοῦχος II 47.
πόλις I 244, II 334.
πολίτης II 334.
πολιτοφθόρος II 48.
πολλάκι(ς) I 290, III 49. 330.
πολλό- I 164. 244, II 140.
πολλοστός II 245.
πόλος I 413.
πολυάνωρ II 24.
πυλυβούτης II 239.
πολυδήνης II 24. 415.
Πολυξώ II 35.
πολύρρην I 145. 148, II 344. 349.
πολύς I 244, II 312.
πυλύτας I 251.
Ποσίδανος Lac. I 361.

πόπανον I 319.
πυρθμός II 175.
πόκος I 289, II 114.
πορνάμεν inf., πορνάμε-ναι part. I 236, IV 141.
πόρος πορός II 113.
πόρπη II 14.
πόραξ II 327.
πόρτις II 327.
πορφύρω IV 12. 260.
πός ('foot') II 480, III 81.
Ποσειδάων, Ποσοιδᾶνος Arcad., Ποσιδήιος I 361.
π'οος πόσσος I 360.
πόστος II 245.
Ποτειδάων Boeot. I 361.
ποτέομαι IV 325. 328.
πότερος (interrog.) II 190. 450.
πότερος (indef.) I 541.
ποτήρ II 380. 383.
ποτής II 308.
πότνια II 104. 335.
Ποτοιδάχος Boeot. I 461.
ποτόν II 229.
ποῦ III 333.
πουλύς see πολύς.
πούς II 480, III 81.
πρακνόν I 233.
πράν Dor. I 138. 242, II 134, III 5.
πράσον I 235.
πρασοπόντασσι Herakl. II 400, III 264.
πράσσω II 256.
πρᾶτος Dor. I 242, II 134. 245, III 5.
πρεῖγυς II 433.
πρείγων Cret. II 433.
πρείν Cret. II 430. 433.
πρεῖσβυς Thess., πρεῖσγυς Cret. II 277. 429. 433, III 109.

πρέαβυς πρέηγυς I 316.
419, II 433, III 109.
πρήξοισιν (conj.) Chios
IV 464.
πρήσσω Ion. II 256.
πρίν Att., πρίν Hom. II
430. 433.
πρό III 337.
προ-βέβουλα IV 406.
προβλής II 391.
προ-βλώσκω IV 205.
πρόσ-θα Cret. 423.
πρόμος II 167. 178, III 5.
πρόξενϜος Corcyr. I 146.
πρόπρο II 100.
προπροκυλινδόμενος II 12.
πρός I 489.
προσ-αφήρεται Hesiod.
IV 464.
προσέσπερος II 53.
προσήλυτος IV 223.
προσηνής IV 184.
πρόσσω I 489.
πρόσφυξ II 492.
προτεραίτερος II 194.
πρότερος II 189.
προφητής II 230.
πρόφρασσα I 248, II 400.
πρύμνη II 465.
πρωήν I 138. 242, II 134, III 5.
πρώξ I 242, II 487.
πρωπέρυσι III 337.
Πρωτεσίλαος II 52.
πρώτιστος II 245.
Πρωτόλαος II 52.
πρώτος I 242, II 134.
245, III 5.
πταίρω I 234, IV 89.
πτᾱνός πτηνός II 152.
πτάρνομαι IV 149.
πτύρνυμαι I 423, IV 149.
177.
πτέρνα I 423.
πτερόν II 182. 187. 460.
πτέρυξ II 411.

πτηνός II 152.
πτήσσω IV 180. 202. 280.
πτίσσω πτίττω I 171.
419, IV 164. 166. 167.
266.
πτύρω IV 145. 247.
πτύω I 119. 423, IV 236.
πτώξ IV 201.
πτωσκάζω IV 201.
πτώσσω IV 201. 279.
πτωχός IV 201.
πύανος I 148.
πυγμάχος II 47. 50.
πυθμήν II 174. 341.
πύθω II 20, IV 218.
223. 272.
πῦρ IV 182.
Πυλοιγενής II 29. 54.
πύματος II 168.
πύνδαξ I 189. 347. 381.
πυνθάνομαι I 18. 364,
IV 158. 165. 168.
πύξ III 258.
πύος II 413.
πύρ-αυνος -αυνον II 143.
πυριήκης II 55.
πυρίπαις II 55.
πυρίπνοος II 55.
πυρκαϊή II 50.
πυρός II 187.
Πύρραχος II 265. 267.
πύστις I 365, II 296.
πώ (-πω) III 176. 345.
πῶ (2nd sg.) Epir. IV
498.
πῶμα ('drink') I 136.
πώνω Aeol. I 84, IV
149.
πώποτε III 176.
πῶς πως ('foot') Dor. I
86. 249, II 480, III
81.
πῶυ II 315, IV 129.

ῥά I 229. 500.
ῥαβδοῦχος II 47.

ῥᾴδιος I 120.
ῥαίνω I 363, IV 159.
ῥαιστήρ II 461.
δακόω IV 297.
ῥανίς IV 159.
ῥάξ I 428.
ῥάσσατε (2nd pl.) IV 159.
224.
ῥάων ῥᾷστος II 430.
ῥέζω ('I do') I 111. 119.
238, IV 236.
ῥέζω ('I colour') IV 234.
ῥέμβομαι IV 162. 165.
167.
ῥέπω I 149.
ῥέριπται IV 23.
ῥεῦμα II 366.
ῥεῦσις II 299.
ῥέω I 137. 215. 409, II
21, IV 47. 82. 159.
ῥηγμῖν- II 359.
ῥήγνυται (conj.) IV 478.
ῥηίδιος II 430.
ῥηίτερος ῥήιστος II 195.
430.
ῥηίων II 430.
ῥῆσις II 299.
ῥήσκομαι IV 206.
ῥητήρ II 378.
ῥητός I 137.
ῥήτρα I 137. 146. 216.
ῥήτωρ II 378.
ῥῖγος I 428, II 417.
ῥιγόω IV 294.
ῥίνη IV 226.
ῥινός IV 226.
Ῥόδιππος II 34.
ῥοδοδάκτυλος II 92. 109.
ῥοή Corcyr. ῥhoϜά, I
137. 146. 216, II 113.
ῥόπτρον II 119.
ῥοφέω IV 336.
ῥυθμός IV 221.
ῥύμα II 366.
ῥύμη III 102.
ῥύσις II 295.
ῥυσμός II 173.

ρώννυμι IV 182.
ρ'ωπήεις II 407.

σά ('quae?') Megar. I 360, III 354.
σαίρω IV 247.
σάλος I 420.
σαλπιγγωτός II 229.
σάλπιγξ II 411.
σαφής II 415.
σβέννυμι I 449, II 20, IV 182.
σέ I 147, III 375.
σέβομαι I 315. 360. 453.
σέθεν III 380.
σείω IV 191. 192.
σελήνη, Lesb. σελάννα, II 144.
σεμνός I 315. 362, II 142.
σεπτός II 228.
σεσαρυϊα II 444.
σέσεισμαι IV 391.
σεσήμασμαι IV 411.
σέσυφος II 96.
σεύα έσσευα Aeol. I 360, IV 67.
σεύται IV 56.
σεύω Aeol. I 146, IV 81.
σήμα II 370, IV 122.
σήμερον III 330. 331.
σίαλος I 420.
σιγή I 420.
σιγηλός II 203.
σιγαρός σινδρός I 229, II 184.
σίνομαι, Lesb. σίννομαι, I 420, IV 150. 265.
σις Cypr. I 314.
σίτα III 213.
οιών IV 191.
σκάζω I 446, IV 247.
σκαιός II 136.
σκαιότης II 309.
σκάλλω I 118. 229. 234, IV 235.
σκαμβός I 378.

σκάνδαλον I 319. 418.
σκάπτω I 94. 271. 346.
σκεδάω (fut.) IV 377.
σκεθρός II 213.
σκέραφος II 217.
-σκευάσθηντι Messen. IV 475.
σκέψις II 297.
σκιά I 293.
σκιαρός II 185.
οκιδάφη II 216.
σκίδναμαι IV 144.
σκιερός II 184. 185.
σκίμπτω IV 167. 266.
σκιόειν (neut.) III 106.
σκίφος Lesb. I 423.
σκοπέω IV 336.
σκύλλω IV 247.
σκύπφος I 364.
σκώψ I 253, II 487.
σμερδαλέος I 419.
σμερδνός II 452.
σμήχω IV 201.
σμώδιγξ II 411.
σμώχω IV 201.
σοβέω I 71, IV 328.
σοέω IV 327.
σοούμαι σοοῦμαι IV 327.
σός III 391.
σπαίρω I 111. 118. 229. 234. 418, IV 235.
σπαργανάω IV 295.
σπάρτη II 229.
σπάρτον I 235, II 229.
σπάω IV 196.
σπερμαίνω I 193. 198, IV 282.
σπέρχω I 290, IV 170.
σπινθηράκιον II 265.
σπουδή I 72.
-σσα I 500, III 354.
σταθερός IV 226.
στα θμός IV 226.
στιϊην IV 481.
σταίησαν Hom. IV 489.
στάλλα Lesb. II 143.
σταμιν- σταμίν- II 359.

στάμνος II 165.
στανύω IV 144.
στάνω IV 144. 149. 153.
στασιάζω IV 298.
στασίαρχος II 52.
στάσις II 297.
στατήρ II 382.
στατός I 255.
στέαρ I 146, II 250. 365.
στεγανός I 194.
στέγος I 446, II 414. 419.
στέγω I 308. 324, IV 83.
στεῖαρ (στῆαρ) II 365.
στείβω IV 173.
σείνω IV 233.
στείχω I 308, IV 84. 90.
στέλλω I 119.
στέμβω I 346, IV 167.
στενάχω IV 201.
στενότερος II 193.
στένω IV 82.
στερέω IV 196.
στέρνον II 143.
στέρφος I 317, II 418.
στεφανωέτω Delph. IV 293.
στήης στείομεν στείωσι (στήομεν στήωσι) IV 478.
στήλη II 141. 143.
στήμων II 367.
Στησαγόρης II 52.
Στησίχορος II 52.
στιβαρός IV 173.
στίζω I 433, IV 247.
στιχάομαι IV 295.
στόμιιργος I 482.
στονόFεσαν Corcyr. I 146, II 406.
στορθυγξ II 411.
στόρνυμι I 241, IV 136. 177. Addenda to IV 177.
στράβων II 341. 345. 466.
Στράβων II 345.
στρατηγός I 256.
στρατός II 475.

στρέφεται (conj.) IV 464.
στροτός Boeot., στρότος Lesb. I 234.
στροφέω II 325. 336.
στρώμα I 241, II 370.
στρώννυμι στωρνύω IV 182.
στρωτός I 241.
στύγιος II 124. 452.
στύλος II 200.
στω IV 471.
σύ II 163, III 366. 373.
σύζυξ II 487. 492.
συμμαχικόν II 463.
συναχθησώ (fut.)'IV 275.
συν-έαν El. IV 487.
σύνεσις II 298.
συνθήναι (plur.) El. II 154.
συν-θύξει IV 205.
συνοκωχής II 98.
συοκτόνος II 48.
σύρω IV 247.
σῦς I 420.
πυφορβός II 48.
σφάγιος σφάγιον II 124. 125. 476.
σφαδασμός IV 163.
σφάλλομαι I 406.
σφάττω IV 248.
σφέας σφάς III 379.
σφεδανός IV 163. 166.
σφεῖς III 375.
σφενδόνη IV 163.
σφέτερος III 394.
σφήξ II 273.
σφί(ν) σφοῦ III 175. 368. 371. 388.
σφίγγω IV 167.
σφίσι III 388.
σφοδρός IV 163.
σφώ σφωΐ σφωέ σφωΐν III 368. 400.
σφώϊν σφών III 210.
σφωίτερος III 402.
σχερός II 182.
σχέσις II 299.

σχήσω IV 275.
σχίζα II 339.
σχίζω I 406, IV 236.
σχινδαλμός I 189, IV 164.
σχίσμα II 372.
σχισμός II 173.
σχοίην IV 494.
σχολαίτερος II 192.
Σωΐλος II 203.
σωτήρ, voc. σῶτερ, II 379.

τακερός I 102.
τάλας I 229. 251.
ταλαύρινος I 148.
τάμνω IV 150.
τάμον Thess. II 405.
ταναός I 164. 232, II 311.
τανυ- (τανύγλωσσος) I 164.
193. 232, II 51. 313.
τάνυμαι I 192. 198, IV 177. 183.
τανυσίπτερος II 52.
τανύω (pres.) IV 183.
τανύω (fut.) IV 277.
τάρβος I 322.
ταρπώμεθα I 233.
ταρσιά I 233.
ταρτημόριον III 10. 12.
τάρων (gen. pl.) III 10.
τάσις I 199, II 298.
ταῦρος I 154. 479, II 136.
ταυτά Dor. III 178. 345.
ταύτῃ III 174.
ταυτόν III 339.
τάχιον τάχιστα II 427.
ταχύνω IV 150.
τέ ('thee') I 147.
τε ('and') I 313. 534, III 333.
τέγος I 446, II 414. 419.
τέθεικα τέθειμαι IV 417.
τέθεκα IV 412.
τέθεμαι IV 390. 405.

τέθηκα IV 412.
τεθμός I 365, II 213.
τεθνεώσα II 445.
τέθριππον I 359.
τέθυμαι IV 388.
τεί Dor. III 387.
τεῖδε III 348.
τεΐν III 386.
τεῖος see τῆος.
Τεισαμενός I 542.
τείσω (fut.) IV 270.
τεῖχος I 294, II 420.
τείω Arcad. I 118, IV 236.
τεκμαίρω IV 282.
τέκμαρ τέκμωρ II 371.
τέκνον II 143.
τέκοισι (3rd pl. conj.) Aeol. IV 464.
τέκταινα I 198, II 335.
τεκταίνω I 111. 118. 193. 198, IV 282.
τέκτων I 408, II 345.
τελαμών I 104, II 367. 371.
τελέεις II 406.
τελέθω IV 223.
τελευτή II 229.
τελέω -ῶ, Hom. τελείω, I 118, IV 282.
τελέω (fut.) IV 277.
τελήεις II 407.
τέλλω I 313.
τέλσον I 419.
τέμενες Megalopolis III 107.
τέμενος II 417.
τέμμαι ('oui')? III 346.
τέμνω IV 90. 150.
τένδω IV 224.
τέννω Aeol. IV 233.
τένος II 412. 117. 423.
τέ (gen.) I 307. 313, III 333. 339.
τέος τεῦς (gen.) Dor. III 389.
τεός I 52, III 391.

τεοῦς (gen.) Dor. III 392.
τεράμων I 104.
τέρετρον II 120. 121.
τερθρεία II 95.
τέρθρον III 3.
τέρμα τέρμων II 366.
τέρπω IV 82.
τερσαίνω IV 156. 266.
τέρσομαι IV 84.
τέρτος Lesb. II 246, III 9.
τέρφος I 317, II 418.
Τέρψιλλος II 203.
τερψίμβροτος II 52.
τέρψις II 298.
τεσσαράβοιος III 11.
τεσσαράκοντα τετταράκοντα III 30. 38.
τεσσαρακοντάς τετταρακοντάς III 14.
τεσσαρακοστός τετταρακοστός III 30. 38.
τέσσαρες τέτταρες I 147, 361, III 10.
τεσσεράκοντα Arcad. Ion. III 10. 38.
τεσσερακόντων (gen.) III 37.
τέσσερες Ion. I 138. 307. 361, III 10.
τεσσερεσκαιδέκατος III 27.
τεταγών IV 111.
τέταμαι IV 388.
τέτανος II 96.
τετάρπετο I 233.
τέταρτος τέτρατος I 140. 227, II 242, III 10. 12.
τέτεισμαι IV 411.
τετελευτακούσας Delph. II 444.
τετευχώς IV 405.
τετίηται IV 132.
τετιηώς IV 405.
τέτλαμεν I 234. IV 388.
τετληώς IV 405.

τέτοκα IV 405.
τέτορες Dor. III 10.
τετρα- III 10.
τετράγυος II 27. 49.
τετραίνω IV 158. 159. 161.
τετράκι τετράκις III 10. 49.
τετρακόσιοι III 45.
τετρακτύς II 328.
τέτραμμαι IV 405.
τέτραξ II 96. 97.
τετράς III 14.
τετρᾶς III 50.
τέτρασι (loc.) I 140.
τέτρατος see τέταρτος.
τέτραφα τέτροφα IV 405. 409.
τέτρηχμον I 482.
τετράων II 97.
τέτρις II 97.
τέτριφα IV 410.
τέτροφα see τέτριφα.
τετρώκοντα Dor. Ion. III 11. 29. 30. 38. 241.
τετρωκοστός III 38.
τέττα II 97.
τέτταρες τετταράκοντα see τέσσαρες τεσσαράκοντα.
τετταρεσκαίδεκα II 53, III 26.
τέτυκται IV 405.
τετύπτημαι IV 406.
τετύσκετο IV 211.
τευμάομαι I 360.
τευτάζω I 360.
τέχνη II 144.
τέως III 106.
τεῶς (gen.) Boeot. III · 392.
τϝέ (τϝέ) Cret. I 147. 361, III 375.
τῇ III 349.
τήδη τηθίς I 286, II 94.
τήκω IV 83.
τηλίκος II 265. 291.

τήμερον III 330. 331.
τῆμος II 405.
Τῆνα Τιῆνα Cret. I 363.
τῆνος Dor. II 150, III 349.
τῆος (τεῖος) II 405bis, III 106. 136.
τητάομαι, Dor. τατάομαι, I 136.
τιθέασι IV 549.
τιθέαται Ion. IV 570.
τιθείην IV 488.
τίθεντι Dor. IV 547.
τιθήμενος IV 102. 478.
τίθημι I 254. 364, IV 99. 102.
τιθήνη II 97.
τίθηντι (conj.) Messen. I 107, IV 466. 478.
τιθύμαλος II 97.
τίθωμαι τιθῶμαι IV 478.
τίκτω IV 107. 214.
τιμωρός II 48.
τίν (dat. acc.) Dor. III 386. 387.
τίνη Tarent. III 386.
τίνυνται, τινύμεναι (inf.) IV 177.
τίνω τίνω I 146, IV 177. 186.
τίς I 33. 314, III 333.
τίσις I 313, II 295.
τιταίνω I 198, IV 261. 564.
τίτθος τίτθη II 97.
τιτραίνω IV 159.
τίτρημι IV 135.
τιτρώσκω I 244.
Τιτυός II 97.
τιτύσκομαι IV 14. 210.
τίω IV 236.
τιῶς (gen.) Boeot. III 392.
τό- I 273, III 327.
τό (particle) I 162, III 384.
τοιγαροῦν I 546.

τοίος II 128.
τοίω El. I 172.
τοίχος II 115.
τονθορίζω IV 13.
τονθρύς II 95.
τορέω IV 326.
τόρμος II 172.
τορνευτολυραππιδοπηγός II 91.
τορός II 110.
τόσος τόσσος I 360.
τούν Boeot. III 373.
τούνη Lac. III 373.
τραγέλαφος II 91.
τράπεζα I 233. 361. 501, III 10.
τραπείομεν (τραπήομεν) IV 476.
τράπω Dor. IV 79. 90.
τρασιά I 233.
τραυλός II 202.
τρέ Cret., see τFέ.
τρεις I 57. 109, 118, II 279, III 8.
τρεισκαίδεκα II 53, III 26.
τρειοκαιδέκατο: II 53, III 27.
τρέμω IV 46. 47. 83.
τρέπιδδα Boeot. III 8.
τρέπω IV 90.
τρέφομαι IV 172.
τρέχω I 327. 406.
τρέω IV 45. 192.
τρήρων II 342. 345.
τριακάς III 30. 38.
τριάκοντα III 38.
τριακόσιοι III 45.
τριακοσιοστός III 46.
τριακοστός II 177, III 38.
τριάς I 199, II 392, III 14.
τριᾶς III 50.
τρίβω IV 209.
τριήκοντα τριηκόντων τριηκόντεσσι III 38.
τριήρης II 465.

τρικτύς II 328.
τρίυμα τρίμμα I 362.
τριξός II 257.
τριοττίς II 279.
τρίπαλτος III 50.
τριπλάσιος III 50.
τρίς III 48.
τρὶς Herakl. III 216.
τρισκαίδεκα II 53, III 26.
τρισσός τριττός II 257.
τρίτατος II 168. 245, III 9.
τριτημόριος II 53.
τρίτος II 246, III 9.
τριττύς τριτύς II 328.
Τρίτων II 352.
τρίφατος τριφάσιος III 51.
τριχάικες II 479.
τροπέω IV 44. 325. 336.
τρόφις II 281.
τροχός I 406.
τρυφάλεια III 10.
τρύχω IV 201.
-ττα see -σσα.
ττολίαρχοι Thess. I 501.
τύ (nom.) Dor. III 373.
τὺ (acc.) Dor. III 377.
τυγχάνω IV 168.
τύχος IV 210.
τυκτός II 228.
τύλος τύλη II 198.
τύνη III 373.
τυπτήσω IV 276.
τύπτω IV 214.
Τυρταίος III 11.
τύψειμεν IV 489.
τώ III 352.
τώνα Cret. I 452.
τώς; ('thus') III 135.

ἱάκινθος II 251.
Ὑβρέστας Thess. I 33.
ὕβρις II 291.
ὑγεία ὑγιεινός II 414.
ὑγίεις II 406.

ὑγιής I 297.
ὑγνόω IV 297.
ὑδαρής II 185.
ὑδαρός I 229, II 181.
ὑδεράω ὑδεριάω IV 295.
ὕδρος ὕδρα II 191.
ὕδωρ I 41. 228. 242, II 180 346, III 103.
ὑετός II 229.
ὕθλος II 214.
υἱός II 318. 319.
υἱύς Lac. Arcad., υἱΰς Cret., III 318. 319.
ὑλάω IV 262.
ὕλη I 42.
ὑλίαι II 207.
ὕλλος I 277.
ὑλοτόμος II 25.
ὑμέας ὑμᾶς, ὕμις III 379.
ὑμεδαπός III 380.
ὑμεῖς I 110bis, III 367. 374.
ὑμές Dor. III 374.
ὑμέτερος III 394.
ὑμήν I 117. 421, II 367.
ὔμμε Lesb. III 367.
ὔμμες Lesb. I 117, III 374.
ὔμμι Lesb. III 387.
ὔμμος Lesb. III 393.
ὕμνος I 118.
ὑμός Dor. III 393.
ὕνις ὕννις ὕννη II 266. 286.
ὑομουσία II 48.
ὑοσκύαμος II 54.
ὑπασπίδιος II 53.
ὕπατος II 245.
ὑπείρ I 119. 489, II 189.
ὑπέρ I 41, II 188. 189, III 159.
ὕπερα II 189.
ὑπεράνθρωπος II 31.
ὑπερήνωρ II 31.
ὑπέρμορον II 31.
ὕπερος ὕπερον II 189.
ὑπερτερώτερος II 194.

ὑπερφίαλος I 147. 245. 250.
ὕπνος I 109, II 106, 140.
ὑπνώσσω IV 280.
ὕπο I 40.
ὑπόδημα II 370.
Ὑπόδικος II 33.
ὑπο-ζωνύνα[ι] inscr. IV 182.
ὑπόδρα II 493, III 106.
ὕς I 420. 421, II 486.
ὕσδος Lesb. I 449.
ὑσμῖν- II 359.
ὑσμίνη I 117, II 172. 359. IV 220.
ὑστερομεινύει Thess. I 63. 422.
ὕστερος II 177. 178. 191.
ὕστρος II 191.
ὑύς II 319.
ὕφανα IV 359.
ὕφανσις I 173.

φάγαινα II 335.
-φάγος I 333.
φαγών II 349.
φαέθων II 401.
φαεινός, Lesb. φάεννος, I 422, II 143.
Φαηνός Dor. I 422.
φαθί φάθι IV 500. 504.
φαίην IV 487.
Φαῖναξ II 265.
φαινομηρίς II 51.
φαίνω IV 150. 266.
φάλαγξ II 411.
Φαμενός I 542.
φανησῶ (fut.) IV 275.
φάραγξ II 411.
φάρκτομαι IV 213.
φάρος IV 139.
φάρυξ φάρυγξ II 411.
φασγάνομαι IV 159.
φάσγανον IV 159.
φάσις II 299.
φάσκω IV 201. 203.

φάσσα II 339.
φατειός II 135.
φάτις I 351, II 298.
φατός ('killed') I 194.
φατρία I 215.
φείρ Thess. IV 23.
φερένα Aeol. II 150.
φέρετρον φέρτρον I 104, II 118.
φέρμα II 366.
φερνή II 150.
φέρτε IV 64.
φερτός II 228.
φέρτρον see φέρετρον.
φέρω IV 80.
φεύγω I 312, IV 88.
φεῦξις II 299.
φήγινος II 155.
φηγός I 98, II 109. 113.
φήης IV 478.
φήμη II 174.
φημί I 255, IV 55. 67.
φῆμις II 290.
φήρ Aeol. I 318.
φθαίρω Dor. I 234, IV 246.
φθάνω φθάνω I 146, IV 186.
φθείρω, Lesb. φθέρρω, Arcad. φθήρω, I 119. 466, IV 246.
φθέρσω IV 274.
φθίεται (conj.) IV 463.
φθινόκαρπος II 141.
φθινύθω IV 177. 224.
φθίνω φθίνω I 139. 407, IV 177.
φθισίμβροτος II 52.
φθίσις II 298.
φθῖτο (opt.) IV 487.
φθίω IV 65. 236.
φθόη I 71.
φιλεργός II 47.
Φιλοκλείδα Leucad. III 67.
φιλομμειδής I 163. 420, IV 224.

φιλόξενος II 51.
φίλος III 175.
Φιλόφειρος Thess. I 318.
φίντατος Dor. I 216.
φιτρός II 120.
φῖτυ φῖτυς I 46. II 325. 327, IV 235. 247.
φλεγέθω IV 46. 223.
φλέγω II 480.
Φλειάσιος II 407.
φλέψ I 314.
φλέω IV 131. 323.
φλήναφος II 217.
φλιδάνω IV 224.
φλιδή IV 224.
φλόξ II 480.
φλυκτίς I 314.
φλύω IV 124. 131. 158.
φοβέω I 57. 118, IV 324. 328.
φοιβάω IV 284.
φοινήεις II 407.
φόνος I 317.
φορέω IV 325. 326.
φόρτος II 221. 228. 475.
φράζω IV 236.
φρασί (loc.) I 248, III 263.
φράσσω IV 247.
φράτηρ φράτωρ I 97, II 379. 382.
φρατρία II 131. 463. 476.
φράτωρ see φράτηρ.
φρέαρ (φρείατα φρήατα) II 250. 364. 365.
φρέμπαρος II 49.
φρήν II 344.
φρίσσω φρίττω I 360.
φρονέω Cypr. I 361.
φροῦδος I 359.
φρύγω IV 87.
φρῦνος φρύνη II 143.
φυγγάνω IV 165. 167.
φυγή II 110.
φυγοπτόλεμος II 51.
φύζα I 312, II 333. 339.

I. Index of Words. Greek: φύξη — ὦρτο. 73

φύξη Cypr. I 112. 118, IV 481.
φυίω Lesb. I 118, IV 235.
φῦμα II 366.
φύξιμος II 174.
φυσιολόγος II 48.
φύσις II 301.
φύσκα φύσκη II 275.
φυτόν II 229.
φύτωρ II 386.
φύω IV 87.
φώγω IV 94.
φωλεός IV 128.
φωνή I 255.
φώρ I 253, II 485, III 81.
φῶς II 424.

χαίνω IV 150. 266.
χαιρήσω ἐχαίρησα IV 240. 276.
χαίρω I 236, IV 228. 233. 238.
χαλέπτω I 119, IV 214. 287.
χαμαί I 29, II 482.
χανδάνω I 311, IV 163. 165. 168.
χάσκω IV 150. 205.
χέζω I 302.
χείλιοι χίλιοι I 423. 466, II 127. 199, III 47.
χεῖλος II 200.
χεῖμα II 366.
χειμίη II 341.
χειμών I 288, II 170. 366.
χείρ I 290, II 417.
χειρόνιπτρον II 50.
χειρότερος II 430.
χείω Hom. IV 246.
χίλλιοι Lesb. I 112. 423, II 127. 199, III 2. 47.
χερνής IV 135.
χέρνιψ I 313, II 47. 49. 50.

χερόνιπτρον II 50.
χεῦαι (inf.) IV 597.
χεῦμα II 366.
χέω (pres.) I 303.
χέω (fut.) IV 464.
χίλιοι Dor. I 423, II 199, III 47.
χήμη IV 150.
χήν I 165. 294, II 485, III 81.
χήρ II 485, III 81.
χθαμαλός I 172, II 203. 281. 482.
χθονοτρεφής II 49.
χθών I 172. 407, II 482, III 81.
χιλιάς III 14.
χίλιοι see χείλιοι.
χιλιοστός II 245, III 47.
χιών I 172. 288, II 171. 483.
χλιδή IV 224.
χολυίβαφος II 55.
χολοιβόρος II 55.
χορδή I 292.
χόρτος I 291, II 232.
χραίνω IV 159.
χρανώ IV 159.
χράω ('I touch') IV 159.
χρεμίζω I 273. 323.
Χρέμων II 350.
χρεή II 488, IV 120. 135.
χρῆ IV 129.
χρηέομαι IV 337.
χρηίσκομαι IV 206.
χρῆσθα IV 129.
χρηίων (part.) IV 263.
χρίω I 323, IV 159.
χρόμαδος II 408bis.
χρόμος II 110.
χρόνος II 152.
χρυσοκόμης II 92.
χρυπούς I 543.
χρῶ ('I give an oracle') IV 263.
χρώς I 250.
χύμα χύμα II 366.

χυμός II 170.
χύσις II 298.
χύτλον II 118.
χύτρα II 118.
χώρα IV 150.
χωρίς III 274.

ψάμμος I 424.
ψευδάγγελος II 50.
ψευδής II 412. 415.
ψεῦδος II 412.
ψῆ IV 128.
ψηλαφάω II 217.
ψῆφος I 424.
ψήχω IV 201.
ψουδία Cret. I 51.
ψῶ IV 263.
ψωρός IV 128.
ψώχω IV 128. 201.
ψώω IV 128.

ὦ Locr., ὠ Cret. ('unde') I 83. 84. 108, III 135. 348.
ὧδε III 135.
ὠδίν- III 359.
ᾤζησα IV 360.
ὤθεω IV 336.
ὠκεανός II 9. 141.
ὠκίων II 430.
ὠκυπέτης II 24.
ὠκύπους II 24.
ὠνύς II 313.
ὠλλόν I 171.
ὦλξ ὦλαξ II 487.
ὠμηστήρ II 387.
ὠμοβρώς I 250, II 391. 492.
ὠμός II 113. 413.
ὤν II 397, IV 53.
ὠνέομαι IV 288.
ὦνος ὠνή II 142.
ὥρα ὥρος I 110, II 180. 187, IV 128.
ὦρτο IV 57.

ὠρύω IV 91.
ὦς ('ear') Dor. II 347. 419.

ὥς III 135.
ὠσμός· II 173.
ὠτώεις II 407.

ὠφελέω III 145.
ὤφελον IV 215.
ὤψ II 499.

Modern Greek.

γυναικόπαιδα II 91.
δόσμουτε IV 9.
ἐβλέπω IV 28.
ἐδώσω IV 28.
ἐμεῖς III 369.

ἐσεῖς III 369.
ἐσύ III 369. 370.
ἐφτά I 381.
κόφτω I 381.
μαχαιροπέρορα II 91.

νύχτα I 381.
ξαγκλίζω I 279.
ὀχτώ I 381.
σεῦκλο I 279.

Albanian.

The spelling follows G. Meyer's Wörterbuch der alban. Sprache, and the meanings are added to make finding easier.

barϑ ('I know') I 302.
bȳṅ ('I bud') IV 235.
dimen ('winter') I 288. 305.
djaϑte ('on the right') I 302.
dje ('yesterday') I 302.
djek ('I burn') I 327. 337.
düzét ('forty') III 34.
δaše ('I gave') IV 350.
δē ('earth') I 290.
δemp ('tooth') I 302.
δí ('goat') I 302.
δjés ('caco') I 302.
δjete [δiete δiéte] ('ten') III 14.
ϑañ ('I dry') IV 156.
ϑom ('I say') IV 52.
gūr ('rock') I 337.

ǵak ('blood') I 337.
ǵašte ('six') III 14. 15.
ǵendem ('I am found') I 311. 337, IV 163. 165.
ǵišt ('finger') I 334. 337.
herδe ('testicle') I 301. 302.
i-pare ('first') III 6.
iš ('is') IV 53.
jam ('I am') IV 52.
jē ('thou art') IV 523.
jena ('we are') IV 538.
kap ('take') I 318.
krimb-i, Gegian krüm ('worm') I 324. 337.
ḱs ('which') I 307.
l'iϑ ('I bind') I 302.
l'ig-u ('bad, lean') I 337.
mjégule I 336.

ndjek ('I pursue') I 332.
nende ('nine') III 14.
ṅezét ('twenty') III 34.
pese, Gegian pęse, ('five') I 307, III 14.
pik ('I make bitter') I 337.
pjek ('I roast, bake') I 337.
si-vjét ('in this year') I 290. 302, III 330.
štate ('seven') III 14. 18.
šteg-u ('entry') I 337.
tete ('eight') III 14.
ušt ('ear of corn') I 300. 302.
vise ('places', pl.) I 268. 302.
vjeϑ ('I steal') I 289

Venetian.

zonasto IV 54. 351. 564. | zoto IV 53. 564.

I. Index of Words. Latin: *ab* — *anhelo*. 75

Latin.

ab ab- I 87. 366, II 62.
abin I 427.
abluo I 152.
abortio IV 301.
abs I 366, III 135.
abs-condi (pf.), *-consum* IV 417.
ac I 320.
acceptor II 24.
ac-cerso IV 197, Add. to same page.
ac-cipio I 91.
accipiter II 24.
ac-cumbo IV 168.
acer II 291.
acernus II 145.
acies II 339.
acritas II 58.
actio II 300.
actor II 383.
actus (*u*-stem) II 328.
acupedius I 122, II 24. 59. 129. 313.
acus I 300, II 420.
ad I 93.
adagium I 122. 373.
adeptio II 296.
adeptus (*u*-stem) II 325.
adfatim IV 237.
adgretus I 368, II 231.
aditus (*u*-stem) II 328.
ad-petissis (2nd sg.) IV 381.
adsessor II 382.
ad-venam IV 92. 125.
adventicius II 271.
adventus I 164. 174, II 325.
aecus see *aequos*.
aedes I 87. 278. 282.
aedilis I 92.
aegrotus I 84, II 231, IV 291.
aëneus I 427.

aënus ahenus I 120. 466, II 145. 418.
aequos aecus I 152. 320, III 4.
aeruca II 272.
aes I 458, II 418, III 108.
aestumo IV 222.
aetas I 152.
aeum see *aevom*.
aevitas I 152.
aevom aeum I 152, II 430.
age (1st sg.) IV 466.
agellus I 217. 474, II 205.
ager I 34, II 181. 185. 462.
agger I 280.
agilis I 256, II 199. 204. 292.
agito IV 303.
agmen II 367.
agna I 366.
agnomen II 367.
agnosco I 370.
agnus I 315. 322, II 144.
ago I 293, IV 41. 81. 84.
agolo- II 203.
agrestis II 307.
agricola II 58. 109.
Agrigentum I 547.
Agustus I 92.
aidilis I 92.
ajo I 122. 374.
ala I 217. 369. 428. 466. II 199.
albico II 265.
albogalerus II 57.
albus I 268.
ales II 392.
alias III 261.

alicubi III 333.
alienus II 160.
alipes II 25.
alius alis I 80. 122, II 132, III 74.
Alixenter I 547.
alluvio II 341. 359.
alnus I 429.
alo I 374.
altegradius II 64.
alter II 195, III 320.
alteras III 261.
alteruter II 63.
altus II 220.
alucinor allucinor I 463.
alum I 176. 428, II 204.
alumnus II 165.
amarus II 183. 186.
amasso amassim IV 381. 465. 490.
amb- I 270.
ambages I 99.
ambio IV 70.
ambissim IV 381. 490.
ambo III 175. 191. 192. 198.
amburbium II 62.
amicior amicissimus II 107.
amicus II 270.
amnis I 375, II 286.
anas I 207.
ancus I 178. 311.
ango I 173. 292.
angor II 423.
anguen II 352.
anguilla I 322.
anguis I 322, II 279.
angulus I 218. 366, II 205.
angustiae II 307.
angustus II 307. 423.
anhelo I 176.

animus anima I 17. 104,
    II 174.
annuos II 136.
annus II 145.
ansatus II 231.
anser I 165. 294. 374.
    425, III 287.
anta I 207, II 227.
ante I 33. 91.
antenovissimus II 62.
antestor I 482.
anticus II 255.
antiquos II 252. 255.
antistes II 389.
antisto I 33.
anxius I 403, II 423.
aper II 187.
aperio I 366, II 9, IV 233.
apicula II 266.
apio IV 250.
apor I 280.
appeto I 53.
aprunculus II 351.
aptus II 223.
aqua II 115.
aquiductus II 63.
Aquiflavienses II 63.
aquilus II 210.
ar (ad) I 280.
ara asa I 426.
aratrum II 118.
arbiter II 491.
arbosem (arborem) I 426.
arbustum II 231. 462. 463.
arceo I 336.
ar-cesso IV 197.
arcu- I 320.
arcuatus II 231.
arcubii II 61.
ardeo I 474.
arduitas II 309.
arduos I 150. 241. 283.
    II 135.
ardus see *aridus*.

are facio IV 445.
Argentinus II 160.
argentum I 291.
aridus I 474.
arma II 174.
armus I 241, II 172.
aro IV 124. 243. 262.
arquitenens I 320.
ars I 241. 463, II 299.
artus artu II 327. 328.
arvom II 136.
arvorsus II 491.
arvos II 440.
asa see *ara*.
asculto I 92.
asellus I 175, II 206.
aspernor IV 125. 145.
as-porto I 369.
assedo II 346.
assensi IV 560.
asser assir III 103. 104.
assiduos II 136.
assumentum II 249. 367.
atratus II 224. 231.
attigi IV 417.
attingo I 91.
au- I 96, II 37.
auctor II 387.
auctus (u-stem) II 328.
augeo I 319, IV 338.
augmen II 367.
augurium II 576.
augustus II 413.
auris II 281.
auritus II 231.
auroclavatus II 224.
aurora I 92. 426, II 110. 423. 424.
ausim IV 362.
auspex I 152, II 487.
auster II 197.
aut I 90. 93. 501.
autem I 90.
auxi IV 361.
auxilium I 323, II 207, IV 192.
averruncassere IV 281.

avilla I 315. 322.
avis II 279. 281.
avos II 129.
avunculus II 387.
axilla II 199.
axim IV 362.
axis I 303, II 199. 281.
axo I 374.

baeto I 322.
balbus I 263, II 14. 95.
balbutio I 263.
barba I 268. 281.
barbaries II 339.
barbatus II 231. 237.
belli ('in war') III 165.
bellus II 150. 206.
bene I 150, II 153, III 177.
beneficus II 64.
benevolus benevolens benevolentia II 64.
benignus I 370, II 7. 150.
bi- I 32. 138. 150, III 7.
bibax II 410.
bibi (perf.) IV 390.
bibo ('drinker') II 345.
bibo ('I drink') I 263, IV 21. 100. 107.
bicornis II 281.
bicorpor II 419.
bimus I 374. 458, II 171.
bini I 39, II 146, III 51.
binio II 359.
bipes II 24.
bis I 280, III 48.
blandior IV 288. 301.
blattosericus II 59.
bonus I 150, II 150.
bos I 322. 463, II 482, III 80. 93. 287.
bovicidium II 60.
brevis I 374.
breviter II 3.
bruma II 168.

bucaeda II 60.
bucco II 351.
bucetum II 19.
bucina I 264.
bucula II 263.
bumammus II 60.
busticetum II 19.

cachinno ('laugher') II 345. 351.
cacumen I 371.
cadaver II 440. 445.
caducus II 272.
caecus II 114.
caedo IV 225.
caelum II 204. 460.
caementum I 371, II 372.
caeruleus I 217.
caesius I 95.
Caicilius I 92.
calamitosus I 484.
caldus I 280. 473. 474.
calvos II 136.
Camena I 427.
campester II 195.
camur II 186.
cancer I 219. 306, II 95.
candela II 205.
candeo IV 132.
cano I 318, IV 84.
canus II 144.
caper capra II 184. 185.
capesso IV 381.
capio ('holding') II 341.
capio ('I grasp') I 318, IV 173. 250.
capis II 409.
capissam IV 381.
capistrum II 119.
capito II 345.
Capito II 345. 351.
capra see caper.
caprina II 158. 448. 465.
caprinus II 158.
capso capsim IV 362. 465.

captio II 300.
caput II 392.
carabro I 471.
carectum II 231. 462.
carino IV 155. 159.
carnis II 285.
caro I 248, II 350, III 125.
carpo I 311.
carus I 323.
cascus II 254.
Casmena I 427.
cassis II 409.
castrum II 119.
catellus II 206.
Cato II 345. 351.
catulio IV 288. 301.
catulus II 205.
catus I 102, II 231. 232.
caulae II 202.
caulis II 202.
cautio II 300.
cautus II 223.
caveo I 73. 326. 446.
cavos I 73.
cecidi IV 415. 417. 418.
Cecilius I 92.
cecini IV 390. 417.
cedo (imper.) III 328. 329. 349, IV 54. 71. 497.
cedo ('I yield') IV 197.
celer I 313.
censeo I 290. 425.
censio II 295.
censor II 387.
census (part.) I 194. 199. II 231.
census (u-stem) II 325.
centesimus II 179, III 43.
centipeda centupeda II 57.
centipes II 24. 29.
centum I 174. 191. 199. 288, III 42.
centumpeda II 29, III 42.

centumpondium III 42.
cepi IV 419. 420.
cepina II 158.
cerdo I 378.
cerebrum I 300. 428, II 186. 425.
cerno I 34. 547, IV 151.
cernuos I 429, II 136. 347.
certus I 218. 547.
cerus I 332.
cervos II 137.
cette I 368. 370. 474, IV 71. 497.
cicer II 98.
cicindela II 98. 202. 205.
ciconia II 98.
cieo IV 323. 338.
cinctutus II 231.
ciniflo II 60.
cinis II 425.
circes II 392.
cirrus II 97.
cis I 35. 290, III 258.
cismontanus II 145.
cistella II 206.
citer citra citro I 35. 290, II 195, III 330.
citimus II 179.
cito (adv.) III 177.
citus II 230.
clades I 243, IV 224.
clango IV 165.
clareo IV 291. 303.
claro IV 291. 303.
claudo I 152. 462. 474, IV 221.
clavis I 311.
clavos I 311.
clemens II 165.
clepo I 326, IV 334.
clepsi IV 361.
cliens IV 250.
-clino I 290, IV 145. 146.
clivos II 137.
cloaca IV 224.

clueo IV 132.
clunis I 303, II 285.
cluo ('I cleanse') IV 92. 224.
cluo ('I am called, pass for') I 121, IV 92.
coctio II 295.
coctor II 382.
coctus I 251. 313.
coculum I 321.
coēpi coepi I 374. 458, IV 418. 419.
coepio IV 250.
coero I 75.
cognomentum II 249. 475.
cognosco I 370.
cogo I 458.
cohors I 291.
coīnquo IV 91.
coiro I 75.
colina I 488.
colliciae I 322.
collis I 175. 311.
coltum I 429. 426.
colo I 313. 320, IV 83.
columna II 164. 343.
comes I 33.
com- con- I 174, II 61.
combretum I 152. 281.
comes II 389.
comestio II 305.
comestus I 368, II 231.
commentor II 387.
commentum II 223. 474.
commentus I 192.
comminus III 257.
communio II 359.
communis commoinis I 75, II 286.
communitas II 308.
com-pello (*com-pellare*) IV 124. 125. 145.
com-perco IV 207.
com-pescō I 217.
complementum II 372.
con- see *com-*.

conclausus I 53.
con-cutio I 92. 152.
condĭtio II 296.
condĭtor II 382.
condĭtus (*u*-stem) II 325.
con-do I 282, IV 53. 71.
congius I 319. 406.
conia Praenest. II 98.
co-niveo I 309. 323.
conjunx II 487.
conjux II 487. 492.
con-quinisco IV 139.
consedo (subst.) II 346.
con-spicio IV 234.
con-sterno IV 145. 247.
contagio II 359.
con-tamino I 371.
con-ticesco IV 208.
con-ticisco IV 208.
contra I 174, II 195.
controversia II 195.
convicium I 64.
copia I 458.
copula I 458.
coquino IV 155. 159.
coquo I 152. 269. 319, IV 81.
coquos I 320.
cor I 234. 283. 289, II 479.
coraveront I 75.
corculum II 206. 266.
cordatus II 224.
cordolium II 61.
Cornelis I 80. 122, II 122, III 74.
Corniscas (dat. pl.) III 257.
cornix I 74, II 333. 351.
cornu cornus cornum I 235, II 147. 321, III 101.
corolla II 206.
corpulentus I 428.
corpus I 230, II 436.
cors I 374.

corulus (*corylus*) II 206.
cos I 103, II 300.
cosmittere I 428.
cottidianus II 63.
cottidie I 307. 320, II 62. 242.
couraverunt I 75.
coxa I 318, II 114.
coxi IV 350. 363.
coxo II 351.
crabro I 242. 303. 428.
crastinus II 160. 453.
crates I 242. 306.
craticula II 266. 271.
creber II 215.
credo I 372, II 9. 479, IV 71. 219. 390.
creo I 332.
crepui IV 423.
cresco IV 207.
cribrum I 281, II 122. 215. 461.
crimen II 372.
crocio IV 234.
cruentus IV 156. 159.
cruor I 306, II 425.
crus I 300, II 286.
crusta IV 197.
cubitus II 232.
cubo IV 124.
cuculus I 323.
cucumis II 61.
cucurri IV 417. 418.
cudo I 326, IV 225. 420.
cuicuimodi III 342.
cuius III 342.
culina I 428.
culmus II 175.
cum quom I 320. 427.
cunque quomque I 174. 320.
cunuligus II 57.
cupa cuppa I 318. 463.
cupio IV 236. 250.
curio II 359.
curo I 75. 426.
curro IV 91. 197.

cursito IV 303.
curtus I 235, II 232.
cuspis II 409.
custos I 345. 371. 373. 405.
cutis I 341, II 299.
cygnus I 366.

dacruma I 90. 220. 279, II 322.
dānunt IV 550.
daps II 488, IV 333.
datio II 296. 359. 360.
dator II 384.
datrix II 336.
debilito I 482.
decem I 192. 199. 290, III 23.
decempeda II 60.
decennis II 60, III 23.
decidi IV 417.
decimus I 200, II 167. 168, III 24.
decor II 423.
decunx III 23.
decuplus III 23.
decus II 418. 423, IV 173.
dedi (perf) IV 415. 416. 419. 560.
dedrot dedro IV 551.
de-fendo IV 225.
defensor I 175.
defrutum I 221, II 235.
degener II 419.
dego I 458.
de-guno I 427, IV 151.
deivos (Dvenos inscr.) 214.
delinio I 64.
delubrum II 214.
dem IV 473. 482. 490.
dempsi IV 349.
dens II 398.
denseo IV 301. 338.
densus III 123.

dentatus II 231.
dentio ('teething') I 482.
dentio ('I cut my teeth') IV 283.
denuo I 52. 152. 549, II 4. 62.
depso IV 196.
derbiosus I 150, II 13. 95. 97.
de-scendidi IV 418.
de-sivo IV 424.
de-stino IV 144. 145. 153.
deus I 152, II 114.
devas (dat. pl.) III 257. 261.
dexter I 293, II 155. 195.
dexterior II 195.
dextimus II 179.
dextra (manus) II 465.
dextra (adv.) III 180.
di- = dis- I 369.
dic I 501, IV 501.
dicis (gen.) II 485.
dico deico I 38. 53. 294, IV 83.
dictatored III 151.
dictio I 296, II 296.
dictito IV 303.
didici IV 417.
diecula II 206. 266.
dies I 111. 162, II 481. 484, III 80. 98.
Diespiter II 62.
dignus I 53. 366, II 144.
diloris III 7.
diluvies II 339.
dingua I 200.
Diovis I 111, II 481.
diribeo I 374.
diruo I 429.
disciplina I 471.
disco I 369, IV 210.
discrimen IV 139.
dis-pesco -pestus IV 201. 207.

di-stinguo -stinxi IV 164. 168. 361.
diutinus II 160. 453.
di-vido -visi IV 91. 361. 363.
divos deivos, diva deiva I 53. 150, II 114, III 260.
dixi IV 349. 363.
dixim IV 269. 349. 362. 490.
dixo IV 349. 362. 465.
do IV 53. 71. 124.
doceo IV 338.
dolosus II 405.
dolus II 114.
domi III 165.
dominus domnus I 201, II 145. 151.
donnitor II 383.
domo IV 124.
domus II 114. 316.
donec donicum IV 610.
dono IV 302.
donum II 154.
dos I 86, II 296.
drachuma I 471.
du ('two-') II 61.
dubius I 123. 150.
duc I 501, IV 501.
ducatus II 328.
ducentesimus III 46.
ducenti III 7. 45.
ducentum III 45.
ducesimus III 46.
duco douco I 49. 52, IV 83.
ductio II 302.
duicensus III 7.
duidens I 151, III 7.
duis I 151, III 7. 48.
dulcacidus II 91.
dumus II 174.
duntaxat IV 472.
duo I 151, III 7. 92. 198.
duodecim II 32. 62, III 27.

80   I. Index of Words.   Latin: *duodecimus — fas.*

duodecimus II 32, III 27.
duodevicesimus III 27.
duodeviginti III 27.
duonoro (gen. pl.) I 151.
duplex III 7.
duplus III 7. 50.
durus IV 144.
dusmo I 427.
duxi IV 361.
dzenoine III 22.

e- = *ex-* I 369.
ea I 121, III 331.
eam (conj.) IV 468. 472.
eburnus II 145.
ec III 136.
ecus see *equos.*
edam IV 468.
edi (perf.) IV 387. 394. 414. 418.
edim IV 481. 490.
edo ('I eat') IV 28. 54. 70. 83.
edo 'devourer' II 346, III 125.
edus I 92.
egi IV 418. 419.
ego I 50. 347. 408, III 365. 372.
eis is eisdem (nom. sg.) III 75. 337.
elegans IV 124.
eluacrus I 152.
em III 333.
emi (perf.) IV 418.
eminus III 257.
emo I 199, IV 86.
empsim IV 349. 362.
emptio II 300. 360.
emptus I 174.
emunctio II 304.
e-mungo -munxi IV 164. 169. 350.
en in I 51. 53.
endo indu I 52, IV 610.

enos III 368. 369.
ensis I 199, II 279.
eo ('I go') IV 51. 69. 70.
eques II 240. 392.
equidem III 327. 329. 368.
equiferi II 63.
equio IV 301.
equos ecus equus I 138. 152. 290. 320, II 133.
er her II 485.
eram IV 62. 124.
erint IV 465.
ero eso I 425, IV 53. 461. 465. 517. 520.
erro I 429. 435.
e-rugo I 311.
es ('thou art') II 28. 70. 525.
es ('eatest') IV 70. 525.
esca II 275, IV 207.
esco IV 203.
esor II 387.
essem (from 'to be') IV 362. 468. 472.
essem (from 'edo') IV 381.
est ('eats') IV 28. 54. 70.
estrix II 387.
esus (part.) I 466.
esus (*u*-stem) II 328.
et I 273. 501.
e-venam IV 125.
eventus II 328.
eversor II 387.
ex III 136.
ex-aequo I 53.
examen I 371, II 367.
exanclo exantlo I 278, II 119.
ex-cclo I 311, IV 147. 151.
exemplaris I 217.
exemplum I 175, II 204.
eximius II 124. 450.
ex-peto I 53.

ex-plenunt IV 550.
expletio II 296.
ex-quaero I 53.
exsanguis II 27.
exsomnis II 281.
ex-sulto I 91.
exter extra II 194, IV 121.
extimus II 179.
extra see *exter.*
extremissimus II 104.
extremus II 29. 168. 194.
extro IV 121.
ex-ui (perf.) IV 414.
ex-uo IV 83. 139. 191.
exutio II 304.
exuviae II 124.

fabaginus II 59.
faber I 286, II 213.
fabrica II 268.
fabulo (subst.) II 351.
fac IV 501.
facesso IV 381.
facilitas II 58. 310.
facio I 282, IV 412. 417. 419bis. 531.
facilumed III 135.
facultas II 58. 310.
facundus II 161. 254.
faginus II 156.
fagus I 98, II 109. 113.
falcipedius II 129.
fallo IV 149. 420.
falx IV 215.
fama II ~~104~~. 174
familia I 471, II 129. 205.
famul famulus II 205.
fanum II 144.
far I 429, II 413. 488.
farcino IV 155.
farcio IV 247. 248.
fariolus I 292.
farrcum I 429.
fas II 424, IV 193.

fastigium I 450.
fateor I 255, IV 303.
Fatuos I 151, II 116.
faveo IV 132. 259. 262. 263.
faxo faxim IV 362. 465.
faxseis I 38.
febricula II 266.
febris II 97.
feci (3 sg. *feced*) IV 412. 417. 419[bis]. 531.
fecundus II 161. 254.
fefelli IV 420.
felix II 270.
felo I 276. 281. 372, II 198. 204.
femella II 206.
femina I 201, II 165.
femur I 228, II 376, III 104.
fenestra IV 56.
fenum IV 225, *fenum Graecum* II 63.
fer IV 68. 501.
ferculum II 118.
ferio IV 249.
fermentum IV 188.
fero IV 68. 80. 83.
ferrem IV 349.
fers IV 525.
ferto IV 508.
ferus I 317.
ferveo IV 188.
fetus IV 128.
-fex II 254.
fiber I 223, II 96.
fibrinus II 156.
fibula I 369.
fidi (perf.) IV 92. 414.
fido feido I 38. 48. 53, IV 82.
fiducia II 272.
fidustus II 418.
fiere fieri II 418. 490.
figo I 369.
fileai fileiai I 33.

filictum II 462.
filius I 64. 281, II 204, IV 235.
fimum fimus I 41, II 174.
findo IV 92. 162. 164.
fingo I 294, IV 168.
finio I 121.
finitimus II 179.
fio I 46. 123, IV 235. 250.
fissio II 300.
fivere I 322. 369.
fixus II 231.
flamen I 371, III 70.
flammigo II 7.
flavi (perf.) IV 423.
flavos II 105. 136.
flecto IV 215.
fleo I 121, IV 131. 262. 263.
flexuntes II 401.
flo IV 124. 158. 263.
floccus I 279.
Flora II 110. 423. 424.
floreo IV 197.
flos II 424, IV 131. 197.
fodio I 258, IV 250. 368.
foedifragus II 60.
foedus II 418.
folus I 291. 373.
fomes IV 328.
Fones II 286.
fons Addenda to IV 56.
for IV 234. 249.
foras III 261.
forctis see *fortis*.
forem IV 374.
foris III 220.
forma II 174.
formus I 309. 323. 373 II 171.
fornus furnus I 235. 323.
foro IV 122. 139. 283.
fors I 227. 235, II 295.

fortis forctis I 235. 281. 403, II 227. 300.
forum I 150. 281, II 44.
fossa I 258.
fostis I 292. 378.
foveo IV 328.
fragilis IV 168.
fragium II 124.
frago I 217.
fragum I 428.
frango IV 168.
frater II 379. 382. 38 7
fregi IV 419. 420.
fremo I 323, IV 84.
frendo I 174. 273. 323, IV 225.
frequens IV 247.
frigo IV 87.
frigus I 428, II 417.
frio I 323.
frixi IV 361.
fruniscor IV 139.
fruor IV 94.
frustra I 106.
frux II 488.
fu (Arval song) IV 498.
fuam IV 87. 118.
fuga II 100.
fugela II 205.
fugio I 312, IV 236.
fui IV 87. 414. 416.
fuligo II 291.
fulvos II 105.
fumus II 171.
funambulus funiambulus II 59.
fundo I 292, IV 169. 221.
fundus I 189. 347, II 145.
funebris I 428, II 186.
fungor IV 164.
fur I 85. 253, II 485.
furibundus IV 611.
furvos I 426, II 105.
fuscus I 426,
fuueit IV 416.

I. Index of Works. Latin: *galeritus — ignis*.

galeritus II 231.
garrio I 308.
gaudeo I 462, IV 223. 337.
gavisus IV 223.
gelu I 319. 370.
gemellus II 206.
gener I 218, II 186.
genetrix I 104, II 336, 383.
genimen II 367.
genitor I 104, II 383.
genitus (*u*-stem) II 326.
genius I 205.
geno IV 80.
gens II 295.
genu I 294, II 314, III 101.
genui IV 424.
genuinus (of the cheek') II 313.
genus ('race') I 291, II 414.
genus ('knee') II 426.
gerro II 351.
gessi IV 361.
gigno I 291, IV 106.
gilvos II 105.
gingrio IV 13. 260.
glaber II 185.
glans I 233. 322.
glisco I 297, IV 207.
glorificus II 59.
glos I 291.
glubo IV 92.
Gnaeus I 152.
gnarus I 207.
gnatus I 85. 206, II 223.
Gnixi I 366.
gnoritur IV 201.
gnosco I 288, IV 132. 203.
Gnossus I 366.
-gnus I 291.
gradatus II 231.
gradior I 329. 373, IV 165. 236. 250.

grallae I 280. 375, II 204.
granum I 241. 304, II 144.
gravis I 232. 310. 322, II 311. 316.
grex I 311, II 95. 480.
grus I 308.
gula I 236. 322.
gulo I 236. 322.
gurdus I 322.
gurges I 322, II 14. 94.
gurgulio I 225. 322, II 94.
gusto IV 284. 302.
gustus I 289, II 325.

habeo I 94. 407, IV 132. 263.
habesso IV 481. 465.
hac (adv.) III 180.
haec (fem.) III 336.
haedina II 158.
haedinus I 37, II 158.
haedus I 92.
haereo IV 210. 325. 338.
haesi IV 361.
hallux III 96.
halo I 176. 374.
hariolus I 292.
haruspex I 292.
hasta I 371. 450.
hastilis II 292.
hausus II 231.
hebes II 392.
helus I 291.
helvos I 150, II 105. 136.
hemo I 200, II 482.
her er II 485.
herbilis II 205.
hereditarius I 482.
heres II 409.
hes heis (nom. pl.) III 353.
hiasco IV 207. 208.

hiatio II 305.
hibernus II 145. 146.
hic hice (nom. sg.) III 329. 336.
hic (adv.) III 348.
hiems I 288, II 171. 340. 483.
hinc III 188.
hio I 305, IV 124. 261.
hisco IV 207.
ho- (Pronoun) III 331.
hodie II 58.
holisatra II 63.
holus I 291.
holusatrum II 63.
homicida II 27. 60.
homo I 290. 291, II 345. 351 bis. 482.
homullus I 175.
homuncio II 265. 359. 464.
honestas II 310.
hordeum I 450.
horior I 236.
horri-fer -ficus II 60.
hortus I 291, II 232.
hospes I 73. 474.
hosticapas III 67.
hostis I 77. 308. 319. 373, II 293. 300, IV 138. 187.
huc I 85.
huic III 348.
humanus II 345. 482.
humilis II 203. 281. 292.
humus I 290. 291. 373. II 482.

i ei (imper.) IV 497.
ico IV 79.
idem I 450.
idus (plur.) I 257, II 315.
ieus II 396, IV 70.
igitur I 546.
ignis II 285.

ignosco I 370.
ignotus II 223.
ilico I 42. 73. 176. 428. 549, II 62.
ilignus ilignueus I 366, II 145.
illustris I 369, II 140, IV 196.
im III 333.
imbellis II 281.
imber II 184.
imberbis II 281.
impensa II 474.
im-petrassere IV 465.
impletus IV 119.
im-pluo I 152.
imus II 168.
in I 51. 53.
in- ('un-') I 196, II 29. 61.
in-censim IV 362.
incertus I 33, II 230.
in-cesso IV 197.
inciens IV 248. 250.
in-clino I 290, IV 145. 146.
inclutus II 221.
incola I 320.
incubo (subst.) II 341. 351.
in-culco I 91.
in-curri (perf.) IV 417.
inde I 91.
index I 33.
indu endo I 52, IV 610.
inducula II 119.
ind-uo I 152.
inedia II 125.
inermis II 281.
infacetus IV 419.
inferius II 124.
infertor II 382.
inferus infimus I 182, II 167. 194.
infra II 194.
ingenium I 203.
ingens II 392.

in-gruo IV 92.
inguen I 186. 321, II 352.
inquam I 321, IV 124. 250.
inquilinus I 313. 320.
inquio IV 124. 250.
insanio IV 288.
insectiones I 321.
inspectio II 297.
inspector II 387.
in-stigo I 433, IV 164.
insubulum II 214. 461.
in-sulio I 91.
int (3. pl.) IV 70.
integer IV 168.
intensus II 231.
intentio II 298.
inter II 188, III 159.
interieisti IV 416.
interim III 188.
interior II 177. 189. 194. 195. 450.
interme(n)stris intermenstruos II 62.
intervallum II 31.
intimus II 177. 179. 189.
intra II 189, IV 121.
intro (adv.) II 189.
in-tro (1. sg.) IV 121. 261.
intus I 52, III 66.
inventio I 191, II 295.
inventor II 382.
inventus I 174. 191.
inversio II 305.
invitus I 320.
involucrum IV 136.
ipse III 327. 335.
ipsipsus II 100.
ipsus III 335.
iracundus II 161.
īs I 32, III 331.
īs (nom. sg.) III 75.
ispiritus I 469.
istatua I 469.

iste I 73. 425, III 327. 335.
istim istinc III 188.
istimodi III 341.
iter III 287.
iterum I 50, II 194.
itio II 296.
itito IV 303.
ito IV 302.
ivi IV 423.

jamjam II 100.
janitrices I 207, II 385.
janua I 110, IV 128.
janus IV 128.
jeci IV 419. 420.
jecur I 120. 228. 312. 321, II 346. 352. 376. III 103. 104. 287.
jocus I 121.
Jovis I 111. 122. 371, II 481.
Jovius II 129.
joubeo see *jubeo*.
jousi see *jussi*.
juba IV 220.
jubeo joubeo I 281, IV 220. 329. 338.
judex I 33. 450, II 60 493.
jugera I 50, II 417.
jugulae II 202.
jugum I 120. 308. 452, II 111.
jumentum I 371, II 370.
junctio II 300.
junctor II 382.
jungo I 189, IV 45. 164.
junior II 435.
junix II 335. 343.
junxi IV 351.
Jupiter Juppiter I 91. 463, II 62. 481, III 88.
jureus I 452.
jurigo jurgo IV 303.
jus ('broth') I 443. 452.

84   I. Index of Words. Latin: *jusculum — macte*.

jusculum I 452, II 206.
jusjurandum II 63.
jussi jousi IV 351.
justitium II 60.
justus II 231.
juvencus I 200. 288, II 251.
juvenior II 435.
juvenis I 53. 139, II 281. 346. 352.
juventa I 199, II 105. 240.
juventus II 308. 310.
juvo IV 124. 263.

labium I 268.
lacesso IV 381.
lacio IV 250.
lacrima lacruma I 90. 220. 279, II 174. 322.
lact I 504, III 106.
lactuca II 272.
lacus II 316.
laevos II 135.
lambo, perf. *lambi*, I 268, IV 169. 420.
lamina lamna I 201.
lana I 137. 149. 242, II 144.
langueo I 428, IV 132. 169.
lanio II 341.
lanx IV 173.
lapicida II 61.
lapillus II 206.
lapis II 409, III 287.
lapsus II 231.
Lares I 426.
largior IV 301.
larva I 426.
lassus I 102. 254, IV 85.
latex II 411.
latus ('borne') I 243. 278.
latus ('broad') II 232.

lavacrum I 217, II 119.
lavo I 73. IV 124. 263.
laxus I 102.
lectica II 270.
lectio II 300.
lectus lectum ('lair, bed') I 403, II 232. 475.
legatus II 231.
legio II 360.
legitimus II 179.
lego, perf. *legi*, IV 378. 415.
legulus II 212.
leiber see *liber*.
lena II 143.
Leucesie I 52.
levior II 435.
levir I 52. 92. 279. 372, II 381.
levis I 374, II 316.
lex II 488.
-lexi IV 350. 363.
libellio II 359.
liber leiber I 42. 74, II 186.
libertus II 225. 231.
libet lubet I 42. 271, IV 132.
libidinitas II 310.
licessit IV 381.
licet IV 129. 132. 241.
lien I 369. 374, II 346. 352, III 70.
lignum I 53. 370, II 144.
ligo I 302.
ligurio I 373.
limes II 174.
limpa limpha lumpa lumpha lympha I 42. 279, II 114.
limus ('filth') II 174.
limus ('crooked') II 174.
lingo I 293. 373. 394, IV 168.
lingua I 200.
lingulaca II 273.
linio IV 266.

lino IV 140. 142. 145. 148.
linquo IV 162. 164.
linteo II 351.
lippus I 270.
liqueo IV 132.
lira I 443, II 114.
lis I 369. 428.
litera littera I 463.
litigo II 7.
loca III 213.
loco (1st sg.) IV 302.
locuples II 392.
locus I 369. 428.
-locus -loquos I 320.
locusta II 420.
locutus I 320.
loebertatem I 42. 74, II 186.
longinquos II 6. 492.
longus II 115.
loquor I 310, IV 90.
lorum I 149.
losna I 75. 369. 427, II 140.
Loucina I 75.
lubet see *libet*.
lubricus I 267. 428.
luceo IV 325. 328.
lucifugus II 51.
lucrum I 217.
luculentas I 482, II 309.
lumbus I 282.
lumen II 372.
lumpa lumpha see *limpa*.
luna I 75. 369. 427, II 140.
lunaris I 217.
luo IV 91.
lutus lutum II 232. 233. 474. 475.
lympha see *limpa*.

macer II 185.
macte IV 192.

magis I 373, II 429. 431. 434. 435, III 109.
magister II 195. 431.
magnificenter magnificentior II 402.
magnificus magnuficus II 57.
Majesta II 240.
majestas II 310. 429.
major I 122. 373. 374, II 431. 434.
male III 177.
maledicens II 64.
maleficus II 64.
malevolens malevolentia II 64.
malevolus II 64.
malignus II 7.
malluviae II 61. 488.
malo mavolo I 152, IV 69.
malus ('mast') I 280. 451.
mamma II 106.
manceps I 474, II 488.
mancupium I 91.
manifestus manufestus II 59.
mansi IV 361.
mansues II 392.
manus II 321.
mare II 281.
margo II 342.
marinus II 156.
maritimus II 179.
Marmar II 95.
Marspiter Maspiter I 219, II 62.
mater II 382. 386.
matertera II 194.
matrona (nom. pl.) III 215.
mattus I 368. 474.
mavolo see malo.
maxilla I 413.
maximus II 179. 180. 413.

med (acc.) III 376.
Medamna II 59.
medicus II 261.
medioximus II 179.
mediterraneus II 58.
medius I 122. 282. 373. II 132.
mejo I 373. 374, IV 83.
mcl III 106.
meliusculus II 266. 455.
membrana II 186.
membrum I 428. 462, II 186.
meme II 100.
memento I 192, IV 388. 420. 506. 508.
memini IV 388. 418.
memor I 446, II 13. 96. IV 23. 387.
mcmordi IV 416.
mendicus II 270.
mens II 295.
mensis I 63. 425. 462, II 415.
mentio I 179. 204, II 294. 295. 341. 357. 360.
meracus II 273.
merces II 409.
merda I 427.
mcretrix I 104, II 387.
merges II 392.
mcrgo I 447.
mergus I 426. 447. 450.
meridie meridianus II 62. 63.
meridionalis II 105.
meritorius II 387.
mero II 351.
messis II 300.
messui IV 424.
metior IV 289.
meto IV 212.
meus II 132, III 391.
mi III 384.
mico IV 124.
nigro I 322.

mihi III 365. 380.
miles II 392.
militaris I 217.
mille III 47.
millesimus II 179, III 47.
nina I 471.
minerimus II 433.
Minerva I 150. 426, II 136. 415.
mingo I 292. 373, IV 164.
minimissimus II 179.
minimus II 168.
miniscor I 53.
minister II 195. 433.
minor II 434.
minui (perf.) IV 420.
minuo IV 177. 185.
minus II 418. 434.
minxi IV 361.
mirio II 359.
mirus I 163. 427.
mis (gen.) III 132.
misceo I 369, IV 201. 205. 207. 325. 338.
misi IV 363.
mitat (inscr.) IV 531.
mitesco IV 208.
mitigo IV 303.
mitto I 463.
mixi IV 361.
mixtus mistus IV 201. 207.
moderor II 418.
modestus II 418.
modo III 177.
moenia moinicipium I 75.
moles II 424.
moletrina I 104, II 378.
molitor II 387.
mollis I 280, IV 220.
molo IV 86.
molta see multa.
momordi IV 389. 417. 418.

86　　　I. Index of Words. Latin: *moneo* — *nosco*.

moneo I 120, IV 324. 327.
moneta II 231.
mons see Addenda, IV 56.
monstrum II 119.
monui IV 423.
mora I 237. 446.
morbus II 217, IV 227.
mordeo IV 324. 327.
mordicus mordex II 261.
morior I 112. 122. 229. 231. 236, IV 235.
mors I 227, II 299.
Morta II 222.
mortifer II 59.
mortuos I 150. 151, II 116.
mox III 258.
mucus muccus I 463.
Mulciber II 215.
mulgeo I 288.
mulsi IV 349. 363.
mulsus II 230. 231.
multa molta I 235, II 230. 474.
multangulus I 454.
multesimus II 179.
multiangulus I 458, II 58.
multiformis II 281.
multimodis II 58. 63.
munia I 74.
murmur II 13. 95.
murmuro IV 12. 135. 265.
mus I 426, II 485.
muscerda III 104.
muscipula II 28. 60.
musculus I 307. 321, II 206. 263. 464. 485.
mutuos I 151, II 116. 175.

nae I 91.
nares I 94. 257. 427, II 480.
narro I 463.
nascor IV 207.
Naso II 351.
nasturtium I 427, II 60.
nasus I 427, II 481.
nasutus II 231.
natio I 206, II 295.
natus (part.) I 206, II 223.
natus (*u*-stem) II 326.
naufragus II 60.
navi (perf.) IV 424.
navifragus II 59.
naviger II 60.
navigo II 7. 24. 60, IV 303.
navis II 278. 485.
nebrundines (Lanuv.) I 309. 323. 374, II 184. 352.
nebula II 203.
nebulo II 351.
nec I 320. 501.
necto IV 215.
necubi I 321.
nefas II 62.
nefrones Prenest. I 309. 323. 374, II 184. 352.
nego IV 293.
nemen II 372.
Nemestrinus II 195.
nemo I 200. 374. 458.
nemus II 418.
neo I 121. 463, IV 127. 262. 263.
nepos II 390. 392.
neptis II 334.
Neptunus IV 334.
nero II 360.
neu I 501.
neuter I 458.
nevi IV 424.
nexui IV 424.
ni II 9, III 349.
nicto I 403.
nidus I 275. 447. 450, II 30. 111.

nigellus II 206.
nigrico II 265. 455.
nil I 374.
nimis II 435, III 109.
ninguem (acc.) I 323.
ninguit I 165. 309. 323. 374. 409. 427, IV 164. 168.
ninxit IV 361.
nitela II 205.
nivit IV 91.
nix I 165. 309. 323. 374. 403. 427, II 485.
no I 427, IV 121. 124. 261.
nobis I 123, III 382. 401.
noceo I 72, IV 328.
nocivus IV 320.
noctu I 398, III 162.
nocturnus II 145.
nocuos II 136.
noenum I 458, II 9.
noine I 200.
noli IV 69.
nolo IV 249.
nomen I 200, II 69. 367. 372.
nomenclator II 27. 60.
nomenculator I 218.
nomenculatus II 26.
non I 458, II 9.
nonaginta III 21bis. 38. 39.
nondinum see *nundinum*.
nongenti I 366, III 34. 46.
nongentus III 45.
nongesimus III 45.
noningentesimus III 46.
noningenti III 46.
nonus I 200, II 167, III 21bis. 22. 38.
nos III 367. 375. 378.
nosco I 165. 288, IV 132. 201. 203.

I. Index of Words. Latin: *noster* — *paricida*. 87

noster II 195. 450, III 394. 395.
Nostius II 246.
notio II 296.
notor II 383.
notus I 84.
noundinae noundinum see *nundinae nundinum.*
novacula IV 179. 183.
novem I 52. 138, III 21.
noverca II 192.
novi IV 424.
novicius II 271.
novitas II 308.
novo IV 284.
novos I 52. 137, II 110.
nox II 300. 390.
noxia II 476.
nubilus II 205.
nudiustertius, nudiustertianus I 15. 40, II 64.
nudus I 322.
nullus I 458.
numen II 372.
numerus I 218. 425.
numiclator II 27. 60.
nuncupo II 60.
nundinae noundinae I 152, II 60. 356.
nundinum noundinum nondinum I 75, III 21.
nuo IV 92.
nuptuire IV 301.
nurus I 427.
nutrix I 482.
nux III 287.

ob ob- op- I 267. 366.
ob-jexim IV 362.
oblatio II 302.
obscurus II 185.
obsidio II 359.
obstetrix I 91, II 383.

obstrudo I 366.
occisim IV 362.
oc-culo I 236, IV 84. 92.
oc-cupo I 91, IV 124. 145.
ocior II 431.
ocris II 291.
octavos III 20.
octi- octu- II 29, III 20.
octigesimus III 46.
octingenti III 34. 46.
octo I 67. 288, III 19. 20. 192. 198.
octoginta III 39.
octojugis II 29.
octuaginta II 247, III 21. 39.
oculus I 324.
odi IV 414. 418.
oenos see *unus.*
offendimentum II 370.
of-fendo IV 169. 225.
offensa II 232. 474.
offenso IV 285.
officiperda II 58.
oinos see *unus.*
oinvorsei II 58.
oitor see *utor.*
olea-ginus -gineus II 59.
oletum II 232.
oletum II 232.
olim III 188. 329.
oliva I 90.
olle I 73.
olo oleo I 280.
oleos I 75. 83.
omitto I 428.
omnimodis II 63.
omnis I 366, II 286.
oncia I 72.
onustus II 231.
opacus II 273.
operio I 366, II 9, IV 233.
opilio I 152.
opitumus II 179.

oppidum I 53, II 111. 161.
optimus II 179.
opus II 414.
oquoltod I 235.
orbus I 267, II 113.
ordo II 352. 409.
oricula I 92.
oriens II 402.
orior I 236, IV 249.
os ('bone') I 504.
os ('mouth') I 86, II 485.
ostendo I 369.
ostium I 86.
Oveo I 33.
ovicula II 263. 266. 464.
ovifer II 63.
ovis II 278.
ovom II 113.
oxime II 179[bis].

paciscor I 294.
pacit IV 91.
pactus II 228.
pagina II 145.
palam III 180.
palatus palatum II 232.
pallidus I 150.
palma II 174.
palmes II 392.
palpo I 424.
palus palum ('stake') II 204.
palus ('marsh') II 409.
paluster II 195.
pandi (perf.) IV 420.
pando I 189, II 161, IV 151. 169.
pango I 189. 346, IV 91. 168. 169.
panis II 288.
pannus II 145.
papaver II 450. 445.
paricida parricida I 463, III 67.

parilis II 205.
pario I 242, IV 249.
pars I 242, II 299.
parturio IV 301.
pasco IV 207.
pascuos II 440.
pastus IV 207.
pateo IV 169.
pater I 100, II 381. 386.
paterfamilias II 63.
patritus II 231.
patrius I 454, II 107. 125.
patruissimus II 179.
patruos II 134.
pauculus II 266.
paucus I 88, II 266.
paullus paulus I 217, II 206.
pauperies II 339.
pavibundus IV 611.
pavio IV 249.
pax I 294.
pecco I 279.
pecten II 352, III 70.
pecto IV 212.
pecu I 296, II 313. 316, III 101.
pecus II 313. 409. 426.
pedico II 270.
pedes II 392.
pedo I 279. 450.
pedulis II 292.
Pedum II 111.
pegi IV 419. 420.
pejero II 429.
pejor II 429.
pelegrinus I 217.
pello IV 144. 145. 151.
pelluviae II 61.
pendo IV 163.
penes II 419, III 159.
penis I 367. 427, II 286.
penna I 367. 427, II 145. 146.
penus II 419.

pepedi IV 417.
pependi IV 417.
peperi IV 388. 415. 417.
pepigi IV 390. 415. 418.
pepugi I 52, IV 416.
pepuli IV 111. 415. 417. 418.
per- I 501, II 61.
per-cello I 243. 280, IV 45. 224. 227.
per-culi IV 417.
perculsus II 228.
perdius II 62.
peregre I 214. 502.
perfidus II 62.
perfines (2nd sg.) IV 146.
pergo II 9.
pernix II 271.
pernox II 62.
pero II 351.
perperam III 180.
perplovere IV 80.
perspicuos III 81.
pes II 480, II 136. 440.
pesna I 367. 427, II 145.
pessimus II 179.
pestilis II 205.
petesso IV 381.
peto IV 82.
petro II 351.
pexi IV 361.
pexui IV 424.
piaclum -culum I 278, II 119.
pileus pilleus II 202.
pilum I 175. 428. 466, II 204.
pilus II 202.
pingo IV 164.
pinguis II 316.
pinna II 145.
pinso pinsio I 425, IV 162. 164. 266.
pinstor see *pistor*.
pinus II 321.
pio IV 302.
piscis I 433.

piso ('mortar') II 351.
piso ('I crush') I 175.
pistor pinstor II 387.
pituita II 325.
pius IV 182.
plaga I 271, II 119, IV 215.
plango I 271, IV 165. 168. 215. 352.
planxi IV 352.
plebes II 424.
plebiscitum II 4.
plecto IV 212.
plector ('I am beaten') IV 215.
pleib[es I 64.
plenus II 140. 144.
pleo IV 263.
pleores I 121, II 431.
plerus plerique II 185.
plevi IV 423.
plexi IV 350.
plico I 53.
plisima II 431.
ploera II 434.
ploirume I 74, II 434.
ploro I 85, IV 127.
plous II 434.
plovebat IV 80.
pluit IV 92.
plures II 434.
plurimus II 168.
pluriores II 435.
plus II 434, III 109.
poculum I 136.
podex I 450, II 261.
poenio punio IV 301.
polenta I 175.
pollen I 175, II 352.
pollubrum II 214.
Polluces Polouces I 52.
pomum II 174.
pondus II 418.
pone I 427, II 168, III 344.
pono IV 424.
pontificatus II 328.

I. Index of Words. Latin: ponto — quamdiu.

ponto II 351.
popina I 267. 319.
poplicod I 75.
poploe I 68. 74.
poplus see populus.
poposci IV 391. 420.
populnus I 175, II 145.
populus poplus('people')
 I 218. 471, II 114.
por- II 62.
porca see porcus.
porcilia II 199. 464.
porculus II 199. 464.
porcus porca I 235. 289,
 II 114.
porrum I 235.
porta I 235.
portus I 235, II 325.
posca IV 207.
posco ('I ask') I 217.
 369, IV 203.
posco ('I drink') IV 207.
positus I 501.
posivi IV 424.
possimus IV 92.
possum I 367, IV 9. 70.
posterus II 195.
postremissimus II 179.
 195.
postremus II 168. 195.
postridie II 62. 195.
 435.
postulo I 369, IV 201.
 207.
posui IV 424
potens I 121.
poterint IV 465.
potin I 427.
potio II 299.
potis sum IV 70.
potor II 383.
potui I 121.
potus I 136.
poublicom I 75.
praebeo I 374. 458.
praeda I 311, IV 163.
praedes I 152.

praefericulum I 104, II
 118.
praesens II 397.
praestatus II 226.
praestigiae I 217.
praetor II 382.
prandium III 5.
preces I 292.
prehendi (perf.) IV 420.
prehendo I 197. 311. 319,
 IV 63. 165.
prelum I 175, II 204.
 461.
prendo I 374.
pridem II 435.
pridie II 435.
primotinus II 160.
primus I 427, II 168,
 III 5.
princeps I 174. 474, II
 58.
principatus II 328.
priscus II 265. 277. 429.
 433. 435. 455, III 5.
pristinus II 160, III 5.
privo IV 302.
probeo I 374.
probitus IV 423.
probo IV 302.
probunto IV 423.
procul II 256.
procus II 110.
prodigium I 373.
prodigus IV 41.
prod-inunt IV 153. 550.
profecto I 549, II 62.
profligo IV 124. 145.
progenies II 339.
Progne I 366.
pro-hibessim IV 381.
 490.
promo I 458, II 9.
prompsi IV 349.
pronus II 146.
propinquos I 195, II 6.
 492.
prosa I 217.

prosper II 181.
prossum I 217.
protinus I 53.
proximior II 435.
prudens I 152.
pruina IV 192.
prurio IV 192. 267.
puber II 419.
pubertas I 427.
pubes II 419. 424, III
 287.
publicus I 75.
pudicus II 270.
puella II 205.
puer II 186.
puerilis II 292.
pugna II 256, IV 291.
pugno II 144. 256, IV
 212. 291.
pugnus II 144, IV 212.
pullus I 175, II 139.
pulpulo pulpo II 95.
pulvis II 425.
pumilio II 359. 464.
pungo IV 168.
punio poenio IV 301.
pupugi IV 417.
pusio II 359. 464.
puto IV 302.

quadragesimus III 39.
quadraginta III 11. 29
 39.
quadrigesimus III 46.
quadringenti III 34. 45.
quadru- III 11.
quae (fem. sg.) III 336.
quae (neutr. pl.) III 354.
quaeso I 426. 427, IV
 197. 381.
quaestus (subst.) III 123.
quaesumus IV 92.
qualis II 291.
quam I 427.
quamde quande I 174.
quamdiu quandiu I 174.

quantusquantus II 100.
quaqua II 100.
quartadecumani II 5. 63.
quartus I 242, II 242, III 12.
quater III 49.
quaternus II 146, III 49. 51.
quatio IV 253.
quattuor I 138. 150, III 10. 11. 27. 220.
que I 49. 313. 534, III 333.
quem III 333.
queo IV 250. 323. 338.
quercus I 320.
querela II 205.
quernus II 145.
queror I 150. 290, IV 192. 197.
querquerus II 13. 95.
ques (nom. pl.) III 353.
qui (nom. sg.) II 3, III 335.
qui (adv.) III 181. 345.
quia III 355.
quidam I 450.
quidquid II 100.
quies II 297, IV 120.
quiesco IV 132. 207.
quin I 501.
quincentum III 45.
Quinctius I 307, II 246, III 15.
quincu- quincu-plex I 320, II 61, III 14.
quincunx I 320.
quindecim I 474, III 27.
quingenti III 45.
quingesimus III 46.
quinquaginta III 39.
quinque I 53. 166. 173. 269. 307. 319, III 14.
quinquies III 49.
quintus I 307. 310. 321. 369, II 246, III 15.
quis I 34, III 333.

quisquiliae II 98, IV 22.
quium (gen. pl.) III 356.
quo- III 333.
quo (adv.) I 85, III 176. 345.
quoi (*goi*) I 74, II 3, III 335.
quoiei III 342.
quoiquoimodi III 341.
quoiu-s III 342.
quom cum I 320. 427.
quomodo III 345.
quomque quonque I 174.
quondam I 174.
quoniam I 174.
quoque II 58.
quoquos I 320.
Quorta Prenest. III 13.
quossum I 217.
quot II 307.
quotannis II 63.
quoties I 175.
quotmensibus II 63.
quotumus II 178. 190. 246.
quotus II 246.

radix I 149. 242.
radula II 204.
rallum rallus I 280, II 204.
ramentum I 371.
ramus II 174.
rapina II 158. 466.
ratio I 103, II 294. 300. 357. 360.
raucio IV 301.
reccidi I 474, IV 417.
reciprocus II 91. 256. 453.
recta (adv.) III 180.
rectus II 235.
reddo IV 53. 71. 103. 479.
redicit IV 416.

regius II 125.
regnum II 139. 348.
rego I 289, IV 84.
relictio II 304.
religio II 359.
remex II 492.
remigo IV 303.
reor I 103.
re-perio IV 249.
repo I 149.
reppuli I 474, IV 417.
repulsa II 474.
requies II 488.
res I 136, II 482. 484.
residuos II 440.
respublica II 63.
rettuli I 474, IV 417.
reverti (perf.) IV 560.
rex I 291, II 484.
rexi IV 350. 363.
Rhenanus II 145.
rictus IV 174.
ringor IV 174.
robus I 75. 281, II 114.
rosmarinus II 39. 63.
rotula II 200.
rotundus II. 161, IV 610.
rubeo IV 132. 231. 258.
ruber I 281. 373, II 181. 185.
rubesco IV 208.
rubicundus II 161, IV 610.
rubricus II 270.
ructus II 328.
rudo I 286, IV 79. 87.
Rufo II 345. 351. 466.
rufus I 281.
ruga IV 164.
rumifico II 60.
rumor IV 91.
rumpo IV 164.
runcina IV 155.
runcino IV 155.
runco (subst.) II 351. 461.

runco (1st sg.) I 312, IV 164.
ruo IV 92.

sabulo II 351.
sabulum I 424.
sacer II 185.
sacerdos I 474, II 58. 392.
Sacravienses II 5. 31. 63.
sacri- II 291.
sacrifex sacrufex II 58.
sacro IV 302.
sae-clum -culum I 278, II 119.
saeta I 87.
saevio IV 301.
sal I 94, II 485.
sale II 281.
salictum II 463.
salignus II 145.
salio IV 250.
sallo I 280. 371, IV 221.
salui IV 423.
salvos I 150, II 136. 146.
Samnium I 375.
sancio IV 166. 169. 266.
sanguen II 352.
sanguis I 175, II 352.
sanguisuga II 27. 60.
sanxi IV 361.
sapio IV 250.
sapsa III 327.
sarcina II 145.
sarmen II 372.
satias II 300.
satin I 427. 501.
satio II 298.
satis I 101, II 435.
sator II 386.
satullus II 206.
satur I 101, III 73.
satus (part.) I 254.

satus (u-stem) II 328.
scabi (perf.) IV 394. 414. 420.
scabies II 339.
scabo I 94. 271. 346, IV 84.
scaevitas II 309.
scaevos II 136.
scala I 176. 367. 428. 466, II 205.
scalprum II 460.
scamnum I 370.
scandi (perf.) IV 414.
scando I 318, IV 84.
scansum I 175.
scapres I 94. 271. 346.
scateo IV 129. 263.
scelestus II 225. 231.
scelus I 406.
scicidi IV 390. 417.
scidi⁻(perf.) IV 33. 92. 414. 417.
scindo I 189. 406, IV 92. 164.
sciscito IV 303.
scisco IV 207.
scivi IV 423.
sclataris I 279.
sclis I 279.
scripsi IV 361.
scrutor IV 209.
se III 371.
seco I 318, IV 124.
secundus II 161, III 8.
securis II 291.
secutus I 320.
sed (acc.) III 376.
sed (Conjunction) III 379.
sedecim III 27.
sedes I 447, II 97. 424, III 287.
sedi IV 390. 393.
sediculum II 121.
sedo I 447.
sedulo I 72.
seges II 392.

segmen II 372.
segmentum I 367.
segnis I 322. 449.
sella I 280. 371, II 198. 462.
semel III 5. 49.
semen I 254, II 370. 372.
sementis II 307.
semermis II 59.
semestris semenstris ('six-monthly') I 369. 428.
semestris semenstris ('half-monthly') I 482.
Semo II 372.
semodius I 482.
Semonia II 372.
semper I 274. 504, II 479, III 5. 102.
semustus II 59.
senatus II 328.
senecio II 359. 464.
senecta II 226. 105.
senectus ('old age') II 310.
senectus ('aged') II 231.
seneo IV 288.
senex II 263. 410. 455.
senexter II 137.
seni I 369. 427. 466, III 51.
senica II 263.
senior II 434.
-sens (praesens) I 200.
sepse III 379.
septem III 17.
septemfluos II 60.
septendecim I 174, III 27.
septennis II 60.
septentrionalis II 105.
septentriones I 174.
septi- septu- III 17.
septigesimus III 46.
septimus I 196. 200, II 166, III 19.

I. Index of Words. Latin: *septingenti* — *suavis*.

septingenti I 366, III 34. 46.
septiremis II 60.
septuaginta III 39.
sequela II 205.
sequor IV 81.
serenus I 150.
serior II 435.
sermo II 373.
sero ('I sow') I 33, IV 99. 103. 107. 479.
serotinus II 160.
serpo IV 83. 333.
serpsi IV 349. 363.
serus II 186, IV 222.
sescenti III 45.
sescentum III 45.
sescesimus III 46.
sese II 100.
sessio II 297.
sevi IV 423.
sex I 150, III 16.
sexaginta III 39.
sexcenti III 45.
sexcentoplagus II 57.
sexies III 49.
sextus II 242. 246, III 17.
si I 150, III 385.
siccus I 279. 307, II 254.
sido I 449, IV 106. 107.
sied IV 531.
siem sim I 62. 110. 123. 200, IV 480. 490. 543. 550.
sileo I 121, IV 132. 263.
silua silva I 42.
silvester II 195.
sim see *siem*.
similis II 203. 281. 292.
simplex I 53. 192. 199, II 27. 60, III 4. 1b
simplus III 50.
simpulo II 351.
simulacrum I 217.
simus (*sumus*) IV 92.
singulus I 174. 199. 366. 471, III 4.

singultio IV 301.
sinister II 190.
sinistimus II 179.
sino IV 151.
sisto I 32, VI 100. 103. 107. 477. 478. 479.
sivi IV 424.
slis I 369. 428.
sobrinus I 428, II 158. 381.
socer I 288.
societas II 59.
socius I 122. 321, II 123.
socrus I 152. 288.
sol I 216.
soldus I 474.
solea I 280.
solium I 280.
sollistimus II 179.
solstitium II 61.
solum I 280.
solus III 320.
solvo soluo II 91.
somnium II 126.
somnus I 152. 165. 366, II 140.
sono IV 83.
sons IV 50. 53. 70. 87.
sont sunt IV 50.
sorbeo IV 336. 338.
soror I 138. 152, II 9. 381.
sors I 236, II 299.
sovos I 52. 151, III 370. 391.
sparsus II 231.
spatiarus (2nd sg.) IV 562.
spatium I 102, IV 152.
species II 339.
specio IV 234.
sperno I 418, IV 131. 145. 146. 148. 149.
spero II 424.
spes I 102, II 424, III 287, IV 152.
-spexi IV 361.

-spicio I 53. 446, II 237.
spissus II 237.
spondeo IV 338.
spopondi IV 418.
sporta I 235.
spuma II 148. 174.
spuo IV 95. 250.
sta IV 498.
stabilis II 215.
stabulum II 121. 213. 214. 215.
stamen II 367.
statio II 297.
Statius I 98.
stator Stator II 380. 383.
statui (perf.) IV 420.
status (part.) I 255.
status (*u*-stem) II 328.
stella I 217, II 205.
stem IV 473. 490.
sterno IV 145. 148.
sternui (perf.) IV 420.
sternuo I 423, IV 177. 185.
seti IV 390. 417. 419.
stinguo I 321.
stiti IV 417.
stlataris I 279.
stlatus II 232.
stlocus I 278. 369. 428.
stlis I 279. 369. 428.
sto I 121, IV 55. 71. 234. 249.
stramen I 241, II 370.
stratus (part.) I 241.
strenuos II 136.
striga IV 164.
strigo II 351.
stringo I 164.
stritavos II 246, III 9.
struo I 250.
studium II 124.
suadeo I 277, IV 338.
suavior II 430. 435.
suavis I 97. 150bis. 371, II 313. 316. 334.

sub sub- sup- I 40. 366bis. 425, II 3. 9.
subjugus II 62.
sublimis sublimus II 27.
subsessa II 223. 475.
subtemen I 369. 428. 466.
subter I 366, II 194.
subtilis I 64.
subucular II 119.
subula II 214. 461.
suculus sucula II 263.
sudor sudo I 150.
suf-fio I 150. IV 228. 236. 250.
sugv IV 91.
suillus II 206.
suina II 158.
suinus I 37. 39, II 157.
sulcus IV 171.
sullaturio IV 301.
sum (acc.) III 391.
sum II 52. 70. 87.
summus I 367, II 167. 168. 189.
sumpsi I 175.
sumptus (part.) I 174.
sumptus (*u*-Stem) I 174, III 123.
sumus simus IV 70.
sunt sont IV 50.
suo I 136, IV 250.
suos I 151, III 370. 391.
suovetaurilia II 91.
super I 41. 425, II 9. 189. III 159.
superbia I 147.
superbus II 9.
superior II 104.
superne III 344.
superus II 194.
supra II 194.
supremus II 194.
surgo I 474, II 8.
surpui II 9.
surruptus I 91,
sus I 151, II 486, III 287.

suspicio I 64.
suspicor IV 124.
susum I 217.

taceo IV 129. 132. 262. 263.
taciturio IV 301.
tacitus II 230.
tagit IV 91. 125.
talis II 291.
tam I 273, III 327.
tango IV 168.
tantisper I 504.
tardiusculus II 266.
Tarentum I 547.
tata II 97.
techina I 471.
Tecumessa I 471.
ted (acc.) III 376.
teges II 390. 392.
tego I 308. 319. 446, IV 83.
temno IV 151.
temperi II 419.
temperies II 338.
tempero II 419.
tempestas II 310.
tempestatebus I 33.
tempestus II 419.
templum II 204.
tempsi IV 361.
tempus I 72, II 420.
tendo II 161, IV 111. 225.
tenebrae I 429, II 182. 425. 477.
tenebrio II 359.
tenor II 412. 423, IV 193.
tentio I 199.
tenuior II 435.
tenuis I 110. 149. 151. 164. 193. 200, II 313. 316. 334.
tenus II 412. 417. 423.
tepor II 412. 417.

ter III 48, IV 501.
Terebonio I 471.
terebra II 121. 461.
teres II 390. 392.
tergo I 34.
tergus I 317, II 418.
termen II 366.
termino IV 302.
terminus I 201.
termo II 366. 373.
terni II 146, III 51.
ternio II 359.
terrenus II 160.
terreo I 429, IV 192.
terrester II 195.
tersi IV 363.
tertius II 133. 246, III 9.
tesquos I 307, II 254.
testamentum I 34.
testor I 34.
testu II 328.
tete II 100.
tetendi IV 420.
tetigi IV 111. 415. 418.
tetini IV 388. 418.
tetuli IV 388. 417. 418.
texi IV 363.
texo IV 83.
textor II 387.
textus II 328.
texui IV 423.
tibicen II 59.
tignum I 53. 365, II 144.
tinguo I 53.
tinnio IV 12.
tintinnio IV 12. 260.
tintinno tintino IV 12. 135. 265.
tis (gen.) III 132.
toles II 292.
tollo I 235, IV 151.
tondeo IV 224. 325. 338.
tongeo I 391, IV 253. 328.
tonitrus tonitru II 322.

94 I. Index of Words. Latin: *tonsa — vello*.

tonsa IV 191.
tonsillae II 292.
topper I 279, III 327.
torculus I 321, II 203.
torpeo I 240, IV 132.
torreo I 66. 429, IV 324. 327.
torrus III 123.
torsi IV 363.
tortor II 387.
tortus II 230.
torvos I 322.
tostus I 217. 235.
tot I 501, II 307.
totidem II 307.
totondi IV 418.
totus II 246, III 320.
tovos see *tuos*.
trayula I 373.
trans IV 121.
trecentesimus III 46.
trecenti III 8. 43.
trecesimus III 46.
tredecim I 450, II 32, III 27.
tremo IV 45. 47. 83.
trepidus IV 334.
tres I 109. 121, II 46, III 9. 239.
tribus II 316.
tricensimus tricesimus II 177, III 39.
tridens II 24.
triens I 199, II 392.
trigesimus III 39.
triginta III 34. 239.
trini II 146, III 48. 51.
tripodo I 249.
tritavos II 59. 246, III 9.
trucido I 482, II 61.
trux II 254.
tu III 373.
tuli (perf.) IV 91. 417.
tulo I 229. 235. 236, IV 91.
tumeo II 171.
tumultus II 200.

tumulus II 199.
tundo I 446, IV 168.
tuos tovos I 52, III 391.
turbassitur IV 381. 465.
turbo (subst.) II 352.
turdela I 450.
turdus I 450.
Tuscus I 217.
tussis II 299.
tutudi IV 390. 418. 560.

uber ('udder') I 228. 242. 281, II 375. 465, III 104.
uber ('rich') II 465.
ubertus II 231.
ubi I 321, III 333.
udus I 280.
uligo I 280.
ulmus II 174.
ulna I 175.
ultimus II 179.
ulula II 98.
ululo IV 135. 262. 265.
umbilicus I 73, II 199. 270.
umbo I 73.
umerus I 218. 425, II 413.
una (adv.) III 180.
unica I 72.
unco IV 262.
uncus I 72. 178. 311, II 114.
unda I 189.
undecim I 53. 474, II 62, III 23. 27.
undecimus III 27.
undevicesimus III 27.
undeviginti III 27.
unguen I 200. 321, II 350. 352.
unguentum II 251.
unguis I 73. 318. 406.
ungulus II 205.
unguo I 308. 321. 370.

unicus II 257.
unio (subst.) II 359.
unio (1st sg.) IV 301.
unitas II 308.
Unomammia II 57.
unus oinos oenos I 71. 74, II 134. 141, III 4. 320.
upilio I 152.
upupa II 98.
urbanus II 145.
urbs I 435.
urna I 369, II 144.
uro I 52, IV 83.
ursus I 73. 230. 369. 429.
ussi IV 363.
usurpo II 8.
utarus (2nd sg.) IV 562.
uter I 321, II 195, III 320. 333.
utor oitor IV 214.
utris II 291.

vacuos II 136.
vado IV 94.
valeo I 322, IV 132. 241. 259. 263.
valde I 280. 474.
vapor I 320.
vas II 488.
ve I 534, III 337.
veclus I 278.
vectio II 295.
vectis II 295.
vector II 384.
vegeo I 297.
vehiculum II 118.
veho I 288. 291. 373, IV 81.
veivos I 39.
vel IV 51. 525.
veles II 392.
velim IV 489.
vellem IV 349.
vello I 320.

I. Index of Words. Latin: vellus — vulpio.

vellus I 175.
velum I 428, II 199.
veni (perf.) IV 378. 414.
venio I 122. 174. 192. 200. 308. 321. 370, IV 235. 250.
venter II 387.
ventus I 462, II 396, IV 133.
venui (dat.) II 321.
venum II 142.
venundo I 174.
Venus II 418, III 286.
ver I 429.
verbenaca II 273.
vermis I 320, II 289.
verna II 145.
vernus II 145. 155.
verres I 429.
verro I 320. 429, IV 84. 95.
verruca I 442.
vertex II 261. 410.
verti vorti (perf.) IV 415.
verto IV 81. 88. 211.
Vertumnus II 165.
veru I 321, II 316, III 101.
verumtamen veruntamen I 174.
vervex II 417.
vescor IV 207.
vescus II 275, IV 207.
vesperna II 145.
Vesta II 232.
vester II 195, III 394. 395.
vestis II 20. 300.
veter II 419.
veternus I 427.
vetus I 145, II 417. 418. 419, III 286.

vetustas II 310.
vetustus II 231. 418.
vexi IV 348. 350. 363.
vexillum II 199.
vhevhaked IV 416. 418. 419. 531.
vic- (gen. vicis etc.) II 488.
vicensimus vicesimus I 175. 199. 289. 366, II 177, III 33. 34.
vicus I 74. 288, II 113.
viden I 427.
video IV 132. 241. 258. 263.
vidua I 282.
viduertas II 310.
viduos vidua II 133.
vieo IV 263. 323.
viesco IV 207.
vigesimus III 34.
viginti I 53. 119. 366, III 30. 33. 34. 39. 198.
vincio IV 166. 168. 169. 266.
vinco I 326, IV 168.
vindemiu I 474.
vinosus II 405.
vinus vinum I 74, II 143.
viocurus II 59.
vir II 181. 185, III 73.
vireo II 183.
virgultum II 231. 463.
virilis II 292.
virosus II 405.
vis (subst.) II 425. 486, III 123. 287.
vis (2nd sg.) IV 69. 525.
visi (perf.) IV 349. 361.
visio II 295.
visito IV 303.

viso IV 189. 193. 197. 381.
visor II 382.
visus (u-Stamm) II 325.
vitis II 395, IV 320.
vito IV 197. 216.
vitricus II 191.
vitus II 327.
vivo IV 41. 45. 47.
vivos I 137. 152. 308; 321. 371, II 133. 136.
vius I 152.
vix (adv.) III 258.
vobis I 123, III 382. 401.
vocatio II 301.
vocito IV 303.
volito IV 303.
volnificus II 6.
volnus I 175.
volo ('I wish') IV 51. 69.
volo ('I fly') I 321.
Volumnus II 165.
volumus IV 92.
voluntarius I 483.
voluntas II 310. 401.
-volus ('flying') I 321.
voluptas II 310.
volvo IV 136.
vomo IV 117.
voro I 315. 322.
vorro I 429, IV 84.
vorti verti (perf.) IV 415.
vorto IV 88.
-vorus I 315. 322.
vos III 367. 375. 378.
voster III 394.
voveo I 316, IV 338.
vox I 311, II 480.
vulpio II 357.

Romance.

Abbreviations: Rou. = Roumanian, It. = Italian, Fr. = French, Sp. = Spanish, Port. — Portuguese.

avamo It. I 483.
belva It. I 151.
bonbon Fr. II 100.
canif Fr. I 468.
cavallegieri It. I 483.
complette Fr. I 463.
dites (2nd pl.) Fr. IV 542.
faites (2nd pl.) Fr. IV 542.
ganso Sp. I 393.
giovane It. I 121.

guastare It. I 145.
jeune Fr. I 121.
joujou Fr. II 100.
liga It. Sp. IV 292.
ligue Fr. IV 292.
-ment Fr. II 104.
mezzo It. I 122.
mon Fr. III 370.
morto It. I 151.
muerto Sp. I 151.
neté Fr. I 483.

pattepelue Fr. II 64.
pellegrino It. I 217.
pevera It. II 213.
pidria It. II 213.
rouge-gorge Fr. II 64.
semŭ Rou. IV 92.
somos Sp. Port. IV 92.
tenve Fr. 151.
tututto It. II 100.
vecchio It. I 278.
venche venge Fr. IV 80.

Faliscan.

cuncaptum II 61.
loferta I 42. 52, II 225. 231.

pipafo IV 100. 135.
sacru II 185.
sunt IV 70.

zenatuo III 122.
Zextoi III 132.

Umbrian.

For k see c; ř follows r, ś and ṡ follow s.

aanfehtaf I 367.
abrof I 366.
abrunu II 351.
Akeřunia- Acersonia- I 84.
adrer I 366.
agro-, nom. ager, I 506, II 185.
a-ferum a-fero II 114.
aha-tripursatu see ah-trepuřatu.
ahesnu- I 121. 427, II 145. 418.
ahti- II 300bis.
ah-trepuřatu aha-tripursatu I 34.
ahtu II 328.

aitu aitu I 91. 365. 370, IV 8. 84. 508.
alfu I 91. 268.
ambr- I 277. 474.
ambretuto I 91.
ampre-fuus ambr efurent IV 421. 422.
an- ('un-') I 207, II 61.
an-dendu I 366,
ander I 366.
ander-sistu IV 107.
an-dirsafust see a-teřafust.
anferener IV 609.
anglo I 366, II 205.
an-ovihimu I 152, IV 248. 249.

an-penes I 371, IV 374.
anseriato- I 177.
an-stintu IV 168.
anstiplatu IV 300.
antakres IV 168.
antermenzaru II 62.
anzeriatu- I 177.
a-pelus a-pelust I 371, IV 422.
apr-etu ampr-ehtu I 177.
ars see ař.
arsmahamo IV 509.
arva- II 136.
ař ars I 280.
ařfertur- arsfertur- I 84, II 382.

armune I 84, II 372.
ař-peltu IV 151.
ař-veitu I 368.
aseriato- I 177.
a-terafust *an-dirsa-fust* IV 135. 422.
avi- II 281.
azeriatu- I 177.

benurent IV 551.
benuso IV 421. 575.
benust I 321. 370.
berus I 321.
berva II 316.
bue I 152. 315.
bum buf II 482, III 98.
cabrino- I 91, II 157.
kanetu I 318.
kapiře I 318, II 409.
kapru- II 185.
karu II 350.
Casilos I 98.
kastru- *castru-*, kastruvuf *castruo* I 149, II 119, III 232.
Kastrušiie II 258. 261.
katel I 506, II 205.
caterahamo IV 509.
kletra- I 290, II 119.
com I 76.
combifianšiust IV 422.
comohota II 61.
conegos kunikaz I 323. 366.
courtust I 152.
co-vortus IV 414.
co-vortuso IV 421.
Cubra- II 185.
kumnu- II 146.
kuraia I 75, IV 472.
curnaco curnaše I 74. 290, II 335. 351.
kutef I 367.

daetom I 174, II 230.
deitu teitu IV 83.
dequrier tekuries I. 290, III 23.
dersa teřa s. *dirsa*.
dersicust IV 389. 417.
desenduf I 174. 199. 290, II 62, III 23. 27.
destro- 'dextra' II 195.
deveia I 54. 150.
dirsa dersa teřa IV 107. 479.
dirsans dirsas I 177, IV 551.
duir tuves tuva I 149, III 7. 192.
dupla II 61, III 50.
dupursus·I 249, III 61. 480, III 7.
dur tuf III 7. 192.

-*e* (-*en*) I 177.
eā- (fem.) I 121.
ebetrafe I 322. 374.
eest est IV 372. 374. 461. 465.
eetu etu I 54. 123, IV 508.
eiscurent IV 203. 207. 420.
eitipes IV 551.
ekvine I 150. 290. 320, II 157.
-em I 177.
emantur I 199, IV 472. 571. 577.
emps I 174, II 230.
en-etu I 51.
en-telust I 371, IV 422.
ere ('is') III 329. 335.
eretu I 374.
erom eru I 426, II 114, IV 603.
est ('est') IV 70.
est ('ibit') see *eest*.
estu- III 327.

este ('istud') III 338.
etaians IV 302. 472.
etantu III 368.
etato II 230, IV 302. 509.
etru- II 194.
etu *etu* see *eetu*.
etutu *etuto* etuta IV 508.

fakust IV 417.
fameřia- II 129. 205.
far II 488.
farsio fasio fašiu I 218. 429.
fašia I 291, IV 472.
fašiu IV 603.
feetu fetu feetu feitu I 368, IV 419.
feia I 369.
feitu s. *feetu*.
feliuf I 63. 281. 372, II 204.
ferar IV 83. 575.
ferest IV 374. 465.
ferine II 360.
fertu IV 83.
fertuta IV 508.
fesna- II 144.
fetu *fetu* see *feetu*.
fiktu I 322. 369. 370.
filiu I 63. 281, II 204.
Fisiu *Fisiu Fissiu* I 368, II 230.
fondlo- II 205.
fons II 286.
frater *frateer* II 387, III 220.
fratrecate III 141.
fratreks II 261.
frehtef I 216.
frif I 46. II 488.
fruent IV 465. 551.
furfant furfaϑ IV 125. 300. 551.
furo- I 281, II 114.

I. Index of Words. Umbrian: fust — porsei.

fust *fust* IV 350. 465.
futu *futu* 56. 508.
fututo IV 508.

habe IV 132. 239.
habetu *habitu* IV 508.
habetutu *habituto* IV 509.
hebetafe I 376.
heries (2nd sing.,
  heriest (3rd sing.) IV 233. 374.
heriiei IV 472.
heris heri *heri* IV 69. 233. 525.
herter herte *herti hertei* IV 577.
homon- I 291, II 351.
hondomo- I 174, II 179. 195.
hondra hutra I 174. 177. 291, II 195.

ier ('ibitur') IV 575.
Iovio- II 129.
isso- esso- eso- I 425.
iuka I 121.
Iupater I 102, II 62. 386.
Iuve I 111. 122. 371. II 481.
ivengar iveka I 121. 177. 200. 366, II 251.

k see under c.

manf II 488.
manuve I 83. 151, II 321.
matrer II 386.
mehe III 365. 380.
menzne I 63. 176. 425, II 415.

mersto- II 231.
mersuva II 136.
mers *mers* I 279, II 418.
mestru I 458, II 195. 247. 434.
mota- I 235, II 230.
mugatu IV 262.
muieto I 369. 372.

naratu I 370.
natine II 300. 344. 360.
nei-p ne-p I 501.
neirhabas IV 239.
nerf I 200, II 381.
nertro- II 195. 197.
nesimo- II 168. 180. 413.
ninctu I 322. 369. 427, IV 168.
nome numem I 200, II 372.
nuvime II 168. 170, III 22.
nuvis I 52, III 21. 49.

ocri- II 291.
onse uze I 176. 425.
ortom I 235.
osatu I 267. 368. 369, II 418.
ose ('macte') IV 192.
oseto I 368.
os-tendu us-tentu us-tetu I 177. 369, II 161, IV 111.
os-tensendi IV 374. 473. 577.
ote ute I 93. 501.
ovi- II 281.

pacrer II 187. 292.
pane I 174. 371.
-pe ('-que') I 321.

-pe -per I 220.
pepurkurent I 51, IV 391. 416. 418. 421.
pequo I 52, II 316.
persclo- pesclo- I 279, II 119, IV 207.
pers-ei pers-i I 39.
persnihimumo IV 509.
persnimu pesnimu
  persnihimu persnihmu
  I 39. 218, II 451, IV 207. 300. 509.
peře *perse* see piře.
peři *persi* ('pede') II 480.
pesclo- see persclo-.
pesnimu see persnimu.
peturpursus I 54. 319, II 61, III 11.
pi- (pronoun) I 319, III 333.
pihafei IV 421. 422. 473. 575.
pihaklu- I 278, II 119.
pihaner I 371, II 161, IV 609.
pihatu IV 302.
pihaz *pihos* I 98. 367.
pir *pir* IV 182.
pirc *pirse* piři *pirsi* peře *perse* I 34, III 338.
pleno- II 144.
podruhpei I 321, II 190. 195. 450, III 177. 345.
poei poi poe II 3, III 333. 335.
poni puni I 84.
ponne pone I 174. 319. 371.
poplo- II 114.
pora III 342.
porca- II 114.
porculeta I 235.
porsei (nom. pl.) III 345

I. Index of Words. Umbrian: *portatu* — *Tursco*-.

portatu IV 125.
portust IV 423.
postra II 195.
Prestota- II 230.
pretra II 195.
previŝlatu IV 302.
pro-canurent IV 417.
promom prumum II 167. 168. 178, III 5.
pru-pehast IV 465.
pru-sekatu I 318, IV 124.
pufe *pufe* I 321, III 333.
pumpe I 174. 319.
pumpeřias I 173. 267. 319, III 14.
puni *poni* I 84.
purdinŝiust IV 422.
purditom II 62.
pure I 46.
puře ('quod') I 74.
pusme I 427, III 346. 347.

rehte I 368, III 135.
ri (abl.) I 63.
rofo- I 281, II 114.
rufru- I 281. 373, II 185.

řeře I 281, IV 21. 415. 416.
'runu I 84. 281, II 154.

sakre II 291.
sakru- II 185.
salu II 485.
salvo- saluvo- II 136.
Saŝe *Sanŝie* I 177.
screhto- screihto- I 267. 368, II 230.
sei see *sir*.
seipodruhpei III 379.

semenies I 63.
sent I 193. 200, IV 70. 543. 550.
sepse III 379.
serse see zeřef.
seso III 371. 385.
sestentasiaru II 246, III 17.
sestu IV 103. 520.
sesust IV 421.
sevom IV 222.
si see *sir*.
sif sim I 46, II 486.
sins sis IV 490. 550.
sir si sei I 38. 39, IV 490.
snata I 427.
somo I 42. 367. 425, II 168.
sopam I 42.
sorsalem II 292.
sorsum suřum I 46.
speture II 387.
spinam- spiniam- I 123.
staflarem I 102. 281, II 215. 292.
staheren IV 550.
stahitu IV 241.
stahu IV 234.
statita II 230. 300, IV 299.
stiplo IV 520. 603.
stitisteteie(n)s IV 421, and Addenda to same page.
subocau subocauu IV 300. 520.
suboco IV 18.
subra I 366, II 194.
sumtu IV 508.
suront I 482.
suřum *sorsum* I 46.
sve I 93. 123. 150.
svepis III 333.
sveso svesu III 371. 385. 391.

ŝimu *ŝimo* I 290, II 168, III 330.
ŝive I 290.

tasetur II 230.
taŝez *tases tasis* II 230, IV 132.
tefe tefe III 381.
Tefrali II 292.
teio III 377.
teitu *deitu* IV 83.
tekuries *dequrier* I 290, III 23.
termnas IV 302.
termno- I 201.
tertiu- II 246, III 9.
teřa see *dirsa*.
teřust IV 419.
tikamne II 372.
tiom *tio tiu* II 132, III 370. 377.
tiŝit I 54. 290.
Tlatie I 278.
toru I 93.
tota- I 52, II 232.
totcor II 261.
toteme III 167.
tover I 52, III 391.
traf *trahaf* I 177, IV 121.
trahvorfi I 177. 235. 367.
trebeit IV 132.
trefi (abl.) III 141.
tribřiŝu *tribrisine* II 344. 360, III 50.
trif tref III 9.
trifo II 316.
triia triiuper *trioper* I 98, III 9. 239.
tripler III 50.
Trutitis I 80.
tuf see *dur*.
tuplak III 106.
Tursco- Tusco- I 217.

7*

tursiandu I 366, IV 338.
tursitu tusetu I 429, IV 338.
tuva tuves see *duir.*

nhtretie I 93, II 378. 387.
uhtur I 319. 368, II 387.
ulo ulu III 177. 329.
umen I 200. 321. 370. 371, II 352.
umtu I 369. 370.

unu I 75, III 4.
urnasier II 144.
us-tentu us-tetu see *tos-endu.*
uze see onse.

vas II 418.
vasus II 488.
veiro- viro- I 38. 39, II 185.
veltu IV 69.
verfale II 292.
verof-e IV 233.

vestisia vestiśia *vestisa* vistiśa I 123.
vestra III 395.
vetu IV 91.
vinu II 144.
viro- see *veiro-*.
virseto IV 132.
Vofione Vufiune II 359.
vorsum I 235.
Vuśiiaper I 123.

zeřef serse I 177. 367. II 401.

Oscan.

k see under c; í follows i, ú follows u.

aa-manaffed IV 422. 447.
aasas I 426.
actud I 368. 370, IV 84.
aídil I 92. 282.
Aíifineís(Aíifneís) I 92. 282.
aíkdafed IV 422.
akeneí I 471.
akrid II 291.
Akudunnia- I 84.
Alafaternum I 91. 218. 268.
altro- alttrú- I 218, II 195.
allo II 147.
amfr- amfret I 91. 176. 268. 474.
amiricatud I 218.
amnú- II 146.
amprufid III 135.
amvíanud II 62.
an- ('un-') I 207, II 62.
ana-saked (ana-zaked) IV 415.
ancensto- I 199, II 223.

ant I 91.
Anterstataí I 102.
aragetud I 218.
Avfi I 151.
avt *avti* I 93. 151. 501.
az I 367. 504.

baíteís I 322.
Bansae I 123. 369.
bivus I 38. 39. 321. 371, II 136.

Καλας III 67.
καπιδιτωμ I 318, II 230. 409, IV 299.
karanter IV 568. 577.
casnar II 144.
castru- castrid II 119, III 141.
cebnust III 329. 349, IV 415.
keenzstur see *censtur.*

censamur I 290. 425, II 451, IV 509. 578.
censaum I 176.
censazet I 426, IV 362, 551.
censto- I 199, II 223.
censtur keenzstur kenzsur I 84. 176, II 382. 287.
Kiípiís I 80.
com I 76.
comono- II 146.
com-parascustcr IV 207. 420. 577.
contrud I 174, II 195.
krustatar IV 197. 215.
kúm-bened I 321, IV 92. 125. 415.
kúmbenneís II 61.
kú]mparakineís IV 207.

da-dad IV 71 479.
da-did IV 71. 481. 490.

dekmanniúís I 290,
  II 168, III 23. 24.
deded IV 415. 416.
deicans IV 83. 472. 551.
deicum see deíkum.
deivaid IV 302. 472.
deivast IV 302. 465.
deivatud I 54, IV 125.
deíkum deicum I 54,
  II 114, IV 603.
deíva- I 55, II 114.
dicust IV 415. 417.
didest IV 374.
d]iíkúlús I 64.
diíviiai I 54.
Diumpaís I 42. 279,
  II 114.
Diúveí I 111, II 481.
dolo- II 114.
dunt- II 398.
d]uunated IV 302.
dúnúm I 84, II 154.

eco- III 329.
eksú- see exo-.
ehtrad I 218, II 194.
eituam see eítiuvam.
eizois III 329.
eísúd III 329.
eítiuvam eituam I 42.
  149.
embratur I 51. 366.
  II 387.
eutraí II 194.
eso- I 425.
est íst I 54, IV 70.
estud estud IV 508.
etanto III 327.
exo- III 330.
ezum I 426, II 114, IV
  603.

faamat IV 125. 300.
factud I 368, IV 508.
famel I 506, II 205.

famelo II 205.
far II 488.
fatíum IV 303. 603.
fefacid I 38. 51, IV
  416. 421. 468. 473.
fefacust IV 417. 418.
fifikus IV 420.
fiiet fi[ii]et IV 231.
  250. 551.
fíísna- físna- II
  144.
Fluusaí I 84. 426, II
  424.
fortis I 235, II 299.
fruktatiuf II 301.
  360.
Frunter I 506.
fufans I 150, IV 124.
  422. 447. 551.
fuid IV 87. 119. 421.
  466. 472. 473.
fusíd I 39, IV 350.
  362. 473.
fust ('erit') IV 350. 465.
fust ('fuerit') IV 421.
Fuutreí I 47, II 336.
  386.

γελαν I 216. 319. 370.
Genetaí I 271, II 230.

hafiestí IV 419.
Herentateís II 310.
heriiad IV 233. 248.
  467.
herríns IV 374. 472.
  473. 551.
Herukinaí I 374.
hipid IV 419. 421. 473.
hipust IV 419.
humuns I 291. II 351.
hu[n]truis huntru
  I 174. 291. 373, II
  179. 195.
húrtú- I 291, II 232.

húrz I 367.
imú- II 168.
Iuveí I 111. 122. 371,
  II 481.
Iúvkiíúí II 258. 261.
Iúviia- I 123, II 129.

k see under c.

íní I 177.
iú-k I 121.
íst see est.

leginei II 360.
licitud see líkítud.
ligud I 63, II 488.
liímítú[m II 174.
limu I 39.
Líganakdíkeí I 471.
lígatú- I 63, II 230.
líkítud licitud IV 132.
  508.
loufit IV 132.
luisarifs III 270.
Luvkis Luvikis I
  75. 151.
Lúvkanateís I 75.
  151.
Lúvfreís I 42. 52. 151.

maatreís II 386.
maimas I 374.
mais I 374. 458, II 429.
  431. 434. 435, III 109.
Μαμερκιες I 218.
manafum IV 422.
Μαρ]ας III 67.
meddixud II 360.
meddíss meddis μεδ-
  δειξ I 368, II 61.
  493.
medicatinom II 301. 360.
medikkia- II 129.

Meelíkiieís I 123.
mefiaí I 52. 282. 373.
menvum IV 185.
minstreis mistreis II 195. 433.
molta- I 235, II 230.
moltaum II 104, IV 603.
Mutíl I 506.
múiníkad I 75, II 261.
múltasíkad II 261.

nei-p ne-p I 501.
nesimo- II 168. 180. 413.
nistrus I 54, II 195, III 395.
Niumsieís Νιυμσδιηις I 42. 425.
Núvellum I 52.
Núvlanús I 52. 151, II 205.

-p ('-que') I 319.
paí pae (fem.) III 337.
pan I 174. 371.
Patanaí I 471.
patensíns IV 151. 159. 169. 363. 374.
patereí I 471.
patír I 102, II 386.
-pert I 504.
pert-emest I 199, IV 374. 465.
pert-emust IV 415.
pestlúm I 279, II 119, IV 201. 207.
petiropert petirupert I 99. 319, III 11. 50. 241.
petora I 54, III 11.
píhiuí IV 182.
pis I 319, III 333.
píd I 34.

pod I 74, III 333.
poi III 335.
poizad III 342.
Πομπτιες I 173. 174. 267. 307. 321, II 246, III 15.
pomtis I 174.
pon pún I 174. 319, 371.
posmom I 427, II 168.
praesentid I 200, II 401.
preivatud IV 302.
prismu II 168.
pruterpan II 190. 450.
prúfatted profated.
prúfattens IV 302. 422. 551.
prúffed IV 423.
prúftú-set IV 423. 447.
puf I 321, III 333.
Pukalatúí I 471.
pumperias I 173. 267. 319, III 14.
purasiaí I 46.
putíans IV 472.
púd see pod.
púiiu III 342.
púllad III 342.
Púmpaiians III 14.
pún see pon.
Púntiis I 174, III 15.
pústiris II 195bis. 434.
pútereípíd pútúrúspíd I 218. 321, II 194.
pútíad I 111, IV 472.

regatureí I 84, II 387.

saahtúm I 368.
sakahíter IV 472. 473. 577.
sakaraklúm I 278.

sakarater I 220, IV 125. 302. 577.
σαοκρο I 218, II 185.
sakrafír IV 421. 422. 473. 575.
scriftas I 267. 368, II 230.
Σεσιες II 246, III 17.
set set IV 70. 543. 550.
siom III 377.
sipus II 440. 445, III 73, IV 419. 421.
Siuttiis I 42.
sivom IV 222.
sífeí III 371. 381.
slagím II 281.
soveis súvad suveís I 52, III 370. 391.
Staatiis I 98.
staítstahínt IV 241.
statíf II 529, III 71.
sum see sùm.
supruis II 194.
suveís see soveis.
súm sum IV 70.
súvad see soveis.
svaí svae I 93. 123. 150.
sverruneí II 351.

tadait IV 472bis. 531.
Tanas III 67.
tanginom II 360, IV 340.
ταυρομ I 93.
tereí I 54.
teremnattens I 201, IV 302.
teremníss I 216.
tero-m II 114.
tiium II 132.
tiurrí I 42.
tovto τωϝτο tovtad I 52. 151, II 232.
tovtico túvtíks I 151, II 261.

I. Index of Words. Oscan: tríbarakattíns — Sabellian: vino-. 103

tríbarakattíns
tríbarakattuset
  I 426, IV 421bis. 422.
  473. 551.
tríbarakkiuf II 360.
trístaamentud I 34.
  199, II 251. 372.
trutum III 13.
tuvai III 391.
túvtíks tovtico I 151,
  II 261.

upsed IV 423.
urust IV 423.
uupsens IV 423.

Uhtavis I 368, III 20.
úín[itú III 4.
úíttiuf I 368, II 301.
  360, III 71, IV 214.
úp I 267.
úpsannam I 267. 371,
  II 161. 418, IV 609.

vehia I 291. 373.
Venafrum I 281.
ϝερσορι II 387.
veru IV 233.
Vestirikiíúí I 218.
Vezkeí II 418.
Viínikiís II 258. 261.
vincter IV 168. 577.
vorsum I 235.

zicolo- I 64. 123. 218,
  II 206. 266.

Sabellian.

(a) Sabine.

Anio II 360.
cuprum Cupra II 185.
Flusare I 84.
Νηρίνης (gen.) II 360.
nerio II 360, III 125.

(b) Vestinian.

data I 102.
didet IV 100. 107.
duno I 84.

(c) Marrucinian.

ferenter IV 577.
feret IV 68.
lixs II 488.
patres (gen.) II 386.
-si ('sis' or 'sit') IV 490.
tovtai totai I 52.

(d) Pelignian.

ufded I 74, IV 52. 415.
Alafis I 219.
casnar II 144.
coisatens I 75. 426, IV 422.
dida IV 107. 479.
empratois I 51.
fesn II 144.
forte I 235, II 299.
Herentas II 310.
lex-e II 488, IV 542.
locatin(s) IV 302.
oisa I 368, II 230, IV 214.
prismu I 427, II 168, III 5.
pristafalacirix I 219. 281, II 215.
sacaracirix I 219. 279.
Salavatur I 220.
sefei III 381.
Semunu I 84, II 372.

upsaseter IV 362. 473 577.
vidad I 281.
vus III 375. 382.

(e) Marsian.

apur I 281.
dunom I 84, II 154.
Novesede I 52.
porculeta I 235.

(f) Volscian.

arpatitu I 281.
asif I 367.
estu IV 508.
sepis I 93. 150.
sistiatiens IV 135. 422.
statom I 102.
toticu II 261.
Velestrom II 195.
vino- II 144.

Irish-Gaelic.

(a) Irish of all periods.

ā a ('eius') III 339.
abann I 375.
-acciu I 378.
acsiu see aicsiu.
ad- I 93. 280.
ad- at- aith- I 375, III 174.
ad-con-dairc (3rd sg.) IV 389.
ad-ellaim IV 144.
ad-gaur IV 93.
ad-gēn IV 391. 425.
adib (2nd pl.) IV 72.
ad-rīmi (3rd sg.) IV 304.
ad-suidim IV 328.
ae see ai.
aed I 87. 93.
aen I 77.
aes ais ois I 138. 377, II 329. 423.
ag ('goat') I 302.
āg ('fight') I 99.
agim, 3rd sg.) -aig, I 87. 293, IV 81.
-āgur IV 436.
ai ae ('eius') III 339.
aicsiu acsiu II 68. 301.
aig I 124.
aigthiu II 301. 360.
ail I 510, III 80.
aile I 87. 93. 112, II 65. 132, III 8.
ain-ech en-ech I 324.
ainm I 200. 201, II 367.
air ar III 174.
aird II 282.
airdirc II 282.
aire' II 266. 410, III 80.
Airem II 368. 373.
airim IV 251.
-airissim -airissiur I 103, IV 22. 103. 261.

airitiu II 300. 301. 360.
airmitiu I 85.
airther II 196.
ais see aes.
aite I 95.
aith- I 376, III 174.
aittreb II 114.
alaaili II 99.
alaile II 99.
alim I 93.
am (1st sg.) IV 72. 521.
ām I 380. 467.
ammi (1st pl.) I 430, IV 72. 535. 537.
an- in- ē- ('un') II 29. 67.
-anacht IV 364.
anāl I 93. 379, II 120.
anim I 93. 104, II 174. 374.
ānu II 353.
ar air III 174.
ar n- II 192. 195. 196. 450.
ār I 380, II 186.
ara (arad-) II 393.
ara-chrinim I 236, IV 142. 146bis. 266.
araile II 99.
āram II 174.
arathar I 95, II 120.
ar-bāgim IV 304.
-arcair (3rd sg.) IV 391.
ard ardd art I 286. 380. II 135.
arddmār II 6.
ar-fiuch IV 93.
āru II 352.
as- ('ex') I 55.
ascae II 363.
at (2nd sg.) IV 72.
at- see ad-.
at-bail I 325.
athargein II 66.

athir I 100. 103. 262. 268, II 381.
athiroircnid II 67.
athramil II 66.
ath-rīgaim IV 304.
at-resat (3rd pl.) IV 364.
attrab II 114.
au ō I 93. 155. 431, II 281. 419.
aue II 129.
aunasc I 94.

ba (pret.) IV 518.
bā ba (conj.) IV 121.
bāgim IV 171. 304.
bān II 154.
banb I 154.
-bat (3rd sg.) IV 364.
bēim II 373.
ben, gen. mnā, I 96. 194. 315. 325. 379, II 111, III 114.
benim IV 145.
beo see biu.
beothu I 282. 376, II 308.
berbaim I 150. 154, IV 188.
berim -biur I 263, IV 80. 84.
-bia (conj.) IV 374.
biad I 76. 459, II 219. 233.
biail II 120. 292.
biatheim IV 285.
bidslān II 7.
bir I 321, II 316.
bith II 328.
bith- bith-beo II 7. 66.
biu beo ('vivus') I 153. 308. 325. 378, II 137.
biu ('sum') I 46. 154. 269. 380. IV 228. 235. 251.

I. Index of Words. Irish: *-biur — cōic*. 105

-biur see *berim*
blāith mlāith I 179. 243.
 II 301, IV 122.
blāth I 85.
blegaim see *bligim*.
blegon II 147.
blicht mblicht mlicht I
 179. 237, II 222.
bligim mbligim blegaim
 I 179. 237. 288, IV
 87.
blith I 237, II 301.
bō I 315. 325, II 482,
 III 80.
bodar II 186.
bōi (perf.) I 153, IV
 389. 427.
Boind I 153.
bond bonn I 43. 189.
 209. 347. 381, II 146.
bongaim I 378.
both II 232. 233. 475.
brāge I 325, II 402.
brai I 219.
braigim I 269.
bratgaisced II 91.
brāthir II 382.
brēc I 178. 292.
brechtrad I 179.
breth II 233.
bri I 230. 236. 269. 293,
 II 147. 479.
briathar I 507, II 120.
briatharchath II 66.
Brigit I 507, II 333.
 337. 398.
brisc I 236. 376, II 254.
brissim I 236, IV 212.
 215.
brith I 227. 236, II
 295. 301.
brithem II 373.
broo brō I 325, II 363.
brot I 381. 451.
brūad (gen.) I 263.
bruig II 489.
buadhmhar II 6.

buaidlia II 66.
buain I 380, II 286.
buith II 301.

cacc I 325.
cāch I 552, III 333. 345.
cacht I 318.
caech I 92. 93, II 114.
-cair -chair (3rd sg.)
 IV 388.
camaiph cammaib I 380.
camm I 378.
canim canaim I 93. 318.
 328. IV 84.
caratrad II 67.
care cara I 323. 375.
 475, II 402.
carna II 351.
-carus (-charus) IV 377.
cateet coteet III 353.
cath I 376.
cathbuadach II 66.
cathcharpat II 66.
cathlach II 66.
ce ci ('which') III 333.
cē ('on this side') I 290.
 III 330.
cechaing (3rd sg.) IV
 425.
cechan I 52, IV 390.
cechladatar (3rd pl.) IV
 425.
cechtar II 196.
ced cid III 338.
cēimm cēim I 380, II
 373.
cēl (subst.) I 326, II
 206.
-cēl (1st sg. fut.) IV
 112.
celim IV 84.
celt (3rd sg.) IV 364.
cenēl I 104. 377. 467,
 II 120.
cenēle II 129.
cenn cend I 379.

-cēr (perf.) IV 426.
cerd cerdd cert I 378.
cēt ('hundred') I 178.
 191. 201. 288. 375.
 511, III 42.
cēt ('with') I 201.
cēt- ('first') III 6.
cētal II 120.
cetheoira cetheora III 12.
cethir I 138. 154. 307.
 310. 324, III 11.
cethorcha III 39.
cethracha III 39.
cethramad III 13.
cētmad II 247, III 43.
cētne III 6.
ci ce III 333.
cia I 307, III 333. 335.
ciall II 207.
cid ced III 338.
cin II 393.
cing II 393.
cinn III 165.
cita- I 201.
-ciu IV 251.
-ciuir (-chiuir) (3rd sg.)
 IV 427.
cleith II 301.
clethi I 237.
cloen I 76. 290, II 146.
clōi (pl.) I 153. 311.
cloine I 77.
clōsi(u) II 301.
cloth I 41. 43. 289, II
 221. 232.
clū I 56. 153. 292.
cluas I 292. 377, II 20,
 IV 194.
-cluiniur (-chluiniur)
 clu(i)nim I 40. 42,
 IV 146.
cnāim II 290.
cobsud I 153.
coemem II 169.
coibnes I 153.
cōic I 49. 166. 269. 307.
 324bis, III 14.

cōica III 39.
cōiced II 247bis, III 15.
colinn II 286.
coll II 206.
com- cum- con- I 76. 551.
com-alnaim IV 126. 142. 155. 284.
comarbus I 76.
com-boing I 178, IV 169.
com-ēir (2nd sg.) IV 350. 363.
commus I 55.
co n- ('with') I 76.
conde II 409.
con-dercar IV 82. 84.
con-mescatar I 431, IV 205. 208.
corpthadid II 311.
cosc I 324.
cose III 328.
cosmil II 282. 292.
coss I 318, II 114.
cotach IV 169.
coteet cateet III 353.
crenim I 312, IV 142. 145.
cretim I 379, II 9. 479, IV 219.
-cria (conj.) IV 474.
criathar II 120. 122. 215.
cride I 234. 237. 289. 375. 379.
crīthid I 39. 312, IV 142.
crū I 306. 323.
cruim I 324, II 289.
cū I 294, II 346. 352, III 71.
cuach I 323
cuala (chuala) (perf.) IV 21. 388. 426.
cubus I 34.
cucann I 319.
cuimrechta II 68.
cuirm II 373.

cum- see com-.
cummasc I 431.
cumung I 292. 293. 380.

-d- (pronomen infixum) III 331.
dā I 85. 138. 154, III 7. 192. 198.
dagduine II 65.
daggnīm II 68.
-dairc (3rd sg.) IV 389.
dāl I 378.
dālsuide II 66.
dāltech II 66.
-dārbais IV 364.
dau dō, dāu, I 83. 154. 155, III 7. 192.
daur I 219, II 314.
dē (voc.) I 55.
deac III 27.
dēc III 27.
dechmad II 167. 168. 247, III 24.
Dechter II 195.
dedaig (3rd sg.) IV 425.
deich n- I 51. 55. 192. 201. 290, III 23.
deilm II 373.
del I 210, II 198.
delb I 154.
dengaim IV 168.
der I 220. 378bis. 467.
derbaim IV 285.
derc I 292.
derdrethar (3rd sg.) IV 12. 260.
dermet I 179. 192, II 223. 474.
derucc II 314. 352.
dess I 155. 293. 379. 431, II 137. 155.
det I 201, II 398.
dia I 56, 155, II 114.
dībrithe II 233.
dilem II 169.
dīnu I 63.

dīth (3rd sg.) I 276. 380.
dliged I 240, II 233.
dligim I 240, IV 93.
do du ('thy') I 510, III 366. 389.
do- du- ('mis-') I 43. 277, II 29. 68.
dō see dau.
do airissid see airissim.
do-bēr IV 112.
do-bert (3rd sg.) IV 364.
dobreth I 236.
do-cer (3rd sg.) IV 428.
dochruth II 68.
do-fo-nug -nuch IV 93.
do-gega IV 109.
do-gniu IV 132.
do-lod-sa IV 221. 225.
du-luigim IV 339.
Domangart II 65.
do-mēnar IV 388.
dommetu II 310.
domun I 283. 379, II 146.
do-muiniur IV 235.
do-rad-chiuir (3rd sg.) IV 426.
dord II 95.
do-ro-chair (3rd sg.) IV 388.
do-roigu (3rd sg.) IV 388. 426.
dorus II 329.
do-sefuinn (3rd sg.) IV 426.
drech I 236.
drēimm IV 169.
dringim IV 165. 169.
droch I 407.
drogscēla II 68.
druid I 43. 219.
druim II 373.
du ('thy') see do.
du- ('mis-') see do-.
du-ad-bat (3rd sg.) IV 364.

I. Index of Words. Irish: *du-fu-tharcair* — *fudomain*.

du-fu-tharcair (3rd sg.) see *-tharcair*.
dūil II 292.
dūlem II 373.
dūn II 146. 419.

ē ('he') III 329. 335. 338. 368.
ē- in- an- ('un-') II 29. 67.
ebaim, 3rd sg. *ibid*, I 263. 269. 379, IV 100. 103. 108.
ēc I 178. 511.
ēcath I 178. 311. 323.
ēcen I 178.
ech I 54. 138. 154. 290. 324, II 133.
echrad II 64.
echtar III 180.
echtrann II 195. 196.
ēcmailt II 301.
ēcndirc II 282.
ēcne I 376.
ed ('it') III 331. 338.
edbart edpart II 228. 233. 474.
edmur I 124.
ednonoen III 331.
edon III 331.
ēn I 268. 378, II 146.
ēnirt II 282.
epelt(i)u II 301.
epert I 376.
epur I 55.
ēr-er(intensive particle) II 68.
erb II 216.
ē-rig (imper.) IV 84.
Eriu II 360.
ermitiu I 179. 301, II 294. 295. 301. 341. 357. 360.
err I 431.
esarte II 68.

escung I 322. 326. 380, II 279. 352.
essamin II 68. 282.
ēt (subst.) I 124.
-ēt (3rd sg.) IV 73.
eturscarthi II 68.
eter etir I 219. 508, II 189. 196.

faiscim IV 208.
fāith I 99.
fāl II 410.
far n- II 192. 195. 196, III 395. 401.
fathar III 401.
-fe IV 364.
fedb I 153. 282, II 133.
fedim I 153, IV 84.
feidm II 373.
fēin III 371.
feiss IV 425.
fēith II 295.
fēn I 137. 153. 288. 381, II 146.
fer I 35. 152. 219, II 181.
ferc ferg I 153. 378, II 114
-fetar IV 372. 374.
fī I 38.
fiadu II 353.
fiche I 145. 201. 289. 293. 376. 509, III 30bis. 33. 35.
fichetmad III 35.
fid I 34, II 316.
fidbocc II 66.
findairgit II 65.
findfolt II 65.
Findmag II 419.
-finnadar (3rd sg.) IV 164. 170.
fīr I 64.
fīraingliu II 65.
fīrthrebaire II 65.

fiss fiuss I 34bis. 40. 163. 377, II 325.
fiu (adj. subst.) I 154, II 314. 316.
fiu (3rd sg.) IV 425.
fiur siur I 154.
flaith I 153bis. 219.
flaithem II 373.
fliuchaidatu II 311.
fo-daim (3rd sg.) IV 103. 112. 427.
fo-dālim IV 289. 304.
fodēin III 371.
fo-dēma (3rd sg.) IV 112.
fo-didmae (2nd sg.) *fodidmat* (3rd pl.) IV 103.
foilse I 475.
foilsigim I 475.
foimtiu I 179.
fo-lilus-[s]a IV 200.
follus I 475, II 329.
fom-bia see *-bia*.
fo-nenaig (3rd sg.) II 425.
fonaidm II 373.
forcennaim IV 285.
for-con-gur IV 93.
for deis II 465.
format I 179.
fo-ro-damar IV 427.
fo-roiblang IV 426.
fo-roichlaid (3rd sg.) IV 426.
for-roichan IV 426.
for-tē (3rd sg.) IV 349. 364.
for-tugim IV 325.
frass I 153. 219.
frecre II 124.
fris-gēru (3rd sg.) IV 112.
fris-racacha IV 425.
frith- I 376.
fudomain I 263. 269. 283. 379, II 146.

108　　　　I. Index of Words.　Irish: *gabul — lōche.*

gabul II 206.
gāid (3rd sg.) IV 427. 428.
-gainedar IV 251.
gāir I 97. 308. 324. 378.
gairm II 373.
galarche II 129.
gam I 288. 293. 380, II 483bis.
garg gargg I 378.
gegna IV 109.
gegon IV 388.
gein I 291. 293. 378.
gēis I 178. 430.
gel I 291.
gelim I 322.
gĕnam (1st pl.) IV 466.
gĕnar IV 16. 388. 428.
-gēra (3rd sg.) IV 112.
giall II 207.
-gigius IV 200.
gignid (3rd sg.) IV 103. 466.
giuil (3rd sg.) IV 426.
giun II 313. 316.
Glaisiuc II 352.
glenim IV 145.
glūn II 419.
gnāth I 85. 293, II 223. 232.
gnīmrad II 66.
-gninim IV 146.
-gniu IV 251.
goba III 241.
gobul II 206.
gonim I 326.
gorim guirim I 76, IV 339.
gorm II 174.
gormgel II 91.
gort I 291, II 232.
graig I 311, II 95.
grēimm grēim I 380, II 373.
-grennim see *in-grennim.*
-guidiu IV 336.
guirim see *gorim.*

-gur IV 93
guth I 325, II 329.
huasalathair II 65.
heirp II 216.

iarfigid II 301.
iarn I 431. II 147.
iasc I 375. 433.
ibid (3rd sg.) see *ebaim.*
iccaim IV 284.
ichtar II 168.
idal I 475.
idu II 352.
il I 268, II 313.
ildatu II 310.
imb imm ('butter') I 166. 200. 308. 381, II 352, Addenda to I 326.
imb imm ('about') I 270. 381. 507.
imbliu II 199.
im-chom-arcair (3rd sg.) IV 391.
im-luadim IV 339.
immain II 286.
immchomarc I 292.
immlind I 266. 381.
imthecht II 233.
inathar II 196.
in-d III 328.
indlach IV 169.
in-dlung IV 169.
inge inga ingen I 326. 406, II 353.
in-grennim I 319. 324. 380, IV 165. 169. 174.
innocht I 325. 377, II 390.
in-roigrann IV 425.
insce I 321, II 124.
intamlaigim IV 304.
iorr IV 19.
ire I 214. 265.
is (3rd sg.) I 47. 55 IV 72. 532.
is II 168.

issē isē III 368.
issni III 368.
it (3rd pl.) I 202, IV 72. 543. 552.
ith II 325.

-lach II 7.
lachu II 353.
laigiu I 124. 326, II 435.
lāir II 410.
lām II 174.
lān I 242, II 140. 146 452.
lāne II 129.
lār I 85. 219. 268, II 186. 323.
leblaing (3rd sg.) I 228, IV 425.
lecco II 352.
lēcim lēicim -lēciu I 312. 325, IV 251.
ledmarb II 67.
lēimm lēim II 373.
lēir II 292.
lem II 174.
lengim, 3rd sg. *lingid*, I 154. 228, IV 81. 84.
lenim IV 142. 145.
lesc I 376.
leth II 415.
lethcholba II 67.
lethan I 230. 236, II 146.
lī I 39. 153.
lia I 268, II 435.
lige I 311. 324. 381.
ligim I 293.
ligur I 293. 381.
lil (3rd sg.) IV 388. 426.
līn I 61, II 321.
linaim I 63.
lingim see *lengim.*
lōche I 56. 155, II 316. 402.

lōg luag luach I 220,
  II 419.
loth II 233. 474.
lōthor II 120.
luach see lōg.
luachtē I 56.
luadim IV 339.
luam II 174.
luan II 140.
luath luad I 211, IV
  225.
lubgort II 232.
luch II 393.
luchtlach II 7.
lugem II 169.
lugu II 435.

māa mā II 435.
māam II 169.
mac macc I 325.
maccslabrad II 65.
mādramil II 66.
mag II 419.
maini (pl.) I 77.
maith II 282.
māo mō II 186. 431.
  435.
mār mōr II 7. 186. 431.
maraim marim I 237.
  446, IV 93.
marb I 154, II 136. 137.
marbaim IV 284. 303.
mātharlach II 66.
mātharmarbthach II 66.
māthir II 382, III 71.
mblicht see blicht.
mbligim see bligim.
mē me-sse III 372. 375.
mebuir I 180.
medg I 379. 451.
medōn I 275.
meidhg I 451.
meldach melltach I 283.
  380, IV 221.
melim IV 84.
memaid (3rd sg.) IV 425.

menicc II 266.
menme I 104. 475, II
  353. 367. 373, III 71.
mennat mendat I 379.
mesc I 376.
mess I 377, II 329.
methel IV 212.
mētither II 196.
-mhar I 14.
mī I 62. 179. 430. 432.
  462, II 415.
mid I 56. 275, II 313.
mīdar IV 384. 393.
midiur I 279, IV 251.
mīl I 64.
mīle III 47.
Miliuc II 352.
mīr I 428. 430. 464, II
  186.
mlāith see blāith.
mlicht see blicht.
mo mu (pron. poss.) III
  369. 390.
mō (compar.) see māo.
mō mo mos- ('mox') III
  258.
-mōidim IV 339.
mōr see mār.
mōrfeser I 154, III 16.
mōrmhōr II 100.
mnā (gen.) see ben.
mrechtrad I 179.
mu (pron. poss.) see mo.
mucc I 325.
mug I 76, II 317.
mui III 391.
-muiniur IV 235. 251.
muir II 281.
muirbran II 66.

nab III 267.
nar II 196.
nār III 402.
nasc IV 208.
nascim IV 208.
nāthar III 367. 395. 402.

nathir II 410.
nech I 552, III 335.
necht I 269, II 232.
nechtar II 196.
nēl I 47. 264. 381, II
  203. 206.
nem I 177, II 419.
nemed II 219. 233. 419.
nenaig (3rd sg.) IV 425.
nenasc IV 426.
nessa nessam II 168.
  169. 180. 413. 435.
net nett I 379. 447. 451,
  II 30. 111.
neuch neoch III 345.
ni ('nos') III 367. 375.
  378.
nī ('non') III 348.
niæ I 264. 269, II 390.
nigim IV 93.
no see nu.
nōcha (nocha) III 39.
nocht I 325, II 232. 234.
nochtchenn II 65.
nōi n- I 56. 138. 154.
  201, III 21.
nōichtech III 38. 39.
nōmad II 168, III 22.
nu no I 15. 40. 43.
nūe I 56. 124, II 132.
nūelitridi II 65.
-nug -nuch III 93.

ō see au.
ōa I 124, II 129. 196.
  435.
ōac ōc I 114. 153. 179.
  201. 288. 375. 459,
  II 251.
ōam II 169.
ōc see ōac.
ocht I 67. 76. 288. 293.
  377, III 19. 20.
ōchtar II 196.
ochtmad II 170, III 21.
ochtmoga III 39.

110 I. Index of Words. Irish: *oen* — *siassair*.

oen I 71. 76, II 141, III 4.
oendatu II 310.
oenfecht III 50.
oenmad III 6.
oentu II 308. 310.
ōg I 87. 84. 319. 324, II 114.
ōgc II 129.
ōi I 153.
oigedchaire II 67.
ois see *aes*.
ōitiu II 308. 310.
ollam II 373.
olseatsom III 353.
olsesom III 353.
onnurid III 163.
orbe orbbe orpc I 76. 125. 267. 380, II 129.
orbem II 373.
orc I 74. 76. 268. 289. 375, II 114.
orgun orggun orcun I 380, II 321.
orpc see *orbe*.
ōs uas I 323. 377, IV 192.
ōser II 196.

peccad I 475.

-*racacha* IV 425.
rāidiu IV 329.
rāith (3rd sg.) IV 428.
rannaim IV 284. 303.
recht I 377, II 325. 329.
rēid I 56.
rem- II 168. 170, III 5.
renim I 236, IV 141. 145.
rcraig (3rd sg.) IV 425.
resiu III 328.
rethim IV 84.
rī I 63. 64. 291. 432. 510, II 484.

-*ria* (conj.) IV 474.
riad I 381.
riadaim I 56.
rīgain II 335.
rigfāith II 67.
rigthech II 67.
rīm II 174.
rir (3rd sg.) IV 427.
rithe II 233.
ro (verbal particle) I 67. 210. 262. 510.
ro (intensive particle) II 68.
ro-finnadar see -*finnadar*.
-*roiblang* IV 426.
-*roichan* IV 426.
-*roichlaid* (3rd sg.) IV 426.
-*roigrann* IV 426.
-*roigu* see *do-roigu*.
-*roinasc* IV 426.
roth I 76.
ruad I 77. 155. 281.
rūn II 146.

saigid II 301.
saincheneke II 66.
sainśamail sainemail II 67.
sāith I 102.
salann I 94.
sam II 483.
samail I 202. 237. 430, II 282. 292.
(*s*)*a n-* III 339.
sar II 196, III 402.
sāraigim -sāraigiur IV 304.
sathech I 101. 103.
scāich (3rd sg.) IV 427. 428.
scaraim I 237. 431, IV 125.
scāth I 375.
scēl I 104. 375, II 120.

scendim IV 84.
scor I 237.
scorim scuirim I 237, IV 288.
sē se ('six') I 154. 301. 432, III 16.
sē ('he') III 368.
sechem I 307.
secht I 269. 376, III 17.
sechtmad I 196. 202, II 166. 168. 247, III 19.
sechtmoga -go III 17. 39.
-*sechur* IV 81.
-*sefainn* (3rd sg.) I 154, IV 426.
seiss (3rd sing.) IV 370.
selaig (3rd sg.) I 431, IV 425.
sen II 113.
senaich (3rd sg.) I 431, IV 425.
senchas II 329.
sennim, 3rd pl. -*sennat*, I 154, IV 151.
serc ('love') IV 194.
serg sergg serc ('disappearance') I 378.
sernim IV 151.
scsc I 279. 307. 324. 375. 376, II 254.
sesca III 16. 39.
sescaind (3rd sg.) IV 425.
sescaing (3rd sg.) IV 425.
seser I 154.
sessam I 377, IV 22.
sesscd I 377, II 247, III 16. 17.
sēt I 178. 387. 430. 467.
sethar III 395. 402.
setharoircnid II 67.
sētig II 339.
sī ('ea') II 339, III 68.
sia II 435bis
siair II 379.
siassair 3rd sg.) IV 370.

I. Index of Words. Irish: sil — Trenalugos. 111

sīl I 63. 254, II 206.
siniu sinser II 196. 434.
sīr II 186, IV 222.
sīriu II 435.
sissi III 375. 378.
siur I 154. 430. 431, II 381. 387.
slān II 146.
slōg II 7.
slucim IV 169.
smech I 413. 430.
smir I 430.
snāim I 430.
snām I 427.
snāthe I 446, IV 127.
snechta I 325. 403. 430.
sni III 368. 370. 378.
snigid (3rd sg.) I 326. 381, IV 93.
snīm I 446.
so (particle) III 327.
so- su- ('good') I 40. 43. 430, II 68.
socc II 266.
sochmattu II 311.
sochoise II 282.
sonairte sonirte I 475.
souirt II 68.
sreth I 236.
sruaim I 49, II 366.
sruth I 42. 430, II 329.
su- see so-.
suan I 165. 263. 269. 376. 378, II 140.
sūgim IV 91.
suide I 76, II 124.
suidigim IV 304.
suth I 42, II 326. 329.
suthain II 68.

tocair tuccair I 376.
tachtæ I 403.
tāi III 391.
tāich (3rd sg.) IV 396. 428.
tāid I 99. 136, II 293. 301. 460.

tāin II 286.
tair (2nd and 3rd sg.) IV 364.
tais II 282.
talam II 373.
talamchumscugud II 27. 66.
talmande II 409.
tamun I 381.
tana I 164. 193. 202, II 313. 316.
tānac IV 15. 390. 427.
tānacus IV 373.
tānise III 8.
tarathar II 120. 121.
tarb I 154. 432, II 136.
tarrach I 429.
tart I 275
-tau -tō I 99. 110. 124. 409. 431. 458, IV 126. 234. 251.
tē I 158. 269, II 402.
-tē (3rd sg.) IV 364.
tech tey I 54. 308. 324. 380, II 414. 419.
techim I 332, IV 84. 364.
tecnate II 67.
teg see tech.
teglach II 7. 67.
temel II 206.
teoir III 9.
tes ('effugiam') IV 364.
tēt I 178, II 326.
-tharcair (3rd sg.) I 475, IV 427.
-tī (3rd sg.) IV 364. 532·
tiagaim tiagim I 48. 308. 375. 431, II 84. 363. 364.
tin II 282.
tiug II 316.
-tō see -tau.
tocad IV 165.
togu I 289.
toimtiu II 301.
toisech I 550.

toisiyem II 169.
tongaim IV 169. 364.
torbatu II 310.
traig I 407, II 393.
tress- II 247, III 9. 48.
trī tri II 279, III 9. 217. 239.
triath II 352.
tricha I 509, III 35. 39. 77.
tris III 9.
tū, tussu tusso III 372. 373. 377.
tuath I 56. 155, II 232.
Tuathal II 200. 207. 465.
Tuathchar II 65.
tussu tusso see tū.
tūus I 550.

uachtar II 196.
uaislimem II 169.
uall II 206.
uan I 315. 325. 380, II 144. 146.
uar II 186.
uas see ōs.
uasal II 206.
uisce see usce.
Ultān I 467.
unād (inf.) IV 143.
urid I 276
usce uisce I 376, IV 209.

(b) Ogam Inscriptions.

Brusccos III 121.
Corbagni I 467.
Dalagni I 467.
Ercias III 117.
Evacattos III 121.
Ivacattos III 121.
Lugudeccas I 432.
maqa- I 325.
Surallos III 121.
Trenalugos III 121.

Britannic.

(a) Cymric (Welsh) of all periods.

(For *k* see under *c*.)
aer I 380, II 186.
am- ('about') I 93.
an- ('un-') II 67.
anadl I 378, II 120.
arall II 99.
banw I 154.
ber I 321.
berwaf I 154.
bit (3rd sg.) IV 251.
blawd I 243.
bon I 269.
bre I 236.
breuan I 325.
buch I 325, II 263.
byd II 329.
bydaf I 269.
byw I 137. 153. 308. 325. 378, II 133.

cam I 378.
cant ('hundred') I 180. 201. 375.
cant ('with') I 201.
car I 323.
Catmōr II 26.
celain celan II 286.
celein II 286.
cenetl I 104. 377, II 120.
cerdd I 378.
cereis IV 377.
chuechet see chueched.
chwaer I 138. 154. 430. 431, II 381.
chwech I 154. 301, III 16.
chwached chuechet I 377, II 247, III 17.
chwedl I 104. 375, II 120.

chwi III 368. 378.
chwyfaf IV 151.
chwys I 276.
ci, pl. cun cwn, I 40. 294, II 352, III 71.
ciglef, 3rd sg. cigleu, IV 388. 424. 426.
cloeu (pl.) I 311.
clusteu I 292.
clyw I 153.
coes I 318.
cog I 323.
coil I 326, II 206.
cosp I 324.
crau I 323.
credu I 379.
cun cwn (pl.) see ci.
cussan IV 139.
cy-chwynnaf IV 84.
kyntaf III 6.

dant I 201, II 398.
darn I 286.
datl I 378.
dec III 23.
decuet II 247, III 24.
deheu dehou I 155. 293. 377, II 137.
delw I 154.
derwen I 219, II 314.
deunaw III 19.
diauc I 85.
di-erchim I 292.
Dofngarth II 65.
dou I 154bis, III 7.
drws II 329.
duiutit II 308.
duw duiu I 155.
dwfn I 263. 283. 379, II 146.
dy I 510, III 370. 390.
dyw I 276.

ebol I 293. 324.
ebrwydd II 64.
eguin I 326. 406.
ehofyn II 68.
eidaw III 340.
eil III 8.
eirin II 352.
eistedyssant (3rd pl.) IV 380.
eithyr III 180.
elain I 50, II 349.
enep I 324.
erw I 150, II 136.
etem II 175.
eu III 370. 371.
ewin I 407, II 353.
ewithr II 387.

gaem I 288. 293, II 483.
gafl II 206.
garan I 308.
gawr I 308. 324. 378.
geni I 293. 378.
genou II 316.
glynaf IV 146.
gnawt I 293.
guerg I 153.
gulat see gwlad.
gwant (3rd sg.) IV 73.
gwasgaf IV 208.
gweddw I 153, II 133.
gwellwell II 100.
gwiw II 316.
gwlad gulat I 153.
gwrm II 174.
gwywer II 95.

hafal I 202. 430.
hearn I 431, II 147.
hencass II 329.
heul I 216.
hinham II 169.

I. Index of Words. Britannic (Cymric): *hir* — (Cornish) *biu*. 113

hir II 186.
hucc II 263.
hun I 165. 269. 376, II 140.
hygar I 430.
hynt I 178. 430
hysp I 279. 307. 324. 375, II 252. 254.

iu I 124.
ieuanc I 124. 153. 179. 201. 375. 459, II 252.
int (3rd pl.) IV 72. 543. 552.
iss is IV 72.
Iud-nerth -ri I 124. 283.

laun I 242.
laur I 268.
litan I 230. 236, II 147.
llawr I 219, II 186.
llei I 268. 326.
lliw I 39. 153.
llyncaf llyngaf IV 169.

maidd I 379. 451.
malaf I 237, IV 86. 93.
map I 325.
marw I 154, II 136.
mawr II 186.
medi IV 212.
meu III 369. 390.
mivi II 100.
moch I 325.
mwyvwy II 100.
my n- III 389.
mynych II 266.

naw I 56. 138. 154, III 21.
nawuet III 22.
nep I 552.
ney nei I 269.

ni ny III 378.
nini II 100.
niwl II 206.
noeth I 325.
nyth I 379. 451.

ocet I 300, II 234.
oen I 325. 380, II 144. 137.
oer II 186.
oes II 329. 423.
oged II 234.

paup I 552, II 333. 345.
pedeir III 12.
pedwar petguar I 138. 154. 324, III 11.
penn pen I 379.
petguar see *pedwar*.
pennoeth I 325.
pimp I 166. 269. 307. 329, III 14.
pimphet II 247, III 15.
popuryes I 269. 319.
pryf I 324, II 289.
prynaf IV 145.
pwy I 307, III 333. 336.
pwyll II 207.

rhataf II 169.
rhudd I 77.
rhwydd I 56.
rhych I 235.
-ri I 64.
rit I 236. 268.

sarhāf IV 304.
scamnhegint (3rd pl.) IV 304.
seith I 269. 376, III 17.
seithuet I 196, II 168. 247, III 19.

tant I 178, II 326.
tarw I 154, II 136.
teir III 9.
teu III 366. 389.
teulu II 67.
tidi II 100.
tri III 217.
trimuceint III 39.
trydydd II 247, III 9.
tut I 56.
Tutri II 66.
twf II 171.
tynghed IV 165.
tywys I 550.
tywysog I 550.

uceint see *ugeint*.
uch I 323. 377.
uchel II 206.
ugeint uceint I 201. 293. III 30. 35.

wyf IV 72.
wyt (2nd sg.) IV 72.
wyth I 377, III 20.
wythuet III 21.

y III 340.
ych II 345. 460.
ym (1st pl.) IV 72.
ymenyn Addenda to I 326.
ynt (3rd pl.) I 202.
ysgar I 237.
ysgor I 237.

(b) Cornish
(of all periods).

befer I 223. 269, II 96.
benen I 325.
ber I 321.
bew I 153.
biu I 153.

I. Index of Words. Britannic (Cornish): *caed — strouis*.

caid I 318.
cans ('hundred') I 201.
cans ('with') I 201.
cheniat I 318. 323.
crow I 323.
cussin IV 139.

dagr II 322.
dans I 201.
darn I 286.
daras II 329.

eath I 377.
enederen II 196.
enep I 324.
euiter II 387.
evaf I 269.

genau II 316.
goyf I 280.
yiur I 64.

hoch II 263.
houl I 216.
hweger I 288.
hwigeren I 288.

iouenc I 124. 201, II 252.

liu I 153.
lor leur I 268.
lyw I 153.

marow I 154.
midil IV 212.

naw I 56. 138. 154, III 21.
ni ny III 378.
noit I 269.
noyth I 325.

ocet II 234.

peber I 269.
pen I 379.
peswar I 138. 154. 324.
popei I 269.
prinid I 312.
pymp I 269.

rudh I 77.

seyth I 269.
steyr I 431.

tanow I 164. 202, II 316.
tarow I 154.
tus I 56.

ugans I 201, III 30. 35.
why III 378.

y III 340.

(c) Breton
(of all periods).

(For *k* see under *c*.)

ancou I 178.

benaff IV 146.
bitat IV 146.
boutig I 308. 324.
bre I 236.
bresk I 236. 376, II 254.

kamm I 378.
kandved II 247.
cant I 178. 201.
clot II 221.
cospitiot IV 126. 304.
crihot IV 126.

da III 390.
dacr I 90. 220. 378bis.

derch I 292.
dou I 154, III 7.

e III 340.
eil III 8.
eiz I 377, III 20.
enep I 324.
erv I 150, II 136.
et-binam IV 145.
etn I 268. 377, II 146.

glat I 154.
guir I 64.

hegar I 430.
hent I 178. 430.
hepp I 321.
ho III 370. 371.
Hocar Hucar II 33.
hui III 378.

iaou I 124.
iaouank I 124. 201, II 252.
ien I 124.

ma III 390.
marf murv I 154.
medi IV 212.

nav nao I 56.
neiz I 451.
ni ny III 378.
nowid I 56.

pemp I 269. 324.
pevar I 138. 154. 324.
rec I 235.
-ri I 64.
Rosmerta II 33.
ruz I 76.

seiz I 269.
sterenn I 431.
strouis I 431.

tanav I 202, II 316.
tarf tarv I 154.
tregont III 39.
tut I 56.

(d) Old British.

Avittoriges III 117.
Gobannium III 241.
Nettasagru III 121.

Ηετουαρία I 154. 324.
tovisaci I 550.
Trenagusu III 121.
Tunccetace IV 165.

Gallic.

For *k* see under *c*.

ad- I 93.
Adiatorix II 65.
Adiatumarus II 65.
Adledus II 68.
Alisea Alisia I 125.
Allobrox II 489.
ambactus II 228. 233.
ambi- I 91. 270. 381.
Ambigatus I 34.
Ambircnus II 68.
ande- III 174.
Anderoudus I 77.
Arduenna silva I 380, II 135.
are- III 174.
Arebrigium I 230. 236. 269. 293, II 147.
Arebrignus II 147.
Aremorica Aremorici II 68. 258.
Artalbinnum II 65.
Artobriga II 65.
artvass III 229.
ate- III 174.
Atrebates II 393.
Avitacum II 273.

Belisama Βηλησαμι II 169, III 147.
Benacus II 273.
Bibrax I 223. 269, II 96.
Bituriges II 66. 329.
Brigantia II 337.
Brigantio II 361.
Brigiani I 230. 236. 269. 293.

Brigobanne II 67.
briva II 486.
Brogimarus II 489.

Cabellio II 361.
cambo- I 378.
Camulus II 207.
Carantillus II 402.
Carantonus II 402.
Carentomagus II 67.
κάρνον II 147. 321.
κάρνυξ II 321
Cartismandua II 67.
casamo II 373.
catu- I 376
Catullus II 207.
Caturiges II 26. 44. 66. 484.
Catuslogus II 61.
Cinges II 393.
Cingetorix II 67. 393.
Cintu- III 6.
Cintugnatius II 130.
Cintugnatus II 223.
Civismarus II 67.
Clutamus I 483.
Κουριωνε; II 361.

Dagovassus II 65.
dede IV 390. 424.
Δειονονα I 155.
Devognata I 155, II 33.
Dexsiva I 155. 377.
Divico Divicia II 263. 465.

Divio II 361.
Druides Druidae I 43. 219.
Dubnorix Dumnorix Dubnorex I 64. 283. 379, II 65. 146.
Dumnacus II 273.
Dumnorix s. Dubnorix.
-dunum II 146.

cpo- I 138. 324.
Eporedia I 55. 56. 293, II 64.
esox III 80.
Exobnus Exomnus II 68. 282.

Γαισάται II 233, IV 285.
Gobannitio III 241.
Iantumarus I 124.
Iovincillus I 124.
isarno- Isarnodori I 431, II 147.
Iura I 124.
Iuvavum I 124.

lautro II 119. 120.
Leucamulus I 483, III 39.
Leucetius I 56.
Lingones II 352.
Litugeua Litumara II 313.
Lucterius I 377.

I. Index of Words. Gallic: *Lugdunum* — Gothic: *áile*.

*Lugdunum Lugudunum
Λουγουδουνον Λουγυ-
δουνος* II 66. 419.
Lugoves III 218.
Luxterios I 377.

-marus II 186. 431.
Matidonnus II 282.
ματρεβο III 271 (cp. 267).
MEÐÐVLVS I 377.
Mediomatrici II 132.
mesga I 379. 447. 451.
Messulus I 377.
Moridunum II 66.
Morini II 156.
Moritasgus II 66. 282.

ιαμαυσικαβο III 271 (cp. p. 267).
Namnetas (acc. pl.) II 393.
nemeton (νεμητον) II 219. 233. 419.
Nertomarus II 65.
Nivella I 56.
Nivisium I 56.
Novesium I 56.
Noviodunum I 56, II 65. 132.

Orgetorix I 380.

πεμπεδουλα I 54. 324, III 14.
petorritum I 219. 324, III 11.
Petrucorius III 11. 39.
Pruđca Pruscia I 376.

reda I 56.
Reitagenus II 65.
-ritum I 235. 236. 268.
-rix I 64.
Rosmerta II 33.
Roudus I 77.

Segomo II 373.
Seneca Senicco II 263. 465.
Senones II 352.
sosin III 328. 373.
Sucaria II 33.
Sucarus I 430, II 33.
Suessiones II 361.

Tanotaliknoi I 77.
Ταρανοου III 162.
tarvos I 154. 432. 479. II 136.

Taximagulus II 282.
Tenigenonia II 282.
Teutalus II 207.
Teutobodiaci II 25. 65. 273.
Teutomatus I 56.
Ticinus II 158.
Tigerno II 147.
Toutillus II 34. 207.
Toutobocio II 65.
Toutus Toutius Τοουτιους I 56, II 34. 130.
Tricasses I 550.
trigaranus I 34. 308, II 25.
Trigisamo II 169.

Uxellodunum I 323. 277, II 206, IV 192.

vercobreto III 193.
vergobretus I 153, II 65.
vertragos I 407.
Viducasses I 34.
Vindomagus Οὐινόδμαγο; II 65. 419.
Virdomarus Virdumarus II 65.
Viscari II 67.
Visurix II 26. 316.

Gothic.

For *þ* see under *t*. Presents are generally given in the infinition form.

ab-u I 270.
af I 87. 270. 512. 514. 516.
af-aiđik see *-aiđik*.
afar II 190. 197.
afđauiþs I 156, IV 329.
af-linnan IV 187.
af-lifnan IV 156.
afstass II 76.
aftarō II 191. 197.

aftra II 191. 197.
aftuma II 177. 180.
aftumists II 248.
aggvus I 90. 165. 180. 292. 394, II 313. 316.
agis II 420.
agláitivaúrdei II 70.
ahaks II 277. 459.
ahjan IV 247.
ahs I 301, II 419.

ahtáu I 67. 83. 158. 288, III 20. 193.
ahtáudōgs II 29.
ahtáutēhund III 40.
ahtuda II 247, III 21.
ahva I 94. 328, II 115.
-aiđik IV 19. 430.
aiduk IV 19. 430.
đigin II 151.
đih IV 391. 436. 441.

I. Index of Words. Gothic: *aihtrō — brakja*. 117

aihtrō IV 301.
áihts II 303.
aíhvatundi I 54. 138.
157. 290, II 133.
áinahs II 257.
áinfálþs II 69, III 50.
áinlif III 28.
áinnōhun I 483.
áinōhō II 273.
áinōhun I 483, III 67.
áins I 71. 77, II 141, III 4.
aírþakunds II 25. 71.
aírþeins I 58.
áirus II 322.
aírzeis I 429.
aírzjan I 435.
áis I 434. 475, II 418. 419.
áistan IV 222.
áivs I 138. 156, II 430.
áizasmiþa II 73.
ajukdūþs II 363.
akrs I 221, II 181. 462.
alamans II 6.
alan IV 216.
alds I 389.
aljaleikōs II 436.
aljaprō II 197.
aljis II 132.
alls II 147.
allvaldands II 403.
alþeis II 133.
ams I 166. 176. 181. 436, II 413.
ana-biudan I 59. 285. 393, IV 82.
anabusns I 382. 404, II 287.
anaks IV 139.
anamahtjan IV 289..
anaminds II 295.
-anan IV 117.
and- anda- I 553. 554.
andahafts II 300.
andanahti II 76. 130.
andanēmeigs II 271.

andanumts I 181, II 302.
andáugiba II 279.
andbahti II 130.
andhruskan I 383, II 255, IV 209.
ansts II 303, IV 184.
anþar I 283. 386, II 197, III 8. 191.
arbáiþs II 303.
arbinumja II 70. 361.
arbja II 357. 361.
arhvazna I 328, II 148.
arjan I 94, IV 251. 253.
armaiō I 126.
arman IV 307.
arms ('arm') I 241, II 290.
asans II 288.
asiluqaírnus I 328, II 321.
asneis I 436, II 288.
asts I 70. 77. 390. 447.
at I 280.
-atjan see *fra-atjan*.
at-steigadau IV 511.
at-þinsan IV 191.
aþn II 145. 147.
áugadaúrō II 27. 72.
áugō I 331, II 105. 347. 356.
aúhmists aúhumists II 169.
aúhsa I 43. 433, II 345. 353. 460, III 233. 290.
aúhsunns (1 Cor. 9, 9) III 233.
aúhuma II 169.
áuk I 94. 158.
áukan I 87. 319. 327, IV 85.
áuknan IV 156.
áusō I 434, II 105. 347. 356.
Austrovaldus II 33.
áuþida II 240.

arístr I 483.

bái III 62. 175.
báidjan IV 344.
baíran IV 80.
baírgahei I 293.
baírgan IV 85.
baírhts II 235.
báitrs I 392, II 180.
bajōþs III 193.
bandi II 340.
barizeins II 420.
barn II 147.
-batnan IV 160.
baúr I 516, II 282, IV 73. 75.
baúrgs II 479. 489, III 289.
baúrgsvaddjus II 77.
beidan IV 82.
beitan I 48. 393, IV 81.
bērusjōs I 128, II 338. 438. 439. 445. 451, IV 430.
bidjan I 57, IV 253. 438.
bi-gitan I 311, IV 163.
bi-láigōn I 293, IV 269.
bi-leiban I 270. 386, IV 94.
bindan I 394, IV 81. 85.
bi-niuhsjan IV 194.
-biudan see *ana-biudan*.
biugan I 312.
biūhts I 181, II 235, IV 173.
blandan I 223. IV 94.
blēsan I 85, IV 197.
-blindjan IV 343.
blinds I 223, IV 94.
blōma II 374.
blōstreis I 384.
bōka I 98. 271.
brāhta IV 454.
brakja II 124.

118   I. Index of Words.   Gothic: -brannjan — gabeigs.

-brannjan IV 343.
brikan IV 168. 212.
brinnan IV 188.
brōþar I 385, II 379. 382.
brōþralubō II 73.
brōþrulubō I 229, II 27. 73.
-bruknan IV 160.
brūks II 123. 124. 452.
brusts II 393.
brūþfaþs II 71.

-daban I 286.
daddjan I 101. 103. 127, IV 237.
dags I 327. 393, II 114.
ddiljan IV 289.
dal II 115.
dalaþrō II 197.
daúhtar I 104. 276. 404, II 382.
-dauþs see afdauiþs.
dáupeins II 289.
daúr I 43.
-daúrsan -dars see ga-daúrsan.
dáuþs II 235.
deigan I 294.
dis-taúrnan IV 160.
diups I 390.
dōms I 254, II 175.
drausjan IV 341 bis.
du-ginnan IV 177. 186. 188. 439.
dulgisskula II 78.
dulgs I 240, IV 93.
dulþ¹an IV 289.
dulþs II 393.
dvals IV 149.

eisarn II 147.

fadar I 100. 103. 385. 387, II 380. 381.

fagrs I 294, II 187. 292.
fāhan I 181. 294, IV 168. 431.
faheþs II 303.
faifāh IV 431.
faifalþ IV 431.
faiflōk IV 430.
fáih I 337.
faihu I 296. 385, II 313. 317.
faihugairns II 147.
fairina II 209.
fairneis II 133.
fairzna I 435.
falþan IV 213. 431.
-falþs III 50.
fana II 145.
faran IV 436.
fastan IV 307.
faúradaúri II 76. 130.
faúrhtjan IV 216. 454.
faúrhts II 235, IV 216. 454.
favái I 88.
féra I 65.
fidurdōgs III 11.
fidvōr I 138. 307. 329, III 10. 11. 74.
fidvōrtaíhun III 28.
fidvōrtigjus III 40.
figgrs II 306, III 3.
fijands II 403, IV 236.
fijaþva II 117.
filigrja- I 472.
filu II 313. 316.
fimf I 49. 166. 270. 307. 329, III 14.
fimfta- I 331. 382, II 246, III 15.
fimftaihun III 28.
fimftigjus III 40.
finþan IV 171.
fisks I 433.
flōdus I 85. 169, IV 127.
flōkan I 271, IV 96. 430.

fōdr I 85, II 121.
fōtus I 85. 385. 514, II 103. 317. 480, III 289.
fra-atjan IV 324. 328.
fragifts II 303.
fra-gildan I 327, IV 215.
frah IV 391.
fraíhnan I 292, IV 41. 148. 152. 391.
frakunþs II 75.
fra-liusan IV 197.
fralusts II 302.
fram II 167. 169. 178.
framaldrs III 5.
framis II 436.
fra-slindan IV 170.
fraþjan IV 251.
fráuja III 5.
fráujinōn IV 305.
fra-vardjan I 387, IV 327.
fravaúhts II 302.
fra-veitan IV 95.
fr-ēt I 460, II 9, IV 387. 394. 441.
frijaþva II 117.
frijōn IV 155. 284.
frijōndi II 337.
frijōnds II 115. 403.
fruma II 168. 169. 170. 178, III 5.
fugls I 221, II 207.
fula I 175.
fulgins II 151.
fulljan IV 43. 306. 326. 343.
fullnan IV 43. 160.
fullō II 140. 475.
fulls I 166. 181. 228. 238, II 140. 147. 452.
fūls I 48, II 207.

ga-batnan IV 160.
gabaúrþs I 227, II 295.
gabeigs II 259. 262. 271.

I. Index of Words. Gothic: *gabigs* — *háuhis*. 119

gabigs II 261.
ga-blindjan IV 343.
ga-brannjan IV 342.
ga-daban I 286.
ga-daúrsanga-dars I 230. 238, IV 74. 94. 429.
gadēþs I 254, II 296.
gadigis II 413. 420.
gadiliggs II 268.
gafaúrds II 302.
gaggan I 180. 327. 394, IV 94.
gaggs I 294. 335.
gahugds I 405, IV 455.
ga-hvatjan IV 252.
gáidv II 117, IV 175.
-gáisjan IV 338.
gáitein II 464.
gáiteins I 37, II 157.
gajuka II 341. 346.
gakunds II 296.
gakunþs II 296.
gakusts II 295.
galiugaapaústaúlus II 70.
gamáindūþs II 308. 131.
gamáinei II 359. 361.
gamáins I 74, II 286.
gamáinþs II 308.
gamalteins IV 220.
gamunds I 204. 387, II 295.
ga-nah IV 438.
ga-navistrōn I 483.
ga-nisan IV 81. 580.
ga-nsjan IV 324.
gaqiss I 382, II 303.
ga-qiujan I 156, IV 330. 343.
ga-qiunan I 140, IV 160. 161.
gaqumþs I 180. 191. 202, II 295.
ga-rairōþ IV 431.
gards I 291.

ga-rēdan II 20, IV 220. 225. 431.
garēhsns II 285.
gariudi gariudjō II 130.
garunjō II 341.
gaskafts II 303.
ga-staúrknan IV 160.
gasts I 77. 308. 393, II 293. 300, IV 138. 187.
ga-tairan IV 82.
ga-talzjan I 436.
gatarhiþs II 224.
ga-tarhjan I 292, IV 324. 340. 341.
gataúrþs I 233, II 298.
ga-teihan I 294, IV 83.
gatimrjō II 361.
ga-þaírsan IV 84.
ga-þaúrsnan IV 156.
ga-þláihan I 284.
gáunōn II 186, IV 193.
gáuriþa II 239.
gáurs II 186.
ga-vaknan IV 138. 155bis.
ga-rasjan I 409, IV 329. 342.
ga-veisōn IV 197.
ga-vidan IV 172. 215. 216.
ga-vigan I 288, IV 81.
ga-vrisqan IV 209.
gazds I 371. 392. 395.
gibla II 202.
-gildan see *fra-gildan*.
gilstr I 404.
-ginnan see *du-ginnan*.
-gitan see *bi-gitan*.
giutan IV 221.
glaggvō I 157.
glitmunjan I 111. 128. 129. 193. 203, II 374, IV 282.
gōdei II 362.
graban IV 437.
gramjan I 323, IV 343.

griþs I 319, IV 165.
gudhūs II 69.
gudjinōn IV 305.
gulþ II 235.
guma I 200. 290, II 343. 354. 483.
gumakunds II 27. 72.
gumein II 464.
guþ II 225.

-h (particle) III 333.
haban I 94. 407, IV 239. 264.
hafjan I 318, IV 251. 253.
hafts II 235.
háidus I 284. 326. 385. 387, II 313. 317.
háifsts II 303.
háihald IV 432.
háihs II 114.
háiljan IV 326. 343.
háils I 326. 481, II 187. 206.
háims, pl. *háimōs*, I 82. II 175. 290.
hairda I 394.
hairdeis I 80, II 130.
haírtō I 289. 385. 390, II 356. 480.
hairus II 317.
hakuls II 207.
haldan IV 215. 431.
haldis II 436.
hallus I 311.
hals I 429. 436.
halsagga I 311. 326. 387.
hana I 93. 318, II 354.
handugs II 259.
handus II 317.
hardus I 387, II 317.
harjis I 80, II 122.
hatis II 420.
hatizōn II 420, IV 305.
háuhis II 429. 436, III 108.

háuhisti II 130.
háuhjan IV 343.
haúrds I 306.
haúrn I 238, II 147. 321.
haúrnjan IV 288.
havi I 158, II 124.
hēr I 65, III 394.
hi (himma etc.) I 35. 290, III 330. 331.
hidrē II 195. 197.
hilms II 176.
hindar II 197.
hindumists II 104. 180, III 6.
hiri I 515.
hlahjan IV 251. 252.
hldins I 290, II 146.
hláiv I 158, II 137. 422.
hláivasnōs II 142. 148.
hleiduma II 169.
hleiþra II 119. 120.
hlifan I 326. 385, IV 334.
hliftus I 382, II 324.
hliuma II 366.
hliuþ II 222. 235. 474.
hlutrs (hlūtrs) I 221, IV 224.
-hlōhjan IV 342.
hneivan I 309. 329.
hnáivjan IV 343.
hæmisclep (Crim Gothic) II 77.
hōrinōn IV 305.
hōrs I 323.
hrdinjan IV 287.
hrdins II 285. 287.
hráivadūbō I 481.
hugs I 327, II 282.
hūhrus II 323.
hulistr II 121.
huljan IV 252. 253.
hulundi I 203. 239, II 337. 402.
-hun III 344.
hund I 180. 191. 202. 288. 385. 387, III 42.

hundafadi- II 36.
hunds I 40. 294.
hunsl I 158. 303, II 208.
huzd I 345. 371. 384. 392. 394. 405.
hváiva III 344.
hvas I 329. 385, III 333.
-hvatjan IV 252.
hvaþar II 189. 190. 197, II 450.
hvē I 62, III 176. 177. 783. 345.
hveila II 198, IV 132.
hveilahvairbs II 71.
hveits I 295. 327.
hvileiks II 269, III 333.
hvilftri II 336.
hvōftuli II 339.

ibnassus II 331.
ibns II 147.
iddja I 48. 127, IV 26. 118. 128. 133. 434. 455. 522.
idreiga II 194.
iftuma II 180.
igqar III 402.
igqis III 370.
ijō- (fem.) I 121. 125, III 331.
ik I 50. 347, III 365. 372.
im I 437, IV 73. 517.
in I 51. 165.
ingardja ingardja- II 341.
inilō II 209.
innuma II 169.
inu III 163.
is (nom. sg.) I 32, III 331.
is (gen. sg.) III 329.
is (2nd sg.) I 433, IV 526.
ist (3rd sg.) I 57, IV 532.

ita (nom.-acc. sg.) III 238.
itan IV 83.
izvar II 192, III 395.
izvara (gen.) III 295.
izvis (dat. acc.) III 368. 378. 383.

jabái I 113, III 332.
jáindrē II 197.
jáins I 113, II 29. 148, III 331.
jáinþrō II 197.
jēr I 110. 125, II 180. 187, IV 128.
juggs I 125. 139. 156. 181. 288. 387. 389. 464, II 251.
jūhiza I 181. 387, II 248. 436.
juk I 308. 390. 452, II 111. 115.
junda I 199, II 105.
jus (jūs) I 110. 125, III 367. 374.

-k (mi-k etc.) I 554.
káisar I 516, III 74.
kalbō I 271. 393.
kalds I 319. 327, II 235.
kann I 288, IV 141. 152. 184. 454.
kannjan IV 342.
karist I 459.
karōn IV 284.
kaupasta I 383.
kaupatjan I 129, II 409, IV 283.
kaúriþa II 240.
kaúrn I 240. 304. 390, II 144.
kaúrus I 229. 232. 310. 315. 330, II 312. 335, III 291.
káusjan IV 328. 341.

keinan IV 149. 152.
kinnus II 313. 317.
kiusan I 289, IV 81.
kniu I 294, II 314.
knōps IV 119.
knussjan II 314.
kriustan IV 216.
kuni I 128. 203. 291.
kunnan (beside kann) see kann.
-kunnan (weak verb) IV 184.
kunþa IV 454.
kustus II 325. 329.

laggs II 115.
lagjan IV 327.
-láigōn see bi-láigōn.
lailōt IV 431.
lailōun (3rd pl.) IV 430.
láisjan IV 341. 342.
lats I 102. 254.
-láubjan IV 328.
láuhatjan II 409, IV 283.
láuhmuni I 198. 203, II 336. 365. 366. 372.
láun II 147.
láunavargs I 394.
láusjadáu IV 511.
láusjan IV 287. 288.
láusqiþrs II 69.
leihts I 331. 404.
leihvan I 328, IV 85.
leiþu (acc.) II 331.
lētan I 102. 254, IV 85. 226. 431.
lēv I 156.
-lifnan IV 156.
ligan I 311, IV 230. 252.
ligrs II 187.
-linnan IV 188.
lisan IV 85.
lists II 302.
liþus II 329.

liufs I 394, II 115.
liugandáu IV 511.
liugn II 148.
liuhaþ II 234.
-liusan IV 197.
liuta II 354.
lōfa II 355.
lubains IV 132.
luftus II 330.
lūkan IV 94.
-lūknan see us-lūknan.
lūns II 185.
lustus II 330.

mag IV 87. 435.
magula II 210.
magus II 317.
mahteigs II 259. 271.
mahts (subst.) I 404, II 303.
mahts (part. pass.) II 234.
maíhstus I 35, II 330.
máis II 429. 431, III 109.
máists II 247.
máiþms II 175.
máiza I 475, II 429. 431. 436.
malan IV 436.
man I 192. 203, II 234, IV 74. 93. 429. 434. 438. 454. 455.
managei II 362.
manags II 266, IV 139.
manamaúrþrja II 361.
manasēþs II 298.
marna I 158. 180, III 122. 169. 218.
marisdivs II 283.
marzjan I 435, IV 340.
maúrnan IV 147. 308.
mavi I 157. 327. 394, II 334. 335.
meina (gen.) III 114. 392.

meins III 391.
mēna II 393, III 290.
mēnōþs II 393.
-mērs I 65, II 431.
midjungards II 167.
miduma II 167. 476.
mik (acc.) I 14. 15. 58, III 325. 375.
mikildūþs II 311.
mikilnan IV 160.
mikils I 347, II 209.
miluks I 472. 514.
mims (mimza-) I 436. 464, II 186.
minniza I 158, II 432. 436.
mins I 514, II 436, III 109.
mis (dat.) III 383.
missa- I 382.
mitan IV 219.
mitaþs II 390. 393.
mitōn IV 264.
miþgasinþa II 76.
mizdō I 275. 394. 452.
mōdags II 259.
mōþs II 235. 475.
munan (ind. muna) IV 128. 239.
munan (ind. man) see man.
munda IV 454. 455.
munda- I 192, II 234.
mundrei II 186.
muns II 282.

-nagljan I 406.
-nah IV 438.
nahts I 382, II 300, 390. 393.
namnjan I 129. 182.
namō II 164. 367. 374.
naqaþs I 322. 328, II 232. 234.
náus II 282.
nēhvis II 436.

nēþla I 446, II 120.
ni III 349.
ni-h I 331. 554.
-nisan see ga-nisan.
nist I 459.
niþjis I 381, II 130. 390.
niuhseins IV 194.
-niuhsjan IV 194.
niujis I 139. 158, II 132.
niun I 138. 156, III 21.
niunda II 245. 247, III 22.
niuntēhund III 40.

ōg IV 394. 435.
ōgs (2nd sg.) IV 430. 462. 465.
ōn IV 394.
Ōstrogotha II 197.

qēns I 62, II 279.
qiman I 328. 391.
qinakunds II 223.
qinō I 328, II 111. 355.
qiþan IV 85.
-qiujan see ga-qiujan.
qius I 137. 156. 308. 328, II 133.
qums II 282.

ragin II 151.
raihts I 382, II 220. 235.
-rakjan see uf-rakjan.
-rannjan IV 342.
raþjō I 103, II 294. 300. 341. 357. 360. 362.
rdupjan I 270, IV 341.
rduþs I 77, II 114.
razda I 451.
razn I 436.

-rēdan see ga-rēdan.
reiki II 130.
reikinōn IV 305.
reiks II 484, III 290.
reiran IV 14. 105. 240.
rignjan IV 288.
rinnan I 57. 139. 158, IV 186. 188. 439.
riqis I 328. 434, II 414. 420.
riqizjan IV 282.
riurs II 293.
rōdjan IV 329. 343.
rūms I 47, II 175. 477.
rūna II 146, IV 91.
runs IV 188.

sa III 67. 328. 336.
sagqjan IV 342.
sái III 336.
saian I 126. 127. 254, IV 234. 252. 384. 390. 429. 430. 433.
saihs I 382. 433, III 16.
saihsta II 242. 247, III 17.
saihstigjus III 40.
saihvan I 328. 385.
sáir II 187.
sdisalt IV 431.
saisō IV 384. 390. 429. 430.
saísōst (2nd sg.) IV 432.
sakuls II 208.
salbōn IV 283.
salt I 94.
saltan IV 221. 432.
samakunja- I 128, II 24.
sandjan I 387, IV 152.
satjan I 57, IV 324. 328.
saþs I 102, II 228.
saúhts II 302.
sauil I 216.

saúrga IV 194.
saúrgan IV 307.
Saúrini II 336.
sei I 459.
seina (gen.) III 114. 392.
seinaigaírndi II 78.
seins III 391.
si II 339.
sibja I 395, II 273, III 175.
sibun III 18.
sibuntēhund III 40.
siggvan I 331.
sigis I 290, II 415. 420.
sigisldun II 28. 73. 420.
Sigismēres II 73.
siggan I 328, IV 164. 170.
sijau (opt.) I 128, IV 491.
sik (acc.) III 371. 375.
silan IV 132. 264.
simlē III 5.
sind (3rd pl.) IV 543. 552.
sineigs II 259. 271. 455.
sinista II 434.
sinþs I 387. 430.
sis (dat.) III 383.
sitan IV 252.
sitls II 199. 462.
siujan I 126. 128. 432, IV 236.
siuns I 328. 330, II 287.
skaban I 94. 271, IV 84.
skáidan I 94. 406, IV 85. 430.
skal I 238, IV 93. 438. 454.
skalkinōn IV 305.
skanda I 180, II 235. 474.
skaþjan IV 251. 253.
skeima II 374.

skeinan I 293, IV 152. 439.
skeirs I 39. 304, II 187.
skōhsl II 208.
skuggva I 157.
skula I 239, II 353.
skulan see skal.
skulda IV 454.
skulds II 234.
skūra II 187.
slahals II 211.
slahan IV 437.
slahs II 282.
slahuls II 208.
slaúhts II 303.
slēpan I 103. 270. 390. 433.
-slindan IV 170.
sliupan I 428.
smairþr I 430.
sndirs I 81. 135. 309. 328, II 114.
sneiþan I 388.
sniumundō I 192. 203, II 248. 250.
sniumundōs II 248. 436.
snivan I 156.
snōrjō I 432, II 361.
sōps I 102.
sparva II 365.
spaúrþs II 393.
spēdiza I 86.
spēdumists II 169.
speivan IV 237.
spilda IV 211.
stáirs II 149. 171.
staistáut IV 430.
standan IV 170. 172. 216. 437.
staps I 101. 103. 255.
stáutan I 446, IV 430.
-staúrknan IV 160.
staua (masc.), staua (fem.) I 156.
-steigadau IV 511.
steigan I 48. 57. 308. 327. 394, IV 84.

stigqan I 180, IV 164.
stikls II 200. 207.
stiks I 433.
stiur I 221. 516, III 74.
stiviti II 410.
stōjan I 156, IV 329.
stōls II 207.
stōma II 367.
stōp IV 437.
stráujan IV 136.
striks IV 164.
sums I 163. 193. 203. III 334.
sundrō II 189.
Sunjaifriþas II 78.
sunjis IV 74.
sunus II 321.
sutiza sutista II 427bis. 430.
suts II 312. 313.
sva I 150.
svaíhra I 288. 385, II 8. 354.
svaíhrō II 355.
svartizl II 208.
svē I 150.
svein I 37. 39, II 157. 159.
svēs III 371.
sviltan IV 226. 227.
svistar I 138. 432, II 381.
srōgatjan I 129, II 409, IV 283.

tagr I 220, II 322, III 100.
tagnjan IV 306.
taíhsva I 155. 293, II 137. 155. 465.
taíhun I 51. 202. 290, II 242, III 23.
taíhunda I 202, II 242, III 24.
taíhuntaíhund III 43.

taíhuntēhund III 40. 42. 43. 253.
táikns II 147.
-taíran IV 82.
-talzjan I 436.
tandjan IV 152. 323.
-tarhjan see ga-tarhjan.
-taúrnan see dis-taúrnan.
-teihan see ga-teihan.
tēva I 330.
thyuphadus III 48.
tigu- I 202. 387, III 31. 275.
tiuhan I 388. 390, IV 83.
triggva I 157. 391.
triggvs I 157.
triu I 156, II 314.
triveins II 155.
trudan I 238, IV 79. 94.
tuggō I 200, II 355.
tunþus I 201. 202, II 398. 402.
tuz- I 277, II 75.
tva III 198.
tva þúsundja III 194.
tvaddjē (gen.) I 127, III 209.
tvái III 7. 198.
tváitigjus III 35.
tvalif III 28.
tveihnái III 51.
tvis- III 48.

þa- (pronoun) I 273, III 328. 338.
þagkjan I 181, IV 253. 328. 340.
þagks I 391.
þahan I 385, IV 132. 262. 264.
þāhta I 181, IV 340.
-þaírsan IV 84.
þan III 344.

þanamáis III 339.
-þanjan IV 324. 327.
þar III 71. 394.
þata III 338.
þaúrfts II 298.
þaúrnus I 240, II 149. 321.
þaúrp II 114.
þaúrsjan I 237, IV 253.
-þaúrsnan IV 156.
þaúrstei I 238.
þaúrsus I 237. 435, II 312. 316.
þē I 62, III 345.
þei III 348.
þeihan I 57. 181. 275, IV 165. 171. 439.
þeihs II 420.
þeihvō I 328.
þeina (gen.) III 114. 392.
þeins III 391.
-þinsan IV 191.
þiubi II 130.
þiuda I 59, II 232.
þiudangardi II 69.
þiudans II 153.
þius I 128.
þivadv II 117.
þivi II 339.
þlahsjan II 420.
-þldihan I 284.
-þliuhan I 284.
þragjan I 327. 406, IV 325. 340.
þreihsl II 208.
þreis I 57. 110. 125, II 279, III 9.
þreistigjus III 40.
þridja II 133. 246, III 9.
þriskan IV 209. 438.
þrútsfill II 73.
þu III 373. 377.
þugkjan I 181. 203, IV 253. 454.
þúhta see þugkjan.

þulan I 239.
þus (dat.) III 383.
þūsundi III 44 47.
þūsundifaþs II 71, III 48.
þuthaúrn II 71.

ubils I 389, II 209.
uf I 385.
ufáiþeis II 31. 76. 130.
ufarassjan IV 306.
ufarfullei II 76.
ufarō II 196.
uf-blēsan see -blēsan.
uf-hlōhjan IV 341.
uf-kunnan IV 184.
uf-rakjan I 287. 294. 390, IV 325. 340.
uf-þanjan see -þanjan.
ugk III 367. 397.
uhtiug II 259.
uhtvō II 117.
un- I 194, II 75.
unagands IV 181. 435.
unairkns I 291.
undar I 202.
undarō II 189. 196.
ungatass I 383.
unhdili II 130.
unnuts II 124.
unqēniþs II 224. 234.
unqēþs II 124.
uns (dat. acc.) I 198, III 367. 378.
unsar II 192. 450, III 395.
unsara (gen.) III 395.
unsis (dat. acc.) III 378.
untals I 436.
untilamalsks II 275.
unveis I 382, II 222.
unvis II 222.
unvita II 353.
unvunands I 196. 203, IV 86. 94.

ur-rannjan IV 342.
ur-rēdan IV 220.
usalþans IV 215.
usbeisns II 287.
us-bida (1st sg.) IV 230. 253.
usfarþō II 236.
us-gáisjan IV 338.
uskijans I 128.
us-láubjan IV 328.
us-lūknan IV 41. 160.
uslūkns II 147, IV 160.
usskáus I 326. 433. 446.
ustaúhts II 302.
us-vakjan I 297, IV 341.
usviss I 382.
uz- I 392.

-vaddjus II 319.
vagjan ga-vagjan IV 324. 328.
vahsjan IV 192. 267.
vaian IV 128. 262. 391. 431.
váidēdja II 361.
vaihts II 393.
vair I 35. 221. 516, II 181, III 74.
vairpan I 329. 390, IV 95.
vairs II 429. 436, III 109.
vairsiza I 434.
vaírþan I 385. 388, IV 81.
váit IV 74. 87. 94. 365. 435. 391. 441.
vaivald IV 430. 431.
vaivō IV 391. 431.
-vakjan see us-vakjan.
-vaknan see ga-vaknan.
valdan IV 219. 225. 431. 432.
valjan IV 327.
valvisōn II 420, IV 305.
valvjan II 14.

I. Index of Words. Gothic: Gothic: *vandjan* — High German *arm*. 125

vandjan IV 342.
vans II 153.
-vardjan see *fra-vardjan*.
varjan IV 137. 330.
varmjan I 323. 328. 393.
-vasjan see *ga-vasjan*.
vasti II 339.
vatō II 346, IV 209.
vaúrdahs II 258.
vaúhrta IV 454.
vaúhrts II 234.
vaúrkjan I 238. 289, IV 236. 252. 454.
vaúrstv II 117.
vaúrstva II 345.
vaúrstveigs II 259.
vaúrsts I 149.
veiha II 354.
veihan I 326. 387, IV 79. 94. 168.
veihs I 288, II 420.

veinuls II 208.
veis III 367. 374.
-veisōn IV 197.
-veitan IV 95.
veitvōþs II 394. 439. 440.
vēnjan IV 289.
vēns II 282. 288.
-vidan see *ga-vidan*.
viduwairna II 147.
viduvō II 133. 355.
-vigan see *ga-vigan*.
vigana- I 387.
vilda IV 455.
viljan, 1st sg. *viljau*, I 128, IV 69. 73. 259. 455. 474. 491.
vindan IV 172. 216.
vinds I 464, II 396, IV 133.
vinnan IV 188.
visan IV 85.

vissa IV 365.
vit III 367. 396.
vitan ('to know') IV 94 (see also *váit*).
vitan ('to see') IV 132. 239. 241. 258. 264.
vitubni I 182, II 366.
viþra II 191. 196.
vōkrs II 188.
-vrisqan IV 209.
vruggō I 228, IV 171.
vulands I 239, IV 93.
Vulfila II 34. 200. 210. 465.
vulfs I 227. 238. 329. 385, II 111.
vulla I 240, II 145.
vunds I 202, II 234.
vundufni I 182, II 366.

Burgund. *Sigismundus* II 73.

High German.

c and *ch* will be found under *k*, *qu* under *kw*, *v* under *f*.
The Presents are generally cited in the infinitive form.

(a) Old High German.

aba I 270. 516.
abansting II 267.
ablāʒ I 553.
abuh abah II 256.
abur II 190.
Adalbo II 35.
avar II 190.
aftar II 194.
aftristo II 197. 248.
aftro aftaro aftero II 177. 191. 197.
aftrōro II 436.
Aggo II 35.
aha I 94. 328, II 115.
ahil I 301.
ahir II 420.
ahsa I 303, II 199.
ahsalpein II 71.

ahsla ahsala I 217, II 199.
ahto I 519, III 20. 193.
ahtodo II 247, III 21.
ahtozehan III 28.
ahtozo III 40.
ahtozug III 40.
acchar accar I 221. 392.
accarbigengo II 69.
al II 147.
ala- alawār II 3. 6.
albiʒ II 408. 409.
alilanti I 94.
alt IV 216.
allēn IV 307.
altih II 277. 455.
altisc II 276.
ampfaro II 133.
an ('I grant') IV 184.
anadāht II 302.

anasezzo II 346.
ander andar I 283. 386. II 197, III 8.
angi I 180.
angul I 178. 311. 326, II 199.
angust II 307.
ancho I 166. 308, II 352. 356.
āno III 163.
anst II 303, IV 184.
antfindida II 241.
antlizzi I 155.
antlutti I 155.
anut I 207.
ar- ur- I 392.
arabeit arapeit I 222, II 303.
arg I 380.
arm aram ('poor') I 222.

arm aram ('arm') II
171.
armihha II 277. 464.
arming II 267. 268. 466.
arn I 436, II 285.
arpeo II 361.
arpilōs II 70.
ars I 431. 435.
art I 241.
ās I 382, II 231.
aspa I 433.
ast I 77. 390.
ātum II 175.
ātumzuht II 69.
auga ouga I 331, II 356, III 240.
auh ouh I 94. 158.
auhhōn ouhhōn I 327.
auwa ouwa I 330. 331, II 130.
awista I 483.
āʒ (pret.) IV 441.

backan IV 152.
bāgan IV 171.
bahhan IV 94. 152.
ban IV 140. 188.
band I 77.
bannan IV 140. 188.
-bāri II 75.
barm II 175.
barta II 355.
beizen beiʒen IV 328. 341.
be-cnuodelen II 121.
bellan (1st sg. billu) I 436, IV 191.
bendil II 464.
beraht II 235.
bergan (1st sg. birgu) I 222, IV 85.
Berhting Berhtung II 267. 465.
betahūs II 71.
betoman II 71.
bibar I 223, II 96.

bibēn I 32, IV 97.
bibirīn II 156.
bi-felhan bi-felahan (1st sg. -filhu) I 222.
bi-ginnan IV 187. 439.
bihal II 120.
bi-līban I 270. 389, IV 94.
bi-linnan IV 188.
bim bin IV 73. 252. 521.
bintan I 394. IV 85.
bior I 221.
biotan (1st sg. biutu) I 285. 393.
birca pircha piricha I 222. 304.
-birn II 336. 343.
bis bist (2nd sg.) IV 252.
bi-swellen IV 342.
bi-telban (1st sg. -tilbu) IV 95.
bittar I 392, II 180.
bitten (1st sg. bitt(i)u bitu) I 395, IV 230. 253. 438.
bi-warōn IV 283.
biʒ II 282.
bīʒʒan I 393.
blāen IV 124. 131. 158. 262.
blantan IV 94.
hlāo II 136.
blāsan IV 197.
blat I 103.
blecchen II 480, IV 327. 340.
blecchezzen II 409, IV 283.
blenten IV 327. 340.
blūhhan IV 170.
bluoen I 127, IV 264.
bluoma II 374.
bluomo II 374.
bluostar I 383.
bluot I 85, II 303.
bodam II 174.
Bodulo Bodalo II 210.

boch boc I 294.
bora IV 122.
borōn IV 122. 283.
boto II 354.
boumgarto II 69.
brādam II 175.
brāht II 234.
brāhta IV 454.
brāchmānōt II 71.
brastōn IV 216.
brāwa II 486.
breman (1st sg. brimu) IV 84.
brennen IV 342.
brestan (1st sg. bristu) IV 212. 216. 440.
brettan (1st sg. brittu) IV 225.
bringan IV 454.
brinnan IV 188.
brīo IV 188.
briuwan I 221.
brort I 451.
brosma brosama I 183, II 309.
brūhhan IV 94.
brūn II 143.
brunnādara II 72.
bruodar bruoder II 379.
brūtigomo II 77.
bulga II 361.
buog I 300.
buocha I 98. 271.
būr II 187.
burg purag puruc I 222.

c and ch see under k.

dagēn IV 129. 132.
dah I 308. 391. 446.
dāhta see denchen.
dancbāri I 391.
danch I 391.
dār III 71.
darf IV 184.

I. Index of Words. High German (O.H.G.): *darm — farm*.

darm II 172.
daʒ III 338.
degan II 143.
dehsala II 199.
dechelachen II 74.
decchen IV 325.
denilachan II 74.
denchen I 181, IV 340.
dennen IV 339.
der ('the') III 336.
der ('there') III 71.
derren IV 324. 327.
dese III 328. 336, IV 9.
dih III 375.
dīhan I 57. 181, IV 165. 439.
dīhsamo II 374.
dicchi II 316.
dīn (pron. possess.) III 391.
dīn (gen.) III 392.
dinsan II 20, IV 189.
dinstar I 429. 434, II 182. 187.
diorna II 147.
diota II 236.
dir III 383.
diub(i)a II 130.
dolēn IV 133. 239. 258.
donarestag II 77.
dorf II 114.
dorn I 238, II 321.
doum thaum II 171.
drāen IV 134. 263.
dreskan (1st sg. *drisku*) IV 438.
drī I 57. 125, III 9.
drigil I 327. 407.
driror III 48.
drisk driski III 48.
dritt(i)o I 389, III 9.
drīzehan III 28.
drīʒug II 76, III 40.
du dū III 373bis.
dūhen I 158.
dūhta see *dunchen*.
dūmo II 171. 355.

dunchen (praet. *dūhta*) I 181. 203, IV 454.
dunni I 193, II 313.
durft II 298.
durri I 237. 436, II 312. 316.
durst I 237, II 330.
dūsunt thūsunt III 47.
dwahan thwahan I 157.
dweran (1st sg. *dwiru*) IV 150.
dwingan I 158.

eban I 182, II 147.
ebanalt II 70.
ebanlīh II 69.
ebur II 187.
eddo I 520.
ediling II 267.
egida II 234.
egislīh II 73. 420.
egiso II 420.
egisōn II 420, IV 305.
ehir II 420.
ēht II 303.
ei II 421.
eid I 94.
eidehsa I 459.
eigin II 151.
eigun (3rd pl.) IV 436.
ein I 78, III 4.
einag II 257.
einazzi II 409.
einfalt III 50.
einlif III 28.
einlifto III 28.
eisca II 275, IV 209.
eiscōn I 83, IV 209.
eit I 87.
eitar II 187.
ekka I 389.
eliboro II 70.
elilenti I 94, II 70.
elira I 429.
elm II 174.
engi I 180. 394, II 316.

engiro II 432.
entriy entirig II 191. 262. 268.
er ir I 438, III 331.
ēr I 434. 475, II 419.
ēra IV 222.
erdaphil II 71.
erdrīhhi II 71.
ērēn ērōn IV 308.
crien IV 253.
erchan I 291.
ērōn ērēn IV 308.
er-scriwun (3rd pl.) IV 364.
ērsmid II 73.
es (gen.) III 329.
esilin II 337.
esni I 436, II 288.
ēwa I 158.
ēwīn I 94.
ewist I 483.
eʒ III 338.
eʒʒal II 208.
eʒʒan (1st sg. *iʒʒu*) IV 441.
ezzen IV 328.
eʒʒo II 346.

fadam II 175.
fagar I 294, II 187.
fah III 49.
fāhan I 181. 189. 294. 385, IV 168.
fahs II 420.
facchla facchala faccala I 392.
fallan IV 149. 151.
falo I 160. 223, II 105. 137.
-falt III 50.
faug II 282.
faran IV 436.
farh farah I 74. 289, II 114.
farheli II 199. 464.
farm II 175.

farmanida II 241.
fart II 302.
fastēn IV 307.
fatarerpi II 73.
fater I 103. 385ᵇˡˢ, II 381. 388.
faterlīh II 73.
fatureo II 134.
feara fiara I 65.
fedara II 182. 187.
fehōn IV 264.
fehta IV 212.
fehtan (1ˢᵗ sg. *fihtu*) IV 212. 440.
feihhan II 148.
feim II 174.
-felhan see *bi-felhan*.
ferah I 222. 472.
ferid II 475.
feri(g)o I 129.
fersna fersana I 423. 435.
ferzan (1ˢᵗ sg. *firzu*) IV 81.
festen IV 343.
festinōn IV 305.
fetiro II 134.
fial IV 432.
fiald IV 432.
fiang IV 432.
fīant fīent II 403.
fīantlīh II 73, IV 236.
fiara see *feara*.
fīent see *fīant*.
fifaltra II 13. 98.
fihu II 317.
filu II 317.
fimf finf I 270. 329, III 14.
fimfto fiufto III 15.
fimfzehan finfzehan III 28.
fimzug finfzug III 40.
findan IV 172.
fingirīn I 222.
fior I 329, III 11.
fiordo II 242. III 13.

florzehan III 28.
fiorzug III 40.
vir-liosan (1ˢᵗ sg. *vir-liusu*) IV 197.
firni II 133.
fir-spirnit (3ʳᵈ sg) IV 146. 148. 149. 151.
first II 9. 297.
fisc I 333.
fiscizzi II 410.
flegan (1ˢᵗ sg. *fligu*) I 390.
flēhan I 284.
flehtan (1ˢᵗ sg. *flihtu*) IV 212. 439 f.
fliohan (1ˢᵗ sg. *fliuhu*) I 284.
fliogan (1ˢᵗ sg. *fliugu*) IV 221. 225.
flouwen flewen IV 340.
flōzen flōʒen IV 343.
fluot I 85. 159.
fogal I 221, II 207.
vogalchrūt II 69.
fol follēr I 181. 238, II 147.
follōn IV 142. 155. 284. 285.
folma II 174.
fona II 257.
foraht IV 216. 454.
forahta ('fear') II 235. 474.
forahta ('I feared') IV 454.
fordarōsto II 197.
fordro II 197.
fordrōro fordarōro II 197. 436.
forha I 329.
forhana II 142.
forsca I 230, II 274, IV 203. 209.
forscōn IV 209.
fram II 169.
framdehsmo II 374.
Franko II 354.

Franchōnolant II 72.
Franchōnotal II 77.
fratāt I 553, II 37. 75.
fravili I 460.
fraʒ (praet.) I 460, II 10.
-fregin (1ˢᵗ sg.) see *ga-fregin*.
fridol II 388.
fridu II 329.
Fridugundis II 34.
friosan (1ˢᵗ sg. *friusu*) IV 192.
frisc II 255.
friudil II 388.
friunt II 115. 403.
friuntlīh II 73.
frō III 5.
frōren IV 342.
frosk II 276.
frost II 235. 475.
frouwa III 5.
fruma II 169.
fuir IV 182.
fūl II 207.
fūlēn IV 307.
fulihha II 279.
fullen IV 306. 343.
fullida II 239.
funf III 14. 15.
funfia II 306.
funfto III 15.
fuogen I 294, IV 329. 341. 343.
fuotar I 85, II 121.
fuoʒ I 85, III 289.
fuoʒscamil II 73.
furhten (1ˢᵗ sg. *furiht-t(i)u*) IV 216. 454.
furisizzando II 403.
u rist III 5.
furt I 235, II 325. 330.
furuh I 235.
furz I 233.
fūst I 205, II 306, III 15, IV 212.

I. Index of Words. High German (O.H.G.): *gafuogen — heilen.* 129

gafuogen IV 343.
ga-fregin (1st sg.) IV 438.
galla II 355.
galstar II 121.
gān gēn II 154, IV 241.
ganazzo II 485.
gang I 294.
gangan I 180. 327. 304, IV 94.
gans I 294. 393. 425.
gart I 392.
gartināri II 103.
garto I 291.
gast I 77. 308. 393.
gasthūs II 72.
gatiling gatuling II 267.
gaturst caturst I 238, II 295. 302.
gebal II 202.
gebetta II 361.
gebo II 354.
gehuct IV 455.
geil I 340, II 210.
geinōn IV 146.
geist I 451.
geizīn II 464.
gellan (1st sg. *gillu*) IV 152.
gelo gelawēr I 150. 157. 291. 518, II 105. 136.
geltan (1st sg. *giltu*) I 327, IV 215.
gēn see *gān.*
gēro II 354.
gersta I 450.
gerstūnkorn II 77.
gesan jesan (1st sg. *gisu jisu*) I 452, IV 83.
ge-spiren (part.) IV 364.
giburt I 227, II 295.
gidūht II 234.
gidult II 302.
gīen I 305.
gifeh I 337.
gift II 303.
gifuori II 124. 476.

gihabida II 241.
gihōrida II 241.
gilingan IV 81.
gimeinī II 362.
gimeinida II 240.
-gin ('any') III 344.
gi-nah IV 438.
-ginnan see *bi-ginnan.*
ginōn IV 146. 147. 155.
ginōz II 489.
giozan (1st sg. *giuzu*) IV 221.
gi-sāit (part.) IV 433.
gīsal II 207.
giscaft II 303.
gistirnōt II 234.
gi-storchanēn IV 160.
gūt IV 175.
gitān II 154.
gi-tar I 238, IV 74. 429.
gi-wahannen I 332, IV 161. 266. 437.
giwaht II 235. 475.
gi-winnan IV 188.
giwis I 382.
gi-worht -worahi II 234.
gi-zehōn I 330.
gizengi IV 176.
glauwēr I 157.
glīzan IV 174. 175. 226.
glizemo II 374.
gluoen IV 264.
gold II 235.
gomman II 6.
gomo II 354.
gomoheit gomaheit II 72.
gōrag II 268. 271.
goteshūs II 77.
graban IV 437.
gram I 323.
gramizzōn II 408.
grāo II 105.
gremizzi II 409.
gremmen IV 343.
Grimmo II 350.
grīnan IV 152.

grioz I 340.
gruozen gruozen IV 329. 341.
gruzzi I 286. 340.
Gundilo II 210.
guomo I 162.
guotī II 362.
gurten IV 253.

haben (1st sg. *habēm habu*) I 94, IV 132. 239.
habuh II 277. 459.
hadu- II 66.
Hadumār II 26.
haft (subst.) II 235.
haft (adj.) I 318, II 235.
hagal II 207.
hahsa I 318, II 114.
hald II 221.
halm II 175.
hals I 436.
haltan IV 215.
haninfuoz II 72. 77.
hano II 354.
hanocrād hanacrāt II 72. 303.
hant II 317.
hantalunga II 268.
hār I 439.
harm haram II 176.
hārra II 361.
hart I 387, II 317.
hasal II 206.
haso I 413. 434.
Hasso I 383.
hē III 329. 336.
hear hiar I 65.
hebig II 261.
hebinōn IV 305.
heffen IV 251. 253.
hehhit II 393.
heil (adj.) II 206, I 326. 481.
heilen IV 343.

heim II 175.
heimi I 129, III 165.
heit I 184. 326. 387, II 3. 317.
heitar II 183.
helan (1st sg. *hilu*) IV 84.
helid II 393.
hellaflur II 71.
hellan (1st sg. *hilu*) IV 152.
helm II 176.
hengen IV 341.
her ('he') III 329. 336.
hēr II 137.
herbist I 311.
heriberga II 70.
hērisōn IV 305.
herizogo herizoho II 353.
hērrisōn IV 305.
hērro I 476.
herta I 394.
herti II 317.
herza II 356, III 240.
herzblūdi II 72.
herzohin II 336.
hewi II 124.
hiar hear I 65.
hialt IV 432.
hiaʒ IV 432.
hiefaltra II 105.
himil II 201.
himilzungal II 69.
hīnaht III 345.
hinchan I 446.
hintaro II 197.
hinterōro II 104.
hirni I 435.
hirti II 130.
hiruʒ hirz I 58. 472, II 410.
hiutu II 10, III 183. 330. 345.
hiuwila hūwila IV 197.
hiwo II 354.
hleinen leinen IV 342.

hlēo lēo I 158, II 137.
hlinēn linēn IV 147.
hliumunt liumunt I 192. 203. 385, II 249. 343. 366. 475.
hlōsen lōsen IV 201.
hloufan loufan IV 432.
Hlothari I 289, II 221.
hlūt lūt II 221.
hlūttar lūttar I 392.
hneigen neigen IV 343.
hnīgan nīgan I 309.
hocta IV 455.
hol I 239.
horn I 238, II 147.
hornaʒ I 240. 303. 435, II 356.
horsc I 383, II 254.
hort I 392. 394.
houbit, zi houbitun, III 188.
houbitband II 69.
houwan I 326.
houwōn I 159.
hovar II 188.
hrēo rēo I 481.
hrīnan rīnan IV 152.
hriof riof IV 432.
hrūttara rūttara I 281, II 120. 122. 215.
Hrodbirn II 336.
hruomisala ruomisala II 205. 208.
hūfo II 351.
hulid II 234.
hulla I 239.
hullen IV 252.
hundesfliuga II 77.
hungar II 323.
hungertag II 72.
hunt ('dog') I 294.
hunt ('hundred') I 180. 385. 387, III 42.
huorilōn II 158.
huosto I 328.
hurt I 306.
hūsingā (plur.) II 267.

hūt I 341, II 299.
hūwila hiuwila IV 197.
hwedar wedar II 197.
hwer wer I 327, III 336.

iur (praet.) IV 433.
igil I 301.
ih ihha III 365. 372.
int-rīhhit (3rd sg.) IV 253.
int-seffen IV 250. 251. 253.
int-swebben IV 328.
inziht I 32. 296, II 76. 296.
ir ('is') see *er*.
ir ('vos') III 370. 374.
irdīn I 57. 58.
ir-chennen IV 342.
ir-chnuodilen II 121.
ir-leskan (1st sg. *ir-lisku*) IV 208.
ir-lesken IV 343.
irlōsida II 241.
ir-louben IV 340.
irren I 435.
irri I 429.
irrisal II 208.
īsarn II 147.
ist I 57, IV 73. 532.
ita-ruchen I 311, IV 253.
ūtal I 257.
Itta II 35.
iu (dat.) III 368. 378.
iuwēr (gen.) III 368. 394.
iuwerēr III 395.
iuwih (acc.) III 368.

jār I 125, II 187.
jārīg II 259.
jenēr III 331. 336.

I. Index of Words. High German (O.H.G.): *jesan — liodar.*

jesan (1st sg. *jisu*) see *gesan*.
joh II 115.
jūgiro II 436.
jugund II 307.
jung I 125. 156. 387. 464, II 251.
jungaling II 210.
jungiro II 436.
juncfrouwa II 25.

calb I 393, II 421, III 291.
kalba I 271. 393.
kalt I 327, II 235.
chamb I 302. 393.
kan IV 184.
ca-pleruʒʒi IV 431.
charōn IV 284.
caturst see *gaturst*.
Kelbirisbach II 73.
-chennen IV 342.
kerno II 144.
cherran (1st sg. *chirru*) I 308.
chīnan IV 149. 152.
kind II 223.
chindilī chindilīn II 210.
kinoto I 183.
chiol II 200.
ki-skrerot IV 431.
chiuwan I 128. 134, IV 94.
klaga chlaga II 110.
klagōn IV 284.
khlebo II 354.
chleimen IV 146.
chlenan (1st sg. *chlinu*) IV 145. 152.
chlūban IV 170.
chlimban IV 170.
chlioban (1st sg. *chliubu*) IV 90.
knāen IV 128. 262.
chnui kniu I 294.

-cnuodelen II 121.
koman (inf.) see *queman*.
koman (part.) I 330.
kost II 330.
costōn IV 284.
krādam II 176.
cranuh chranuh I 308, II 277. 459.
chrazzōn IV 345.
creftīg II 259.
criskimmōn I 221.
cumft cunft I 180. 202. 384. 386. II 295.
chumi II 282.
cumu (1st sg.) see *queman*.
chuningin II 336.
kunnan kunnanti IV 152.
cunni I 203.
kunst I 386, II 296. 302.
kuo chuo I 315, II 482, III 80.
curi IV 458.
quedan (1st sg. *quidu*) IV 85.
quec, chuecchēr quekkēr, I 328. 392.
quelan (1st sg. *quilu*) I 325.
quellan (1st sg. *quillu*) I 315, IV 152.
queman koman (1st sg. *quimu kumu*) I 193. 204. 328. 330, IV 51. 86. 93.
quena I 328.
querdur I 315, II 119.
quercha II 94.
querchala querechela I 225, II 94.
quīfalōn I 285. 391.
chwirna I 328, II 321.

laffan IV 169.
lamb II 421, III 108.
lang II 115.
lastar II 330.
laʒ I 254.
lūʒau IV 85. 226. 433.
lebēn IV 183. 239. 258.
lefs I 168, II 419.
legar II 187.
leggen IV 340.
lĕhan II 415.
leid IV 215.
leim II 174.
leimo II 368.
leinen hleinen IV 342.
leitid II 393.
lecchōn I 35. 181. 394, IV 147.
Lembirbah II 73.
lena II 143.
lenti I 282.
lēo see *hlēo*.
lēren IV 341.
lernēn I 436.
-leskan (1st sg. *-lisku*) IV 208.
-lesken IV 343.
lēwes IV 215,
lezzen I 392.
liaf hliaf IV 432.
liaʒ IV 433.
-līban see *bi-līban*.
līd II 331.
līdan IV 215.
liggen (1st sg. *ligg(i)u ligu*) I 395, IV 230. 252.
līhan I 328, IV 85.
līht I 331. 404.
līchisōn IV 305.
līm II 174.
lina II 143. 146.
linēn hlinēn IV 147.
-lingan IV 81.
-linnan IV 188.
liob II 115.
liodar II 140.

9*

132   I. Index of Words. High German (O.H.G,): lioht — nift.

lioht (subst.) II 234.
lioht (adj.) II 235.
-liosan (1st sg. -liusu)
   IV 197.
lirnēn I 436.
list II 302.
liubo I 393.
liumunt see hliumunt.
lohazzen II 409, IV
   283.
loc loch I 391, II 147.
locchōn IV 250.
lōn II 147.
losēn hlosēn IV 201.
-louben IV 340.
loufan hloufan IV 432.
lougan II 148.
lougazzen II 409, IV
   283.
lougna II 148.
luft II 330.
lug II 283.
luggi lukki II 125.
lugī II 125. 476.
lugina II 151.
lūhhan IV 94.
lungar I 192, II 184.
luogalīn II 158.
lust II 302. 330.
lūstrēn IV 201. 209.
lūt hlūt II 221.
lūttar hlūttar I 392.
luzzilīn II 158.

mag IV 435.
magar II 185.
magatīn II 156. 159.
mahhōn IV 264.
maht I 404, II 303.
mahtīg II 259.
malan IV 436.
malz III 108.
man I 158. 180, II 122.
   1C9. 218.
māno II 393, III 290.
mānōd II 393.

mānōdsioh II 73.
marg I 334. 394. 447.
   451.
maro marawēr I 157.
martelar I 221.
martolōn I 221.
masc I 391. 447.
mast ('Mast') I 451.
mast ('fattening') I 448.
   II 422.
maʒʒaltra II 105.
mein ('falsehood') II
   147. 476.
mein ('false') II 147.
   476.
meisto II 247.
meiʒil II 209. 461.
melchan (1st sg. milchu)
   I 288, IV 82.
melcfaʒ II 74.
melm II 175.
melo I 518.
mengen IV 342.
menigī II 362.
meri II 281. 283.
mēriro mērōro II 436.
mēro I 475, II 436.
merren I 435, IV 340.
mēta I 394. 452. 467.
metamo metemo II 167.
meto II 313.
meʒʒōn IV 264.
miata I 394. 452.
mih (acc.) I 58, III
   325. 375.
mihhil II 209.
miluh I 472.
min II 436, III 109.
mīn (pron. poss.) III
   391.
mīn (gen.) III 392.
minniro I 158, II 436.
mir (dat.) III 383.
mist I 35. 383, II 330.
mittamo II 167.
mittl I 395.
mittil II 167.

mo (imo) I 556.
mord I 227. 230, II
   222. 235. 474.
morhala II 210.
mornēn IV 147. 308.
mos I 44, II 115.
muntar II 180. 186.
muoma II 95. 106.
muot II 235. 475.
muoter II 380. 382.
murdreo II 361.
murgfāri II 317.
murmurōn murmulōn
   I 221, II 95, IV 12.
   135.
mūs I 45. 434, II 485.
musse I 404.

nabolo II 199. 355.
nādla nādela I 446, II
   120.
nāen IV 127. 262.
naht I 382, II 393.
nahtes III 128.
nacchot naccot I 392.
namo II 374.
namohaft namahaft II
   72.
nan (inan) I 556.
nasa I 94. 257.
nāt II 299.
nebul I 220, II 203.
nefo I 385, II 390. 393,
   III 79. 290.
neigen hneigen IV 343.
nein I 459.
neoman II 76.
neowiht II 76.
nerrendeo II 403.
nest I 275. 391. 447, II
   30. 111. 229.
nestilo I 451.
nidari III 165.
niduro II 189.
nift I 382, II 334. 339.
   393.

I. Index of Words. High German (O.H.G.): nīgan — sehzug.

nīgan hnīgan I 309.
nioro I 309. 329, II 184. 352. 355. 356.
niun I 156, III 21.
niunto II 247, III 22.
niunzehan III 28.
niunzo III 40.
niunzug III 40.
niuwōn IV 284.
niwi I 158.
niwiht II 76.
no see nu.
nōtag II 259.
nōtnumeo II 361.
nu no, nū I 15. 40, III 337.
numft nunft I 180. 386, II 302.
nuscia IV 208.
nuzzi II 124.

obarōro II 436.
ohsinzunga II 77.
ohso I 433, II 353.
ōra I 94. 434, II 356.
ort I 392, II 493.
ōstar I 92, II 197.
ōstra ōstara II 197.
ottar I 392, II 181.
ou II 278.
ouga see auga.
ougbrāwa II 72.
ouh see auh.
ouhhōn auhhōn I 327.
ouwa see auwa.

peragan I 222.
pfad IV 57.
pflegan (1st sg. pfligu) I 390.
pircha piricha see birca.
plegan I 390.
pleruzzun -pleruzzi IV 431.
prod II 235.

prūchi II 124. 452.
pruodarlīh pruaderlīh II 73.
purag puruc burg I 222.

qu see under kw.

ramft I 180. 386.
rant I 180.
rarta I 451.
rasc I 383, II 254.
rātan IV 220. 225.
Ratno II 35.
rāwa II 137.
redia I 103, II 362.
redihaft redohaft redahaft II 71.
refsen refsan I 382. 433, IV 282.
reganmānōd II 69.
rehhan (1st sg. rihhu) I 155.
reht I 382, II 235.
recchten I 294, IV 340.
renchen IV 167.
rennen IV 342.
rēo hrēo I 481.
rērēn IV 12. 240. 265.
retten IV 327.
riat IV 433.
rīhhi II 130.
-rihhit (3rd sg.) IV 253.
rihtig II 271.
rīchisōn IV 305.
rīm II 173. 174, IV 206.
rīnan hrīnan IV 152.
rindstal II 73.
ringan I 228, IV 170.
rinnan I 57. 158, IV 439.
riof hriof IV 432.
riomo II 375.
riozan (1st sg. riuzu) IV 117.

rippi II 188.
rīs II 421.
rīttara see hrīttara.
riuti IV 256.
riz I 155.
rīzan I 155, IV 226.
rō I 223. 306.
rofezzen II 409.
rosamo II 374.
rosch II 254.
rōt I 78.
roufen I 270, IV 341.
ruc IV 223.
-ruchen see ita-ruchen.
rūm II 175. 477.
rūna II 146.
ruodar II 118.
ruomisal II 205. 208.
ruomisala hruomisala II 205. 208.
ruowa II 137.

sāen sāan I 126. 254, IV 234. 252. 433.
saf I 264.
saga ('saw') I 321.
Sahso II 354.
salbōn IV 284.
salo II 105. 137.
salz I 94.
sāmo II 370.
sāt II 298.
sāta IV 433.
satul II 208. 210.
sedal II 120.
-seffen see int-seffen.
sega I 318.
seggen IV 344.
sehan (1st sg. sihu) I 328.
sehs I 382. 433, III 16. 18.
sehsto II 247, III 17.
sehszehan III 28.
sehto I 446, III 17.
sehzug sehszug III 40.

seid I 87.
seil II 207.
seim II 370.
seita I 130.
seito I 130.
selbselbo II 99. 100.
selida I 157.
senchen IV 342.
senten I 387.
sēr II 187.
sestōn IV 18. 103.
sēula I 476.
sezzen IV 341.
sī si ('ea') III 68.
sī (opt.) IV 490. 491.
sialz IV 432.
Sibo II 35.
sibun I 52, III 18.
sibunto III 19. 22.
sibunzo sibunzug III 40.
sīdero II 196.
sidiling II 267.
sigi II 421.
siginomo II 421.
sigirōn II 420, IV 305.
Sigisbertus II 73.
sigo sigu II 421.
sigoēra sigeēra sigēra II 70.
sīgan IV 88.
sih (acc.) III 371. 375.
sīhan I 328, IV 85.
siht I 331, II 302.
Sicco II 35.
silo II 207.
sīn (gen.) III 392.
sīn (pron. possess.) III 391.
sīn (3rd pl.) IV 553.
Sinigus II 263. 465.
sinkan sīnchan I 328, IV 170.
sinnan IV 152.
sint sintun sindun (3rd pl.) IV 552.
sippia sippa I 395.

sīta II 227.
sito situ I 58, II 421.
siu III 67. 328.
siula I 111. 128, II 207.
siut I 111. 136.
sirwen siuwan I 128. 136. 432.
sizzen IV 111. 252.
scaban I 94.
scabīsen II 71.
scaffon I 390.
scal IV 93. 438.
scaltan IV 94.
scant II 235.
scanta I 180, II 235. 474.
scart II 235.
scarta II 235.
scato I 158.
sceffed II 393.
sceffin sceffino II 151.
sceidan I 94, IV 85. 432.
sceinen IV 325. 342.
scellan (1st sg. *scillu*) IV 152.
scellen IV 342.
sceltan (1st sg. *sciltu*) IV 94.
sceltwort II 74.
scepfen I 390. 392.
skern II 147.
scetār II 181.
sciad IV 432.
scīmo II 374.
scīn II 147. 476.
scīnan I 293, IV 152. 439.
scīnbari II 75.
scincha II 276.
scintan I 189. 406.
sciozan (1st sg. *sciuzu*) I 303, IV 226.
scobar II 187.
scolan I 239, IV 93. 438. 454.
scolo I 239, II 353.

scolta IV 454.
scouwōn I 326. 433.
-skrerot IV 431.
scrintan IV 171. 219. 225.
scrirun scriri IV 364.
scritamāl II 72.
-scriwun (3rd pl.) IV 364.
sculd I 406.
sculda I 238.
sculdināri II 103.
scūm II 175.
scūr ('storm') II 187.
skūr ('shelter') II 185.
scurt II 302.
scutten IV 253.
scūvala II 207.
scūwo I 157.
slaf I 103. 270. 390. 433.
slāfan I 270. 390. 433, IV 433.
slahan IV 437.
slaht II 303.
slach I 102. 423.
slango I 184. 433, IV 171.
slegil II 461.
slengistein II 74.
slēo I 90, II 135.
sliaf IV 433.
slīfan IV 170.
slingan I 433, IV 171.
slintan IV 170.
sliozan (1st sing. *sliuzu*) I 311. 384, IV 221.
sluccho slukko I 391.
sluzzil II 209. 461.
smalz I 390.
smelzan (1st sg. *smilzu*) I 277. 390, IV 85.
smeidar II 388.
smelzigold II 74.
smero I 430.
smerzo I 419.
smoccho I 388. 432.

snabul II 208.
snēo I 328, II 114.
snepfezzen II 409.
snīwit I 329.
snuor I 432. 446, IV 127.
snurihha II 277. 464.
solēr II 265. 291.
sorgēn IV 307.
sōso II 100.
soum I 136.
sowarz I 157.
spaltan IV 211.
spanan IV 138. 152. 188.
spannan IV 138. 152. 188. 433.
spanst II 303.
sparo II 365.
spāti IV 152.
speho II 346.
spehōn I 446.
spennen IV 266.
spenstīg II 271.
spian IV 433.
spīloman spilāman II 69.
spinnan IV 438. 186. 188.
-spirnit (3rd sg.) see firspirnit.
spiʒ II 317.
spizzi II 317.
spornōn IV 146.
sporo I 418.
spreiten IV 175.
sprengen IV 342.
springan IV 165. 170.
spriuʒa IV 221.
sproʒʒo IV 221.
sprungal II 208.
spuot I 86, II 305.
spurihunt II 74.
spurnan IV 146. 148. 151. 438.
stab I 263, IV 333.
stabēn I 263, IV 333.

stadal II 120.
stahal II 200. 207.
stampfōn I 346.
stān stēn IV 237. 240.
stantan IV 172. 216. 437.
starablint I 103.
stat I 103, II 297.
stein II 149.
stechal II 207.
stēn see stān.
stengil II 209.
sterchen IV 343.
steroʒ IV 431.
stīgan I 57. 327. 394.
stih I 433.
sticchen IV 247. 253.
stioʒ IV 432.
stirna II 143.
stiuro II 354.
-storchanēn IV 160.
stornēn IV 145. 147.
stōʒan I 446, IV 432.
strāla II 210.
strīhhan IV 85. 164.
strītlouft II 74.
strītmuot II 74.
stroum strōm I 409. 433, II 175.
stulina II 157. 475.
stumpf I 346, IV 176.
stuol II 207.
-stuot stuont IV 437.
sturm II 172.
sū I 46, II 486.
Suābolant II 77.
sūgan IV 91.
suht II 302.
sumar II 483, III 104.
suntar II 189.
suntilōs II 71.
sunu II 320. 321.
sunufatarungo II 91. 268.
suoʒi swuaʒi I 97, II 312. 313.

suoʒiro suoʒisto II 427bis. 430.
sūr II 186.
-swebben IV 328.
sweifan I 329.
sweinen IV 342.
sweiʒ I 432.
swellan (1st sing. swillu) I 420, IV 152.
-swellēn IV 342.
swelzan (1st sing. swilzu) IV 226.
swenten IV 342.
swerien IV 253.
swester I 434, II 380. 388.
swigar swiger I 288. 296. 387, II 388.
swīgēn I 420.
swimman IV 151. 152.
swīn I 39, II 159.
swīnan I 420, IV 152. 172. 216. 439.
swintan IV 172. 216.
swizzen IV 247. 253.
swuaʒi see suoʒi.

tāen IV 237. 252.
tag I 327. 393, II 115.
tago-sterno taga-stern II 69.
tal II 115.
taphar II 188.
-tar see gi-tar.
tarōn IV 306.
tat II 296.
tātrahha II 72.
teig I 294, II 115.
teilen IV 289.
terien IV 307.
teta IV 32. 99. 433.
thank danch I 391.
thaum doum II 171.
thē thie III 336.
thecina II 151.
Thiemo II 35.

thowahan dwahan I 157.
thūsunt dūsunt III 47.
tila I 210, II 198.
tobal I 263.
tōdlīh II 72.
tohter I 404, II 110. 115. 388.
topfo I 391.
tor I 43.
tōt II 235.
toufīn II 288.
toum II 171.
tretan (1st sg. *tritu*) IV 79.
trīcig i. e. *trīzig* III 40.
trinnan IV 138. 188. 439.
triogan (1st sg. *triugu*) I 335.
triuwa I 157. 391.
trōren IV 341.
trotta I 238.
truhsāzo trūtsāzo II 72.
truht II 303.
truhtigomo II 77.
trunkanēn IV 160. 307.
truobisal II 208.
trust II 303.
trūt II 237.
tūmalōn I 277.
tūmōn II 171.
tuon II 154. 175, IV 32. 74. 99. 433. 479.
turilī turilīn II 210.
-turran see *gi-tar.*
turtultūba I 221.

ubarfulli II 76.
ubil I 389, II 209.
ubir II 189.
un ('un-') II 29. 75.
undea I 189.
Unforht II 33.
uns (dat.) III 378.

unsēr (gen.) III 394. 395.
unserēr III 395.
unsih (acc.) III 378.
unst IV 184.
untar undar I 202.
untaro undaro undero II 189. 450.
untarōro untarōsto II 197.
uoba I 387.
uobo I 387.
upar-wihit (3rd sg.) IV 93. 94.
uppi I 380.
ur- ar- I 392.
urchnāt II 296.
urloub I 553.
ūzro II 177. 191.

v see *ander f.*

wadal wedil II 120.
wāen IV 262.
wafsa I 382. 433, II 115.
waganleisa II 114.
wagastria II 336.
-wahannen see *gi-wahannen.*
wahhar II 183.
wahhēn I 391.
wahsamo I 183. 472, II 374.
wahsan IV 192.
wahta I 157.
wahtēn IV 307.
wallan I 243, IV 148. 151. 432.
walm IV 93.
waltan IV 225. 432.
waltant waltanto II 403.
walzan IV 226.
wan II 153.
wān II 282.

wānen IV 289.
warg I 394.
wārqueto II 354.
warm I 309. 328. 393, II 171.
-warōn IV 283.
wartēn IV 307.
wascan IV 209.
wasmo II 374.
wast I 383.
watan IV 94.
wāzan IV 226.
wazzar II 180. 376.
weddar hwedar II 197.
weggen IV 341.
wegirīh II 70.
wegowīso wegawīso II 69.
-wehan see *upar-wihit.*
wehsal I 35, II 208.
weidinārī II 103.
weigar II 186.
weiʒ IV 74. 94
weizen weizen IV 328. 341.
wecchen I 392, IV 341.
welēr II 265. 269. 272. 291.
wella I 181, II 149.
wellan (1st sg. *willu*) IV 148. 152.
wellen ('choose') IV 339.
wellen wollen ('to wish') IV 69. 146. 259. 474. 491. 527.
wennen IV 340.
wenten IV 342.
wer ('man') I 35.
wer ('who') see *hwer.*
werdan (1st sg. *wirdu*) I 388.
werdunga II 268.
werfan (1st sg. *wirfu*) I 329. 390.
werien ('clothe') IV 330. 342.

I. Index of Words. High German (O.H.G.): *werien — zunga.* 137

werien ('guard') IV 339.
werc II 113.
wernēn IV 307.
werpfan see *werfan.*
werran (1st sg. *wirru*) IV 84.
werten IV 340.
wesan (1st sg. *wisu*) IV 85.
wesanēn IV 160. 407.
wessa see *wissa.*
wetan (1st sg. *witu*) IV 172. 215.
wetar II 188.
wezzen IV 252.
wezzistein II 74.
wial IV 432.
wialt IV 433.
wibil II 209.
wid IV 215. 320.
wīda IV 215. 320.
widamo II 374.
widar II 190.
wielīh II 269.
wīgant I 326. 387, II 403.
-wihit see *upar-wihit.*
wīhhan IV 172. 181.
wille and *willu* (1st sg.) see *wellen wollen.*
willio willo I 222.
wilt (2nd sg.) IV 527.
wini II 282.
winistar II 190.
winchen IV 171.
winna IV 188.
-winnan IV 188.
winreba II 69.
wint I 464, IV 133.
wintan IV 172. 216.
wintar II 483.
wir III 367. 374.
wirdig II 271.
wirken IV 234. 252. 454.
wirs II 436, III 109.
wirtin wirtun II 336.

wīs I 382, II 219. 222.
wīsa II 222.
wīsan IV 197. 216.
wissa wista wessa westa, 3rd pl. *wissun,* I 35. 383, IV 94. 365. 455. 544. 553.
Wīsurīch II 26.
witu ('wood') II 316.
wiumman II 98.
wiwint II 98, IV 135.
wīz I 327.
wīzago II 354.
wīzan IV 95.
wīzinōn IV 305.
wizzan see *weiz, wissa wista.*
wizzo II 353.
wolf I 238. 329.
Wolfboto II 33.
Wolfdag II 34.
Wolfilo II 34. 210.
Wolfing II 34.
Wolfo II 34. 350.
wolcha wolchan I 240.
wolle (conj.) IV 146.
woorhta IV 454.
wortal II 208.
wulpa I 329. 389, II 338.
wunsc II 275, IV 203. 209.
wunscen IV 209.
wunt I 202, II 234.
wunta II 235.
wuntar I 202.
wuohhar II 183.
wuotag II 261.
wuotig II 261.
wurgen I 240, IV 171. 253.
wurchen wurken I 238, IV 252.
wurm II 289.
wurst I 383.
wurt II 282.

zahar I 220, II 322. Add. to I 467.
zan I 382 433, II 395. 398. 402, III 79.
zanga II 187.
zangar II 187.
zantro zantaro II 187.
zar- see *zir-.*
zart II 235.
zēha II 355.
zehan III 23.
zehanto III 24.
zehanzo III 23. 40. 43. 253.
zehanzugōsto III 43.
zeihhan II 147.
zeihhur I 90, II 381.
zer- see *zir-.*
zeran (1st sg. *ziru*) IV 82.
zerien IV 339.
zesawēr zesewēr I 157. 472.
-zig I 387.
zūhan I 294.
zūla II 207.
zimbar II 187.
zimbirra II 361.
zinko II 277.
Zio Zios- Zios-tac II 77. 481, III 80. 130.
zir- zar- zer- I 438.
zittaroh II 97.
zittarōn IV 134.
ziohan (1st sg. *ziuhu*) I 388.
zocchōn I 388, IV 147.
zoraht I 238, II 235.
zorn II 141. 475.
zoum II 175.
zoweōn I 157.
-zug III 31.
zuht II 302.
zucchen I 388.
zucchōn IV 147.
zūn II 146.
zunga I 200, II 355.

138 I. Index of Words. High German (O.H.G.): *zunten* — (M.H.G.): *scherzen*.

zunten IV 323.
zuntra zuntara II 187.
zur ('mis-') I 277, II 75.
zurgang I 553.
zurlust II 30.
zuscen IV 209.
zweho II 257, III 7.
zweijo (gen.) I 127, III 209.
zweinzug II 76, III 35. 201.
zweinzugōsto III 35.
zwelif III 28.
zwelifto III 29.
zwēne III 7.
zwi- ('two') I 32, III 7.
zuī zwīg I 307, II 257.
zwīfalōn I 391.
zwīfo II 257.
zwīg see *zuī*.
zwirer zwiro III 48.
zwisk zwiski III 48.

Lombard. *fereha* I 329.
„ „   Tutto Tasso I 383.

(b) Middle High German.

v follows *e*.
The Present is cited in the Infinitive form.

aller- II 77.
alp II 317.

bange II 10.
-bære II 75.
bengel IV 171.
bet- III 175.
binnen I 459.
blūdem II 176.
bluost I 84, II 303, IV 197.
brunft I 386.

dancbœre II 75.
dīner (gen.) III 369.
drīzehen II 31.
drostel I 451.
dūnen IV 323.

eiervel II 73.
einander II 78.
er-leswen IV 209.
er-wergen I 394.

vehten IV 440.
vert I 276.
vīvalter II 98.
vlehten IV 440.
vlœtzen vlœzen IV 343.
vluor I 85, II 186. 323.
vluhtsal II 208.

gedīhte I 275.
gejāret II 234.
glinzen IV 174. 175.
gruod II 203.
gunnen II 10.
haft II 300.
heie IV 225.
heit I 14, II 3.
helbære II 75.
hiuweln IV 197.
Hōhenburc Hōhenvels II 76.
hopfen I 388, IV 147.
hūpfen I 388.

jiuch II 417.

kambe kamme II 355.
kerben IV 90.
kerve IV 90.
kū II 238.
krage I 325.

krīschen IV 209.
krīsten IV 216.
krīzen IV 209.
krol I 436, II 207.
krole I 436.
krūs I 436.
kuckuk I 323.

lebesīte II 74.
leis leise I 443.
loc I 391.
lūghart II 7.
lūschen IV 201. 209.

miltekeit I 16.
mīner (gen.) III 369.
miterbelinc II 76.
murmer murmel II 4. 95.

nādelære II 71.
nieman II 76.
niht II 10. 76.
nūthart II 7.

œse I 434.
ōsterābent II 70.

querch I 284.

rinderhirte II 73.
ropfen I 391, IV 147.
runke IV 167.
rupfen I 391, IV 147.
rūschen IV 209.

schade II 354.
schema I 293.
scherzen schirzen IV 220.

I. Index of Words. High German (M.H.G): *schīnbære* — (M.H.G.): *ricke*. 139

schīnbære II 75.
schrimpfen IV 171.
sihte IV 164.
siut II 223.
slīm II 149.
slūten IV 170.
slitzen I 391.
smiegen I 432.
snitzen I 388.
spelte IV 212.
spriegen (1st sg. *spriuge*) IV 221.
sprinzen IV 171.
steim II 171.
stīm II 171. 477.
stutzen I 391, IV 147.
sūt II 223.
swāger III 390.

tapfer II 188.
topf I 391.
trift II 302.
türre II 315.
twancsal II 208.

übeltæte II 361.

wester I 409, II 120.
wift I 403.
wülpe I 329. 389, II 106.

zinnen IV 152.
zint II 395.
zocken I 388.
zücken I 388.
züschen IV 209.
zwirn III 51.
zwis III 48.

(c) Modern High German.

adler II 8.
albern II 8.
allall II 100.
amt II 10.
anwendhar II 75.

Baden III 63.
bangen ('to hit') IV 171.
-bar II 75.
bauersmann II 77.
bejahen IV 293.
bendel II 209.
Bergen III 63.
bethaus II 74.
blenden IV 327.
blinken IV 170.
brauchen IV 435.
bräutigam II 8.
brosame II 7. 309.
buk (praet.) IV 437.

deckel II 205.
dir der ('vos') III 369.
drittheil drittel I 547, II 6.

enk ('vobis') III 370. 371.
eg ('vos') III 370. 371.

ferkelchen II 464.
finne II 145.
fuchzē (fifteen') III 15.
fuft ('fifth') *fufzēn* ('fifteen') etc. III 15.

geistesarm II 77.

handel II 256.
haschen IV 209.

(*zu*) *häupten* III 188.
-heit II 3.
hilfstruppen II 77.
hippe ('to hop') I 388.
Hohenbuchen III 63.
hoppe ('to hop') I 388, IV 147.
horsel I 435.

jammer I 463.
jedermann II 76.
junggeselle II 76.

langweilig II 31.
leibbrot II 63.
leumund II 7.
-lich II 6. 104.

mannstoll II 77.
mir mer ('we') III 369.
morgend II 105.
mutter I 463.
muttergottes II 63.

nahrungsmittel II 77.
neujahr II 76.
nicken IV 147.
not II 93.

oberrock II 76.
opfer II 256.

quängen quängeln I 284.
querch quer I 284.

raubvogel II 75.
reitersmann II 77.
ricke II 336.

schlummerstätte II 75.
schuld II 93.
Schwaben II 76.
streitlust II 75.

tanzlust II 75.
-tel II 6.
trinkbar II 75.

unschuld II 93.
Unterwalden III 63.
urtheil urtel I 547.

viertel II 6.

wach IV 292.
wahnsinn wahnwitz II 7.

weisst ('knows') IV 565.
welt II 8.
wewē ('wound') II 100.
wimper II 8.

zitterig IV 11.
zucken IV 147.

Low German (Low Saxon).

c will be found under k, ƀ under b, th (đ) under t.
The Present is usually given in the Infinitive form.

(a) **Old Saxon**
(Old Low German).

abaro II 190.
abuh II 256.
agastria II 336.
aha I 94.
ahsla II 199.
accar I 211. 392.
alowaldand II 403.
antahtoda III 40.
antsibunta III 40. 43. 254.
āthom II 175.

band I 77.
biddian I 395.
bi-felhan bi-felahan I 222.
bindan I 394.
biodan I 394.
bītan I 393.
biti II 282.
bittar I 392.
blad I 103.
blicsmo II 374.
blōian I 127, IV 264.
brahtum II 175.
brōsmo II 374.

dag I 393.
deda IV 32. 99. 433. 491. 544. 553.
dōm IV 479.
drugina II 151.
dunian IV 323.

eban I 182.
eggia I 380.
ēcso II 445, IV 430. 436.
elilendi II 70.
elleƀan III 28.
ēn I 78.

fader I 388.
fagan II 153.
farm II 175.
farwurht II 302.
fast II 227.
fathmōs II 175.
fēkan II 148.
ferah I 222.
fersna I 423. 435.
fifoldara II 98.
fiwar III 11.
flōd I 85.
fōgian IV 329.
folda I 230.
forht II 235.
formo III 5.
fōt I 85, III 289.

fregnan (1st sg. *frignu*) IV 438.
frithu II 329.
frost II 235.
fugal I 221.
fullitha II 239.
fullōn IV 306.

gaduling II 267.
gast I 77. 393.
ge gi III 374.
gelibd IV 455.
gihugd (part. and subst.) IV 455.
gisiht I 331.
gisūnfader II 91.
git III 397.
githungan IV 165. 439.
glīmo IV 226.
glītan IV 175. 226.
godcund II 223.
griot I 340.
grōtian IV 329. 341.
gūdea (*gūđea*) I 205. 330, II 126.

hard I 387.
harm II 176.
hē hie III 329. 336.

I. Index of Words. Low German (L.Saxon): *hebbian — wissun*. 141

hebbian IV 239.
hēr I 65.
hērro I 476.
heti II 421.
hie see *hē*.
himil II 201.
hiudiga hiudu II 10, III 330.
hlinōn IV 145. 146.
hlust II 20. 301. 303, IV 194.
hogda hugda IV 455.
holm I 310.
hord I 394.
hrēni II 287.
hross IV 197.
hugda hogda IV 455.
hugi I 327, II 282.
hund I 202.
hwō ('how') III 177. 345.

ink (pron. du.) III 401.
irrian I 435.
ist I 57.
iwa (gen.) III 394.
iwar III 368.

jung I 156. 387, II 252.

kaft II 200.
kennian IV 325.
kīth II 238.
kō II 482, III 80.
craftag II 259.
kumi II 282.

leccōn I 394.
lettian I 392.
libbian IV 239. 258. 455.
libda IV 455.

liggian I 395.
līnōn I 436. 467.
liomo II 372.
logna II 140. 148.
luggi II 125.
luttic II 277. 455.

magu II 317.
malsc II 275.
marg I 447. 451.
māska I 391.
mēda I 394. 452. 467.
mengian IV 170. 342.
merrian I 435.
metod II 393.
mēthom I 182, II 175.
middea II 132.
middi I 395.
mikil II 209.
mildi IV 221.
mōdag II 259.
mornōn IV 146.

nigun III 21.

ōk I 94.
ord I 392.
ōstar I 92.

plegan (1st sg. *pligu*) I 390.

rōd I 78.

sē III 328. 335. 336.
sēola I 476.
sibbia sibbea I 395.
sīmo II 367.
sindun (3rd pl.) IV 553.
siun I 328.
scimo I 293.

skiotan skeotan I 304.
skīr I 39, II 187.
slac I 102.
slegi II 282.
slutil I 384.
spōd I 86.
stad I 103.
stedi II 303.
stīgan I 394.
sundir II 189.
swercan I 378.
swīn I 39.
swōti I 97.

tehan III 23.
tēkan II 147.
terian IV 339.
timbar II 187.
torht toroht I 238, II 235.
twē III 198.
twēntig III 35.

thanc I 391.
thē thie III 336.
thiggian IV 251.
thriddio I 389.
-*thungan* see *githungan*.

unkero III 402.
ūsa (pron. possess.) III 246.
ūsa (gen.) III 394.

wakōn I 391.
wallan I 243.
wegos (plur.) II 319.
wekkian I 392.
werpan (1st sg. *wirpu*) I 390.
wīgand I 387.
willio I 222.
wissun (3rd pl.) IV 32.

142   I. Index of Words. High German: *wita* — Anglo-Saxon: *byre*.

wita (1st du.) IV 555.	(b) Middle and Modern Low German.	*vorst* II 9. 297.
wrītan IV 226.		*nuster* II 188.
wundar I 202.	*bulle* I 436.	*slap* I 103. 270.
wurgil I 240.	*darn* (conj. *dürne*) IV 178. 184.	

Dutch (Low Frankish).

Middle and Modern Dutch.	*vorst* II 9. 297.	Frankish Dialect of the Salli.
	horzel I 435, II 210.	
amper II 183.	*schoffl* II 207.	*septun* III 18.
deemster I 434, II 182. 187. 425.	*slap* I 390.	*thūschunde* III 47.

Frisian of all periods.

ācht (3rd sg.) IV 565.	*hūsing* II 267.	*slata* IV 221.
achtunda III 21.	*ililende* II 70.	*susterling* II 268.
ēthma II 175. 341.	*lērest* II 243.	*tusk* II 265.
filmene II 370.	*litik* II 277.	*ūse* III 246.
ful II 317.	*mēde* I 394.	

Anglo-Saxon and English.

đ and *þ* come after *d*, *k* under *v*. The Present is usually cited in the Infinitive form.

(a) Anglo-Saxon.	*ardă eardă eart* (2nd sg.) IV 57. 75. 527.	*bindan* I 394.
	aron earun (pl.) IV 75.	*bledsian* IV 305.
ād I 87. 94.		*blōstma* I 84, II 374, IV 197.
æccer I 221.		*bōc* I 98, II 489.
æfen II 105.	*bæcestre* II 336.	*bold* II 121.
æftemest II 180. 248.	*bann* IV 188.	*botm* I 347.
æfterra II 197.	*baso* II 105. 137.	*breʒdan* IV 225.
æftra II 191.	*bealdor* II 388.	*brūo* IV 138.
ǣʒ II 421.	*bēʒen* II 148.	*brord* I 451.
ǣʒerfelma II 73.	*be-līfan* I 270. 387.	*brū* II 486.
ælf II 317.	*bellan* I 436.	*brūcan* IV 94.
ærn I 436.	*bēn* II 287.	*bryne* IV 188.
afera II 190.	*beó* (1st sg.) IV 73. 208. 235. 252.	*bucca* I 294.
alor I 429.		*būʒan* IV 88.
ān I 78.	*beódan* I 285. 394.	*byre* II 282.
ānfēte II 129.	*beór* I 221.	
ār II 323.	*biddan* I 395.	

I. Index of Words. Anglo-Saxon: *ceafl — heord.* 143

ceafl II 200.
cealf I 393.
cearian IV 284.
ceorfan IV 90.
cīð II 238.
cin II 317.
clūfan IV 90.
cnéo I 294.
cnōsl II 208.
comb I 393.
cornuc II 277.
costian IV 284.
cran I 308.
cū II 482.
cuma I 239.
cuman I 330, IV 73. 480. 491.
cyst II 330.

dæʒ I 393.
doppa I 391.
dropa II 354.
druncnian IV 307.
durran I 237.
dwellan IV 149.
dyde (pret.) IV 433. 434.
dȳfan I 263.

ðe ðē ('to thee') III 383.
þē ('the') III 336.
ðeón ('thrive') IV 439.
ðēs III 336.
ðicʒean IV 251.
ðridda I 380.
ðrūtiʒ II 76.
ðroht II 235.
ðrustfel II 73.
dunʒon (pret.) IV 439.
dunresdæʒ II 77.
ðurst ðyrst I 237, II 330.
dūtan IV 94.
ðȳmel II 201.
ðyrst see *ðurst*.

edc I 94.
eafora II 189. 190.
earð eart see *arð.*
earo II 137.
earun arōn (pl.) IV 75.
edstra edsterra II 197.
eaxl I 217.
efen I 182.
eʒe II 421.
eʒesa II 420.
ēʒesa ēʒsa II 445, IV 430. 436.
emness II 331.
eofor II 187.
eów III 368. 378.
csne I 436.

fæc III 49.
fæder I 387.
fæstnian IV 305.
fæt II 480.
fenʒ II 282.
feórða III 13.
feōwer III 11.
fíf I 329. 467.
filmen II 370.
finn II 145.
first fyrst ('roof-ridge') II 9. 297.
flāh I 286.
fleón I 286.
flōd I 85.
flōr I 85, II 186. 323.
fluʒol II 208.
fōddor II 121.
forma III 5.
forst II 235.
fōstor I 383.
fōt I 85, II 480, III 289.
fracod I 554, II 37. 75.
fræʒn (pret.) IV 438.
fricʒea II 357.
fricʒean IV 252.
frīd II 225.
friʒnan IV 152. 438.

froʒʒa II 276.
fuʒol I 221.
furðra II 197.
furh I 235.
fȳðer- I 329.
fȳðerfēte II 36, III 11.
fyrsn I 435.
fyrst ('first') III 5.

ʒe ʒē III 370. 374.
ʒealla II 355.
ʒeatwe I 553.
ʒedyrst II 302.
ʒe-dunʒen (part.) IV 439.
ʒeoʒoð II 307.
ʒe-tinʒan ʒe-tenʒan IV 171.
ʒiest I 393.
ʒīnan IV 148. 152.
ʒinian IV 146.
ʒit III 370. 374. 397.
ʒōma I 162.
ʒōs I 393. 467, II 485.
ʒremettan II 408.
ʒūð II 225. 235. 474.

habban (1st sg. *hæbbe hafu*) IV 239bis.
hād I 284. 326, II 317.
hæt II 235.
hǣl I 326, II 206. 422.
hæle II 392. 393, III 79.
hæled II 393.
hǣst II 303.
hafoc II 277.
hafu (1st sg.) see *habban*.
hām III 165.
hara I 413. 434.
hātte IV 560. 566.
heard I 389.
Hēnsbrōc II 73.
heódæʒ II 10.
heord I 394. 452.

heorot II 410.
hete II 421.
hī (fem.) III 330.
hindema II 180, III 6.
hladan IV 220. 225.
hlǣw II 422.
hlaȝol II 208.
hleóðor II 120.
hlinian IV 146.
hlūttor I 392.
hofer II 188.
hoppian I 388.
hord I 394.
horsc I 383, II 254.
hrāw III 137.
hrēð II 422.
Hrēðlinȝ II 268.
hridder I 281.
hróðor II 422.
hrūtan IV 209.
hrȳðerheord II 73.
hund ('hundred') I 387.
hundseofontiȝ hundeahatiȝ hundniȝontiȝ III 40.
hundteóntiȝ III 40. 43.
hunticȝe II 339.
hūsel I 158, II 208.
hweowol hweól II 14. 96.
hwilc III 333.
hwōsta I 328.

īc III 365.
inc incit III 370. 401.
innemest II 169.
is (3rd sg.) I 57.

lǣs II 117.
lætemest II 169.
leolc (pret.) IV 431.
leornian I 436.
libban IV 239.
-lífan see be-lífan.
lippa I 268, II 419.

līxan lȳxan IV 196.
locc I 391.
lomb II 421.
lyft II 329.
lyȝe II 283.

māðum I 182.
mǣð II 297.
mǣȝde II 159.
man mon IV 93.
me mē ('to me') III 383.
mearȝ I 394. 451.
mēd I 394. 452.
meltan IV 220.
meoloc mioluc I 472, III 188.
meord I 394. 452.
mid I 395.
middel II 167.
mīȝan I 292, IV 83.
mioluc see meoloc.
mist I 35.
molda II 346. 355.
mon man IV 93.
morð I 227.
mūða II 354.
munan IV 93.
murnan IV 146. 151.
mūs II 485.
myrȝe II 317.

nǣsðyrlu I 257, II 480.
nefa I 385.
neoðemest II 178. 189.
niððas (pl.) I 382, II 180.
niðerra II 178.
niȝon III 21.
niman, pret. nōm, IV 440.
norðerra II 197.
norðmest II 169.
nosu III 193. 208.
nyt II 124. 476.

ōðer I 283. 467.

rǣfter II 119.
rǣs II 117.
rārian IV 12. 265.
redd I 78.
reófan I 270.
reord (subst.) I 451.
reord (pret.) IV 431.
rīcsian IV 305.
rīnan I 467.

sadol II 210.
sǣp I 264.
sceoft II 207.
Skyldunȝas II 268.
sē III 328. 336.
seðr I 95.
sess I 382, II 223. 475.
sib I 395.
sīðemest II 169.
sīðra II 196.
sife II 421.
siȝe II 421.
siȝor II 420, III 172.
sindun (3rd pl.) IV 553.
slāw II 135.
slǣpol II 208.
slīdan IV 170.
slīm II 149.
smocc I 388.
smolt I 390.
snear I 103.
snīwan I 329.
sōð IV 74. 94.
spearwa II 365.
spitu II 317.
spreót IV 221.
sprūtan IV 221.
spurnan IV 438.
stīȝan I 394.
sūðerra II 197.
sūðmest II 169.
sūȝan sūcan IV 91.
suȝu II 263. 486.

sulh Add. to IV 171.
sumor III 104.
sund I 158.
swefan I 263, IV 117.
sweʒer I 294. 387.
swēte II 313.
swīn I 39.
swindan IV 172.

tācor I 90, II 381.
tass I 383.
teaʒor II 322.
tedr Add. to I 467.
teter II 13. 97.
-tiʒ I 387.
-tinʒan -tenʒan IV 171.
Tīwes- Tīwesdæʒ II 77.
  481, III 130.
torn II 141. 475.
tusc (tūsc) I 383, II 265.
twā III 198.
twēntiʒ II 76.
twi- I 32, III 7.
twifēte II 24.
twiʒ II 257, III 7.
twǣntiʒ II 76.

uferra II 189. 196.
ufemest II 167.
unc uncit III 397. 401.
ūs ūsic III 378.
ūtemest II 177.
ūtra ūterra II 196. 197.

wæcnan IV 161.
weorðan I 388.
westerra II 197.
wielm wylm I 243, II 289.
wiersa wyrsa I 435.
wīʒend I 387, II 403.
willa I 222.
wit III 396.
wītan IV 94.
wītnian IV 305.
wrīdan IV 209.
wrincle IV 167.
wrinʒan IV 171.
wuton (1st pl.) IV 94. 555.
wylf II 338.
wylm see wielm.
wyrsa wiersa I 435.

yfeldǣde II 361.
ȳmest II 169.

(b) Middle and Modern English.

barefooted bareheaded
  II 234.
blind (verb) IV 343.
commonwealth II 3.
crayfish II 7.
crullen I 436.
crūs I 436.
doomsday II 77.
fives III 3.

freetrader II 5.
geology II 19.
harehearted harelipped
  II 225. 234.
harsk I 383, II 255.
herdsman II 77.
hither I 35.
-hōd -hood II 3.
huzzy II 10.
hyppen I 388.
lic lych, -ly II 6.
nightingale II 8.
-ology II 19.
paintbrush II 75.
-red II 6.
redbreast II 92.
-ric II 6.
righteous II 8.
scabbard II 8.
-ship II 6.
showroom II 75.
slaughterhouse II 75.
smerte I 419.
stone-deaf II 3.
twist III 48.
wasp II 115.
watchtower II 75.
watershed II 8.
wedlock II 7.
window II 8.
wiseacre II 8.
withy IV 215.
would II 8.
wrang wrong I 228.
youth II 307.

Old Icelandic (West Norse).

ā comes after d, ǫ after o; at the end of the alphabet, after y, come þ, æ, ø. The present is generally given in the Infinitive form.

aka I 293, IV 81. 387. 394.
aldenn IV 215.
almr II 174.
ālpt II 408. 409.

apr II 183.
apynja II 336.
ār I 125.
ǭrr II 322.
ars I 435.

arþr II 118.
āsynja II 336.
āt (pret.) IV 441.
āttungr II 268.
auga I 331.

auk I 94.
auka I 327, IV 433.
austr I 92, II 197.
ax II 420.

baldr II 388.
band I 77.
banga IV 171.
barmr II 175.
barr II 420.
batna IV 160.
beðja II 361.
beiskr I 383, II 255.
beisl II 208.
berja (1st sg. ber) IV 249. 252.
birkja II 361.
birting II 268.
birtingr II 267. 268.
bjartlitaðr II 234.
bjōða (1st sg. bȳð) I 285. 394.
bjǫrr I 221.
bjǫrk I 304.
blað I 103.
bloðe II 354.
bōgr I 300, II 313.
bōl II 121, IV 128.
bōn bēn II 287.
botn I 347.
bregða IV 225.
bresta IV 212. 216.
brīme IV 188.
broddr I 451.
broð II 235.
būr II 187.
bēn bōn II 287.

dagr I 327. 393.
deig I 294, II 115.
draugr I 335, II 115.
dript II 302.
drōtt II 303.
drōttsete II 346.

dȳja (1st sg. dȳ) IV 236. 252.
dynja (1st sg. dyn) IV 323.

ð- see under þ-.

egg I 389.
einn I 78, III 4.
eir I 434.
eitr II 187.
ek III 372.
ellifte III 28.
em (1st sg.) I 437, IV 73.
ēr ('vos') III 370. 374.
ero eru (3rd pl.) IV 553.
est (2nd sg.) IV 527.
eta II 150, IV 441.
ey I 330, II 130.
faðer faðir I 103. 387.
faðmr II 175.
fax II 420.
fengr II 282.
ferner III 51.
fet II 480.
fifrildi II 98.
fimm I 329.
fimt II 306, III 13.
fjōrer I 329, III 11.
fjǫðr II 182. 187.
fjǫrd fjord III 163.
fjǫrðr II 325. 330.
flār I 284.
fleire flestr I 61. 63. 109, II 247. 431.
flōð I 85.
flȳja (1st sg. flȳ) I 284.
flȳt IV 221.
fold I 230.
fōstr I 383.
fōtr I 85, II 480.
freðinn III 368.
fregna IV 148. 152.

friðill II 388.
friðr II 225.
Frigg I 127.
froskr II 276.
frost II 235. 475.
frǣnde II 403.
fullna IV 160.
fūna IV 146. 153.
fyrstr III 5.

gaddr I 392.
ganga I 327. 394.
garnar garner (pl.) I 292, II 149.
gās I 467.
gedda II 361.
geire II 354.
gella gjalla IV 152.
gestr I 393.
gīna IV 146. 148. 152. 155.
ginning II 268.
ginnungr II 268.
gīsl II 207.
-gjafe II 354.
gjalda (1st sg. geld) IV 215.
gjarn II 147.
glǫggr I 157.
gnesta IV 216.
gōmr I 162.
gǫfugr II 262.
grautr I 286.
gullbitlaðr II 234.
gume II 354.
gunnr I 330.

haddr I 452.
hāðung II 268.
hafr II 184.
hagl II 207.
hallr I 311.
hālmr II 175.
hann III 329.
hapt II 235.

harðr I 387.
hasl II 206.
hatr II 420.
háttr II 330.
heill I 326, II 206. 422.
heipt II 303.
heita (1st sg. mid.-pass.
  heite) IV 558.
hekla II 208.
hēla II 97.
hertoge II 354.
hjarse I 435, II 105.
  347. 355. 356.
hjǫrð I 394.
hlakka IV 165.
hlaun I 303, II 285.
hljōð II 235.
hlust II 301. 303.
hlǣgja IV 341.
hnūta IV 247.
hodd I 394.
holr I 239.
hoppa I 388.
horskr I 383, II 254.
hǫfugr II 202.
(at) hǫfðum III 188.
hǫkull II 208.
hǫldr II 393.
hǫnd II 489.
hǫss II 105.
hǫttr II 330.
hrār I 223. 306.
hrjōsa (1st sg. hrȳs) I
  436, IV 193. 197.
hrōðrkveðe II 354.
hrolla I 436.
hross IV 197.
hūð II 299.
hugr I 327.
hugull II 208.
hundrað I 202. 387.
hūsl I 158. 467, II 208.
hvī III 348.
hȳe II 354.
hærðr II 234.

iðrask II 194.
it III 370. 374. 397.

jōk (pret.) IV 433.
jǫforr II 187.

kala I 319.
kaldr I 327.
kalfr I 393.
kjarne II 144.
kjǫll II 200.
klīfa IV 170.
koma IV 93. 433.
kona I 194. 315. 330,
  II 111. 355.
kostr II 330.
krota IV 345.
kundr II 223.
kvam kom (pret.) IV
  433.
kverk II 94.
kvern I 328, II 321.
kvikr I 328.
kvisting II 268.
kyn I 203.
kȳr II 482.

lān II 415.
lātr II 119.
lauðr II 119.
laug II 255.
laun II 148.
launung II 268.
leiðr IV 215.
léttr I 331.
lifr III 104.
liggja (1st sg. ligg) IV
  252.
lina IV 142. 146.
ljōme II 365. 372.
ljūfr I 393.
lokkr I 391, II 147.
lǫskr I 307. 383, II
  254.

lǫstr II 330.
lūðr II 227.
lyja (1st sg. lȳ) 252.

magr II 185.
mālmr II 175.
man (inf. muna) IV
  429. 438.
mānaðr II 393.
meitell II 209.
mēr ('we') III 369.
mēr ('to me') III 383.
mergr I 334. 394. 451.
merr II 339.
miðja II 132.
miga I 292.
mik ('me') I 58, III
  376.
mikell II 209.
mjolk I 472.
mjǫtuðr II 393.
morð I 327, II 235.
mǫskve mǫskvi I 447.
muna see man.
munne II 355.
munr II 282.
mūs II 485.
mȳslinga II 210.

nafle II 199. 355.
nafn I 182, II 374.
nagle II 355.
nefe I 385.
niðr I 382, II 130. 390.
niund II 306, III 22.
nīunde II 247.
nōr II 485.
norðr II 197.
nyra I 309. 329, II
  184, 355. 356.
nytr II 124. 476.
nøkkveðr nøkkviðr II
  234.

10*

I. Index of Words. Old Icelandic: *odde — trøð*.

odde II 355.
oddr I 392, II 493.
ōf (pret.) IV 440.
ōk (pret.) 387. 394.
okkarr III 402.
ōss I 86, II 485.
otr I 392, II 181.
oxe II 353.

ǫfugr II 257.
ǫfund II 303, IV 184.
ǫngr I 394, II 316.
ǫngull II 199.
ǫnn I 436.
ǫrðugr II 268.
ǫrr II 127.
ǭrr II 322.
otr I 392, II 181.
ǫxl I 217.

rangr I 228.
rann I 436.
rauðr I 78.
raun II 146.
rēttr II 325. 330.
rjūfa (1st sg. *rȳf*) I 270.
roðra I 281, II 181.
rǫdd I 451.
rǫnd I 180.
rǫskr I 383, II 254.
ryð IV 83.
ryrr II 293.
røkkr I 434, II 420.

sā IV 432.
safna I 182.
samfeðr II 24. 126.
samkund II 295.
sannr IV 53. 74. 94.
sārr II 187.
saumr I 136.
saurr I 95.
seil II 207.
sēr (dat.) III 383.

sera (pret.) IV 432.
sess I 382, II 223. 475.
setr II 184. 414. 462.
sētt III 16.
sētte I 446, II 247, III 17.
sexhǫfðaðr II 234.
sīða II 227.
Sif I 395.
sigðr I 318.
sigr II 420.
sik (acc.) III 376.
sīma II 374.
sīme II 374.
Sinfjǫtli II 210.
sit IV 252.
sjaund III 19.
sjōn I 328.
skaðe II 354.
skal IV 438.
skāld IV 119.
skeika II 136.
skella skjella IV 152.
skirr I 39.
skjōta (1st sg. *skȳt*) IV 226.
Skjǫldungar II 268.
skolo (ind. *skal*) IV 438.
skorpna 171.
skorpr IV 171.
skugge I 157.
skūm II 175.
slakr I 102. 423.
sleppa IV 170.
sljōr II 135.
smokkr I 388.
snara I 103.
snǣr I 328.
sōfa (1st sg. *søf sef*) IV 94. 117.
sōl I 216.
sǫðull II 208.
sǫg I 318.
spakr I 346. 446.
spekingr II 267.
sporna IV 146.

spretta IV 171.
spȳja (1st sg. *spȳ*) IV 236.
stāl II 207.
stīga I 327. 394.
stīm II 171.
stjōre II 354.
storkna IV 160.
straumr I 433, II 175.
støkkva (1st sg. *stǫkk*) IV 164.
suðr II 197.
sumr I 203.
sund I 158. 180.
sunr II 321.
sūrr II 186.
symja I 203, IV 252.
sȳr II 486.
syster systir I 433.
systrungr II 268.
svefja (1st sg. *svef*) IV 328.
svefn I 263, II 140.
svella IV 152.
svelta IV 226.
svīn I 39.

taka IV 94.
tandre II 187.
tār I 467, II 322.
taumr II 175.
tega IV 88.
tegr I 387.
tengja IV 171.
tīgenn II 144. 151.
tign II 144.
tindr II 395.
titra IV 134.
tiund II 306.
togr tugr III 31.
tolfte III 28.
toskr II 265.
tottogo III 193.
troða I 238.
tryggr I 157.
trøð IV 94.

I. Index of Words. O.Icelandic: *tugr* — Swedish & Danish: *vos(s)*.

tugr togr III 31.
tūn II 146.
tundr II 187.
tunga II 355.
tvau III 193.
tveggja (gen.) I 127, III 209.
tvenner III 51.
tvistr III 48.
tvītøgt III 30.
Tysdagr II 77. 481.

ulfr I 329.
unlingr II 210.
ungr I 125. 156. 387. 464, II 252.
Urðr II 282.
uxe II 353.

vaða IV 94.
vagn II 146.
vakna IV 155bis.
vakr II 183.
vār ('spring') I 429.
vār (pronoun) III 394. 395.
vargr I 394.
varmr I 328. 393.
vārr III 394.
vaskr II 255.
vefa IV 440.
veftr veptr I 403.

vega IV 79. 94.
veggr II 319.
veig I 326.
vella IV 152.
vella IV 226.
venja (1st sg. *ven*) IV 340.
vēr III 374.
verpa I 329.
vesta II 197.
vifell II 209.
vīg I 326.
vilja IV 73.
vindr IV 133.
visna IV 160.
vīss I 382.
vit III 396.
vitr II 290.
vīxl II 208.
vǫrðr II 324.

yð(v)ar yðr III 368. 378. 395.
yð(v)arr III 395.
ykkr II 370.
ykkarr II 402.
ylgr I 329, II 338.

þak I 446.
þarmr II 172.
þēr ðēr ('vos') III 369.

þēr ('tibi') III 383.
þēttr I 275.
þī III 348.
þik ('te') II 376.
ðo ðu III 373.
þorn II 321.
þōrsdagr II 77.
þrenner III 51.
þrettān þrettānde III 253.
þrīr I 57.
þrisvar III 48.
þrītøgt III 30.
þroskr II 255.
þrōttr II 235.
þrǫstr I 450.
þræll IV 340.
þrætta II 362.
þū III 373.
ðu ðo III 373.
þumall II 199.
þurr I 237. 436, II 312.
þūshundrað III 48.

æðr III 104.
ætr II 125.

økkr I 321, II 352.
øre ørstr I 387, II 248.
ørr II 426.
øss III 378.

Swedish and Danish (East Norse).

(a) Swedish (all periods).

gialla IV 215.
iak III 372.
ōs ūs III 378.

stim II 171.
vī(r) III 374.
þōrr I 436.

(b) Danish (all periods).

harsk I 383, II 255.
manke II 277.
os(s) III 367.
vos(s) III 367.

150 I. Index of Words. Proethnic Norse: *dagaR* — Lithuanian: *atszlaimas*.

Proethnic Norse (Runic Inscriptions).

dagaR I 393. 515.
dohtriR I 515, II 382, III 220.
ek ik III 372.
gastiR I 393. 515.
gestumR III 277.
haite IV 558.

horna I 515, II 147.
ik ek III 372.
is ('is') IV 73.
Kunimu(n)diu III 163. 169.
-mariR I 65.
sasi III 336.

siŋgōstēR II 263.
tawido I 516.
waritu (1st du.) IV 555.
vīR III 374.
þaiaR III 194.
þalR III 353.
þritaunta III 43. 253.

Oldest Germanic (before the literature).

Aflims III 277.
Austrovaldus II 68.
Χαριόμηρος II 71.
Chattus I 383.
Cherusci II 259.

Hariobaudes II 71.
Inguiomerus II 71.
requalivahano II 74.
Segimerus Σεγίμηρος II 421.

Segimundus II 421.
Teutones II 354.
Vatvims III 277.

Lithuanian.

Order of the letters: *a* (*ą*), *b*, *c*, *cz*, *d*, *e* (*ę*, *ė*), *ē*, *g*, *i* (*į*, *y*), *k*, *l* (*ł*), *m*, *n*, *o*, *p*, *r*, *s*, *sz*, *t*, *u* (*ų*), *ū*, *v*, *z*, *ž*.
As regards the spelling *l* instead of *li*, e. g. *galù* instead of *galiù*, see vol. I p. 29.

abypuseĩ II 81. 82.
adatà II 237.
akimierksnis II 81.
akýlas II 212.
akymojis II 81.
akìs II 279. 283, III 292.
akývas II 137.
āklas II 210.
akmenyjů-s IV 308.
akmenýnas II 159. 463.
akmirkis II 80.
akmů̃ I 87, II 374.
akù'tas I 485.
anápus II 82.
anàs III 329.
aną̃syk II 82.
angýnas II 159.
anglìs I 340, II 279.
anglìs II 293.
ankszlas I 90.

anksztýbas II 217.
anõks II 273.
antdì III 230.
ántis I 207, II 334.
ántkiauszis II 80.
añtras I 283, II 197, III 8. 191.
apgintis I 204, II 297.
apývakaris II 82.
apveizdas I 401.
apvynỹs II 127.
ariù I 94, IV 251.
árklas II 109. 118.
arklỹs II 131.
ártymas II 176.
artójis II 389.
āsilas I 441.
asù (*esù*) I 59.
ąsù'tas II 236.
àsz III 365. 372.

āszarůju IV 316.
āszilas I 441.
aszìs I 308. 398. 438, II 199. 281.
āszmas I 398, II 170, III 21.
asztrùs aszrùs I 398, II 187. 317. 323.
asztuñtas III 21.
asztůnì I 67, III 18. 20.
asztůnióliką III 28.
aszvà I 138, II 133.
ātłaikas I 81bis.
ātlēkas I 81, II 115.
atmintìs I 204. II 295.
àtsailė II 207.
atsajà I 95.
àtseilis II 207.
atszlaimas II 176.

I. Index of Words. Lithuanian: àt-veriu — deszimtas. 151

àt-veriu IV 233.
augintù IV 156.
augmù I 85. 95, II 367.
dugu I 87.
dukle II 336.
auklę II 119.
dukskasis II 79.
duksztas I 323. 442, IV 192.
auksztýnaika II 256.
aũlas II 210.
aunù IV 139. 153. 191.
ausìs II 281. 283.
aũtas II 230.
auszrà I 92. 303, II 181. 381.
aũszta (3rd sg.) I 303, IV 204. 210.
aużulýnas II 159. 463.
avikýne II 263. 269.
avýnas II 155.
avìs II 278.
aviù IV 249. 254.
avižėnà II 158. 160. 466.

badaũ I 258.
badmirszczióju IV 312.
bdime II 172.
baĩsas I 436. 441, IV 192. 198.
balùpe II 80.
banktos II 474.
bariù IV 249.
bárkszteliu I 224.
barmi IV 77.
barnìs II 287.
barzdskutýs II 80.
barzdù'tas II 236.
bausmę II 176.
bažnýczkėmis II 79. 80.
bažnýtkėmis II 79. 80.
be- IV 78, III 349.
bebrìnis II 157.

bēbrus bēbrus I 223, II 96.
bėgu IV 29.
beĩ III 349.
bérnas II 147.
bingùs II 315.
byrėju IV 265.
biti bìt (3rd sg.) IV 257.
blendžiũ's(i) I 223, IV 94.
blūvù IV 96.
bóju IV 234.
bradaũ IV 44.
brddžioju IV 312.
brangýmetis II 83.
brankstù IV 217.
bredù IV 153.
brendù IV 153. 174.
brolãvaikis II 79.
broterėlis II 382.
bruvis I 263.
bùdinu I 285, IV 161.
budrùs II 188.
bùk II 3, IV 56.
būkłà buklas II 121. 462.
bumene II 366.
bundù I 189, IV 165. 259.
bùs (3rd sg.) I 523.
bùta II 236.
bùtas II 475.
bùtinas II 161. 162.
bùtsange II 33.
Butvilas II 33.
buvaũ (pret.) IV 118. 121.
bùvęs (part.) II 442, IV 389.

czėsùs II 318.
czidudmi czidudžiu IV 78.

dabartinas II 160. 453.

dabinù I 286.
dãgas dagà I 285, II 115.
dainà II 149.
dalyjù IV 289.
dalýkas II 272.
dalývas II 137.
dañgujēsis II 404.
dangùs II 318.
dantìs II 283. 398, III 292.
-darai (3rd sg.) IV 494.
daraũ IV 344.
darbaloju IV 313.
dãrbas II 217.
darbýmetis II 83.
darbùs II 217.
daubà I 263.
dãvęs (part.) II 442, IV 443.
debesìs I 47. 264, II 284. 414. 422, III 293.
dẽdas I 286.
dēdę I 286, II 94.
dedervinę II 13. 97.
dedù dėmi dėmi (inf. dėti) I 401, II 446, IV 54. 77. 103. 104. 109. 110. 112. 528. 563.
degmi degù IV 53. 77.
deivę I 61bis, II 338.
deivýs I 61bis.
dėjęs (part.) II 446, IV 443.
dejù'ju IV 316.
dėk IV 53. 77.
deksnìs II 284. 306.
dėktinas II 161.
dėmi dėmi see dedù.
dervà II 314.
desė-s (2nd sg.) IV 528. 563.
destit(e) (2nd pl.) IV 104.
deszimtas I 184. 202. 204, II 242, III 24.

152   I. Index of Words. Lithuanian: *dẽszimtis — gar̃sas*.

dẽszimtis II 306.
dẽszimts deszĩmts desziñs dẽszimt I 398, II 242. 390, III 23.
deszinẽ I 398, II 155. 465.
devynì I 60, III 18. 22.
devyniólika III 28.
deviñtas I 138. 184. 205, II 245, III 21. 22.
dẽnà ('day') I 61, II 356.
dẽna ('in calf') II 148.
dẽvas I 61bis, II 114.
dẽvẽ II 338.
dẽverìs I 95, II 381.
dìdelis II 211.
dìdis II 283.
dilbinẽju IV 315.
dìrbu II 217.
dirìù I 241. 286, IV 235.
dovanà II 154.
drą̃sà I 228.
draskaũ IV 345.
drą̃sús II 315. 317.
drausmẽ II 176.
drebiù IV 172.
dreskiù IV 279.
drę̃sù I 228, IV 165. 174.
drimbù IV 172.
driskaũ IV 210.
drį̃stù IV 173.
driútas II 237.
drumstùs II 331.
dù I 138. 160, III 7.
duburỹs II 188.
dubùs I 263.
dùgnas I 271. 401, II 146.
dukrà II 110.
dukrẽlė II 378.
duktẽ I 104. 276. 346. 404, II 382.
dùlkė II 291.
dùlkėtas II 236.

dúmai II 171.
dumburỹs I 263.
duszimtàsis III 47.
dùszimtu II 82.
dùbẽ II 339.
dùdi dùd (imper.) I 401, IV 77. 504.
dů̃du dů̃mi I 86. 401, IV 54. 77. 103. 104. 109. 110. 112. 504. 522. 527. 533.
dů̃k IV 55. 77.
dùmẽ-si IV 522.
dů̃mi see *dů̃du*.
dùnis II 284.
dùsi (2nd sg.) IV 527.
dùsnis II 289.
dùsnùs dosnùs II 321.
dùstit(e) (2nd pl.) IV 104.
dùtis II 296.
dvāras I 281.
dvejókas II 273.
dvìdeszimtas III 35.
dvideszimtis III 30.
dvìdeszimts dvìdeszimt III 35.
dvýlika III 28. 227.
dvýliktas III 28.
dvìlinkas III 51.
dvynù I 39, III 51.
dżiungù dżiungů̃'-s IV 126. 172.

ẽdę̃s (part.) IV 394. 443.
ẽdesis II 422.
ẽdmenys II 366.
ẽdu ẽdmi ẽmi I 401, IV 28. 55. 76. 394. 443.
ẽglė I 286. 402.
ei (3rd sg.) IV 458.
eìksz (imper.) IV 9.
eilẽ II 210.

eimè eivà (1st pl. du.) IV 458.
eimì einù eitù I 60. 61, IV 9. 28. 76. 126. 133. 153. 218. 394. 458. 527. 533.
eìste (2nd pl.) IV 76.
eitù see *eimì*.
ėjaũ IV 28. 126.
ẽję̃s (part.) IV 394. 443.
eĩksnis I 429.
élnis I 50. 171, II 343. 349. 356.
ẽmę̃s (part.) IV 443.
ẽmi see *ẽdu*.
ent- (part.) IV 76. 133.
erẽlis II 210. 211.
ẽsą̃s ẽsą̃s (part.) II 404.
esmì esmù esù ẽsù I 59, II 404, IV 28. 54. 75. 528. 533.
esz III 365. 372.

gabenóju IV 155. 161.
gabenù IV 138. 155. 161.
gaĩdas IV 227.
galdỹs I 80, II 124, IV 227.
gaĩdryje-s (3rd sg.) IV 317.
gaĩlas gailùs I 340, II 210. 317.
gaĩsras gaisrà II 188.
gaisztù I 304, IV 210.
galù IV 132. 241. 259.
galvãreisztis II 25.
galvażudỹs galvżudỹs II 80.
ganaũ I 340, IV 325. 344.
garba garbẽ II 217.
garbùs II 217.
gar̃das I 291. 343.
gargaliů̃ju I 225.
gar̃sas I 442.

I. Index of Words. Lithuanian: *garsmas — karstù*.

garsmas II 176.
gdunu IV 153.
gaurù'tas II 236.
gedù IV 259.
geidžiù I 48, IV 174. 175.
gélbu gélbmi IV 78. 259.
geležìnis II 156.
gelstù IV 43. 217.
geltà II 472. 474.
geĺtas II 237.
gemù IV 133.
gendù ('I become damaged') IV 173.
-gendù see *pa-si-gendù*.
geniù I 340.
gentė̃ II 388.
genù I 340, IV 85. 133.
geradė́jis II 79.
gerbiù II 217.
gerdas IV 236.
gérdinu IV 223.
geriù IV 443.
gė́du gė̃dmi IV 227. 272.
gė̃smė̃ II 176.
-gi I 557.
gýdau IV 346.
gijà gijė̀ I 111, II 111.
gìlė I 233.
gylóju IV 311.
gìncziù gìñczias I 205, II 126.
giñczyjù-s IV 317.
ginù I 206, IV 95.
gynu IV 149. 153.
gìrdau IV 223. 345.
gìrdinu IV 223.
girdžiù IV 236. 258.
gìria gìre I 232.
giriù I 241, IV 256.
gìrnos II 321.
gìrparszis II 80.
gyrpelnỹs II 81.
gìrtis II 298.
gýsłu II 211.
gistu IV 217.
gývas I 137, II 133.

gyvatà II 219.
gyvenù IV 161.
gomurỹs I 162.
grándau IV 345.
graudenù IV 161.
graudùs I 286.
grą̄žaũ IV 325.
grébłãkotis II 79.
grimstù IV 227.
grindìs II 398.
griūnù IV 153.
griūvù IV 92. 96. 153.
gróju IV 264.
grõmuloju IV 313.
grūdas I 286. 340.
grūdžiu I 340.
-gubas III 51.
guijù guinù IV 238.
gùsztas gùszta̍ II 238.
gùdėjù-s IV 288.

ì iñ I 526.
iĺgis II 131.
imù I 188, IV 86. 95. 443.
iñkstas I 186.
intė̀ II 383. 385. 388, III 293.
yrà (3rd sg.) I 526, IV 76. 533.
ìrklas I 285, II 118.
į̃-si-rė́žė̃s (part.) IV 165.
į̃-stódinu IV 226.
iszeigà (*ìszeiga*) II 277.
isz-vartaloju IV 312.

ja- (pronoun) III 332.
jáunas II 149. 198.
jáutakis II 79. 80.
jautė̃nà II 160.
jautvedė̃ II 79.
javaì I 452.
jéi jeĩ III 332.
jeknos I 130, II 139. 347.

j̇̃szkaũ I 82. 304. 442. 526, IV 202. 210.
j̇̃jị jõjo II 101.
jiù jyrà I 526.
j̇̃s I 80, III 331. 332.
jójė̃s (part.) IV 238.
jõjo see *j̇̃jị*.
jóju I 110. 130, IV 128. 238. 264.
jõks II 273.
jùdu III 367. 397.
judù IV 220.
jundù IV 220.
jùngas I 452, II 115.
jùngiu I 189, IV 45. 164. 166. 173. 267.
jùnkstu I 186. 526, IV 173.
jùnktas II 235.
jū̃s I 110. 130, III 367. 374.
jù̃ III 345.
jùdu II 82.
jù'smi IV 77. 191.
jù'stas I 452.
jù'stau IV 44. 127. 310.

kaĩ III 354.
kaĩmas I 81.
kaimýnas I 81.
kaina I 68. 338.
kaĩp III 354.
kalbesė́ kaĺbesis II 307. 422.
kalbesnis II 307. 422.
kaĺbestis II 307.
kałnù'tas II 214. 236.
kałù IV 256.
kañdis II 124.
kañkalas II 95.
kañklys II 95.
kankù IV 173.
kanõ III 344. 392.
karaláunu IV 153.
karáuju IV 317.
karstù IV 217.

I. Index of Words. Lithuanian: *karsztýmetis — mandrùs.*

karsztýmetis II 83.
kaŕtas II 332.
kartumỹnai II 159.
kartùs II 317.
kárvė I 160, II 137.
kàs III 333.
kasà I 452.
kasaũ IV 344.
kasdéną kasdén kasdé-nis kasdénlnis II 82.
kasméts kasmétą kasmét II 82.
kasvákaras kasvákarą II 82.
katràs II 190. 450.
katrů̃ I 224.
káuju IV 225.
káulas II 202.
keké̃ III 103. 293.
keláunu IV 153.
kemszù I 204.
kenõ III 344. 392.
keréju IV 288.
kertù IV 85. 211.
keturì III 12.
keturiãdeszimtas III 41.
keturióliku II 82. III 28. 238.
ketvérgis II 277.
ketverì I 138. 160, III 12. 52.
ketviŕtas I 140. 160. 227, II 163. 242, III 13.
kémas I 81, II 175.
kénõ III 344. 391.
kétéju IV 288.
kỹburioju IV 313.
kiautaĩ I 341.
kylėju IV 265.
kìlnas II 148. 452.
kilnóju IV 147. 285.
kiltìs II 305.
kylù IV 96.
kimsztas I 204.
kirmélé̃ II 212. 289.
kirmyjù IV 316.

kirmìs I 240, II 289.
kiŕtis II 124. 476.
kitõks II 273.
kits kìtą II 83.
klausaũ I 343.
kloju IV 220. 264.
klū̃nu IV 153.
klū̃vù IV 96. 153.
kõks II 273.
kósiu kósmi IV 77.
kósu IV 86.
kraũjas -es I 132. 161.
kraujgyslė II 79.
krauleidỹs II 79.
kregždažolė II 80.
krintù I 228, IV 165. 172.
krìslas I 397, II 211.
krýtis II 306.
krokiù krogiù IV 234.
krūmýnas II 159. 463.
krūtìs III 292.
krūtuloju IV 313.
krūvyju IV 317.
krùvinu IV 156.
kùpinas IV 161.
kùpinu IV 41. 43. 138. 161.
kuprà II 188.
kuŕ III 333.
kurklẽkis I 286.
kůmì III 345.

laistinéju IV 315.
lakióju IV 312.
lándžioju IV 312.
lankioju IV 312.
lankóju IV 284.
lápé II 251.
lasznója (3rd sg.) IV 147.
láukiu IV 234.
láužau IV 344.
lempù IV 173.
lendù IV 154.
lenkiù IV 174. 267.

lesù IV 85.
léju IV 254.
lékas ('eleventh') III 28.
léktù IV 218.
lékù lékmì I 61bis, IV 77. 85. 218.
létus II 238. 324. 331.
lėžiù IV 255.
lėžùvis I 205.
lyjù IV 254. 256.
limpù I 189, IV 164.
lỹna (3rd sg.) IV 147. 148. 155.
lindinéju IV 315.
lìndoju IV 264.
linksminóju lìnksminoju IV 161.
lìnksminu IV 43. 160. 161.
linkstù IV 173.
lynója (3rd sg.) IV 147. 155.
lipinù IV 156. 161.
lipù IV 94. 140.
lýsé I 443.
-lystai (3rd sg.) IV 533.
lytùs II 238. 324. 331.
liūdnas II 148.
lugnas I 391, II 147.
lukéju IV 265.
lùkestis II 307.
lùnkas III 110. 292.
lúpùtas II 236.
lùsztu IV 213.

maĩnas II 147.
máiszas I 441.
maiszaũ I 304, IV 210. 344.
maiszta II 475.
maĩsztas II 475.
maldaũ IV 345.
malonéju IV 315.
mánas III 390.
-manaũ IV 327.
mandrùs II 186.

I. Index of Words. Lithuanian: *manè — pelė̃*. 155

manè manès manę̃s III 370. 389. 393.
mar̃galůju IV 316.
mar̃szas I 442.
martì II 339.
mar̃tmergė II 80.
maukiù IV 247.
mãzgas I 391. 447.
mazgóju I 447.
mė̃dis I 80.
medùs I 275, II 313. 318, III 292.
melãgis II 277.
meldžiù IV 221.
melmů̃ II 175.
mélžu IV 79. 82.
mė́nas III 293.
mė́nesėnà II 159. 160.
menù IV 239. 259.
mė́nů II 79. 394.
mérdžiu mérdmi IV 78. 227. 280.
mę̃s III 369. 370. 374. 375.
mėszìas II 211.
mėtlóju IV 312.
mezgù I 391. 447.
mę̃žù I 228, IV 154. 175.
mègmì IV 77. 218.
mėktù̃ IV 218.
mėžė́nà II 160.
-mi III 385.
miglà myglà̧ mygla I 223, II 199. 210.
miniù I 111. 131. 192. 205.
minkau IV 247.
minksztprōtis II 79.
miñtas I 192.
minù̃ I 206.
minžu IV 175.
mìrkloju IV 312.
mirkczióju mirkszczióju IV 312.
mìrksnioju IV 285.
mìrsztu IV 133. 217.

mirsztù IV 217.
mìrtis I 227, II 299.
-misztù IV 210.
mlė́ė̃ IV 175.
mlžius IV 175.
mõkesnis II 307.
mõkestis II 307. 422.
momà II 95. 106.
motė̃ mótė II 382.
móteržolės II 81.
mótna I 477.
mùdu III 397.
mùrmiu II 14. 95.
mūsas II 115.
musė̃ II 339.
muselė̃ II 212.
mùsū mùms III 370.
musū̃jis II 131.

nãgas I 406.
naktìs II 300. 390.
naktvýnė nakvýnė I 398.
naktvóju nakvóju I 398.
namė̃ III 166.
nasraĩ nastraĩ I 94. 439, II 188. 480.
naudà I 82.
naũjas -es I 60. 132. 139. 161, II 132.
naujavedis II 79.
naujìkaulis II 79.
naujõkas II 274. 466.
naujveda nauvedà II 79.
nė III 349.
ne- ('un-') II 78.
nei II 9, III 349.
nekalbà II 93.
nekàs II 82.
nevenas II 82.
nė̃kas II 31, III 349.
nykstù II 256.
nýtis II 304.
nogatà nùgatà II 241.
Norbutas II 33.
nósis I 94. 257, II 480.

nudirtas I 233, II 228.
nugar̃kaulis II 80.
nù-gi I 15. 40.
nů I 86.

oszkà II 263.
ožėnà II 158, 160. 466.
ožìnis II 155.

pa-bundù see *bundù*.
páinioju IV 311.
paisaũ I 443, IV 322. 325.
paisyju IV 322.
paklõdas paklõdė̃ II 410.
pálszas I 223, II 252.
páltis II 305.
paĩvas I 160, II 137.
papártis II 96.
pa-praszaim (1st pl.) IV 495.
par̃szas II 114.
parszėlis II 200. 464.
pasaitis I 82. 87. 95.
pa-si-gendù IV 174. 175.
pa-srùvo (3rd sing.) IV 123. 125.
pastalė̃ II 81.
pastõlas II 207.
pa-szlyju IV 254.
patì II 339.
pa-vė́ldu IV 219.
pa-velmi IV 51. 76.
pa-výdžiu IV 132. 239. 241. 258.
pa-vystai (3rd sg.) IV 533.
pa-výzdmi IV 75.
pažastìs III 292.
pažeida IV 222.
pėdà I 249.
pėkus I 343.
pelė̃ I 223.

156   I. Index of Words.   Lithuanian: *pelėkas* — *saũsinu*.

pelėkas II 259.
pelnas II 148, IV 148.
pelnaũ IV 310.
penkerì III 12. 52.
penkì I 166. III 14.
penkiólika III 28.
penktadeszimtas III 41.
peñktas II 246, III 15.
pėpala (*pȇpala*) II 95.
perėklė II 337.
pérgalvė II 31. 82.
periù IV 250.
pėsczias   pėszczias I 397. 442.
peszù IV 86.
pėmũ II 371.
pėpala see *pėpala*.
pėstà I 443.
pėsziù IV 255.
pėtũs (pl.) II 325.
pėtvalgis II 81.
piduju IV 249.
pigãkalbis pigkalbis II 81.
pilìs I 244, II 283.
pìlkas II 255.
pìlnas I 228. 238, II 140. 148. 452.
pìlstaloju IV 315.
pilù I 241, IV 95.
pinù I 205, IV 95.
pirdà I 233.
pir̃dis I 233. 286.
pir̃m I 522.
pìrmas II 168. 169. 170. 178, III 5.
pirmdėlė̃ II 198.
pirszlóju IV 312.
pir̃sztas II 238.
pirtìs II 304.
pisù IV 96.
pỹvas II 137.
płaszkojis płutkójis II 81.
płakù I 271, IV 96. 130.
płatùs I 230, II 313.

płaudžiu IV 221. 272.
płáuju I 161, IV 254.
plėsziu IV 215.
płudžiu IV 221.
płùskis II 255.
plústu IV 221.
pódukra   pódukrė II 378.
pradžiù II 125.
-praszaim (1st pl.) IV 495.
praszaũ IV 344.
pra-trýstu IV 222.
prausiù IV 255.
prāvardžiũju IV 316.
pražanga II 111.
prėžastìs II 288.
prieitìs II 296.
prigimtìs I 204, II 295.
púdau IV 233. 345.
púdinu IV 161. 223.
púlei (pl.) II 207.
pũnu IV 146. 153.
púrai (pl.) II 187.
purpulìnis I 226.
pusiaũ III 208.
pũvù IV 153.
pủ́łu IV 149.
pủ́ta I 136.

ragėlis II 212.
ragù̃tas II 237, IV 291. 309.
ráiszczioju IV 312.
ráižau-s IV 165.
ramaũ IV 344.
randù IV 154.
rankà II 115.
ránkioju IV 311.
ratėlis II 200.
raudà ('lamentation') I 82. 286.
raudà ('red colour') I 82.
raũda (3rd sg.) IV 117.
ráudmi I 60, IV 77.

ráugmi raugiù I 60, IV 77.
ráuju IV 256.
raũkas IV 164.
raukiù IV 247.
raumũ II 375.
ráunu IV 153.
rą̃žau IV 165. 345.
rėižiù-s IV 165.
rėju IV 12. 240. 265.
rėkauju IV 309.
rentù IV 173.
rezgù I 452.
-rė̃žęs (part.) IV 165.
rėžiu IV 255.
rėkė̃ II 339.
ridugmi see *rúdugmi*.
rykmetỹs I 286.
rýmoju IV 264.
rimtas I 204.
rìmstu IV 216.
rynù IV 153.
rìs (3rd sg.) I 523.
ritù IV 84.
rómyju IV 317.
rūdyjù IV 316.
rudũ II 345. 356. 466.
rugėnà II 160.
rúgiu IV 253.
runkù IV 164.
rūpestis II 307.

sagióju IV 312.
sakaĩ (pl.) I 337.
sakaũ IV 344.
sakióju IV 312.
saldumỹnai (pl.) II 159.
saldùs II 317.
sándora II 82.
sãpnas I 160, II 140.
sárgaloju IV 313.
są̃s (part.) IV 53. 76.
są̃szlavos (pl.) II 82.
sáulė I 216.
saũsas I 95, II 115.
saũsinu IV 156.

sausiù IV 236.
sãvas I 59, III 391.
savè savès savę̃s III 389. 393.
sė́dę̃s (part.) IV 384. 393.
sė́dmi II 54. 77. 259. 393.
sė́du IV 54. 384. 393.
sė́džiu IV 78.
seilė́ju IV 315.
sė́jęs (part.) IV 238.
sė́ju I 254, IV 234. 238.
sė́klà I 285, II 119. 121.
sẽkmas sèkmas I 196. 271. 286. 401, II 166, III 19.
sekù IV 81. 580.
sė́mů, pl. sė́mens II 375, II 292.
sẽnas II 113.
senė́ju IV 288.
senkù IV 175.
septynì III 18.
septyniãdeszimtas III 41.
septyniólika III 28.
septiñtas III 19. 21.
sérgiu sérgmi IV 77. 78· 194.
sė́sé II 383. 388.
sė́stu IV 218.
sesů̃ I 138. 160, II 378. 380. 381.
sė́tas II 238.
sė́tas I 82. 87. 95.
-si -s III 385.
silpnas II 148.
siúlas II 207.
siū́lė̃ II 207.
siuncziù IV 218. 280.
siů̃vù I 441, IV 153. 237.
skabù I 271.
skabùs I 271. 346.

skdistas II 237.
skáldau IV 345.
skardau IV 345.
skė́ldu skė́ldžiu IV 227. 280.
skelù II 82. 93. 247.
skérdžiu IV 171. 219. 280.
skė́dà I 95.
skė́drà I 95, II 180. 181, Addenda to I 406.
skylė́tas II 236.
skìlstis II 305.
skilù I 118. 131. 229. 234. 241, IV 235.
skylù IV 93. 96.
skiriù IV 151. 256.
skýstas II 237.
skleidžiù IV 173.
sklìdu sklìdo (3rd sg.) IV 173.
sklìduriůju IV 316.
sklį̃stu IV 173.
skrebiù IV 90.
skubrùs II 187.
skùndžiu IV 267.
slanka I 184.
slañkius I 184.
slenkù I 433, IV 171.
slidùs IV 170.
smakrà I 343, II 322.
smilinė́ju IV 315.
smirda (3rd sg.) IV 240.
smunkù I 189.
snaigalà I 81.
snaĩgo (3rd sing.) IV 344.
snė́ga (3rd sg.) I 61, IV 81.
snė́gas I 81. 135. 340, II 114.
snė́kti (3rd sg.) IV 77.
sniñga (3rd sg.) IV 164.
sotas II 228.

spárdau IV 345.
spar̃nas II 149.
spė́ju IV 234.
spiáuju IV 236. 256.
spiáunu IV 153.
spiriù I 111. 131. 229. 241. 418, IV 235.
spìstas II 237.
splecziù IV 172.
splintù IV 172.
spráudau IV 345.
spráudžiu IV 221. 272.
sprė́ndžiu IV 175.
sprìndis IV 175.
sprústu IV 221.
srautus II 222.
sravà I 137. 438, II 113.
srãvinu IV 156.
srebiù srèbiù IV 255.
sriaujas II 124.
srobiù IV 255.
srovė̃ II 339.
srudžiu IV 227. 280.
srutà II 222.
-srutà (3rd sg.) see pasrùvo.
stãbas IV 166.
stambas IV 176.
stambras I 346.
stambùs IV 176.
stapau-s IV 333.
stataũ I 101. 103. 255.
statùs II 331.
stebiů̃'-s stėbiů̃'-s IV 166.
stė́ngiu IV 175. 267.
stymas styma II 171.
stimbras I 346.
stimpù IV 172.
stìnkstu IV 173.
stiprinóju IV 155bis. 161.
stìprinu IV 155bis. 161.
-stódinu II 226.
stógas I 446.
stójęs (part.) II 446, IV 443.

stóju stójů-s IV 54. 234.
stók (imper.) IV 54.
stomù̃ II 367.
stónas II 154.
stóvmi stóviu IV 78.
strāzdas I 450. 451.
stregiu IV 173.
stringu IV 164. 173.
strovẽ I 439.
sùkata II 237.
sukù IV 96.
su-misztù IV 210.
sunkiù IV 267.
sūnùs II 320.
súras II 186.
susù IV 96.
svaigalùju IV 316.
svambalùju IV 316.
sveikatà II 241.
svìldinu IV 161. 266. 227.
svyróju IV 264.
svyrù IV 96.
szalè III 161.
száłmas II 176.
szalnà II 148.
száłtas II 227. 237.
szaltis II 131.
szármas II 176.
szãszas I 442.
szą̃szłavýnas I 442.
száudau IV 226. 345.
szaudỹklė IV 226.
száudinu IV 226.
száuju I 303, IV 354.
szè III 330. 349.
szeĩp III 330. 254.
szełmũ II 374.
szẽn III 330.
szę̃nakt II 82.
szèpus II 82.
szeřmens (pl.) II 375.
szeszerì III 12. 52.
szeszì III 16.
szesziólika III 28.
szẽszios (pl.) III 16.

szẽsztas II 242, III 17.
szesztōkas II 274.
szeszuras I 160. 442.
szẽnas II 148.
sziaĩp III 354.
sziaurỹs II 197.
sziksznósparnis II 80.
szyksztẽju IV 314.
szìmet II 82.
szim̃tas ('hundred') I 184. 191, III 43. 46.
szim̃tas ('hundreth') III 43.
sziřdyjů-s IV 289.
szirdìs I 234, 283, II 280. 479. 489.
szirszlỹs I 435, II 210.
szirszù̃ I 240. 303. 435, II 356.
szìs I 35. 80. II 339, III 330.
szìtas III 330.
szłaunìs II 285.
szlēju -szlyju IV 254.
szlìtė II 306.
szlitìs II 304. 304.
szónkalis II 79.
sztái III 327. 330.
szulnys I 477.
szųn I 87. 187.
szunìs II 284. 356.
szunmusẽ II 81.
szùnobùlei (pl.) II 26. 81.
szunsùdēgius II 83.
szuñszùdis II 81.
szù̃ I 87. 142. 160. 187. II 346. 356.
szvaitaũ IV 344.
szveñdrai I 152. 281.
szvintù IV 164.
szvitrinẽju II 187.
szvytrù'ju II 188.

tadà III 339.
taĩp III 354.

tampù IV 133.
tamsà II 413.
tamsiùs II 317.
tánkus I 276.
tàs I 278, III 328.
tasaĩ III 336.
tą̃sau IV 329. 345.
tãvas I 59, III 391.
tavè tavès tavę̃s III 389. 393.
tè III 349.
te-darai (3rd sg.) IV 494.
teĩp III 791. 330.
tekẽlas tekẽlis II 202. 212.
tẽkinas IV 161.
tekinẽju IV 315.
tẽkinu IV 161.
tekù IV 84.
te-lystai (3rd sg.) IV 533.
tẽn III 344.
tenkmì IV 78.
tenkù I 81. 276, IV 78. 165. 172.
tenvas I 160.
teplóju IV 312.
tesẽ (permiss.) IV 76. 483.
tę̃siù II 20, IV 191. 197. 267.
tetà II 97.
tẽtervinas II 97.
tẽtis II 97.
-ti III 385.
tìkras II 188.
tìknagas I 286.
tìlės (pl.) I 241.
tylù II 133. 239. 258.
tìmsras I 429, II 182.
tyvulùju IV 316.
tõks II 273.
tólimas II 176.
traidinù IV 222.
trãkas IV 172.
trakùs IV 172.

I. Index of Words. Lithuanian: trēczias — vilkpaũtis. 159

trēczias II 133. 246, III 8.
trecziōkas II 274.
treigȳs II 277.
trejì III 8. 52.
trejókas II 273.
tréndu IV 174. 222.
tresiù IV 197. 267.
treszkù IV 202. 210.
trėdžiu IV 222.
trìdė IV 222.
trýlika II 82, III 28. 239.
trimù IV 46. 47.
trinkù IV 172.
trinù IV 159. 161.
trȳs II 279, III 9.
trìsdeszimt trisdeszimts trìsdeszimtas III 41.
-trýstu IV 222.
trȳszimtai II 82.
triszu IV 201. 203.
trúkczioju trúkszczioju IV 312.
trupinȳs IV 161.
trùpinu IV 161.
tù III 373.
tùkstantis IV 47.
túlas II 198.
tunkù IV 172.
turklẽlis I 286.
tų̃ III 345.
tůmì III 213. 345.
tvártas II 475.
tvìrtinu IV 161.
tvìska (3rd sing.) IV 202. 210.
tvýstu IV 161.

údra II 181.
ugnādekstis II 306.
ugnādektis II 305.
ugnāvėtė II 80.
ugnìs II 285.
ulóju IV 262.

ulůlóju IV 136. 262. 265.
undů̃ II 346, III 103. 293.
ungurȳs I 184.
ūszés (pl.) I 446, III 16.
užtẽsas IV 191.
úžvalkas II 115.
ùž-veriu IV 233.

ů'džiu I 86, IV 247. 394.
ůslė̃ II 211.
ůslȳs II 211.

vābalas II 209.
vaginėju IV 315.
vagů̃'ju IV 316.
vaĩdyjů-s IV 317.
vainìkas II 143.
Vaisznors II 33.
vaĩveris II 95.
valdaũ IV 219. 345.
vandů̃ I 189, II 346, III 103. 293.
vapsà I 433, II 115.
vargìngas II 277.
várna II 148.
vařnas II 148.
varsà I 442.
varsmas II 149. 176.
varsnà II 149.
vařstas II 222.
vařtai (pl.) II 238, IV 233.
-vartaloju IV 313.
vartaũ IV 327.
vasarāsziltis II 80.
vasaraugìs II 80.
vasarýnctis II 83.
važis I 304.
vedi ved (imper.) IV 501. 502.
védinu IV 161.

védinù IV 226.
vèdu III 367. 396.
vedù I 286, IV 84. 501.
vaidmainȳs II 79.
veislė̃ I 440.
veislùs I 440.
véizdmi véizdžiu, imper.
veizdi veizd, I 401, IV 52. 75. 502. 504.
rẽjas II 124. 318.
vėjmalūnis II 79.
vejù ('I twist') IV 323.
vejù ('I pursue') IV 46. 80.
vėldinu IV 226.
veldu IV 219.
vėlýbas II 217.
velkù IV 85.
velmė-s IV 76. 522. 558. 560.
vemiù IV 443.
véngiu IV 171.
vérdu IV 45. 133. 227.
-veriu IV 233.
vełszis I 429. 442.
veržiù I 394, IV 95. 171. 253.
vėtau II 223, IV 310.
vėtra II 121.
vėžligė II 79.
vežù I 304, IV 81. 389.
vênas I 82. 135. 524, II 141, III 4.
vēninu IV 161.
vēnókas II 273.
vēnů̃'lika III 28. 227.
vēnů̃'liktas III 28.
vēszpatáuju IV 317.
vēszpatis I 67.
vȳburioju IV 312.
vidurȳs II 188.
-výdžiu see pa-výdžiu.
vikrùs II 187.
vilgau I 240.
vilkas I 227, II 111.
vilkiù I 240.
vilkpaũtis II 79.

160   I. Index of Words. Lithuanian: *vìlna* — Lettic: *ītam*.

vìlna I 240, II 145.
vilnìs I 159, II 149.
vìngis IV 171.
vingùs IV 171.
vynióju IV 311.
výras II 181.
vyrnoterìnis II 91.
virstù IV 216.
virszùs I 159. 418. 442, II 318.
viržỹs I 240.
visagalį̃s visgalį̃s II 79.
-vystai (3rd sg.) IV 533.
výstas IV 213.
výtis II 295, IV 320.
võbuloju IV 313.
voverē̃ II 95.

žālas žāles I 304, II 124.
žamba I 264.

žargaũ-s IV 344.
žargin̊ėju IV 315.
žarnà II 149.
žą̃sėnà II 160.
žą̃sìs I 425. 440. 467, II 283. 485. 489.
žēmė̃ II 339.
žemobū́lỹs II 80.
žémskirė̃ II 80.
žengiù IV 94.
žénklas I 286, II 121.
žéntas II 296.
žēdžiu IV 255.
žēmà I 61. 135. 304, II 171.
žiburiǜju IV 316.
žýdmi žýdžiu IV 78.
žygëju IV 315.
žinait (2nd pl.) IV 495.
žinaũ IV 141. 142. 147. 495.
žlnė̃ II 339.

žiniù II 125.
žiñksnis II 287.
žióju I 305, IV 124. 262.
žiótis II 305.
žirglóju IV 312.
žlrnis I 240.
žmogēdỹs II 81.
žmogùs II 277.
žmogžudỹs II 81.
žinoymis III 60.
žmonà II 346. 483.
žmónės II 346.
žmū̃ I 200, II 345.
žõdis II 124.
žolē̃ I 304.
žùkmistras I 301, II 263.
žūnù IV 153.
žū́stu IV 217.
žuvls II 486. 489.
žúvù IV 153.

Lettic.

ī comes after *i*, *sch* after *s*, *ſ*. *ū* after *u*, *dſ* after *z*.

addata II 237.
ailis II 210.
apse I 399. 433.
ap-ſchûgâju IV 285.
ass I 303.
assarûju IV 316.
at-jáundju IV 285.
duju IV 249. 254.
dukla II 119.
dunu IV 153.
auréju IV 315.
dusijû-s IV 316.

biju ('eram') IV 259.
brídéju IV 315.
brinu IV 154.

daglis IV 328.

dáwana II 154.
déiju IV 187. 247.
déju IV 237. 255.
déls II 198.
desmitáis I 303.
desmits I 184.
dewiñi I 60.
dewíts I 184.
dedſu IV 255.
diwpadsmit III 29.
dina I 61.
draúsma II 176.

eita (2nd pl.) IV 543.
ēla II 210.
e'rſchu IV 227. 280.
es III 365. 372.
esmu IV 75.

gadskárta II 83.
gáju IV 57.
galéju IV 315.
gi'nstu IV 227.
gldu IV 163. 165. 173.
glõdens II 151.
gludens II 151.
gri'mstu IV 227.
gúnu IV 147. 153.
gûdáju IV 285.
gûdíju IV 317.

irkls I 285.

ī I 165.
it (3rd sg) IV 533.
ìtam (1st pl.) IV 218.

I. Index of Words. Lettic: -jáundju — dſísma.   161

-jáundju IV 311.
jŏkáju IV 311.
júkstu IV 173.
júku IV 173.
jútis II 304.

kampju IV 173. 267.
kampu I 318.
krdzu IV 234.
kréimalaiſchkis II 255.
krisls II 211.

labbéju IV 314.
lḗiju IV 254.
liſchkis II 255.
lĭdu IV 154.
lĭku I 61.
lĭnu IV 154.
luppatas II 337.

meddiju IV 317.
mêsls II 211.
-minu IV 93.
mistrêju IV 315.
miſchu IV 164. 166. 173. 175. 267.
mĭſnu IV 154. 175.
mĭſcháuſas II 91.
múku IV 164.

páipala II 95.
papúde IV 223.
peléks II 259.
pe'lniju IV 322.
pe'lnuruſchkis II 255.
perdu IV 81.
pirkaľáju IV 313.
pirmáis II 170.
pluska plūskas II 255.
plŭku IV 165. 173.
prátéju 1V 315.

ráju IV 265.
rámļju IV 317.
ráunu IV 153.
ruschka II 255.
rūdu IV 154.
rūnu IV 154
rūſiju IV 322.

salms II 175.
sa'lts I 303.
sédeklis II 121.
segli (pl.) I 286.
sêkla I 285, II 121.
senzis II 263.
septitáis III 19.
sĭku IV 164.
si'mts I 184.
si'rdĭjū-s IV 316.
sirsis I 303.
sĭnu IV 153.
skáustĭju IV 317.
skrōdelis I 224.
slaids IV 170.
slauna I 303.
sléiju IV 145. 254.
sleppens II 151.
sliddens II 151.
sĭnu IV 145. 150. 153.
smaida IV 224.
smĭdinu smĭdinu IV 224.
snĭg (3rd sg.) I 61, IV 81.
spéks II 254.
spłaunu IV 153.
spraids IV 175.
stáds IV 226.
stádu IV 226.
stiprinu IV 161.
stráume II 175.
stringstu IV 173.
strĭgu IV 85.
susu IV 96.
swéts I 303.
swĭdri (pl.) II 180.

schaudeklis IV 226.
schaudrs IV 226.
scháuláju IV 311.
schkirba II 217.
schuju I 126, IV 236. 256.
schŭnu IV 153.

ſále I 394.
ſa'lsch I 304.
ſe'lts II 221. 235.
ſemesmáte II 83.
ſĭma I 61. 304.
ſnŭts I 87.

-ſchŭgáju IV 285.

tdisns II 148.
tezzelis tezzele II 212.
tĭws I 160.
trausls I 440.
trusls I 440.
túkstŭts III 47.

úde'ns I 189, II 356.
úf-minu IV 93.

waggŭju IV 316.
wájáju IV 311.
wáweris II 95.
weddi wedd (imper.) IV 501.
werſchu IV 253.
wirſchu IV 253.
wiſns II 148.
wĭnpadsmit III 29.
wĭtamis III 273.

dſiras II 183.
dſisma II 176.

Prussian.

c is given under *k*, *v* under *w*, *y* under *i*.

abse I 399. 433.
addle I 286. 402.
ainan I 71. 82, III 4.
angurgis I 184.
apewitwo II 80.
artwes II 118.
as es III 365. 372.
asmai asmu IV 75. 495.
 522. 528. 533. 558. 560.
asman I 398, II 170, III 21.
assanis II 288.
assis I 303.
astits IV 533.
aswinan I 160.
au- I 96.
Austigaudis II 33.
awis II 129. 155.

Banduke II 268. 465.
berse I 304.
biāsnan II 289.
boūsai (3rd sg.) IV 533.
Butc II 34.
Buteko II 34.
Butil II 34. 200. 211. 464.
Butilabcs II 33.
buttastaws buttantāws II 83.

dadan II 348.
dagoaugis II 79.
dais (2nd sg.) IV 483. 492. 495.
dalptan I 223.
Dargelo Dargels II 211.
dāsai (3rd sg.) IV 533.
dātun dāton II 332.
deinaalgenikamans II 80.

deinan I 61, II 356.
dessimts dessympts I 184. 303.
dilants II 404.
druwi I 157., 284 391.
dwigubbus III 51.
ebsentliuns I 285, II 121.
ebsignāsnan II 289.
ēit (3rd sg.) IV 77. 533.
emna- I 188, II 367.
emprīkisins II 397.
en I 165.
en-gaunai (3rd sg.) IV 495.
en-wackē -wackēmai I 137. 332.
es see as.
essci assei assai (2nd sg.) see asmai.
etlāikusin IV 581.

gabawo I 339.
geide (3rd pl.) I 61.
geits II 238.
genna I 325.
gorme I 309, II 171.

idaiti ideitl (2nd pl.) IV 76. 495.
imais immeis (2nd sg.) IV 495. 528.
immus- (part.) IV 443.
insuwis I 200. 205, II 272.
inxcze I 186.
irmo II 176.

jcis (2nd sg.) IV 77. 495.
jous III 374.

juse I 443.

kaigi kāigi III 354.
kailūstikan II 206.
Cantil II 211.
karigewayte cariawoytis II 79, IV 310.
kellaxde II 80.
keuto I 341.
kirsnan I 240. 445.
klantīuns klantīwuns (part.) II 447.
korto I 306.
crauyawirps II 79.
crauyo I 132.

laukinikis II 271.
lauxnos I 339, II 140.

mais (maia-) II 132, III 391.
maitātun II 332.
maldaisin II 438.
maro I 154.
massais II 438.
mensā menso mensai I 436. 440, III 67. 268.
mes III 375.
moasis I 441.
muisieson (gen. pl.) II 429. 437.

Nabute II 33.
nc-ains ni-ains II 82.
newīnts I 60. 184. 205, III 22.
nousan noumans III 370.

I. Index of Words. Prussian: *panustaclan* — Slavonic: *ązŭkŭ*. 163

panustaclan II 207.
pecku I 343.
pelwo II 137. 211.
penpalo II 95.
perstlanstan II 80.
pirmois II 170.
poducre II 378.
po-gerdaut IV 236.
poklausimanas (part.) II 166, IV 613.
po-linka (3rd sg.) IV 162. 164.
po-paikā (3rd sg.) I 337.
postāuns (part) II 446. 447.
preartue II 118.

quai quoi (fem.) III 337
quoitī-lai IV 9.

saligan I 304, II 124.
sālin I 304.
salmis II 176.
salta- I 303.
saninsle II 211.
sardis I 291.
sasnis I 413.
sebbei III 371. 381.
seggēssai (2nd sg.) IV 563.
seilin II 210.
seiti (2nd pl.) IV 495.
semo I 304.
sen-gydi (3rd sg.) I 311.

senskrempūsnan IV 171.
-sentismu IV 75.
septmas sepmas I 196.
271. 401bis, II 166, III 19.
sīdans sīdons (part.) IV 174.
signāuns (part.) II 447, IV 443.
sinnāt I 304.
-sin IV 581.
sindats syndens (part.) IV 174.
-sins (part.) IV 75.
syrne I 304.
sirsilis I 303, II 210.
syvan II 137.
slayo III 238.
slaunis I 303.
slidenikis II 271.
smoy I 87. 200.
snaygis I 21.
spertlan II 121.
spoayno II 148.
stai (fem) III 337.
stānintei (adv.) IV 153.
stas III 327. 330.
stesse stessei (gen.) III 113.
stubonikis II 271.
suckans (acc. pl.) I 301. II 263.
sunis II 284.
swais III 371. 391.
swestro I 138. 160, II 110. 378.

swintinα swintinai (3rd sg.) IV 151. 533.
swints I 303.

tebbei III 381.
teikūuns (part.) II 447.
Tewiko II 269. 465.
tirtis III 9.
tou III 373.
turrei (3rd sg.) IV 533.
tūsimtons III 48.
twais (*twaia-*) II 132, III 391.

unds undan I 189.
uraisin II 438.
uschts I 446, III 16.

waidinna (3rd sg.) IV 161.
waitia (3rd sg.) IV 310.
wans III 367.
warto III 238.
weddē (3rd sg.) IV 133.
weldūnai (pl.) IV 219.
vessis I 304.
weware II 95.
Wyrucke II 269.
wosee I 304.
wosigrabis II 80.
wuschts I 446, III 16. 17.

Old Church Slavonic.

Order of the letters: *a ą b c č ch d e ę ě g i ĭ j k l m n o p r s š t u ŭ v y z ž*. The verbs are generally in the 1st sing. present.

alčą (inf. *alkati*) I 224.
aldiji II 339.
azĭno II 155.
azŭ jazŭ III 365. 370. 372.

ąchają I 95. 186. 444, II 204, IV 197.
ąglĭ II 293.
ągorištĭ I 184.
ąrožda II 131. 476.
ątrĭ I 197.

ątroba II 197. 218.
ązlŭ II 210. 211.
ązostĭ II 307. 422.
ązŭkŭ I 90. 95. 186, II 263. 269. 313. 318. 455.

11*

I. Index of Works. Old Church Slavonic: bają — črĭnŭ.

bają IV 234.
baliji II 339.
basnĭ II 287. 289.
basŭ (aor.) IV 368.
-bavają IV 314.
bą (3rd pl.) IV 46. 87. 257 544. 554.
bądą (1st sg.) IV 176. 228.
bądą (3rd pl.) IV 458. 554.
bebrŭ I 223, II 96.
berą (inf. bĭrati) I 263, IV 80.
bez- II 78.
bezotĭcĭ II 131.
bezumlĭ II 132.
bě (2nd and 3rd sg.) I 148. 160. 161. 250, IV 33. 128. 133. 367.
bělilo II 216.
běsują IV 287. 309.
běsŭ I 444.
běždą IV 344.
biją see bĭja.
bimĭ IV 257.
-birają IV 264.
-bivają IV 314.
bĭbrovina II 158. 466.
bĭją bĭja IV 96. 146. 367.
blagodětĭ II 296.
blagynji II 336.
blaznją (inf. blatzniti) I 135.
blądą (inf. bląditi) IV 340.
blekoštą (inf. blekotati) II 237, IV 287.
blędą (inf. blęsti) I 223, IV 94.
blěją IV 191. 262.
bljĭvą (inf. bljĭvati) IV 95.
bljudą (inf. bljusti) I 161, IV 82.
bljustelĭ II 382.

bodą (inf. bosti) I 258, IV 368.
bogumilŭ II 86.
bogumrĭzŭkŭ II 86.
bogŭ II 111.
bogynji II 336.
boljĭjĭ II 437.
borją (inf. brati) IV 249.
bosŭ I 444.
brada I 224.
bradatŭ II 224. 237.
brakŭ II 255.
branĭ II 287.
branją (inf. braniti) IV 311.
bratrĭja bratĭja II 131. 463. 476.
bratrŭ bratŭ I 522, II 121. 382.
bratuéęda II 86.
bratŭsestra bratŭsestrĭca II 85.
brazda I 451.
bredą (inf. bresti) IV 85.
brěgą (inf. brěšti) IV 85.
brěmę II 366.
brěza I 224.
bridŭkŭ II 269.
brĭją brĭją IV 139. 324.
brĭzają IV 225.
brĭzŭ IV 225.
bronŭ II 141.
brŭvĭ I 264, II 486.
bučą (inf. bučati) I 264.
bujakŭ II 274.
buždą (inf. buditi) IV 324. 344.
bŭdrŭ II 188.
bŭną (inf. bŭnąti) I 402, IV 153.
bŭždą (inf. bŭděti) I 285, IV 158.

bylĭ II 293.
byšąšteje byšęšteje I 134, II 403, IV 271.

cě III 354.
cědilo II 216.
cělěją IV 289.
cělją (inf. cěliti) IV 326.
cělŭ II 206.
cěna I 68. 338, II 140.
cvĭtą (inf. cvisti) I 338.
cvĭtelŭ II 211.

čapŭ I 338.
čara I 338.
česo česomu česomĭ III 113. 340. 390.
četvero I 138. 160, III 12.
četvrěgubŭ II 85.
četvrĭgŭ II 277.
četvrĭtŭ I 160. 227, II 242, III 13.
četyre četyrije I 338, III 12.
ęstŭ I 204, II 237.
činŭ II 321.
čislo I 397, II 211.
čismę I 397, II 375.
čistŭ II 237.
-čĭną (inf. čęti) IV 95. 177.
čĭstĭ I 397, II 304.
čĭštą (inf. čĭstiti) IV 311.
čĭtą (inf. čisti) IV 212.
čĭto I 338, III 113. 333. 340. 345.
čŭtŭ II 222 475.
črěplją (inf. črěpati) IV 255.
črĭmnŭ I 240.
črĭnota II 239.
črĭnŭ I 240. 338. 445.

črĭpalo II 215.
črĭpą (inf. črěti) I 399.
črŭtą (inf. črěsti) I 240.
IV 87.
črĭvĭ I 240.
čudesotočĭnŭ čudotočĭnŭ
II 85.

chladŭ I 444.
chodivŭ IV 320.
chodŭ I 444.
choštĭ (imper.) IV 502.
choždą (inf. choditi) I 282.
chromŭ I 444.

da dastŭ (2nd and 3rd sg.) IV 367.
dadę (part.) II 404.
dają IV 234.
damĭ I 86. 400, II 404. 442, IV 99. 104. 367. 443. 482. 492. 504. 543. 554. 563.
danĭ II 284.
darją (inf. dariti) IV 346.
darŭ II 183. 188.
datelĭ II 384.
datĭ II 297.
davają IV 314.
davŭ (part.) II 442, IV 443.
daždą II 125.
daždĭ (imper.) IV 492. 504.
derą (inf. dĭrati) I 286, IV 82.
desęte (pl.) II 242. 390.
desętĭ I 186, II 306, III 23. 24.
desętŭ I 204. 303, II 242, III 24.
desĭnŭ I 398, II 155.

devętĭ I 60. 138. 205, II 306, III 22.
devętĭ I 138. 205, II 245, III 22.
deždą dėją (inf. děti) I 254, II 154, IV 103. 255. 261.
dęgŭ IV 171. 176.
dědŭ I 286, II 94.
dėją see deždą.
dėlają IV 285.
dėlją (inf. děliti) IV 346.
dělo II 422.
dětĭstvo II 117.
děverĭ I 95, II 381.
divlją (inf. diviti) IV 346.
dĭnĭ I 61, II 285. 356.
dlato I 223.
dlŭbą (inf. dlěsti) IV 95.
dlŭgota II 239.
dlŭgują IV 309.
dlŭgŭ I 240.
doba I 286.
dobrŭ I 286, II 188.
doją (inf. dojiti) I 101. 103, IV 237.
dolŭ II 115.
domačędĭcĭ domažĭvĭcĭ II 86.
domuzakonĭnikŭ II 86.
domŭ II 316.
drążĭje II 131.
dręselŭ II 211.
drěvěnŭ II 160.
drěvo II 314. 422.
drěžą (inf. drĭžati) IV 258.
droždijanŭ II 160.
drugako II 273.
drugŭ III 320.
drŭvo II 315.
duchŭ I 443.
duplĭ I 263.
duša I 443.

dušą (inf. duchati) IV 287.
dušegubĭnŭ dušeubijĭca II 84.
dŭbrĭ I 263.
dŭchną I 444.
dŭno I 271, 401, II 146.
dŭšti I 276. 404, II 382.
dŭva dva I 161, III 7.
dŭvadesętĭnŭ dvadesętĭnŭ II 85, III 35.
dva see dŭva.
dvašdi III 50.
dvigną IV 153.
dvodesętĭnŭ II 35, III 35.
dvogubĭ -gubĭnŭ III 51.
dvojakŭ II 273.
dvorŭ I 281, II 114.
dvosŭtĭnŭ III 47.
dymŭ II 171.

ė- see under ja-.

-ganą (inf. -ganąti) I 402.
gągnają IV 13.
gągnivŭ IV 13.
gąsĭ I 343.
gąsli (pl.) II 293.
glagolją (inf. glagolati) IV 3. 260. 287.
glagolŭ II 13. 95. 115.
glasŭ I 441, IV 198.
glavobolije II 24.
ględają IV 175.
glęždą (inf. ględėti) IV 174. 175. 267.
gnèvają sę IV 313.
-go I 558.
gonją (inf. goniti) IV 325. 344.
gorąt- (part.) IV 259.
gorjĭjĭ II 437.

gostĭ I 77. 340, II 292. 300.
gostoljubivŭ II 84.
goštą (inf. gostiti) IV 311.
govlją govėją IV 132. 238. 258. 265.
gradŭ I 291. 343.
grają IV 264.
graždane (pl.) II 362.
grebą (inf. greti) I 399.
grędą (inf. gręsti) I 319, IV 165. 174. 175.
grėją IV 264.
griva I 39, II 137.
gromŭ II 110.
gruda I 286. 340.
-gubĭ -gubĭnŭ III 51.
-gŭną (inf. gŭnąti) I 401.
gyną gybną (inf. gynąti gybnąti) I 401.

i (jĭ) III 332.
idą (inf. iti) I 48, II 20, IV 226.
igo I 40. 44. 130. 452, II 111.
imamĭ (inf. imėti) IV 127. 522.
ima -ĭmą (inf. jęti) I 181. 526, IV 86. 95. 366. 367.
imenonosĭnŭ II 85.
imenują IV 317.
imę I 187, II 367.
inokŭ II 257.
inŭ I 82. 135. 527, II 141, III 4.
iską ištą (inf. iskati) I 82. 134. 304, IV 202. 203. 210. 231. 279.
isplŭnĭ II 283.
isto I 186, IV 176.
ištą see iską.

izgonŭ I 340.
izŭ-sąčą (inf. -sąčiti) IV 345.
iže I 130.

-ĭmą see imą.

jablŭko I 526.
jachati (inf.) IV 198. 228.
jachŭ (aor.) IV 370.
jadą (inf. jachati) I 110. 130, IV 228.
jadĭ II 283.
jadŭ (part.) IV 394.
jagnę II 144.
jaje I 161.
jakŭ II 273, III 332.
jamĭ ėmĭ I 66. 401, IV 28. 76. 370. 394. 481. 492. 504 554.
jamo II 405.
jara jarŭ I 110, II 187, IV 128.
jarŭ ('iratus') II 184.
jasli (pl.) I 397, II 293.
jasto II 231.
jajŭ see azŭ.
jažda II 125.
jaždĭ (imper.) IV 492. 504.
jąza I 526.
je- (pronoun) III 331. 332.
jedinakŭ II 273.
jedĭnŭ jedĭnŭ III 5.
jego (gen.) III 343.
jela I 402.
jelenĭ I 50. 171. 526, II 285. 343. 349. 356, III 292.
jelikŭ III 332.
jelĭcha I 429.
jesenĭ II 288.

jesmĭ I 32. 66. 440, IV 52. 54. 75.
jeterŭ I 50, II 198.
ježĭ I 301.
jętro II 189ᵇⁱˢ. 197. 450.
jętry I 207, Add. to II 385.
jęza I 526.
językŭ I 200. 205. 526, II 272.
Jisusŭ-Christosŭ II 85.
jucha I 443. 452.
junakŭ II 274.
junĭcĭ I 134. 338.
junota II 104. 241.
junŭ II 149. 198.
jutro jutrė see utro.

kakŭ II 273.
kamenĭ see kamy.
kamenĭje II 131.
kamenovidĭnŭ II 85.
kamėnŭ I 187.
kamy kamenĭ II 284. 374.
kašĭljają IV 313.
kladą (inf. klasti) IV 220.
klakolŭ II 95.
-kleną IV 153.
klepalo II 215.
kleveštą IV 287.
-klevetavają IV 314.
kljŭwą (inf. kljŭwati) IV 95.
klokotŭ II 237.
klopotŭ II 237.
kolikŭ II 265. 272. 291.
kolĭ II 291.
kolją (inf. klati) IV 256. 367.
kolo II 96.
konjĭ I 80.
korenĭ II 356.

I. Index of Words. Old Church Slavonic: *kosa — mlŭzą*. 167

kosa I 439. 444. 452.
kosmŭ I 439.
kosną part. *kosnovenŭ*,
IV 185.
kotoryjĭ koteryjĭ II 189.
190.
kovą (inf. *kovati*) IV
225.
kraljują IV 310.
kramolją (inf. *kramoliti*)
IV 346.
kratŭ II 332.
kravą I 160, II 137.
krąštą (inf. *krątiti*) IV
345.
krątŭ I 228.
krečetŭ II 237.
kręną I 288, IV 174.
krętają I 228.
krivŭda II 410.
krŭviprolitije II 86.
krŭvĭ II 284. 489.
krŭvoprolitije II 84.
kŭde kŭdě III 349.
kŭto III 333.
kyplją (inf. *kypěti*) IV
236.

lačą (inf. *lakati*) I 224.
ladiji II 339.
lają (inf. *lajati*) IV
240.
lakomŭje II 131.
lakŭtĭ II 394.
ląčą (inf. *ląčiti*) IV
345.
łąkają IV 284.
lebedĭ II 408. 410.
lędvija I 282.
lęgą (inf. *lešti*) I 340,
IV 174.
lęką (inf. *lęšti*) IV 175.
lěcha I 443, II 114.
lěją see *liją*.
lěpŭkŭ II 269.
lěto II 238.

lěvŭ I 95, II 135.
lice I 134.
liją see *lěją*.
ližą (inf. *lizati*) IV
255.
-livają IV 314.
liją liją, lěją (inf. *liti*,
lĭjati lijati) IV 254.
256.
-lĭną -lĭpną I 35. 399.
IV 94.
-lĭplją (inf. *-lĭpěti*) IV
133. 239. 258.
listĭ II 302.
ljubica II 272.
ljubivŭ IV 320.
ljublją (inf. *ljubiti*) IV
328.
ljubŭ II 115.
ljuby III 93.
ložą (inf. *ložiti*) IV
327.
lože I 340.
lŭža II 125. 476.
lŭžĭ I 340, II 125. 283.
lyko I 186, IV 176.

maly III 276.
mama II 95.
maslo II 211.
materedosaditelĭ II 85.
matereubijĭca II 85.
mati I 62, II 382.
mądrŭ II 180. 186.
mąštą (inf. *mątiti*) IV
328.
mąžata II 237.
mąžeženŭ II 91.
mąžĭ II 277.
mąžŭlěją IV 316.
mečĭkŭ II 262.
medotočĭnŭ II 84.
medovina II 159.
medŭ I 275, II 313.
318.
medvědĭ II 26. 283.

mene (gen.) III 389.
metą (inf. *mesti*) IV
212.
meždа I 111. 132. 275,
II 132.
meždŭ III 208.
męčą (inf. *męčiti*) IV
247.
-męną IV 153.
męso I 436. 440, II 186.
188.
mętŭ I 194.
mędra I 440, II 188.
měchŭ I 441.
měna II 147.
měrją (inf. *měriti*) IV
346.
měsęcĭ II 270. 415. 425.
měsęčina II 159.
měšą (inf. *měsiti*) I
304, IV 210. 344.
mi (dat. pron. person.)
III 385.
miną IV 153. 185.
minują IV 185. 267.
mirŭnuja IV 317.
mirjane (pl.) II 362.
mĭgla I 223, II 199.
210.
mĭną (inf. *męti*) I 205.
mĭnją (inf. *mĭněti*) I
111. 131. 192. 205,
IV 230. 235. 238.
258. 580.
mĭnjĭjĭ mĭnjijĭ I 161.
192, II 433.
mĭrą (inf. *mrěti*) I 241,
IV 95. 368.
Mĭstidrugŭ II 86.
mĭštą (inf. *mĭstiti*) IV
311.
mĭzda I 275. 452.
mladŭ II 221.
mlatŭ II 238.
mlŭkną IV 153.
mlŭzą (inf. *mlěsti*) IV
79. 87. 93.

mogą (inf. mošti) IV
87. 435.
mojĭ II 133, III 391.
morją (inf. morlti) IV
344.
moštĭ II 303.
mozgŭ II 477.
mrŭtvŭ I 138, II 116.
117.
mrŭmŭrją (inf. mrŭmŭrati) IV 13. 260.
mŭchŭ I 443, II 115.
-mŭd(ĭ)lėją IV 316.
mŭnogŭ II 266, IV 139.
my III 369. 375.
myslĭ II 293.
myšĭ I 45. 443, II 485.
myšĭca II 263. 269.
myšlją (inf. mysliti) I
135, IV 311.
-myvają IV 314.

na ('on') I 86.
na (pron. du.) III 367.
397.
na-čĭną (inf. -čęti) see
-čĭną.
naglavije II 85.
na-rĭčą (inf. -ricati) IV
313.
narojĭ IV 153.
na-sėvają IV 314.
nasŭ (gen. loc.) I 441,
III 367. 386.
našĭ II 131, III 391.
394.
navĭ II 282.
nążda IV 176.
ne ('un-') II 78.
nebesopodrażateľĭnŭ II
85.
nebo II 414.
nedągŭ IV 171. 176.
neizdrečenĭnŭ II 162.
nesą (inf. nesti) IV 368.

netijĭ I 112. 269. 399,
II 130. 390.
nėsmĭ I 460.
nicĭ II 256. 453.
ni-kŭto II 31.
nitĭ IV 127.
nogŭtĭ I 406, II 394.
nosŭ I 94. 427. 444,
II 481.
noštĭ I 328, II 300.
novakŭ II 273. 274. 466.
novina II 157. 466.
novŭ I 59. 137, II 110.
nozdri (pl.) I 440 445,
II 188.
ny (acc.) III 375.
nynė I 45.

o-bavają IV 314.
obėdują IV 317.
obiją (inf. obiti) I 160.
oblakŭ I 224, II 115.
obonŭpoľĭnŭ II 5. 86.
ob-ręštą (inf. -rėsti) IV
174. 218. 231. 267.
280.
ob-rėtŭ (aor.) IV 218.
ob-ują (inf. -uti) IV
249. 254.
očĭ (du.) II 279. 283,
III 203.
o-dėnŭ (part.) II 154.
o-dėvają IV 314.
ognĭ II 285.
ognište II 129.
o-klevetavają IV 314.
okno II 347.
oko II 279. 283, III
203, IV 193. 194.
okoizmetĭnŭ II 85.
olovėnŭ II 160.
o-mŭd(ĭ)lėją IV 316.
onako II 273.
onude III 146.
onŭ III 329.

opako opaky opače II
257.
opona II 145.
oralo II 122. 214.
oratajĭ II 389.
orŭlŭ II 211.
orją (inf. orati) I 94,
IV 124.
osina I 399. 433.
osĭ I 303. 398. 438, II
281.
osmĭ I 68, II 290, III
20.
osmonadesętŭ II 86. 90.
osmŭ osmyjĭ I 398, II
170, III 20. 21.
ostegŭ I 446.
osteža I 339.
ostrĭje II 131.
ostrovŭ I 137. 409.
ostrŭ I 398. 400, II
184. 187.
oštrją (inf. ostriti) IV
346.
otĭčĭ I 95.
otŭlėkŭ II 115.
otŭraslĭ II 293.
ovĭca I 134, II 263. 269.
ovĭčina II 159.
ovŭ III 329.
o-žestočają IV 289.

padną I 402.
padŭšti II 85.
pače II 257.
paky II 257.
pamętĭ I 186. 204, II
295.
para IV 102.
pavitĭ II 295.
pażą (inf. paziti) I 346.
446.
pątevoždĭ II 84.
pąto II 475.
pečatĭ II 394, III 292.
pečat(ĭ)lėją IV 316.

I. Index of Words. Old Church Slavonic: *peką — rėžą*.

peką (inf. *pešti*) IV 81. 96.
pelesŭ I 223, II 252.
pepelŭ II 97.
pęstĭ I 205, II 306, III 15. 307. 399.
pętĭ II 306, III 13. 14.
pętĭnadesętĭnŭ II 5. 86.
pętŭ I 307, II 246, III 15.
pěna II 148.
pěsŭkŭ II 263.
pětŭ II 237.
pišą (inf. *pĭsati*) I 61, IV 255.
pivają IV 314.
pivo II 137.
pĭci (imper.) IV 96.
pĭją pĭją IV 85. 96.
pĭną (inf. *pęti*) I 205, II 145, IV 95.
pĭstrŭ I 400, II 188.
pĭšą (inf. *pĭchati*) I 443, IV 256.
plačą (inf. *plakati*) I 271, IV 234.
plamy plamenĭ II 375.
planą IV 153.
plavŭ I 160. 223, II 105. 137,
plemę II 375.
plesną I 400.
pletą (inf. *plesti*) IV 212.
plěnŭ II 148.
plěva II 137.
plěvelŭ II 211.
plină IV 153.
plita I 186.
pljĭvą (inf. *plĭvati*) IV 95.
plują (inf. *pljĭvati*) I 119. 132, IV 237. 256.
pljuną IV 153.
plovą (inf. *pluti*) I 50. 59, IV 81. 254.

plŭnją (inf. *plŭniti*) IV 43. 326.
plŭnota II 239.
plŭnŭ I 228, II 140. 148. 452.
plŭtĭ II 305.
po-činą (inf. *-čęti*) see *činą*.
počĭtŭ II 222. 475.
po-črĭpą (inf. *-črěti*) I 399.
podaditelĭ II 389.
podŭjętŭ II 475.
pogrebitelĭ II 389.
pojasnĭ I 439. 452.
pojasŭ I 83. 444.
poją (inf. *pojiti*) IV 327.
pokoji IV 132.
poŭzĭje II 131.
poludĭne poludĭnije poludĭnĭnŭ II 86.
polunošti polunoštije polunostĭnŭ II 86.
po-męną IV 153.
popelŭ II 97.
porją (inf. *prati*) IV 246.
postatĭ II 297.
poznatĭ II 296. 305.
požarŭ I 339.
pramenĭ II 375.
prasę I 224.
pravlją (inf. *praviti*) IV 346.
prědają IV 171.
prędą (inf. *pręsti*) IV 175.
pręslo II 211.
prěkŭ II 257.
prijają IV 284.
prijatelĭ II 388.
prijaznĭ prĭjaznĭ I 37.
prijętĭnŭ II 162.
pri-lĭną pri-lĭpną see *-lĭną -lĭpną*.
pri-lĭplją (inf. *-lĭpěti*) see *-lĭplją*.

primorije II 85.
pritŭča I 338.
pri-veslają IV 285.
prĭstŭ II 238.
prĭvują IV 317.
prĭvŭ prĭvyjĭ II 134, III 5.
prokazilėją IV 316.
prokŭ II 256.
prostrĭtŭ II 237.
prostŭ II 382.
prošą (inf. *prositi*) IV 344.
pyro II 187.
pytają IV 302.

ralo I 224. 273. 402, II 122. 213.
ramę I 241, II 176. 341. 375.
ramo II 171. 176.
rastą (inf. *rasti*) IV 218.
ratiji I 224, II 389.
raz-bivają IV 314.
razumėją IV 288.
zazumėvają IV 314.
raz-vrĭzają IV 264.
raždą (inf. *raditi*) II 20, IV 220. 329. 345.
rągŭ IV 175.
rąka II 115.
rąkojętĭ II 300.
rąkoobyčĭnŭ II 84.
rąkopĭsanije II 84.
rebro II 188.
reką (inf. *reštl*) I 240, IV 95. 368.
ręgną IV 174. 175.
-ręstą (inf. *-rěsti*) see *obręštą*.
rěchŭ (aor.) IV 368.
rěją IV 218.
rěžą (inf. *-rězati*) IV 255.

I. Index of Words. Old Church Slavonic: -ričą — sŭnĭje.

-ričą (inf. -ricati) IV 313.
riną IV 153.
rĭci (imper.) I 240, IV 95.
rogatŭ II 237. 291. 309.
roglĭ II 212.
rosa I 444.
rota II 227.
rozga II 157. 277.
ruda I 82.
rŭdrŭ I 181, II 181.
rŭpŭštą (inf. rŭpŭtati) IV 287.
rŭvą (inf. rŭvati) IV 92. 95.
rŭždą (inf. rŭděti) IV 132. 241. 258.
rydają I 286.
rygają IV 123.
ryją IV 256.

-sącą (inf. -sąčiti) IV 345.
sądiji II 339.
sakŭ I 303.
sąlogŭ I 340, II 85.
sąpostatŭ II 226.
sątĭ sątŭ (3rd pl.) IV 50.
sebe sebě III 371. 382. 389.
sedlo II 210.
sedmĭ II 290, III 18.
sedmosętĭnŭ III 42.
sedmŭ sedmyjĭ I 196. 345. 401, II 166, III 18. 19.
seljane (pl.) II 362.
selo II 199. 462.
sestra I 138. 160. 439, II 110. 121. 378. 381.
sę IV 581. 594.
sędą (inf. sěsti) IV 174.
sęgną IV 174.
sękną IV 174. 175.

sętŭ (3rd sg.) IV 52. 78.
sěją I 254, IV 234.
sěmę II 370. 375.
sěnĭ II 287.
sěno II 148.
sětĭ I 87. 95, II 305.
-sěvają IV 314.
sěverŭ II 197.
si (dat. pron. reflex.) I 162, III 385.
sicĭ II 272.
si kŭ II 272.
sila II 210.
siną IV 153.
sirota II 241.
sito II 238.
sivŭ II 137.
sĭ I 35. 80, II 339, III 239. 330.
skačĭkŭ II 262.
skoblĭ I 271. 439.
skrĭžĭštą (inf. skrĭžĭtati) IV 287.
skubą (inf. skubsti) I 49.
slabŭ I 270. 390. 433.
sladują IV 309.
sladŭkŭ II 269. 317.
slama II 175.
slana I 303, II 148.
sląkŭ I 184. 433.
slěmę II 374.
slězena I 400.
slina II 149.
slovą (inf. sluti) IV 85.
slovo I 49, II 414.
sluchŭ II 20, IV 193. 198.
sluga II 277.
směją sę IV 254.
sněgŭ I 135. 340, II 114.
snŭcha I 443.
snŭšĭnŭ I 135.
socą (inf. sočiti) IV 344.
socha I 442.
sokolŭ II 211.
sokŭ I 337.

solĭ I 94, II 281. 485.
spěją I 103, IV 234.
sporŭ I 103, II 181.
sramŭ II 176.
srěnŭ II 285.
srĭdĭce I 134. 234. 283.
srĭšenĭ I 240. 302. 435. 443, II 285. 356.
stają IV 234.
staną (inf. stati) IV 144. 153.
stanŭ II 154.
stavają IV 314.
stavlją (inf. staviti) I 156bis, IV 329.
stenją (inf. stenati) IV 233.
stepenĭ II 356.
stěna II 149.
stĭrą (inf. strěti) IV 95.
stĭza I 134. 340.
stoją (inf. stojati) I 101. 103. 255, IV 237. 240.
strana II 149.
strěla II 210.
strigą (inf. stristi) IV 85. 164. 174.
strĭšenĭ I 400.
strĭšĭlŭ II 210.
struga II 277.
struja I 438.
suchŭ I 95, II 115.
sugubĭ II 283.
sują (inf. sovati) I 304, IV 254.
sunŭ II 149.
suša II 131. 476.
sŭ-birają IV 264.
sŭchlĭ I 444.
sŭchną IV 153.
sŭděteĭ II 382.
sŭdravŭ I 160.
sŭmetĭ IV 212.
sŭmrĭtĭ I 227, II 299.
sŭmrŭtonosivŭ II 84.
sŭn-ědają IV 264.
sŭnĭje sŭnije II 126.

I. Index of Words. Old Church Slavonic: sŭn-ĭmą — veslo.

sŭn-ĭmą I 187.
sŭnŭ I 165. 399, II 140.
sŭpą (inf. su(p)ti) IV 96.
sŭsą (inf. sŭsati) IV 91.
sŭšą (inf. sŭchati) IV 236.
sŭtĭnŭ III 44.
sŭto III 43.
sŭvęslo II 211.
sŭvědětelĭstvują IV 317.
sŭvěděteljują IV 317.
sŭvědokŭ II 260.
sŭvěstelĭ II 382.
svekrŭ I 160. 343.
svekry II 334.
svętŭ I 158. 186. 303.
svěštą (inf. světiti) IV 344.
světlŭ II 210.
svinŭ I 37. 39, II 157.
svobodĭ II 283.
svojĭ III 371. 391.
sy (part.) II 404, IV 50. 53. 76.
synotvorjenije II 84.
synŭ ('son') II 320.
synŭ ('tower') II 149.
synŭkŭ II 464.
syrŭ II 186.

šestĭ II 306, III 16.
šestŭ II 242, III 17.
šiją I 47. 126. 136, IV 236. 256.
šilo I 111. 402, II 214.
šitŭ I 111.
šujĭ I 161, II 132.

takŭ II 273.
tamo II 405.
tatĭ I 136, II 293. 301. 460.
tąča I 328.
tąpŭ IV 176.

te ('and') III 349.
tebe tebě III 381. 389.
tečĭnŭ IV 161.
teką (inf. tešti) IV 84. 96. 368.
tesla II 199.
teta II 97.
tetrěvĭ II 97.
těchŭ (aor.) IV 368.
ti (dat. pron. person.) I 162, III 385.
tĭci (imper.) IV 96.
tĭlja I 241.
tĭlo I 229, II 115.
tĭmĭnica I 36.
tĭnŭkŭ tĭnŭkŭ I 160. 205 II 313. 318.
tĭrą (inf. trěti) I 36- IV 95.
to- (pronoun) I 273. III 328.
togo (gen.) III 343.
točą (inf. točiti) IV 344.
tolikŭ II 265. 272. 291.
tolĭ II 291.
toplĭ II 284. 293.
topłją (inf. topiti) IV 344.
traą IV 261.
trąsą (inf. trąsiti) IV 345.
trepeštą (inf. trepetati) IV 287.
trepetŭ II 237, IV 334.
tretijakŭ II 274.
tretĭjĭ II 133. 246, III 8.
tręsą (inf. tręsti) I 440. 174, IV 192. 198.
trěskŭ IV 202. 209.
trěsnŭ II 149.
tridesętĭnŭ III 41.
trije see trĭjc.
trĭšdi III 50.
trĭje trije I 60, II 279, III 9. 239.
trĭnŭ I 238, II 149. 321.

trojakŭ II 273.
troska IV 202. 209.
tu III 146.
tŭ see to-.
tŭgda III 333.
tŭma II 171. 477.
tŭštĭ I 445.
tvojĭ II 132, III 391.
ty III 373.
tylŭ II 198.
tysąšta tysęšta III 43. 44. 47.

u- I 96.
učą (inf. učiti) IV 173.
ucho II 279. 281. 283. 419, III 203.
-ują (inf. -uti) see obują.
ujĭ II 129. 155.
umŭ II 177.
u-myvają IV 314.
usŭchlŭ I 444.
uši (du.) see ucho.
utro utrě jutro jutrě I 526, II 149. 198.
u-vęną I 402.
uvęslo II 211.

va (pron.) III 367. 397.
vasŭ (gen. loc.) III 367.
vašĭ III 391. 394.
vąsŭ I 526.
vąza I 526.
vązlŭ II 210.
vedą (inf. vesti) I 286, IV 84. 366. 368.
vedro II 188. 477.
vedrŭ II 188.
velikŭ II 272.
velją (inf. veliti) IV 69. 258. 259.
veprĭ II 187.
-veslają IV 285.
veslo II 199.

vezą (inf. vesti) I 304,
II 150, IV 81. 348.
366. 368. 389.
-vęną I 402.
vě (pron.) III 367. 397.
vědě I 81, IV 442. 559.
560.
vědŭ II 283.
věją IV 128. 262.
věmŭ I 67. 81. 401, II
124, IV 443. 492. 504.
539.
věmy (1st pl.) IV 539.
věnŭcŭ II 143.
věno II 149.
věstŭ II 295.
věsŭ aor. (vedą) IV 366.
368.
věsŭ aor. (vezą) IV 348.
366. 368.
věštają IV 310.
větrŭ II 121.
věždŭ (imper.) II 125,
IV 492. 504.
vichrŭ IV 223.
vidomŭ (part.) IV 239.
259.
vidŭ I 60.
viją see vŭją.
vinują IV 310.
vitŭ II 295, IV 320.
vitŭ II 237.
viždą (inf. viděti) I 61,
IV 132. 239. 258 (see
also viždi).
viždi (imper.) I 400,
IV 492. 502. 504.
vŭdova II 133.
vŭją viją I 37. 60, IV
46. 323.
vŭrją (inf. vŭrěti) I
241.
vŭsŭ II 284. 479.
vlačą (inf. vlačiti) IV
325.
vladą (inf. vlasti) IV
219.

vladyka II 272.
vlěką (inf. vlěšti) I 224,
IV 85.
vlŭčina II 159.
vlŭgŭkŭ I 240.
vlŭkŭ I 227, II 111.
vlŭna ('wave') I 159,
II 149.
vlŭna ('wool') I 240, II
145.
voda II 356, III 103.
294.
vodonosŭ II 84.
vojują IV 317.
volją (inf. voliti) IV
327.
vonja I 132. 186. 526.
vosa I 399, II 115.
voža (inf. voziti) IV
324. 328.
voždą (inf. voditi) IV
324.
vračują IV 310.
vrachŭ I 443.
vrana II 143.
vranŭ II 148.
vraštą (inf. vratiti) IV
327.
vrata II 238.
vražda II 410.
vrěmę II 366.
vrěteno II 150.
vrŭchą (inf. vrŭšti) I
338. 429. 443, IV
95.
vrŭchŭ I 159. 443, II
318.
vrŭga (inf. vrŭšti) I 339,
IV 95.
vrŭgną IV 138. 153.
vrŭsta I 227, II 222.
474.
vrŭstŭ II 305.
-vrŭzają IV 264.
vrŭzą (inf. vrŭsti) I 240,
IV 95.
vŭ-livają IV 314.

vŭnu III 163.
vŭtorŭ III 8. 33. 191.
vŭz-ĭmą I 187.
vy III 367. 375.
vydra I 526, II 181.
vykną I 186. 526, IV
173. 174.
vymę I 401. 526, II
375.

zabuvenŭ (part.) II 151.
zabytŭ II 301.
zajęcŭ II 270.
za-klenę IV 153.
zavistŭ II 295.
ząbŭ I 186. 264. 393.
zdravŭ I 160. 445.
zěją IV 254.
zelenŭ II 284.
zelenŭ I 304.
zemlja I 132. 186. 407,
II 339. 483.
zemljane (pl.) II 362.
zemljemĕrije II 84.
zębą I 186.
zętŭ II 296.
zelŭstvo II 117.
zělŭ I 340, II 210.
zima I 61. 135. 304, II
170. 171.
zinę IV 146. 147. 148.
ziždą (inf. zĭdati) IV
255.
zlato II 221. 235.
zlŭva I 240.
zmijenožinŭ II 84.
zmijeobrazŭnŭ II 84.
znają IV 128. 262. 265.
znamenają IV 308.
znamenĭje II 131.
znamę II 367.
znatelŭ II 383.
zovą (inf. zŭvati) I 161,
IV 119.
zrŭno I 240, II 144.
zŭlŭ II 284.

I. Index of Words. Slavonic: zŭloba — Russian: žat.

zŭloba II 218.
zvati zŭvati (inf.) see zovą.
zvatelĭ II 383,
zvěrina II 159. 160.
zvěrĭ I 317. 338.
zvěroimenitĭnŭ zvěreimenitĭnŭ, zvěroobrazĭnŭ, zvěrovidĭnŭ, zvěrevidĭnŭ II 84.
zvĭnją (inf. zvĭněti) II 145, IV 162.
zvonŭ I 139, II 154. 162.

žaba I 339.
žachŭ (aor.) IV 366.
žalĭ I 325.
-že I 558.
žegą (inf. žešti) I 286, IV 86. 96. 366.
želěją IV 315.

želězĭnŭ II 156.
žena II 111.
ženatŭ II 237.
ženą (inf. gnati) IV 85.
žeravĭ I 339.
-žestočają IV 289.
žestočĭ II 284.
žestokŭ II 237.
žestŭ II 237.
žęlo I 402, II 215.
žętelĭ II 382.
žętva II 476.
žęždą (inf. žędati) IV 174. 175. 267.
židą (inf. židati) I 48. 61, IV 79. 85. 96.
žirŭ II 183.
žito II 237.
živą (inf. žiti) IV 41. 45. 47. 36.
življą (inf. živiti) IV 325. 329.

životŭ II 219.
živŭ I 137. 339, II 133.
židą (inf. židati) IV 79. 95.
žĭmą (inf. žęti) IV 95.
žĭnją (inf. žęti) I 131. 192. 205. 340. IV 235.
žĭrą (inf. žrěti) I 229. 241. 339, IV 86. 95. 367.
žĭrica II 272.
žĭtĭ II 304.
žĭvą (inf. žĭvati) I 44. 134, IV 94. 95. 256.
žŭzi (imper.) IV 96.
žlŭtŭ II 237.
žrěbę II 480.
žrĭny I 339, II 321.
žują (inf. žĭvati) I 134. 304, IV 256.

Modern Slavonic Languages.

(a) Modern Bulgarian.

olele II 98.
paprat II 95.
sŭm, 1. pl. sme, IV 539.
sŭs II 100.
vuv II 100.

(b) Russian.

babik II 272.
bělorumjanyj II 91.
blekotat' II 237.
ɯat', 1st sg. dam I 36.
den' I 36.
doč' I 44.
domik II 272.
cvěsti I 338.

čest' I 36.
četverg II 277.
čudo III 294.
chodók II 260.
ědók II 260.
izgaga IV 86.
klyk II 272.
mjačik II 272.
mjat', 1st sg. mnu, I 36.
nebo III 294.
očevidnyj II 85.
paporot' II 86.
pelepelka II 95.
pelesyj II 252.
perdět' I 233.
perepel II 95.
polosá II 252.
porosjá I 224.
ralo I 224.

sěverik II 272.
skatí, 1st sg. sku, IV 96.
skorblyj IV 171.
son I 44.
sos II 100.
ščiryj I 304, II 187.
temnica I 36.
teret', 1st sg. tru I 36.
terpnut' I 240.
tonkij II 313.
vdová I 36.
věn II 143.
vichat' IV 223.
žat', 1st sg. žnu, I 206, IV 95.

174   I. Index of Words. Little Russian: *bidota* — Polish: *żąlgo*.

(c) Little Russian.

bidota II 463.
bzdity I 452.
cvysty I 338.
pezdity I 452.
temnota II 463.
trepeta II 237.

(d) Servian and Croatian.

Božilo II 213.
Bratilo II 213.
crn I 240.
cvasti O. Croat. I 338.
čast I 36.
dan I 36.
dati, 1st sg. *dam*, I 36.
drijeti, 1st sg. -*drem*, IV 79.
grdoba II 218.
hoću (1st sg.) IV 522.
jara II 184.
konjozobica II 84.
Ljubivoj II 86.
Ljubomir II 33.
mogu (1st sg.) IV 522.
novak II 274.
ploviti IV 340.
prâse I 224.
ralo I 224.
rugoba II 218.
san I 44.
sluta II 222.
vjeverica II 95.
Vuk Vukoj Vukel Vokolin II 34.
Vukomir II 33.
zmijoglav II 84.

(e) Slovenian.

či III 345.
črn I 240.
ja III 365.
jahon II 154.

kri III 76.
Nanika II 272.
paprat II 95.
perēti IV 102.
pezdēti I 452.
ralo I 224.
rogelj II 212.
sila II 210.
slut II 222.
vēverica II 95.

(f) Czech.

bēlidlo II 461.
blekot II 237.
Bohusud II 86.
bydlo II 122. 215.
bzditi I 452.
či III 345.
čirý I 304.
črný I 240.
driti, 1st sg. *dru*, IV 79.
dusot II 237.
jsem, 1st pl. *jsme*, IV 539.
klouci I 279.
klustej I 279.
kvísti I 338.
lakota II 237.
Mstidruh II 86.
neti II 383. 388.
plápol II 97.
Polás I 440, III 260. 263.
prase I 224.
rádlo I 224. 273, II 122. 214.
říci, 1st sg. *řku*, IV 90.
sedlák II 199.
sikot II 237.
stádlo II 213. 214.
šidlo I 402, II 214. 261.
tenký II 313.
Vladik II 272.

Volík II 272.
vríti, 1st sg. *vru*, I 241.

(g) Upper Sorbenian.

bydło II 215.
proso I 224.
sydło II 199. 462.
šidło I 402.
vém, 1st pl. *vémy*, IV 539.

(h) Lower Sorbenian.

gašik II 272.
gjarnyk II 272.
kvišć I 338.
prose I 224.
sedlo II· 199.
stadlo II 200.
vém, 1st pl. *vémy* IV 539.

(i) Polish.

bydło II 122. 215.
bzdyk II 272.
cedzidło II 216.
czerpadło II 215.
jodła I 286. 402.
klepadło II 216.
kłopot II 237.
kry III 76.
kwišć I 338.
paproć II 95.
prosię I 224.
radło I 224, II 214.
szczery I 304.
sztukamięsa II 63, IV 9.
szydło I 402, II 214.
wielkanoc II 85.
wiem, 1st pl. *wiemy*, IV 539.
w-sączyć IV 345.
żądło I 215.
żąglo (Kashubian) I 286.

II. Index of Matters.

(Numbered by Volume and Page.)

A

a ā in the parent language I 87. 96.
a- an- privative II 29. 36. 43. 46. 53. 61. 67. 75.
a-Series I 256. ā-Series I 255.
Ablative. Formation of the abl. sing. III 133. 346, of dat.-abl.-instr. dual III 200. 352, of dat.-abl. pl. III 266. 356. Formation of the Abl. of personal pronouns III 379. Meaning of the case III 56.
Ablaut. What it is I 244. Series of Ablaut I 246; symmetrical systems I 247, IV VIII. Grades of Ablaut: Weak grade I 249. 252, Strong Grade I 247. 248. 252. Ablaut in word-formation II 15, III 58. Ablaut of formative suffixes II 107 f. Ablaut in declension (Strong and Weak cases) II 17 f., III 58. In forming the Present Stem II 18, IV 49; the s-Aorist IV 348; the Perfect IV 384.
Absolute Inflexion see Inflexion.
Absolutivi see Gerund.
Absorption of vowels in the Idg. languages I 473.
Abstracts. In the strict sense of the word II 472. Numeral abstr. III 4.

Abstract Substantives denoting a quality II 472.
Acarnanian Dialect of Greek I 6.
Accent. Of Syllable, Word, and Sentence I 527. Expiratory and Musical (chromatic, tonic) I 528. Three Grades I 529. Imperfectly represented in the records of all Idg. languages I 531; how represented in Lith. I 29. Accent in proethnic Idg. I 532, in Skr. I 537, in Iran. I 539, in Armen. I 539, in Greek I 540, in Ital. I 545, in Kelt. I 550, in Germ. I 552, in Balto-Slavonic I 556. Accent of French I 225. Accent of Noun-Compounds II 35. Accent of Verbal Compounds in Italic I 546, in O.Ir. I 550, in Germ. I 552. Accent of Thematic Pres. and Aor. IV 78. 79; change of accent through analogy in the Thematic Present of Skr. IV 82. 88, in Them. Pres. and Aor. of Greek IV 83. 89. Accent of augmented forms of Verbal Compounds in Greek IV 25. Incisive Accent the cause of vowel shortening in Latin I 462, in Lith. I 521. See also Expiratory Accent, Independent use of part of a Compound

Word, and One-point Accent.
Accented Syllables I 527.
Accusative. Formation of acc. sg. masc. fem. III 88, of nom.-acc. sg. neutr. III 99. 338, of nom.-acc. dual. masc. fem. III 189. 352, of nom -acc. dual. neut. III 197, of acc. pl. masc. fem. III 224, of nom.-acc. pl. neutr. III 236. 354. Formation of the Accus. of Personal-Pronouns III 375. Meaning of the Acc. III 55. Acc. pl. instead of nom. pl. in Greek III 217, in Lat. III 217. 218, in O.C.Sl. III 216. 217. Acc. pl. instead of voc. pl. in Irish III 214.
Achaean Dialect of Greek I 6.
Action, Substantives denoting, II 466.
Active and Middle IV 515. Active forms instead of Middle in Germanic and Balto-Slavonic IV 580.
Activity, substantives denoting, II 466.
Acute in Greek I 536. 540, in Latin I 547.
Adformate III VII.
Adjectives. Their Nature II 448. Adj. and Substantive II 465. 473, III 107. 392. Adj. and Participle II 456. Adj. originally uninflected when used with Substantives III 102. Suffixes of Adjj. II 448. Verbal Adjj. II 451. Denominative Adjj. II 453. Pronominal inflexion used with Adjj. III 284. Strong and Weak Adj. inflexion in Germ. III 320. Definite Adj. in Balto-Slav. II 78, III 332.
Adverbs. Various origin of Adv. forms III 65. Adv. used instead of a Case form III 65. 134. 140. 141. 380.
Aenianes, Dialect of the (Greek) I 6.
Aeolic Dialect of Greek, I 6.

Aequiculan Dialect I 9.
Aetolian Dialect of Greek I 6.
Afghan language I 5.
Affricatae I 261. Tenues becoming Affr. in pr. Idg. I 344. Affr. in Armenian I 26. Aspirated Tenues becoming Affr. in Greek I 363. Affr. in High German I 388. 390. 391.
Albanian language I 7.
Alphabets of the Idg. languages I 22.
Analogy. Proportional Analogy and Metaplastic forms III 281. Analogy in accentuation I 543 (see also Accent). See further Assimilation of Opposites, Assimilation of Words due to connexion in Meaning, Doubling of Formative Elements, Extension of Case-Forms etc., Completely formed Cases used as the stem for building up other Cases (under Case), Re-formation etc., Re-formation of Compounds (under Compounds), Popular Etymology.
Analysis. Unconscious Analysis of words I 18.
Anaptyxis. Its nature I 468. In Prakrit I 469. In Avestic I 469. In Old Persian I 470. In Greek I 470. In Latin I 471. In Oscan I 218. 471, in Pelignian I 219. 472. In Gothic I 472, in West Germanic I 58. 129. 157. 182. 221. 222. 239. 472. In Balto-Slavonic I 472.
Anglo-Saxon I 11.
Animal Names, Suffixes for, II 105. 209. 459.
Ansatzrohr see Mouth and Nose.
Anudātta I 538.
Aorist. Strong Aorist not differing

from Present in its formation IV 36. Formation of stem in the Strong Aorist (Aorist-Present) IV 48. Sigmatic Aorist (s-aorist) IV 38. 190. 346. Forms of s-Aorist and Present alike in structure IV 190. 194. 346. 369. Aorist Tense IV 38. 78. 371.
Aphaeresis I 473. 499.
Apokope I 473.
Arcadian Dialect of Greek I 6.
Argolic (Argive) Dialect of Greek I 6.
Armenian I 5. Its system of sounds I 25.
Armorican language I 9.
Article (a weakened demonstrative pronoun) in Greek, Irish, and Germanic III 327.
Articulation of Explosives I 260. 344.
Articulation of Explosives, Place of, I 259. 262.
Aryan Group of Languages, I 6.
Aspiratae (Aspirated Consonants). Tenues aspiratae and mediae aspiratae I 261. History of the proethnic Idg. aspirated explosives I 344. Dissimilation of mediae asp. and of tenues asp. in Sanskrit I 350. 354, of tenues asp. in Greek I 364. Aspirated s and z (sh and zh) I 407. Metathesis of Aspirate in Sanskrit and Greek I 354. 365, IV 26.
Aspiration. So-called Aspiration of the Initial in Irish I 510, III 206. Shifting of asp. in Sanskrit and Greek I 355. 364 f., IV 26.
Assimilation. Of sounds in close neighbourhood, e. g. in Greek, I 421. Of Consonants at a greater distance: pr. Aryan III 16; Sanskrit I 167. 413, IV 376; Greek I 225; Latin I 267, IV 100. 107; Umbrian I 281, IV 107; Keltic I 269. 270; Germanic I 268. 329; Lithuanian I 288. 442; Slavonic I 286, IV 86.
Assimilation of Opposites. General Remarks II 137. 483. Forms for *I* and *We* assimilated to *Thou* and *You*, and vice versa III 369. 470, compare also Prakr. *tumaṃ* following *ahaṃ* III 167. Idg. *ǵh(i)i̯em-* 'winter' following *sem-* 'summer' (?) II 483. Lat. *mortuo-s* O.C.Sl. *mrŭtvŭ* following *gī-u̯o-s* 'living' (?) II 137. Kelt. and Germ. *deḱs-u̯o-* 'right'(O.Cymr. *dehou* O.Ir. *dess*, Goth. *taihsva*) following *lai̯-u̯o-* *skai̯-u̯o-* 'left' (?) II 137. Skr. r̥hánt- following br̥hánt- II 399. Gr. ἀνδράποδα following τετράποδα II 50; δεξιτερός following ἀριστερός II 137; ἐνς (ἐς εἰς) following ἐξ III 137; Ion. ἔσσων following κρέσσων, κρείττων μείζων following χείρων ὀλείζων, πλείων following μείων, and μεῖστος following πλεῖστος (?) I 479, II 433 (cp. Assimilation due to Connexion in Meaning). Lat. *merīdiōnālis* following *septentriōnālis* II 105, *minōr-is minor* etc. following *mājōr-is* II 434, *prīdiē* following *postrīdiē* (?) II 435, *senecta* following *juventa* II 105. 240, *senexter* following *dexter* II 137, *viduertās* following *ūbertās* II 310, cp. *dispescō* following *compescō*, *disjungō* following *conjungō* IV 207. Irish *dochruth* following *sochruth* II 29, *gam* following *sam* I 293, II 483, *marb* following *gī-u̯o-s* (O.Ir. *biu beo* Mod.Cymr. *byw*) II 137. Goth. *fairneis* O.H.G. *firni* and Goth. *alþeis* following *niujis* II 133; Goth. *fijaþva* following *frijaþva* II 117; O.H.G. *wintar* following *sumar* II 483; Mod.H.G. *morgend* following *abend* II 105; A.-S. æfen following morʒen II 105. Lith. *vėlýbas* following

anksztýbas II 217. Compare the next article.
Assimilation due to Connexion in Meaning. **su̯esor-* 'sister' = **su̯e-sor-* assimilated in pr. Idg. to such nouns as **bhrātor-* (**dōtor-*) (?) II 8, III 390. Ar. **naptar-* (Skr. Avest. *naptar-*) = *napt + pitar-* etc. II 383. Skr. gen. *pátyur* follows *pitúr* II 383, III 120; *jabhā́ra* = *babhā́ra + jahā́ra* IV 20. Armen. *dustr* follows *ustr* (?) I 343; *armukn* follows *mukn* (?) II 264. Gr. ἀρύσσω = ἀρύω + ἀφύσσω IV 280, δίεμαι = δίομαι + ἵεμαι IV 247; ἧσται = *ἥσται + ἑδ-* I 422, IV 54; κρείττων = *κρέττων (Ion. κρέσσων) + ἀμείνων (?), see the preceding article; νύναμαι = verbal stem νευ- (cp. νεῦρον) + δύναμαι (?) IV 144; ὄρτυξ following κόκκυξ ἴβυξ and such like words II 258; πίπτω = πίπτω + ῥίπτω (?) IV 18. 107. φάρυγξ = φάρυξ + λάρυγξ II 411. Lat. *magis* = **megis + *maị̯s* (Osc. *mais*)? II 434; *nectō* = verb-stem **nedh- + plectō* IV 215. Irish *leblaing* = **lelaing + *seblaing* IV 425, Ir. gen. *sethar* etc. and Mid. Cymr. *ewithr* O. Corn. *euiter* following names of kinship with *-ter-* II 387. Goth. *jáins* following *áins* (?) Addenda I 113 (cp. II 148); O.H.G. *antlizzi* = **antliz + antlutti* I 155; O.H.G *swiger* = *swigar + muoter* and the like (?) II 388; *bim* = **biu + *im* IV 73; O.Icel. *fleire* following *meire* II 431 (cp. Streitberg, Zur Germ. Sprachgeschichte, 95 f.). Lith. *pálszas* O.C.Sl. *pelesŭ* = √*pel- + √perk-* II 252. Lith. *debesìs* = **nebesis + *dangùs* (?) II 414; *gentė̃* = *gentis + intė̃* II 388. Compare the preceding article.

Ātmanēpadam in Sanskrit; see Middle.
Attic Dialect of Greek I 6. 'Attic Reduplication' IV 15. 19.
Attributive Adjectives perhaps originally indeclinable III 13. 102.
Augment I 48, II 6, IV 24. Augment of Verbs with initial consonant (or Syllabic Augment) IV 25, of Verbs with initial Sonant (Temporal Augment) IV 28. Dropping of the Augment IV 31. Augmented aorist instead of unaugmented in Skr. and Greek IV 457. Use of the Augm. by analogy with non-preterite forms in Armenian, Mod. Greek, Latin, and Lithuanian IV 28. Double Augment in Skr. and Greek IV 25. Augment instead of Reduplication in Greek (?) IV 24. Augm. obscured by sound-change in Greek IV 26. A survival of syllabic Augm. in Germanic I 48, IV 26.
Auxiliary Verbs IV 444.
Avesta and **Avestic** I 5. Its system of sounds I 24.

B

b and *bh* in the proethnic language I 264.
Backward Formation, nouns derived backwards from denominative verbs II 256, IV 191 f.
Bactrian language I 5. See Avesta.
Bahuvrīhi Compounds II 92.
Baltic Languages I 11.
Balto-Slavonic Branch or Group of Languages I 11.
Barren Suffixes II 10.
Bengali I 4.
Bilabial sounds I 259.
Body, parts of the: suffixes to express these II 105. 347. 459.
Boeotian Dialect of Greek I 6.

II. Index of Matters. Borrowing — Breton.

Borrowing. In pr. Idg. (?) I 343.
— Sanskrit: *mihirá-* from the Persian, Addenda I 223. — Armenian: from Iranian *bazuk* (?) II 315, *barapan* II 45, *der* II 46, *ham-* (?) II 46, *nav* (?) I 97, noun-stems in -*a*- with gen. sing. in -*ay* (?) III 130, Vowel of composition -*a*- (?) II 45; from Greek *enderk̂* (?) II 189. 191. — Italic: *cpo-* from the Gallic I 320. Latin: from the Sabine *folus fariolus* I 291 f., from some Umbro-Samnite dialect *ar* in *ar-biter* and the like, and *apor* I 280, II 491, *bōs* and *baetere* (?) I 322. 463, II 60. 482, *popīna* I 267. 319, *rūfus* I 281; from Greek *cygnus* I 366, *di-* 'two' III 7, *exantlāre ex-anclāre* I 278, II 119, *olīva* I 90; Greek influence in *būmammus* etc. II 60, in *equiferī* and the like II 63; a glance at Greek in forms like *equos genus* in the refined language of classical times I 505; the vowel -*o*- in composition by Greek and Gallic influence II 57. 59. Romance languages: Span. *ganso* from the Gothic I 294. 393, the noun-suffix -*isco*- (Ital. *donnesco* etc.) from the Germanic II 276. Umbro-Samnite: Umbr. *asa* from some other Italic dialect (?) I 426, *ekvinc* from Latin (?) I 150. 320, II 157; from the Latin, Osc. *aídil* I 92. 282, *liímítú[m]* (?) II 174, *tiurrí* (?) I 42. — Keltic: from Latin Ir. *cucann* I 319, *īdal* and *peccad* I 475, *mīle* (?) III 47; from Germanic Corn. *befer* (?) II 96, O.Corn. *cussin* Mid. Cymr. *cussan* IV 139; Gall. *Dubnorcx* by influence of Lat. *rēx* I 64. — Germanic: from the Keltic Germ. **rīk-* Goth. *reiks* etc. (?) I 64, III 81, Goth. *eisarn* OHG. *īsarn* II 147, the Germanic

accent of initial syllables (??) I 537; from Latin O.H.G. *gurgula* Mod.H.G. *gurgel* I 225; from Slavonic O.H.G. *satul* A.S. *sadol* (?) II 210. — Balto-Slavonic: words with *k̂* and *ĝ* borrowed from such languages as made *k̂ ĝ* = Idg. *k̂ ĝ ĝh* I 342; from Germanic the noun-suffixes Lith. -*oriu-s* O.C.Sl. -*arī* and Lith. -*iszka-s* O.C.Sl. -*īskŭ* (?) I 442, II 276.[1]) Lithuanian: from the Prussian *ūszēs* (?) III 16; influence of Lettic accent upon Lithuanian I 558; from the Slavonic *czėsas* II 318, *klapatà nogatà siratà* II 241, *metelnykas* and other words in -*ykas* II 271, *palvas* (?) I 160, II 137, *papártis* II 96, *svötai* (?) I 160, *varsà* I 442; under Slavonic influence Lith. *asztrùs*, (?) I 398, *devynì* Lett. *dewíni* (?) I 60 (cp. III 22); from Germanic Lith. *ãszilas* I 441, *gar̃das* (?) I 291, *gargalů́ju* (?) I 225, *máiszas* I 441, *stymas styma* II 171, *turtlelis turklēlis* I 286. Slavonic: from the Germanic O.C.Sl. *chladŭ* I 444, *gradŭ* (?) I 291, *mŭnogŭ* (?) II 266; from Greek *plita* I 186; from the Iranian *sŭto* III 43 (cp. Techmer's Internat. Zeitschr. für allgem. Sprachwiss., I 251). — Finnish: from Germanic *arvas* II 137, *lommas mallas* II 108.
Breathed and Voiced Sounds I 20. Breathed articulation of tenues I 260.
Breton language I 9.

———

1) As regards Lith. *jëszkoti* O.C.Sl. *iskati* and the Suffix Lith. -*inka-s* O.C.Sl. -*ikŭ*, which I have said are possibly immigrants from the Germanic area (I 82. 304. 442, and I 186) see further IV 202. 209 and II 270.

British or Britannic Languages I 9.
Broken Reduplication II 13.
Bulgarian I 12.
Burgundian Dialect I 3.
Bye-accent (secondary accent) I 529. 555. 560.

C

c. Pronunciation of *c* in Skr., Avest., O. Pers. I 24. 25; of *c* in Latin I 291, in O.C.Sl. I 30.
Cacuminal sounds I 260.
Cardinal Numbers III 4.
Case. Origin and nature of case-forms I 14, II 2, III 59. 325. Number of cases in pr. Idg. III 53. Strong and Weak (Middle, Weakest), II 17, III 59. Case-building in nouns and pronouns III 323; in nouns III 52, pronouns III 63. 334. 372; pronominal cases with stem extended by -*sm*- III 324. 347. 349bis. 367bis, by -*s*- and -*si*- III 324. 339. 343. 352, pronominal instead of nominal inflexion III 64. 99. 111. 131. 177. 179. 180. 214. 248. 295. 322. 353. 356. 357, nominal instead of pronominal III 339. 341. 343bis. 349. 353. Plural case-suffixes with the pronouns We and You III 359. Syncretic Cases (or Mixt Cases) III 64.
Completely formed Cases used as the basis or stem for other cases. Nom. pl. Idg. *toi in Skr. $té$-$ṣā́m$ $té$-$ṣu$ $té$-$bhyas$ $té$-$bhiṣ$ Gr. τοί-σι etc. III 346. 355. 356. 357, cp. Pruss. *stei-son* III 353. Nom.-acc. dual neut. *$duoi$ (*$duei$) in Avest *dvaē-ibya* Lith. *dvē-m dvě-m* and so on (?) III 201. 202. Nom.-acc. dual Skr. *akṣī́* O.C.Sl. *oči* in *akṣī́-bhyām oči-ma* III 203. Skr. nom.-acc. sg. *mánō mánaḥ* in *mánō-bhyām mánō-bhiṣ mánō-bhyas mánaḥ-su, havir haviḥ* in *havir-*

bhyām havir-bhiṣ havir-bhyas haviḥṣu etc., Avest. *ravō* in *ravō-hu*, *manē* in *manē-byō, berᵉzaḵ* in *berᵉzaḵ-byō, vāxš* in *vāγžᵉ-byō* (?) etc., O.Pers. *rauca* in *rauca-biš* III 204. 259. 265. 270. 272. 279. Skr. nom.-acc. du *vŕ̥kā* in *vŕ̥kā-bhyām* II 29, III 201. Greek. nom.-acc. dual neut. with -οι in οι-ιν -οιν, fem. with -αι in *-αι-ιν -αιν(?) III 210 (cp. above, Avest. *dvaē-ībya* Lith. *dvě-m* etc.). Lat. *duo* in *duō-bus* II 29. Lith. dat. instr. du *sū́num* in *sū́num-s* etc. III 207, *mum* in gen. *mum-u mum-a* dat. *mum-ěm* III 207. 401. O.C.Sl. gen. *česo* in *česo-mū* III 390, nom.-acc. du. neutr. *dvě* in *dvě-ma* III 201.
Case instead of Stem forms in the first member of Compound words II 29. 40. 43. 45. 55. 77. 82. 86.
Meaning of the Cases III 55. 56. See also Declension, Extension of Case-forms and forms of the Verb Finite by Case-suffixes and personal endings without any change of Meaning, and Suffixes.
Catalanian language I 8.
Causal Stems (Causative Factitive) IV 40. With the suffixes -*éi̯o*- IV 318, confused with Denominatives IV 326. 334. 336. 338. 343. 346. Causals with -οω in Greek IV 297, with -αιιω in Greek IV 298; with the Suffix -*ina*- in Lith. IV 161. 228.
Celtic see Keltic.
Cerebral Sounds in Skr. I 24. 211. 260. Orgin of the cerebral nasal (*ṇ*) in Skr. I 167. 494, of the cerebral explosives (*ṭ ṭh ḍ ḍh*) in Skr. I 211. 273. 274. 275.
Change of Meaning in Verbs due to the influence of nouns therewith connected IV 327.

II. Index of Matters. Chief — Compounds. 181

Chief Conjugations, Two, IV 48.
Chief Accent I 529. 531.
Children's names formed from their parents, II 33.
Chromatic Accentuation see Accent.
Church Slavonic I 12.
Circumflex I 530. In Greek I 536. 543. In Latin I 548.
Collectives II 462, III 236. 359.
Colours, names for: their suffixes II 105. 133. 136. 137.
Comparative II 449. 450.
Comparative Formation II 449.
Compass, points of the: see Direction.
Comparison, Degrees of II 449.
Compensatory Lengthening in Sanskrit I 298. 447. 465, in Armenian I 465, in Greek I 119. 146. 170. 171bis. 360. 363. 365. 409. 466, in Italic I 175. 427. 428. 450. 466, IV 16, in Irish I 178. 377. 380bis. 467. 509, in Germanic I 181. 182. 394. 436. 452. 467, IV 16, in Lithuanian I 184. 467, IV 16, in Slavonic I 186. 468, IV 176.
Completed Action. Verbal Adjectives with this sense, II 452.
Composition, Vowel of. Origin II 28. In Armenian II 45. 99, in Greek II 47, in Latin II 59, in Keltic II 66. 67, in Germanic II 78, in Lithuanian II 80. 81, in Slavonic II 84. 85.
Compounds. Complete sentences becoming Compounds II 3, IV 444. No distinct line to be drawn between the two II 4, III 30. Compounds becoming Simple forms, or members of a compound becoming Suffixes I 14, II 4, III 31, IV 444; Suffix or Prefix developing into a compounded word

II 7. Obscured Compounds II 8. Compounds becoming Simple forms, which are then treated as simple forms and their origin forgotten IV 7. 25. 60. 398.
Noun Compounds II 21. Four Classes of these II 21. Genuine and Spurious II 23. 'Juxtaposita' II 23. Noun Compounds of many members in classical Sanskrit II 37. Accentuation II 35. Compounds whose second member is a Root-Noun II 491. Verbal meaning read into the first member, and formal changes resulting thereupon II 51. 74. 75. 87, IV 8. The first member of Noun Compp. in Greek treated on the analogy of verbal prefixes ($\vartheta\epsilon o$-$\pi\epsilon\pi o i\eta\varkappa a$ and the like) IV 407. Meaning of Noun Compounds II 87. Subordinating and Coordinating or Copulative II 88. 89. Dvandva II 88. Epithetised and non-epithetised ('mutata' and 'immutata'), Primary and Secondary, Lower and Higher Order II 92. Bahuvrīhi II 92.
Verbal Compounds or Compound Verbs IV 7. 8. 9. Their accent in Latin I 546, in Irish I 550, in Germanic I 551.
Compounds of a newer stratum, or the same compound made after the earlier laws had changed I 53. 549; in addition to the examples there given compare what is said of Ved. *yukta-aśva-* O.C.81. *dobro-okü* I 454; Avest. *dva-dasa* Lat. *duo-decim* II 32; Skr. *abhíbhūti-ṣ garbha-dhi-ṣ* I 354, *durdṛ́śika-s* as compared with *dūḍā́ś-* I 448. 493, Prakr. *-ariṇa-* I 170; Gr. ἐκ-δίδωμι I 359, ἄ-βροτος I 170, ἄ-οδμος II 53, ἀραχνο-ὑφής II 47; Lat. *quam-diū* I 174, *cūjus-dam* I 450, *co-agitō* I 457. 458, *multi-angulus füni-ambulus* I 458, II 58.

59, *sacri-fex* II 58, *agité-dum* I 549; O.H.G. *fater-līh* II 73, Mid. H.G. *drī-zehen* II 32; Lith. *naujveda bažnýcz-kĕmis* II 79. 81.

Concretes II 458; and Adjectives II 465.

Condition or state, substantives denoting, II 466.

Conditional. In Sanskrit IV 274, in Slavonic IV 257.

Conjugation IV 1. In *-mi* and in *-ō* IV 48. Periphrastic IV 444. The three conjugations in Keltic grammar IV 84.

Conjunct Flexion see Flexion.

Conjunctive IV 459. Short-vowel (with the suffix *-o- -e-*) IV 461. 477. Long-vowel (suffixes *-ā-, -ē- -ō-*) IV 465. 475. 477. Confusion with the Optative IV 460. "Spurious" Conjunctive IV 456.

Consonants. Their Nature I 21. Consonantal Vowels I 22.

Consonant Strengthening. In the internal part of Greek and Germanic Short-Names or Pet-Names II 35. In Germanic I 180. 221. 385. 389. 392. 395.

Contraction. Its Nature I 453. In proethnic Idg. I 106. 245, III 57, IV 28. Phenomena of contraction in Aryan I 455, in Armenian I 455, in Greek I 455, in Italic I 457, in Old Irish I 458. 483, IV 426, in Balto-Slavonic I 460.

Copulative Compound see Compounds.

Corcyrean Dialect of Greek I 6.
Corinthian Dialect of Greek I 6.
Cornish I 9.
Crasis I 178. 498. 502. 506.
Cretan Dialect of Greek I 6.
Croatian language I 12.
Cuneiform writing, Old Persian I 25.

Cut (or Clear-cut) Accent I 529. In Latin I 549.
Cymric or Welsh I 9.
Cyprian Dialect of Greek I 6.
Cyril I 12. Cyrillic Alphabet I 22.
Czech language I 12.

D

d and *dh* in the parent language I 272. 273.

Danish I 10.

Dative. Formation of the dat. sg. III 143. 346, dat.-abl.-instr. dual III 200. 352, dat.-abl. pl. III 266. 356. Formation of dative in Personal Pronouns III 380. Meaning III 56. The Dative a Syncretic Case in several languages III 64.

Dead Suffixe II 10.

Declension. Of Nouns III 52. Of Pronouns III 63. 334. Reciprocal influence ef Noun and Pronoun Declension III 64. Pronomial declension spreading to Adjectives III 295, in Arm., Germ., Lith. III 320. Spread of the *n*-declension in Sanskrit II 341, III 283, in Germanic II 341. 353. Spread of the *-τ-, -δ-*, and *-ϑ-* inflexion in Greek III 285. Consonant-stems attracted into the vowel declensions III 281, in Germanic III 288, in Balto-Slavonic III 291. 292. 293; the opposite in Latin III 287, in Balto-Slavonic III 292. Confusion of *-es-* and *-o-*flexion in O.C.Sl. III 294. See Case.

Definite Adjective in Balto-Slavonic II 78, III 332.

Degrees of Comparison II 449.

Demonstrative Pronouns III 327.

Denominatives. Denominative Verbs IV 39. 41. 121. 232. 281.

Denominatives in Aryan IV 122.
282. 292, in Armenian IV 122.
293, in Greek IV 123. 131. 282.
293, in Italic IV 123. 131. 282.
299, in Keltic IV 125. 132. 303,
in Germanic IV 126. 282. 304, in
Balto-Slavonic IV 126. 217. 284.
308. Denominatives formed on
the model of Primary or Primitive
Verbs IV 43. Confusion of Denominatives with Causals IV 325.
334. 336. 338. 343. 346. Verbs
with the form of Denominatives
built up on Particles and words
of like nature IV 293.
Dental Nasals I 162. 164. Dental
Explosives I 260. 272.
Deponent Verbs in Italic and
Keltic IV 572. 574. 575.
Depreciation, Suffixes of, II
463.
Derivation. Elements used in,
I 15. Derivative Verbs IV 39.
Desideratives IV 40. In Aryan
IV 198. 293. 335, in Greek IV
296. 446, in Latin IV 283. 299.
301.
Determinatives see Root-Determinatives.
Dialectic variations in pr. Idg.
I 2. 287. 305. 341.
Diathesis (genus verbi, Voice) IV 512.
Differentiation, change due to
the desire for clearness, I 462,
III 112. 115. 161. 179. 211. 247.
270. 275. 341. 343. 359. 364. 385,
IV 63. 78. 104. 116. 519. 527. 536.
539. 541. 559. 569.
Digamma I 145.
Diminutives (nouns) II 463.
Diminutive Verbs in Lith. IV 265.
Diphthongs I 22. Origin of these
by vowel contraction in Aryan I
455, Greek I 455, Latin I 457. 458.
458. Spurious diphthongs, written
but not pronounced, in Greek,
I 173. 466; in Latin I 53. 75;
in Gothic I 28.
Direction, suffixes to express, II
105.
Dissimilation. Of r-sounds in
Greek (?) I 41. 46, IV 182. 247.
Of liquids II 14, in pr. Idg. I 225.
226, in Aryan I 210, IV 13, in
Greek I 2:4, IV 13, in Latin I
217, IV 13, in O.H.G. I 221, in
Lith. I 223. Of tenues aspiratae
and mediae aspiratae in Sanskrit
I 350. 353, of tenues aspiratae in
Greek I 364, of h-sounds in Greek
I 421. k instead of ku by
dissimilation in Germ. I 330.
Dissimilation in the syllable of
reduplication IV 20. 22. 426.
Syllables dropt by dissimilation
I 481, II 61. 308, III 39. 114. 147.
150. 205. 345, IV 509.
Distributives III 48.
Doric Dialect of Greek I 6.
Doric Future in Greek IV 277.
Double Stems (so-called) in
Sanscrit IV 191.
Double Stems in Personal
Names II 33.
Doubling of Formative Elements (without change of
meaning) by Analogy,
either in the same shape
or changed in accordance
with the laws of sound.
Double Augment in Skr. and Greek
(*aprāiṣīt* and ἠνειχόμην) IV 25.
Double Present-Nasal in Greek
(πυνθάνομαι) IV 158. 168, in
Lettic (*brīnu*) IV 154. 175, in
O.C.Sl. (*vrĭgnąti*) IV 154, (*sęgną*)
IV 174. Goth. *harjis* O.C.Sl. *konjĭ*
instead of *haris *konī with *j*
from the gen. sing. etc. I 515 f.,
II 122, III 74. Skr. *á-jñā-siṣ-am*
IV 376, *duduh-riré* III 167, IV
574. Avest. *jainyōiš* III 119.
Greek πουλύ; I 244, τριοττίς II

279, εἰνὶ πειρι- I 119, κυνάμυια II 48, ἀρνάσι III 263, Herakl. πρασσοντασσι III 264. ἐπίεσσι III 265, τρίτατος II 245. Lat. *pollen* I 175, *dīc-sis-tis* IV 379. Umbr. *toteme* III 167. Goth. *aggvus kinnus* II 313. 316, III 122. Lith. *jŭkesis* III 167. Mod. Bulg. *sŭs* Russ. *sos*, Mod. Bulg. *vŭv* II 100. Other examples of this do show a change of meaning, as Avest. *fra-tarō-tara-* II 191, Irish *uaislimem* II 169, Lith. *kaĩtin-dinu* IV 228.

Dual. Of Nouns III 56. 189. Formation of the Dual Cases III 190. 191. 207. Loss of the Dual of nouns in several languages III 190. Dual cases used as plural III 194. 215. Dual cases of pronouns with gender III 352. The dual personal pronouns, with the possessives thereto belonging III 396. Dual noun-compounds in Aryan II 41. 44. Dual personal endings IV 512. 554. 571.

Dutch language I 11.

Dvandva Compounds II 88. Dual dvandva compounds in Sanskrit and Avestic II 41. 44.

E

e ē in the parent language I 47. 61. *e*-series I 247. *ē*-series I 254.

East Germanic I 11.
East Gothic I 10.
East Iranian I 5.
East Norse I 11.

Eclipsis destituens in Irish I 511.

Eclipsis nasalis in Irish I 511.

Economy in Expression II 34.

Elbe-Slavonian or Polabian language I 12.

Elean dialect of Greek I 6.

Elision I 453. In Greek I 435. 457. 498, in Latin I 457, in Irish I 458, in Germanic I 459, in Lithuanian I 460.

Enclisis (Enclitic words) in pr. Idg. I 534, III 333, in Sanskrit I 537, in Greek I 540, IV 66, in Italic I 545. 549, in Keltic I 550, in Germanic I 552, in Balto-Slavonic I 556.

Endearment, Suffixes to express, II 34. 463.

English I 11.

Epenthesis. Its nature I 477. In Greek I 479, in Germanic I 481. Only written, but not pronounced as a real diphthong, in Avestic and Irish I 478. 480.

Epirote Dialect of Greek I 6.

Explosives. Their nature I 20. 21. 258. System and history of the Idg. explosive sounds I 19. 262. 344.

Exspiratory Accent I 529. 530. In pr. Idg. I 535. Exspiratory secondary accent on the first syllable in Italic, Keltic, Germanic I 537. 547. 550. 553, dependent upon the quantity of the penult in Latin I 548. Exsp. secondary accent in Armenian I 540.

Extension of Case-forms and forms of the Verb Finite by case-suffixes and personal endings, without any Change of meaning. (1) Nouns and Pronouns. Skr. *sá-s* gr. *ὅ-ς* III 335. Skr. acc. sg. *pā́dam stríya-m* (?) I 196. 492, II 333; loc. sg. *máy-i tváy-i* III 385; nom. pl. *vṛ́kās-as* III 212; Pali nom. pl. *kaññā-yo* III 213. O. Pers. gen. sg. fem. *ahyā-yā* III 343. Greek acc. sg. Ζῆν-α τίν-α II 481, III 98, δῶμ-α II 484, πότνια-ν (?) II 333, ἐμέ-ν III 375, Cypr. ἀ(ν)δριά(ν)τα-ν Thess. κίονα-ν (?) I 196, III 89; nom.-acc. sg. ταὐτό-ν III 339; gen. sg.

ἵμε-ῖο ἵμέ-ο, σε-ῖο σέ-ο III 389,
dor. ἵμέος τέος III 389; loc. sg.
πόλη-ι III 160, ἱππῇ(ƒ)-ι III 162;
acc. pl. ἥμέ-ας III 379; El. dat.
du. αὑτοί-οιῳ (?) III 210 f. Lat. gen.
sg. istī-us III 391, mī-s III 384,
gen. sg. Umbr. *pople-r ere-r* Osc.
sakarakleís *eizei-s* III 132. 341.
Ir. acc. sg. *boin n-* III 98. O.H.G.
nom. sg. *jenē-r* III 341; aisl. nom.
pl. *þei-r* III 353. Pr. Balto-
Slavonic gen. *nōs-sŭm (O.C.Sl.
nasū Pruss. *nouson* Lith. *músū*)
III 386. 393. Lith. gen. sg.
manè-s (?) III 393; instr. sg. *vilku-
mì tūmì* III 178. 345. *duonomi* III
180. O.C.Sl. instr. sg. *či-mī* III
345; Pol. loc. du. *dwu-ch* III 211.
(2) Verbal Forms. Skr. 1st sg.
ása-m (?) I 196, IV 518; Skr.
bhárā-mi later Avest. *barā-mi* O.
Pers. *dārayā-miy* IV 518. Gr.
1st 2nd 3rd sg. conj. κτείνω-μι,
ἐθέλησθα (cp. opt. βάλοισθα etc.),
ἐθέλη-σι IV 520. 525. 531; 2nd sg.
οἶσθα-ς IV 525. Lat. 3rd pl. *dan-
unt* (?) IV 550, *deder-unt* IV 551.
O.H.G. O.Sax. and A.S. 3rd pl.
sind-un IV 74. 553. O.C.Sl. 3rd
sg. *-ję-tŭ*, IV 367. 534.

F

f. its pronunciation in Latin and in
Oscan I 268, in Gothic and in
O.H.G. I 270.
Factitives see Causals.
Faliscan (dialect of Falerii) I 8.
Female Sex, Suffixes to denote,
II 106. 334. 458.
Feminines II 105. 108. 458. Loss
of the Feminine in Armenian
declension III 284.
Fertile Suffixes II 10.
Finals. Absolute and Conditional
Finals (i. e., as at the very and
of a sentence, or before other
sounds) I 484. 487. Laws of Finals
in pr. Idg. I 488, in pr. Ar. I 490,
in Skr. I 491, in Iran. I 495, in
Armen. I 497, in Greek I 498,
in Ital. I 501, in Irish I 506, in
pr. Germ. I 512, in Gothic I 514,
in West-Germ., specially O.H.G.,
I 516, in pr. Balto-Slav. I 521,
in Baltic, specially in Lith. I 522,
in Slavonic, specially in O.C.Sl.
I 524.
Flemish Language I 11.
Flexion. Its nature and age I 14,
II 1. 5. Conjunct and Absolute
Flexion in Irish IV 516.
Formate III VII.
Fortis I 260.
French I 8.
Frequentatives IV 40. 324. In
Latin IV 302, in Lithuanian IV
147. See Intensives and
Iteratives.
Frisian (or Friesic) I 11.
Future IV 38. Conjunctive forms
used for the future IV 460.
Future with the suffix -*sį̣o-* in
Aryan and Balto-Slavonic IV 268.
Periphrastic future in Sanskrit II
385, IV 444. Sigmatic future in
Greek IV 269, Doric future in
Greek IV 278 with Addenda;
future of the type κομιῶ perhaps
not to be allowed in Homer IV
277; future perfect in Greek:
simple IV 276, periphrastic IV
446. *b*-future in Latin IV 87. 91.
447; *ē*-future in Latin IV 472;
future perfect in Latin IV 465.
s-future in Umbrian and Oscan
IV 362. 374. 465; future perfect
in the same IV 421. *b-(f-)*future
in Irish IV 447; *s*-future in
Irish IV 363. 465; reduplicated
future in Irish IV 103. 105.
Perfect-Present as future in Ger-
manic and Slavonic IV 450. 452;

186   II. Index of Matters. ġ — Hyphens.

periphrastic future in Germanic IV 450, in Slavonic IV 452.

G

ġ and ġh, g and gh in the parent language I 286. 305.
Gaelic I 10.
Gallic I 3. 9.
Gāthā Dialect of Avestic I 5.
Genders of nouns II 105. 108. 458, III 56. See Motion.
Genitive. Formation of the gen. sg. III 111. 339, of gen.-loc. dual III 205. 352, of gen. pl. III 244. 355. Genitive of personal pronouns III 388. Meaning of the Genitive III 56.
German language I 11.
Germanic branch or group I 10.
Gerund IV 595, Gerunds (absolutivi) in Sanskrit III 182. 183, IV 594. 597. 601, in Italic IV 609.
Gerundive II 452, IV 595. In Italic IV 609.
Glide see Transition-sound.
Gliding Accent ("geschliffen, geschleift") in Lithuanian I 536. 558.
Gothic I 10.
Grammatical change in Germanic I 387. 434.
Graphic Adjustment (etymological mode of spelling). Avest. yaḋca instead of yasca I 349. Lat. urbs instead of urps I 435, quidquam instead of *quitquam (recomposition in place of quicquam) I 279, abs obstrūdo obtrūdo subter etc. I 366. Goth. nasjands juggs instead of *nasjants *jugks, nasjand jugg instead of *nasjant *jugk, riqiz instead of riqis etc. I 389. 395. 434. 516, dinṓhun instead of dinōhun I 483; Mod. H.G. sayte raubte flugs instead of *sachte *raupte *fluks, raub instead of raup I 398. 435. Lith. dugti dugsiu dìrbti dìrbsiu instead of dukti duksiu dìrpti dìrpsiu I 398.
Gravis in Greek I 544. 545.
Great Russian dialect I 12.
Greek branch or group of languages I 6.
Gutturals I 259.
Guzerati I 4.

H

h I 21. Pronunciation of Skr. h I 23, of Latin h I 373, of h in Goth. and O.H.G. I 385.
Habit, Imperfect of in Lith. IV 455.
Heteroclisis of neuters in -r III 103.
Heterosyllabic Sound-groups I 48.
Hiatus. At the point of juncture in compounds; thus only inherited from the parent language, and not otherwise, in single words I 105. 453. Origin of hiatus in the separate languages: Greek I 455, Latin I 455. 456. 458, Germanic I 459, Lithuanian I 460, Slavonic I 460.
High German I 11.
High grade of Accent I 529. 533.
Hindi, Hindustani I 4.
Historic Record of the languages I 2.
Home of the Indo-Germanic stock I 2.
Homeric Dialect I 6.
Hyacinthus II 251.
Hyphens. What they mean I 16. 17, II 19, III 37, IV pref. p. VIII.

I

i *ī* in the parent language I 32. 37.
i pingue in Latin I 33. *i* consonant (*i̯*) I 109; in the parent language I 110; as glide or transitional sound in pr. Idg. I 110, IV 86, in Cyprian and Pamphylian I 120, in Lithuanian I 131; to be distinguished from the spirant *j* I 109. 408.
Icelandic I 11.
Illyrian branch of Slavonic I 12.
Imperative. Genuine imperative forms of the Idg. languages IV 496, compare IV 370. Accent of it in Greek IV 502, in Irish I 551, in Germanic I 554. Forms of the Injunctive, Conjunctive, Optative, or Infinitive as Imperatives IV 496.
Imperfect. The impf. of Aryan and Greek as augmented tenses of the present stem IV 36. 48. 51. Impf. in Italic IV 447. Impf. of habit in Lithuanian IV 455. Impf. in Slavonic IV 76. 451.
Imperfect Present IV 38. 48.
Implosive Glide I 258.
Inchoatives IV 40. In Latin IV 208, Gothic IV 160.
Incisive Accent in Lithuanian I 536. 558, in Lettic I 558.
Indeclinable attributive adjectives III 13. 102.
Indefinite Pronouns III 333.
Independent use of part of a Compound (forms which came to exist as parts of a compound or as enclitics, used alone as simple or unenclitic forms). Lat. *cernō*, *fundō* (?), *miniscor*, *plicō*, *spiciō*, *tergō*, *testor* (?) abstracted from *sē-cernō* etc. I 34. 53. 546; O.H.G. *zehan* (?) III 23. 43. Originally only enclitic Avest. *taibya* (?) III 366, Lat. *igitur*

(cp. τοι- in τοι-γαρ-οῦν) I 546, *quī* *quīs* I 74, *tibī* *sibī* III 381, *libet* *fīmus* *limpa* *silua* (?) I 42. Compare the meaning 'capable of being loosed' for Gr. λυτός, got. because ἄλυτος meant 'incapable of being loosed' II 220.
Indistinct Vowel sound (ə) I 31. 100.
Indo Germanic stock of languages: its subdivisions I 3. Science of Idg. philology I 1.
Infection in Keltic grammar I 480.
Infinitive. Its origin II 470, IV 7. Simple Inf. forms of the Idg. languages IV 597; Inf. formed from root-nouns II 489. Periphrastic fut. inf. passive in Latin IV 446. 449. Noun character of the Inf. in Irish IV 604. Inf. again becomes a noun in Greek and Latin II 471. 472. For the Infinitive endings, see Suffixes.
Infixes I 188, IV 137. 139.
Initials. Absolute and Conditional Initials (*i. e.*, as at the very beginning of a sentence or after other sounds) I 484. 487. Laws affecting Initials in pr. Idg. I 488, in pr. Aryan I 490, in Skr. I 491, in Old Iranian I 495, in Armen. I 497, in Greek I 498, in Latin I 501, in Irish I 506, in Germ. I 520, in Balto-Slav. I 526. Notker's Initial Law I 520. Initial Consonants in Reduplication IV 20.
Injunctive IV 456.
Instrumental. Formation of the instr. sing. III 173. 344, of dat.-abl.-instr. dual III 200. 352, of instr. pl. III 273. 356. Formation of the instr. in Personal Pronouns III 388. Meaning of the case III 56.
Intensive (Verbs) IV 40. Redu-

II. Index of Matters. Intensive — Lengthening.

plicated intensives of the Idg. languages IV 11. 13. 109. 110. 112. 113. 259. 260; close connexion of reduplicated intensive to perfect IV 17. 387. Intensives with the suffix -$e\!io$- in the Idg. languages IV 324. 335. 337. 339. 343; with -t-suffix in Latin IV 302; with -n-suffix in Germanic I 388, IV 146. See further Frequentatives and Iteratives.
Intensive Formations in Nouns II 94.
Intensive Particles in Irish II 68.
Interdental Sounds I 260.
Interjections affixt to the Imperative IV 508.
Interrogative Pronouns III 333.
Intransitive. The present suffixes -$\bar{e}$- and -$i\!o$- used specially to make intransitive verbs IV 243. Intrans. use of the third weak conjugation in Germanic IV 307.
Ionic Dialect of Greek I 6.
Iranian languages I 5.
Irrational Vowel I 31. 100.
Isolation of Word forms, e. g. II 4. 470, IV 610.
Italian I 8.
Italic branch or group of languages I 7.
Italo-Keltic unity I 3.
Iteratives IV 40. With the suffix -$e\!io$- in the Idg. languages IV 324. 335. 337. 339. 343. With the ending -$oj\mu$ in Lith., -$aj\c{a}$ in Slavonic IV 311. 312. 313. With the endings -$\dot{e}ju$ and -$in\dot{e}ju$ in Lithuanian IV 264. 265. 315. With -$raj\c{a}$ in Slavonic IV 314. See further Frequentatives and Intensives.

J

j, proethnic palatal spirant I 109. 408. 452.
Juxtaposita II 23.

K

$\hat{k}$ and $\hat{k}h$ in the parent language I 286. 405.
Keltic branch or group of languages I 9.
Kinship, names of, II 459.
Kurdish Language I 5.
Kymric see Cymric.

L

l -sounds I 21. Guttural l I 29. 215. 223. l and $\underset{\circ}{l}$ in the parent language I 208. 227. l not found in Old Iranian I 209.
Labial Nasal I 162. Labial Explosives I 259. 262. Labial Spirant (v) I 408. Nasalised labial spirant in Irish (mh) I 179.
Labialisation of Consonants by following u- and o- sounds I 477, in Avestic I 478, in Old Irish I 479. 480. Labialised Velar sounds I 305. 341.
Labio-dental sounds I 260.
Laconian Dialect of Greek I 6.
Language, science of, and philology I 1.
Languages. Eight Branches or Groups of the Indo-Germanic Languages, and their relation to each other I 3.
Later Avestic I 5.
Latin I 8.
Lechish group of Slavonic languages I 12.
Lengthened Accent in Lettic I 558.
Lengthening of short Vowels in the Idg. languages I 465. See also Consonant Strengthening

and Compensatory Lengthening.
Lenis I 260.
Lesbian Dialect of Greek I 6.
Letters, see Pronunciation.
Lettic or Lettish language I 11.
Life, suffixes to express period of, II 105.
Liquids I 20. In the parent language I 19. 207. Sonant Liquids (those which form a syllable) I 21. 208. 226. 241. Changes of the liquids in the proethnic period I 225.
Literary language in Rome I 8.
Lithuanian language I 12.
Little Russian I 12.
Living Suffixes II 10.
Locative Formation of the loc. sing. III 156. 346, gen.-loc. dual III 205. 352, loc. pl. III 256. 356. Formation of loc. in personal pronouns III 384. Meaning of the case III 56.
Locrian Dialeot of Greek I 6.
London Slang II 34.
Low Frankish I 11.
Low German I 11.
Low Grade of Accent I 529.
Low Sorbenian I 12.

M

m and $\mathfrak{m}$ in the parent language I 162. 190. m as transitional sound or glide I 163, IV 86.
Macedonian language I 3.
Mahratti I 4.
Main or Chief Conjugations, the Two, IV 48.
Manx I 10.
Marrucinian Dialect I 9.
Marsian Dialect I 9.
Masculines II 108. 458, III 56. 57.
Mediae I 20. 260. Change of mediae to tenues in proethnic times I 344. Interchange of mediae and tenues, mediae and mediae aspiratae in pr. Idg. I 346. Mediae aspiratae I 20. 260. Med. asp. + t or s in pr. Idg. I 403. Med. Asp. in Sanskrit I 23.
Meditative Verbs in Latin IV 283. 299. 301.
Megarian Dialcct of Greek I 6.
Messapian language I 3.
Messenian Dialect of Greek I 6.
Metaplastic Series III 280. Not always produced by proportional analogy III 281.
Metathesis. Metathesis of n in pr. Idg. I 228, IV 139 f., of r in Sanskrit I 212, of ur in Avestic I 213, of br tr b λ in Armenian I 214, of r in Old Irish I 219, of $\bar{\imath}r$ in O.C.Sl. I 240, of $\chi't$ in Slavonic I 338. Metathesis of Aspirate in Skr. and Greek I 354. 365, IV 26. So-called quantitative metathesis in Ionic and Attic I 462. Compare also the proethnic change -ur- : -ru- in Skr. $catur$-: Avest. $capru$- and the like, IV 150.
Methodius I 12.
Middle IV 512. Periphrastic Middle formations (Reflexive) IV 579.
Middle Accent I 529.
Middle Cases III 59.
Middle German Dialect I 11.
Middle Greek I 7.
Middle-length Vowels in Lithuanian I 467. 559.
Mixt Cases III 64. See Synoretic Cases.
Modern Greek Dialects I 7.
Modorn Indian Languages I 4.
Modern Persian Dialects I 5.
Moods IV 47. History of the Moods in Indo-Germanic IV 456.

Modus Impersonalis in Latin IV 575. 576.
Moravian language I 12.
Motion, or Differentiation to Express Gender, in Nouns. II 113. 332. 448. In *o*-stems II 110. 338, *u*-stems II 334, *n*-stems II 335, *r*-stems II 336, *nt*-stems II 337, *s*-stems II 338.
Mouth and Nose (Ansatzrohr) in Phonetics I 21. 22.
Multiplicatives III 48.
Musical Accent I 528. 529, in the parent language I 535, in Sanskrit I 538, in Greek 1 543.
Mutation see Vowel Mutation.

N

n and *ṇ* in the parent language I 162. 190. *n* as transitional sound or glide I 164, IV 86.
Nasals 1 19. 20. The four nasals of the parent language, distinguisht by the place of their articulation I 162. Sonant Nasals I 22. 190. 206. Nasal for explosive I 261. Nasal for Liquid I 226, IV 13. Nasalised labial spirant *(mh)* in Irish I 27. 179.
Nasal Infix I 188, IV 137. 162.
Nasal present stems IV 136.
Nasal Vowels in Sanskrit I 167, Avestic and Old Persian I 167. 168. 169, Greek I 172. 173, Latin I 175, Umbrian I 177, Lithuanian and Slavonic I 185.
Necessity. Verbal Adjectives to express necessity II 452.
Neuter III 56. Neuters Collective II 463. Origin of the neuter nom.-acc. pl. in the nom. sing. fem. III 236. Loss of the neuter in Armenian III 284, loss of neut. substantives in Lithuanian and Lettic III 110. 292.

Noised Sounds (explosive and spirant) I 21.
Nominative. Formation of the nom. sing. masc. and fem. III 66. 335, nom.-acc. sing. neut. III 99. 338, nom.-acc. dual masc. and fem. III 189. 352, nom.-acc. dual neuter III 197. 352, nom. pl. masc. and fem. III 211. 352, nom.-acc. pl. neutr. III 236. 354. Formation of the nominative in personal pronouns III 372. Meaning of the case III 55. Nom. forms used as vocative III 81. 82. 84. 85. 87. 88. 190. 212.
Noms postverbaux II 256, IV 291.
Norse languages I 10. 11.
North Thessalian Dialect of Greek I 6.
North-west Greek Dialects I 6.
Norwegian Language I 11.
Notker's Initial Law I 520.
Nouns. Nouns and Pronouns III 322. Nouns and Verbs II 2. Nouns without formative suffix (or Root-Nouns) II 478. Nomina actionis II 466; as infinitive, gerund, or supine II 470, IV 597; becoming nomina agentis II 460. Nomina agentis II 460; becoming nomina instrumenti II 461. Nomina instrumenti II 460; becoming nomina loci II 461. Nomina loci (or place-names) II 461.
Noun Compounds II 21. See Compounds.
Noun Formative Suffixes, primary and secondary, II 106. See Suffix.
Noun-verbs see Denominatives.
Numbers in Nouns III 56, in Verbs IV 512. See Singular, Dual, Plural.
Numerals III 1. Their Origin III 2. Cardinals, Abstracts,

Ordinals III 3, Greek abstracts in -άς I 199. Multiplicatives and Distributives, III 48. Substantival Numerals used as attributive Adjective to the things they are spoken of III 24. 32. 33. 37. 41. 42. 45. 47. Subtraction in the numeral names III 25.
Ny ephelkystikon I 499, III 186. 187. 211. 259.

O

o ō in the proethnic language I 66. 83.
o-series I 258. *ō*-series I 255.
Ogam Inscriptions and their language I 10.
Old Bulgarian see Old Church Slavonic.
Old Church Slavonic I 12. Its sounds I 30.
Old Frisian I 11.
Old High German I 11.
Old Irish I 10. Its alphabet and sounds I 27.
Old Italic languages I 8.
Old Low German see Old Saxon.
Old Norse I 11.
Old Persian I 5. Its sounds I 25. Cuneiform writing I 25.
Old Prussian I 11.
Old Saxon I 11.
Old Slovenian I 12.
One-point Accent and twopoint Accent I 529. 530.
Optative IV 479. Opt. of unthematic tense-stems with -ịē̆- -ī̆- IV 480, of thematic tense-stems with -oị̆- IV 493. Confusion of Opt. and Conjunctive IV 460. Opt. used for Imperative in Slavonic IV 492. 496. Compounded Opt. in Lithuanian IV 257. 451.
Ordinal Numbers III 4.
Oscan Language I 9.

P

p and *ph* in the parent language I 262. 405.
Palatal Explosives I 23. 259. 286. The Palatal Nasal (ñ) in pr. Idg. I 165. The Palatal Spirant *j* in pr. Idg. I 408. 452.
Palatalisation (or Weakening) I 477. In Avestic I 24. 478, Greek I 118. 478, Irish I 93. 124. 125. 479, Lithuanian I 29. 132. 223. 481, Slavonic I 132. 135. 481.
Pāli I 4.
Pamphylian Dialect of Greek I 6.
Parasmaipadam in Sanskrit, see Active.
Participle IV 7. 594. Participles of the Idg. languages arranged under their Suffixes IV 605. Participle and Adjective II 456. See further under Suffix.
Particles. Suffixt to fully formed cases of nouns and pronouns III 62. 227. 261. 324. Interwoven with pronominal stems III 324. Suffixt to fully formed parts of the verb IV 8. 143. 458. 502. 504. 518. 524. 529. 534. 541. 545, prefixt thereto IV 8. 24.
Particula augens in Irish III 373.
Passive IV 512. 515. Passive forms with -*r* in Italic and Keltic IV 572. 574. Exprest by the Reflexive in Norse IV 581, in Lithuanian IV 451, in Old Ch. Slav. IV 581. Passive tenses formed with Auxiliaries in Italic IV 447, Germanic IV 449, Lithuanian IV 581.
Past Time in the Idg. verb originally exprest by the Augment IV 24. 25.
Paštu (the Afghan language) I 5.
Pelignian Dialect I 9.
Penjabi I 4.

Perfect IV 39. 381. Unreduplicated II 438, IV 384. 391. 394. Perfect and Present forms morphologically alike IV 39. 108. 387. Close relation of the reduplicated perfect to the Intensive formation IV 17. 387. Periphrastic Perfect in Sanskrit IV 444. Aspirated Perfect in Greek IV 409; weak or *x*-perfect in Greek IV 412; periphrastic 3rd pl. perf. mid. and pass. in Greek IV 444. The Italic Perfect, a mixture of different kinds of tense-forms IV 414; the Latin perfect in -*vī* and -*uī* IV 423; the *f*-perfect in Umbro-Samnite IV 422. 447; the *t*-perfect in Oscan, Pelignian, and Volscian IV 422; periphrastic perfect mid. and pass. in Italic IV 447. Aorist forms in the Irish perfect IV 428. Double function of the perfect forms in Germanic (preterite and preterite-present) IV 434; periphrastic perfect passive in Germanic IV 449; periphrastic perfect-present in High-German IV 449. Periphrastic perfect-present in Balto-Slavonic IV 451.
Perfect (or Aorist) tense (verba perfectiva) IV 450. 452. 474.
Periphrastic tense-formations in the Idg. languages IV 444. Periphrastic Middle (Reflexive) IV 579.
Permissive in Lithuanian IV 494.
Personal Endings. Characteristic of the Verb Finite II 2. Origin I 15. 16, II 165, IV 4. 6. 513. Primary and Secondary IV 516. Special endings of the Perfect IV 381. 517. The various endings in the Idg. languages IV 517. In Slavonic influenced by the personal pronouns IV 539. 555. See also Extension of Case-forms and forms of the Verb Finite, etc.
Personal Pronouns III 358. Their declension III 64. 372. Possessives instead of pers. pron. which do not distinguish gender III 377. 383. 386. 388. 392.
Persons of the Verb, Strong and Weak, II 17.
Personal Names, their formation, II 33.
Pet Names II 34. 203. 207. 210. 463.
Philology and the Science of Language I 1.
Phocian Dialect of Greek I 6.
Phonetics I 20.
Phrase IV XII, 444.
Phrygian Language I 3.
Phthiotic Dialect of Greek I 6.
Physiology of Sounds I 20.
Picentian Dialect I 9.
Pitch and Stress Accent I 528.
Place Names (nomina loci) II 461. See also Nouns.
Pluperfect IV 39. 387. In Aryan IV 403, in Greek IV 413, in Latin IV 379. 420. Periphrastic plpf. in Germanic IV 450, in Lithuanian IV 450, in Slavonic IV 452.
Plural. Of Nouns III 56. 211. Signs of the plural III 61. 367. Plural cases of pronouns that mark gender III 352. Pluralising of forms of the personal pronouns *We* and *You* and of the reflexive pronoun III 359. 377. The plural personal endings IV 512. 534. 566. 574.
Poetic and Oratorical Language contrasted with the speech of every day IV 295.
Polabian Language I 12.
Polish Language I 12.
Popular Etymology (Words different in etymology, but some-

what like in sound, connected and perhaps made still more alike). Skr. *sūkará-s* connected with *kar-* 'to make' II 263; the suffixes *-īka-* *-ūka-* connected with *-añc-* II 256. 269. Avest. *yavaē-ca tāitē* connected with *tan-* 'to stretch' (?) II 7. 309. Gr. ἀλκυών for ἀλκυών following ἄλς I 422; βλέφαρον for γλέφαρον following βλέπω (?) IV 334; βόθρος βόθυνος following βαθύς (?) I 258; Ion. δέκνυμι connected with δείκνυμι IV 181; δεύτερος δεύτατος; connected with δύω III 8[1]); -δω 'to') connected with δῶμα (?) III 102; Lesb. ἔδοντες following ἔδω III 398[2]); ἔνοψ following αἶθ-οψ and the like and ἀπαφός following beast-names in *-αφος* (?) II 99; ἤν-εικα following ἤνεγκα IV 68; Κένταυρος following ταῦρος or κεντέω or both I 479; νήποδες following πόδες I 69. 264; ὀδάξ beside δάκνω II 265; ὀμίχλη for ὀμίχλη following ὀμο- (?) I 470; πέρδιξ following πέρδομαι (?) II 270; πλήρης accented like διήρης II 185; *-πλοο*; connected with *-πλος* III 50. Adjectives in *-ώδης* connected with those in *-οειδής* II 409 (cp. further Wackernagel, Das Dehnungsgesetz der griech. Compp. 44 ff.). Lat. *accipiter acceptor* following *accipiō* II 24; *āgnōmen* connected with *nōmen* II 367, cp. *cōgnōmentum* II 249;

---

1) In origin it is true there is a connexion between δεύτερος; 'next in point of time' and δύω (Johansson, Beitr. zur griech. Sprachkunde 96 f., 148 f.), but when the Greeks used δεύτερος as a numeral this connexion had been forgotten.

2) In origin these two words likewise were really connected (cp. footnote 1).

ūlīgnus salīgnus connected with *fabā-gīnus* etc. II 145; *lubium* following *lambō* (according to Kluge) I 268; *lēvir* following *vir* I 52. 92, II 381. 386; *lumpha limpha lympha nymphāticus* for *lumpa limpa* following Gr. νύμφη I 42; confusion by popular etymology of compounds with *-i-t-* 'going' and stems in *-etā- -otā-* II 391. Ir. *nem* following *nemed* (?) II 419. Goth. *filigrja-* following *ligrs* (?) I 472; *handugs* connected with *handus* (?) 259; O.H.G. *thaum doum* connected with *toum* II 171; Mod H.G. *brōsāme* connected with *sāme* II 7. 309, *leumund* connected with *mund*, *wahnsinn* connected with *wan-* II 7; the Germ. compound suffix *-li-χa-* connected with **līka-* 'body' II 269. Lith. *jùnkti* 'to get accustomed' connected with *jùnkti* 'to yoke' I 526; *lėžùvis* connected with *lėžiù* I 205. Compare Assimilation due to Connexion in Meaning.

Popular Latin (Vulgar Latin) I 8.
Portuguese Language I 8.
Possessive Pronouns III 358. 388. 396. 400. Poss. Pron. instead of genderless personal pronouns III 377. 383. 386. 388. 392.
Possibility, Verbal Adjectives denoting, II 452.
Post-dental Sounds I 260.
Potential see Optative.
Prefixes II 3. 5. 6. 7. 29. 36, IV 8. 24. 425.
Prākrit I 4.
Precative in Sanskrit IV 486.
Present. Present and Strong Aorist morphologically alike and not to be separated in the discussion IV 36. 79. 80. Forms of present and *s*-aorist which are alike morphologically IV 190. 194. 346.

Forms of the present and perfect which are alike morphologically IV 38. 108. 387. Relation of Suffixes forming the present stem to the Root-Determinative IV 44. The thirty-two Present-Classes of the Idg. languages IV 51. Periphrastic present passive in High German IV 449.

Preterite. *t*-preterite in Irish IV 72. 565. Weak pret. in Germanic IV 435. 453. Preterite action denoted by the augment from the earliest period of our enquiry IV 24. How augmented pret. and present run together in Italic and Germanic IV 241.

Preterite-Present in Germanic IV 434.

Proclitic words in Greek I 545.

Proethnic home of the Idg. stock I 2. Proethnic Forms I 13.

Pronouns III 322. Pronominal case-endings III 323. Pronouns that mark the gender III 325, their etymology and stem-formation III 327, their declension III 323. Demonstratives III 327, Relatives III 332, Interrogatives and Indefinites III 333. Inflexion of Pronouns with gender spreads to the Nominal Adjective III 295. Pronouns without gender, or Personal and Reflexive pronouns, III 358, their etymology and stem-formation III 364. 370, their declension III 63. 374. Possessive pronouns III 358. 388. 396. 400. Form of pronouns influenced by the personal endings of the verb III 352 f. (Ir. *iat eat* and *siat seat*, Ital *eglino*), 368 (Ir. *sē*, O. Icel. *mēr* and *þēr ðēr*, H.G. *mir mer* and *dir der*). See also Personal Pronouns, Possessive

Pronouns and Reflexive Pronouns.

Pronunciation of the letters in the various languages of our group I 22; Sanskrit I 23, Avestic I 24, Old Persian I 25, Armenian I 25, Umbro-Samnite I 26, Old Irish I 27, Gothic I 28, Lithuanian I 28, Old Church Slavonic I 30.

Proper Names II 33.

Prothesis before Vowels in pr. Idg. I 468, in Sanskrit I 469, in Avestic I 469. 497, in Armenian I 214. 470, in Greek I 214. 229, IV 27.

Provençal Language I 8.

Prussian Language I 12.

Pseudo-Compounds II 30.

Psilosis in Greek I 421.

Q

q and qh in the parent language I 305. 405. Lat. *qu* I 320.

Quality, Abstract substantives denoting, II 472.

Quantitative Metathesis in Greek I 462.

Quantity of Vowels. Lengthening I 465, shortening I 461.

R

r-sounds I 21. Spirant r in Umbr. I 26. 280. r and $r̥$ in the parent language I 208. 226. Personal endings with r in Aryan, Italic, Keltic, IV 572.

Raetoromanic Dialects I 8.

Recessive Accent in Greek I 541.

Record, Historic, of the Idg. languages I 2.

Reduction of Vowels, see Absorption, Shortening.

Reduplication. Its nature II 3. 12. Reduplicatio integra and mutila II 12; broken reduplication II 13. 94. Reduplicatio praefixa and suffixa II 13. Attic redu-

II. Index of Matters. Reduplicator — Re-formation.

plication II 98, IV 15. 405. 408. Reduplicated noun-formations II 94, supported by verbal forms of the like sort IV 11. Reduplicated verb-forms IV 7. 10; different types of verbal reduplication IV 11; reduplicated verb-forms arising from compounds of which the first member is a case (?) IV 17. Reduplicated present and aorist forms IV 97. 105. 108. 110. 112. 113. 117. 134. 198. 210. 259. Reduplication of the perfect IV 387, unreduplicated perfect forms II 438, IV 384. 391. 394. Double reduplication in Skr. *ja-jāgāra la-lā́ṣa sa-sajjur, a-jī-jahat*, Gr. δε-δίδαχα IV 110. 210. 398. 406.
Reduplicator IV XII.
Reflexive Pronouns III 370. Coupled with active or middle forms to make a reflexive verb IV 578.
Reflexive Verb IV 578. With passive meaning in Norse IV 581, Lithuanian IV 451, Old Church Slavonic IV 581.
Reformate, Re formation (or New Formation) III VII.
Re-formation where a single sound, or only part of the type form, is imitated. Gr. ϑετός δοτός instead of *ϑατός *δατός following τίϑημι δίδωμι and the like I 102. 107, IV 53. Avest. *yasna-* intead of **yasna-* following *yaz-* I 298, O. Pers. *rāsta-* instead of **rāšta-* nach *raz-* II 235 (compare cases like Skr. **didiẓḍhi* **dviẓḍhi* [becoming *didiḍḍhi* *dviḍḍhi*] instead of **didiḍhi *dvidhi* following *didiṣṭa dviṣṭa* and the like I 299. 448). Often only the quantity, not the quality, of long vowels, is imitated. Idg. **qetur̥-komtə* 'forty' **penqē-komtə* 'fifty' following **tri-komtə* 'thirty' III

29. 30. Idg. instr. sg. auf *-ī -ū* following that in *-ō, -ē, -ā* (?) III 175. Idg. nom.-acc. dual in *-ī -ū* following that in *-ō* (?) III 195. Gr. ἀ-δήρι-το-ς ἑκόντ-σα Lat. *jīnī-tu-s fīnī-rem* Lith. *dalý-ti dalýsiu* O.C.Sl. *gosti-ti gosti-chŭ*, Gr. ἀ-δάκρυ-το-; ἐδάκρῡ-σα Lat. *statū-tu-s* following forms like Gr. τῑ́μα-το-ς ἐτῑ́μα-σα etc. IV 290. Ar. acc. pl. masc. *-r̥̄nš (ai. *pitr̥̄r pitr̥̄n* av. *nerą̄š*) following *āns- (Skr. *-r̥̄s -ān*) etc. III 226. 233. Skr. acc. pl. fem. *-ūš̥ (dhenū́š̥) -ī́š̥ (mātr̥̄́š̥)* following *-iš̥ -ās* III 231. 233. 234; nom.-acc. pl. neutr. *-r̥̄ni (bhartr̥̄́ni)* following *-āni- ūni īni* III 241; nom.-acc. pl. neutr. *-īš̥i -ūš̥i (havīš̥i āyūš̥i)* following *-ās̥i* III 242. 244; gen. pl. *-īnām -ūnām -r̥̄nām (dvīnām sunūnām mātr̥̄ṇā́m)* following *-ānām,* and Ved. *-īm -ūm -r̥̄m (sūrím dasyúm nr̥̄́m)* following *-ām* III 250. 251; gen. pl. *amū́šām* following *tā́sām* III 355. Griech. nom.-acc. du. fem. *-α (νύμφα)* nach *-ω* III 194; the Lesb. Boeot. Dor. feminine flexion *-ω (Δατώ) -ως -ῳ -ων* following *-α ᾱς -ᾳ -αν* III 285, also Lesb. flexion Θεογένης *-γένη -γένη -γένην* following *-ᾱς -ᾱ -ᾳ -αν* (compare voc. Θεό-γενε following *-ā*) III 88. 97. 128. 172; τριάκοντα following τετρώκοντα πεντήκοντα III 38; augmented preterite ὑμεναίουν ἱκέτευσα following ᾕριζον and the like IV 29; singular *-νυμι (ὄρνυμι)* etc. following *-νᾱμι* IV 181; conjunctive ῥηνύται following *-ηται* etc. IV 478. Lat . Adjectives in *-ĭli-s (ovĭlis) -ūli-s (tribūlis)* following those in *-āli-s -ēli-s* II 292; *rīgĭntī* following *trīgintā* (?) III 34; abl. sg. *-īd -ūd (marīd magistrātūd)* following *-ōd -ād* III 139. 141;

13*

gen. pl. -ōrum (istōrum) following -ārum III 247. 355; pr. Ital. loc. pl. -ōs (Lat. deirōs Marruc. aisos) following -ās III 260. West-Germ.
*ĭk 'I' (ags. ic) following *þū III 365. Lith. vēnů'-lika following -y-lika -io-lika III 28. 227; loc. pl. -ůsu -ysu (vilkůsu naktysu) following *āsu -osu III 227. 261. 262. Slav. *èzŭ 'ich' (aksl. jazŭ azŭ) following ty III 365.
Re-composition, see Compounds.
Relationship, names of, II 459.
Relative Pronouns III 332.
Retrograde Accent in Greek I 541.
Rhodian Dialect of Greek I 6.
Rhotacism: in Sanskrit I 492, Greek I 361. 423. 500, Umbrian I 425. 426. 450, Germanic I 434. 451.
Rhythmical Principles in word-formation II 113. 193, III 101. 246.
Rig-Veda I 4.
Romance Languages I 8.
Root. Its meaning and original form I 14. 17. 18, II 19. 20.
Root-Periods of the Idg. languages I 14. 17.
Root Determinative (extension of the root) II 20, IV 44. 136. 412. Root-determ. -ĭ- IV 61. 98. 114. 115. 117. 206. 319. 355. 376. 486. Root-determ. -p- in Aryan causals etc. IV 333.
Root-Nouns II 478. In the formation of the infinitive II 489. As final members of a compound II 491.
Root-Reduplication pressed into the service of the tenses to express time IV 10.
Roumanian Language I 8.
Runic Inscriptions I 11.
Russian Language I 16.

S

s in the parent language I 408. Changes of s in proethnic times I 445. Voiced s (z) in pr. Idg. I 407. 447. Aspirated s (sh) in pr. Idg. I 407. Pronunciation of s final in Latin I 403.
s-Aorist, sec Aorist.
Sabine Dialect I 9.
Samnite Dialect I 9.
Samprasāraṇa. What it means I 473. Sampr. in Avestic I 473, Italic I 466. 473, Old Irish I 219. 467. 475bis. 508, Germanic I 467. 475. 476. 515. 518.
Sandhi (or phonetics of the Sentence) I 483. Incompletely represented in writing I 487. Laws of sentence sound-change I 489, artificialities in the Sanskrit system I 488.
Sanskrit I 4. Its alphabet and sounds I 24.
Scandinavian Languages I 10.
Scotch-Gaelic language I 10.
Secondary Accent I 529. 555. 560.
Sentence Accent I 527. In pr. Idg. I 534, Sanskrit I 537, Greek I 540.
Servian Language I 12.
Short Names II 34. See also Pet Names.
Shortening of long Vowels I 461. Shortening of noun-compounds by using one only of the two parts II 34.
Shva Indo-Germanicum I 31. 100.
Sicilian Dialect of Greek I 6.
Sigmatic Aorist; see Aorist.
Simple Forms. Compounds becoming simple forms II 3. Influence of simple or uncompounded verbs on compounded I 53. 354.

Sindhi I 4.
Singular. Of Nouns III 56. 66.
Of Pronouns with gender III 335.
Singular Personal Endings IV 517. 558.
Slavonic Languages I 12.
Slovakian Dialect I 12.
Slovenian Language I 12.
Sonants. Their nature I 21. 527. Sonant Nasals of pr. Idg. I 190. 206, its sonant Liquids I 226. 241. Sonant nasals and liquids caused by vowel absorption in separate languages I 469. 471. 472. 475. 507. 515. 518.
Sonorous sounds I 21.
Sorbenian Language I 12.
Sounds. How produced I 20. Sounds of the parent language I 20, of Sanskrit I 23, of Avestic I 24, of Old Persian I 25, of Armenian I 25, of Lithuanian I 28.
Soundlessness of the Explosives I 259.
Sound Physiology I 20.
Sound-change, combinatory, I 453.
Sound-shifting in Germanic I 3. 261. 382. Its chronology I 395.
Speech, physiology of I 20.
Spelling inadequate to express tho sounds I 487, see Graphic Assimilation, Writing.
Spirants. Their nature I 21. Spirants of the parent language and their history I 20. 407. 408. Nasalised spirant in Irish I 27. 179. Spirant *r* in Umbrian I 26. 280.
Spiritus Asper in Greek I 420.
Spiritus Lenis I 19. 21.
State, substantives denoting, II 466.
Status durus (in Old Irish) I 325.
Stem Formation II 1. Formative

Suffixes I 15; of nouns II 101. 447, of verbs IV 33. 346. 456.
Stems II 1. Stem of nouns, and pronouns with gender, used alone for a case III 57, nom. sing. masc. and fem. III 66. 335, nom.-acc. sing. neut. III 99, loc. sing. III 104. 158, voc. sing, III 56. 82, nom.-acc. pl. neut. III 236. Stem of personal pronouns used alone for a case III 359. Stem of a tense used without personal ending for some form of the verb finite IV 6.
Stress and Pitch Accent I 528.
Strong Adjective declension in Germanic III 320.
Strong Form of various formative elements II 17. Strong Cases II 17, III 59. Strong Persons of the verb finite II 18, IV 49. 348. 384.
Strong Grade of Ablaut I 247. 252.
Substantives II 458. Concrete II 458. Those which denote action or condition (nomina actionis, verbal abstracts) II 466. Those which denote quality (abstracts properly so called) II 472. Relation between substantive and adjective II 465. 473, III 106. 110, IV 392.
Suffixes. Their origin, general remarks II 3. 5. Origin of the case suffixes III 59, of verbal suffixes (or personal endings) I 15. 16, IV 4. 6. 513. Formative suff. of nouns II 101, of verbs IV 44. Suffix and Root I 17. 103, II 18. 103. Suffix and Root-Determinative IV 44. Several suffixes fused into one I 16, II 103. Suffix raised to the dignity of a compounded word II 7. 309. The growth of suffixes a process constantly repeated I 14. Suffixes fertile and barren (or living and

dead) II 10. Words without any suffix I 15 (see also Stems). Suffixes for nouns and adjectives both II 473. For masculine and feminine II 106. 334. 458. For substantives donoting a quality (abstracts in the strict sense) II 472. For nomina actionis (verbal abstracts) II 466; for infinitive, gerund. and supine II 471, IV 597. For concrete substantives II 458, names of kindred II 458, names of animals II 105. 209. 459, names of parts of the body II 105. 347. 459, nomina agentis II 460, names of tools and utensils II 461, place names II 461, collectives II 462, diminutives and pet names II 34. 462, names of colours II 105. 133. 136. 137, names of age or time of life, points of the compass, time of day, trees and shrubs II 105. For adjectives with a comparative meaning II 449. For verbal adjectives (participles, gerundives) II 451, IV 605. For denominative adjectives II 453. For Numerals III 3.

Suffixes for causal (or factitive) verbs IV 161. 228. 297. 298. 318. For desideratives IV 198, 283. 293. 296. 299. 301. 335. 446. For frequentatives and iteratives IV 40. 147. 264. 302. 311. 312. 313. 315. 324. 335. 337. 339. 343. For inchoative and inceptive verbs IV 40. 160. 208. For intensives IV 11. 13. 109. 110. 112. 113. 146. 259. 260. 302. 324. 335. 337. 339. 343. For intransitive verbs IV 243. 303. 307. 315. Suffixes to express disease and suffering IV 295, to express regular employment IV 297.

Suffixes of the Indo-Germanic languages arranged under heading of each language separately.

(Here are enumerated only those suffixes which can easily be detached from their surroundings, and they come in the following order:

(1) Formative suffixes for Noun and Pronoun Stems.
(2) Case-endings and Adverbial suffixes.
(3) Endings of Infinitive, Supine, and Gerund.
(4) Formative suffixes for verbal stems.
(5) Personal suffixes.

Proethnic.

ə follows e in the alphabetical order.

Noun Formative Suffixes:
-ā- I 96, II 109.
-ad- II 407.
-a^{x}ino- -a^{x}inā- II 155. 159.
-āgo- -āgā- II 252. 270. 272.
-bhŏ- -bhā- I 264, II 216.
-d- II 407.
-dhlo- -dhlā- I 273, II 121. 213.

-dhro- -dhrā- II 121. 213.
-en- -on- II 344.
-eni- II 284. 287.
-eno- -enā- -ono- -onā- II 138. 149. 150, IV 605.
-ent- -nt- IV 50. 606 (vgl. -nt-).
-er- II 376. 379.
-(e)ro- -(e)rā- II 188, III 395.
-es- -os- I 48.

410, II 411. 412. 423.
-esti- II 307.
-etu- II 325.
-əs- II 424.
-g- II 411.
-go- -gā- II 276.
-i- I 32, II 278.
-i- -iē- I 37, II 332.
-iies- (-ies- -is-) II 429.
-iio- see -io-.
-ino- -inā- II 155.

-ino- -inā- I 37, II 155. 156.
-iqo- -iqā- II 252. 260.
-īqo- -īqā- II 252. 259. 270.
-is- II 424.
-is- (-ies-) II 426. 430.
-isto- -istā- I 32, II 242.
-ien- -ion- -iien- -iion- II 357.

II. Index of Matters. Suffixes (Procthnic).

-i̯es- -ii̯es- -is- II 426. 430.
-i̯o- -i̯ā- -ii̯o- -ii̯ā- I 109. 110. 111, II 122. 125. 132, IV 605.
-i̯u- II 318.
-k̑- II 410.
-k̑o- -k̑ā- I 88, II 251.
-li- -l̥li- II 290.
-lo- -lā- -l̥lo- -l̥lā- I 210, II 198, IV 606.
-lu- II 322.
-men- -mon- I 163 ff., II 365.
-meno- -menā- -mono- -monā- -mno- -mnā- II 163, IV 606.
-mi- II 289.
-m̥mo- -m̥mā- II 166.
-mno- see meno-.
-myto- I 163. 192, II 249.
-mo- -mā- (-m̥mo- -m̥mā-) I 163, II 166. 170. 447.
-mono- see -meno-.
-nes- II 414.
-ni- -n̥ni- II 284. 285.
-nu- II 109. 335.
-no- -nā- -n̥no- -n̥nā- I 164, 193, II 138. 139, III 4, IV 605.
-nt- -ent- I 165, II 394. 396, IV 50. 165. 606.

-nu- I 40, II 320.
-o- -ā- I 66, II 109.
-ono- -onā- II 138. 149. 151.
-osti- II 307.
-q- II 410.
-qo- -qā- I 307, II 252. 254. 255. 262.
-ri- -r̥ri- II 290.
-ro- -rā- -r̥ro- -r̥rā- I 210. 228, II 180.
-ru- II 322.
-s- II 424.
-sk̑o- -sk̑ā- II 274.
-su̯o- -su̯ā- II 140.
-t- II 389.
-tāt- -tāti- I 96, II 104. 308.
-ter- I 48. 209. 227, II 15. 376. 379.
-tero- -terā- II 177. 188.
-teu̯o- -teu̯a- IV 605.
-ti- I 32, II 293. 294. 306.
-tlo- -tlā- II 118.
-tm̥mo- -tm̥mā- II 104. 177.
-tno- -tnā- -tu̯no- -tu̯nā- II 160, IV 609. 610.
-to- -tā- I 272, II 218. 221. 238. 242, IV 605.
-tro- -trā- II 118.
-tu- I 40, II 323.
-tūt- -tūti- II 308.
-tu̯o- -tu̯ā- -tu̯o-

-tu̯u̯ā- I 138, II 116, IV 605.
-u- I 40, II 312.
-ū- II 334.
-ūqo- -ūqā- II 252. 270. 272.
-us- (subst.) II 424. 426.
-us- (-u̯es-) see -u̯es- -u̯os- -u̯s-.
-u̯en- -u̯on- II 362.
-u̯ent- II 404. 405.
-u̯es- (subst.) II 415.
-u̯es- -u̯os- -us- I 40. 138, II 438. 442, IV 606.
-u̯es- -u̯os- (going with -u̯ent-) II 405.
-u̯yto- II 249.
-u̯o- -u̯ā- -u̯u̯o- -u̯u̯ā- I 137. 138, II 133.

Case and Adverbial Suffixes:

-ā or -e instr. sg. III 173.
-ā nom.-acc. pl. neut. III 236.
-ai̯ (-ǝi̯) dat. sg. III 143.
-ui̯ adv. III 354.
-bhi instr. sg. III 175. 186.
-bhi(s) instr. pl. III 61. 357.
-bhos dat.-abl. pl. III 61.
-d nom.-acc. sg. neut. III 338.

-d abl. sg. III 133. 134. 379.
-e nom.-acc. du. masc. fem. III 195.
-e or -a instr. sg. III 173.
-es -os -s gen.-abl. sg. II 15, III 111. 114.
-es nom. pl. masc. fem. I 48, III 211.
-ǝ nom.-acc. pl. neut. III 236.
-i loc. sg. I 33, III 156. 158.
-i (-oi̯ -ei̯ -ai̯) nom. sg. masc. fem. III 335. 336.
-i (-ōi̯ -āi̯ -i̯ēi̯) dat. sg. III 144. 146. 148.
-i (-oi̯ -ei̯ -ai̯) loc. sg. III 157. 164. 166.
i- (-ai̯ -oi̯) nom.-acc. du. fem. neut. III 193. 197.
-i̯ (-oi̯) nom. pl. masc. III 60. 352.
-i̯ (-ai̯) nom.-acc. pl. neut. III 354.
-i̯ā (-ai̯ā) instr. sg. fem. III 345.
-i̯s (-ōi̯s) instr. pl. III 273. 275.
-m -m̥ acc sg. masc. fem. III 59. 88.

II. Index of Matters. Suffixes (Proethnic).

-*m* nom.-acc. sg.
neut. III 109.
-*mi* instr. sg. III
175. 186. 187.
-*mi(s)* instr. pl.
III 357.
-*na* instr. sg. III
344.
-*ns* -*ṇs* acc. pl.
masc. fem. I
192, III 224.
-*om* (-*ōm*) gen.
pl. III 244.
-*os* -*es* -*s* gen.-
abl. sg. II 15,
III 111. 114.
-*s* nom. sg. I 409,
III 59. 60. 73.
-*s* -*es* -*os* gen.-
abl. sg. II 15.
111. 114.
-*s* (-*ōs* -*ās* -*i̯ēs*)
nom. pl. masc.
fem. III 211.
212. 215. 216.
-*s* (-*ās*) acc. pl.
fem. III 225.
228.
-*s* loc. pl. III
257. 356.
-*s* adv. III 48.
136.
-*si* loc. pl. III
257. 260. 356.
-*si̯āi̯* dat. loc. sg.
fem. III 343.
351.
-*si̯ās* gen.-abl.
sg. fem. III
343. 351.
-*si̯o* gen. sg.
masc. neut. III
111. 130. 339.
-*smi* -*smin* -*sme*
loc. sg. masc.
neut. III 346.
349.

-*smōd* -*smēd* abl.
sg. masc. neut.
III 246.
-*smōi̯* -*smē(i̯)* dat.
sg. masc. neut.
III 346.
-*so* gen. sg. masc.
neut. III 111.
130. 339.
-*sōm* gen. pl. III
355.
-*su* loc. pl. I 40,
III 256. 356.
-*tos* adv. III 134.
141. 380.
-*u̯* (-*ōu̯*) nom.-
acc. du. masc.
III 62.
-*u̯* (-*ou̯* -*eu̯*) loc.
du. III 206.
207.
-*u̯s* (-*ou̯s* -*eu̯s*)
gen. du. III
205. 207.

Suffixes of Verbal Stems:

-*ā*-, -*ē*-, -*ō*- I 96,
IV 42. 118.
134. 459. 465.
476.
-*d(o)*- IV 218.
609.
-*dh(o)*- IV 218.
-*ē*- -*ō*-, -*ā*- see
-*ā*-.
-*ci̯o*- I 111, IV
318. 326.
-*eno*- -*ono*- -*ṇno*-
IV 41. 136.
137. 141. 154.
-*es*- -*əs*- -*s*- I
409, IV 38. 190.
348. 371. 375.
-*esko*- (-*sko*-) IV
200. 202. 209.

-*eso*- IV 191. 192.
-*eu̯*- see -*u*-
-*ə*- IV 114.
-*əs*- sec -*es*-.
-*i̯ē*- see -*i̯ē*-.
-*i̯o*- see -*i̯oi̯*.
-*īs*- IV 371. 378.
-*i̯*- (-*oi̯*-) opt. IV
479. 493.
-*i̯ē*- -*i̯ē*- -*ī*- I
37 f., IV 60.
479. 480.
-*i̯o*- -*i̯o*- I 110.
111, IV 41.
228. 233. 259.
261. 265. 267.
279. 281.
-*nā* -*n(ə)*- I 96,
IV 136. 141.
-*neu̯*- see -*nu*-.
-*neu̯o*- IV 184.
-*i̯no*- -*eno*- -*ono*-
I 194, IV 41.
136. 138. 141.
154.
-*no*- IV 41. 136.
148.
-*nu*- -*nu̯*- -*ncu̯*-
I 139. 164. 165,
II 15, IV 41.
136. 138. 176.
-*nu̯o*- IV 186.
-*o*- (-*e*-) I 48.
67, IV 41. 47.
78. 80. 105.
108. 459. 461.
477.
-*ō*- -*ē*- see -*ā*-.
-*ono*- see -*eno*-.
-*s*- see -*es*-.
-*si̯o*- I 409, IV
268. 271.
-*sko*- (-*esko*-) IV
200. 201.
-*so*- (-*eso*-) IV
191. 198. 348.
-*t(o)*- IV 41. 211.

-*u*- -*eu̯*- IV 45.
136.

Personal Suffixes:

-*a* 1st sg. IV 518.
-*ai̯* (-*ci̯*) 3rd sg.
IV 564.
-*dhi* 2nd sg. I
275, IV 502.
-*e* 3rd sg. I 48,
IV 529.
-*ei̯* see -*ai̯*.
-*enti* -*ent* 3rd pl.
IV 50. 543.
-*m* -*ṃ* 1st sg. IV
517.
-*mai̯* -*məi̯*) 1st sg.
IV 558.
-*mē* -*mō*, -*mem*
-*mom* (-*men*
-*mon*) 1st pl.
IV 535.
-*medhai̯*(-*medhəi̯*)
1st pl. IV 566.
-*medha* 1st pl. IV
566.
-*mēs* -*mos*, -*mesi*
-*mosi* 1st pl. IV
535.
-*mi* 1st sg. I 32,
IV 517.
-*nt* -*ṇt* 3rd pl. I
272, II 395,
IV 50. 543.
-*ntai̯* -*ṇtai̯* (-*ṇtəi̯*
-*ṇtəi̯*) 3rd pl. I
192, IV 568.
-*nti* -*ṇti* 3rd pl.
I 272, II 395,
IV 50. 543.
-*nto* -*ṇto* 3rd pl.
I 189, IV 568.
-*ō* 1st sg. IV 517.
-*oi̯* 1st sg. IV
558.

II. Index of Matters. Suffixes (Proethnic, Sanskrit). 201

-r -r̥ (3rd pl. ?) IV 572.	-t 3rd sg. I 272, IV 529.	-ti 3rd sg. I 272, IV 529.	-thēs 2nd sg. IV 561.
-s 2nd sg. I 409, IV 523.	-tai̯ (-tə̯i) 3rd sg. I 87, IV 563.	-to 3rd sg. IV 564.	-u̯ĕ -u̯ŏ 1st du. IV 554.
-sai (-sə̯i) 2nd sg. IV 560.	-tām 3rd du. IV 557.	-tōd 2nd 3rd sg. du. pl. III 348, IV 505.	-u̯edhai̯ (-u̯edhə̯i) 1st du. IV 571.
-si 2nd sg. IV 523.	-te (-the) 2nd pl. IV 540.	-tom (-tem) 2nd du. IV 556.	-u̯edhə 1st du. IV 571.
-so 2nd sg. IV 561.	-tes -tos (-thes -thos) 2nd du. IV 556.	-tha 2nd sg. IV 523.	-u̯es -u̯os, -u̯esi -u̯osi 1st du. IV 554.

Sanskrit.

Order of the Letters: a ā i ī u ū r̥ r̥̄ l̥ ē ai ō au ḥ ḥ k kh g gh ṅ c ch
j jh ñ ṭ ṭh ḍ ḍh ṇ t th d dh n p ph b bh m y r l v ś ṣ s h.

Noun Formative Suffixes:	-āka- II 257. 272, III 396.	-īyə- I 114. 124. IV 607.	-ca- see -ka-. -cha- II 275.
-a- -ā- II 111, III 282, IV 607.	-āna- I 69, II 152. IV 606. 608.	-īyas- (-yas- -iṣ-) II 431.	-t- II 390. 391. -ta- I 272, II 225. 242. 243.
-aka- II 250. 264.	-āyya- -āyiya- IV 606.	-u- I 40, II 314, III 283, IV 607.	IV 605. 607.
-aj- II 411.			-tana- II 160.
-añc- II 7.	-āś- II 410.	-uka- II 264, IV 607.	-tama- II 178.
at- II 398, IV 607.	-i- II 279. 334.	-ura- II 200.	-tar- I 48. 210. 228, II 384, III 283.
-ati- II 298.	-ika- II 260.	-urā- II 183.	
-atu- II 326.	-ikā- II 258. 264.	-uri- II 291.	-tara- II 191.
-ad- II 407.	-ij- II 411.	-ula- II 200.	-tavant- IV 607.
-an- II 348.	-in- II 358, III 281.	-uś- (subst.) II 426.	-lavya- IV 606. 607.
-ana- I 194, II 141. 150.	-ina- II 155.	-uṣ- (part.) see -ras-.	-las- II 416.
-ani- II 286. 288.	-iya- see -ya-.		-tā- II 239.
-anīya- IV 607.	-ira- I 229, II 181. 183. 200. 201.	-uṣi- -uṣyā- II 338.	-tāt- -tāti- I 21, II 309.
-anu- II 320.		-ū- -rā- III 283.	
-ant- II 398, IV 606. 607.	-ila- II 183.	-ūka- II 272.	-ti- II 296. 306. 308.
-ama- II 167.	-iṣ- II 425.	-ēna- II 159.	-tīya- II 243, III 9.
-ayu- IV 607.	-iṣī- -iṣya- II 338.	-ēnya- -ēniya- II 159, IV 607.	
-ar- II 383.	-iṣṭha- II 244.		-tu- II 326.
-ara- II 191.	-ī- -yā- I 37, II 332. 337, III 283.	-ka- (-ca-) I 307, II 254. 256. 258. 263, III 4.	-tna- II 160. -tnu- II 320. 390.
-as- I 49. 398, II 414. 423. 424, III 282.			-tya- II 391, IV 606.
	-īka- II 270.	-ga- II 276.	
-asti- II 307.	-īna- II 156. 159.	-gra- -gvin- III 51.	-tra- -trā- II 118.
-ā- II 109. 112.			-tva-(beside com-

parat. -tara-) II 190. 191.
-tva- -tura- I 138, II 116, IV 607.
-tvatā- II 104.
-tvan- II 364. 391.
-tvana- II 163.
-tha- II 242. 243. 244.
-thama- II 178.
-na- I 164, II 141. 152, IV 605. 606.
-nas- II 416.
-ni- II 285.
-nī- -nyā- II 335.
-nu- II 321.
-nt- I 165, II 398, IV 606. 607.
-bha- I 264, II 216.
-ma- -mā- I 163, II 172. 369.
-mata- I 163. 192, II 250.
-man- I 163, II 368.
-mant- II 405.
-māna- II 164, IV 606. 608.
-mi- II 289.
-min- II 358.
-ya- -iya- I 110. 111, II 122. 125. 126. 132, III 5, IV 605. 606.
-yas- (-īyas- -iṣ-) II 431.
-yu- II 318.
-ra- I 210, II 182. 198. 200. 201.

-ri- II 291.
-ru- I 211, II 322.
-la- II 182. 198. 200. 201.
-li- II 291.
-lu- II 322.
-va- I 138, II 133.
-vata- II 249.
-van- II 363, III 282.
-vant- II 405, III 282.
-vaya- III 51.
-vara- II 182. 183. 201.
-vala- II 201.
-vas- -uṣ- I 138, II 442, IV 606. 607.
-vin- II 358.
-śa- I 289, II 251.
-s- II 424.
-snu- II 142.
-snu- II 320.
-sra- III 33.

Case and Adverbial Suffixes:
-a -ā instr. sg. I 87, III 181.
-am nom. sg. II 335. 372. 373. 374.
-am acc. sg. masc. fem. III 89. 94.
-ayā instr. sg. (fem.) III 179. 345. 388.
-ayā adv. III 179.
-ayoṣ gen. -loc.

du. III 205. 209.
-as gen.-abl. sg. III 112. 119.
-as nom. pl. masc. fem. I 48, II 211. 216.
-as acc. pl. masc. fem. I 192, III 224. 225.
-ā instr. sg. III 184.
-ānām gen. pl. III 246. 248. 249.
-āni nom.-acc. pl. neut. III 238.
-ām gen. pl. III 245. 248. 249. 251.
-ām adv. III 181.
-āsas nom. pl. masc. fem., acc. pl. fem. III 212. 215. 228.
-i -i loc. sg. I 32, III 157. 164.
-i nom.-acc. pl. neut. III 236. 238. 242. 244.
-ī nom.-acc. pl. neut. III 198.
-ī nom. pl. masc. III 353.
-uyā adv. III 184.
-e voc. sg. fem. III 84.
-e dat. sg. III 143. 149.
-e loc. sg. masc. neut. III 157. 164.
-e nom.-acc. du. fem. III 193.

-e nom.-acc. du. neut. III 197.
-e nom. pl. masc. III 352.
-ena instr. sg. masc. neut. III 177. 344.
-aiṣ instr. pl. masc. neutr. III 273. 275.
-oṣ gen.-loc. du. III 205. 207.
-au loc. sg. (i-St.) III 160.
-au -a nom.-acc. du. masc. III 196.
-tas adv. III 141. 380.
-d nom.-acc. sg. neut. III 338.
-d abl. sg. masc. neut. III 133. 134. 380.
-n (-ān -āṃs etc.) acc. pl. masc. III 226. 230. 232. 234.
-na instr. sg. III 344.
-nā instr. sg. III 182. 184.
-nām (-ānām etc.) gen. pl. III 246. 248. 249. 250. 252. 255.
-ni (-āni etc.) III 238. 239. 241.
-bhiṣ instr. pl. I 264, III 175. 273. 357.
-bhya (-hya) dat. III 381.
-bhyam (-hyam)

II. Index of Matters. Suffixes (Sanskrit). 203

dat. III 175.
381.
-*bhyas* dat.-abl.
pl. III 175. 267.
269.
-*bhyām* dat.-abl.
instr. du. III
175. 200.
-*m* acc. sg. masc.
fem. III 89.
-*m* nom.-acc. sg.
neut. III 109.
338.
-*m* (-*ām* -*īm* etc.)
gen. pl. III
244. 245. 249.
250. 251.
-*mi* adv. III 187,
Add. to III 344.
-*ya* (·*āya*) dat.
sg. III 145.
-*ya* (-*ayā*) instr.
sg. (fem.) III
179. 345. 388.
-*yām* loc. sg. fem.
III 167.
-*yās* gen.-abl. sg.
fem. III 115.
167.
-*yāi* dat. sg. fem.
III 115. 147.
167.
-*yōṣ* (-*ayōṣ*) gen.-
loc. du. III
205. 207.
-*śas* adv. III 51.
-*s* nom. sg. masc.
fem. II 439,
III 73.
-*s* gen.-abl. sg.
III 114.
-*s* (-*ās*, fem. -*iṣ*)
nom. pl. masc.
fem. III 212.
214. 216.
-*s* (-*ās* -*iṣ* etc.)
acc. pl. fem.

III 228. 230.
231. 232.
-*s* adv. III 48.
-*sām* (-*ṣām*) gen.
pl. III 355.
-*su* (-*ṣu*) loc. pl.
I 40, III 256.
259.
-*smād* abl. sg.
masc. neut.
III 346.
-*smin* loc. sg.
masc. neut.
III 346.
-*smāi* dat. sg.
masc. neut.
III 346.
-*sya* gen. sg.
masc. fem. III
113. 130. 339.
-*syām* (-*asyām*)
loc. sg. fem.
III 351.
-*syās* (-*asyās*)
gen. sg. fem.
III 343. 351.
-*syāi* (-*asyāi*)
dat. sg. fem.
III 351.

Infinitive and
Gerund Endings:
(only the latter
are marked):

-*ām* IV 599.
-*am* (ger.) IV
598. 601.
-*agē* II 280, IV
600.
-*as* II 490, IV
599.
-*asē* II 414. 415,
III 155, IV
363. 597. 599.
-*i* II 490. 599.

-*ē* II 490. 597.
599, III 143.
-*tayē* II 298, IV
598. 600.
-*tari* IV 600.
-*tarā* IV 601.
-*tavē* II 325. 327,
IV 598. 600.
-*tavāi* IV 600.
-*ti* IV 600.
-*tum* II 325. 327,
IV 598. 600.
-*tōṣ* II 327. 600.
-*tāu* IV 600.
-*tya* -*tyā* (ger.)
III 182, IV
601.
-*tyāi* IV 601.
-*tvā* (ger.) II
327, IV 601.
-*tvāya* (ger.) IV
601.
-*tvī* (ger.) IV
601.
-*dhē*   -*dhēyāya*
-*dhāi*   -*dhyāi*
IV 599. 600.
-*man* IV 597.
599.
-*mani* IV 599.
-*manē* II 367,
IV 597. 599.
-*ya* -*yā* (ger.)
III 181, IV
601.
-*yam* -*yū* -*yāya*
-*yāi* IV 601.
-*vanē* II 363, III
153, IV 597.
599.
-*sani* (-*ṣani*) II
347, IV 598.
600.
-*sē* (-*ṣe*) II 490,
III 155, IV
363. 597. 599.

Suffixes of Verbal Stems:

-*a*- (ind.) 48. 67,
IV 78. 81.
-*a*- (conj.) IV
461. 462. 477.
-*ana*- I 196, IV
156.
-*aya*- I 110, IV
318. 326. 330.
-*as*- IV 191.
-*asa*- IV 195.
-*ā*- (ind.) IV 42.
118. 121. 129.
134.
-*ā*- (conj.) IV
465. 468. 477.
-*āya*- IV 284.
292.
-*i*- und -*ī*- ('link-
vowel') IV 61.
98. 114. 115.
117. 319. 355.
376. 385. 403.
485 (and see
-*iṣ*-   -*iṣa*-
-*iṣya*-).
-*iya*- -*iya*-(deno-
minative suf-
fix) IV 292.
-*iya*- beside -*ya*-
see -*ya*-.
-*iyā*- see -*yā*-.
-*iṣ*- IV 375.
-*iṣu*- IV 200.
-*iṣya*- IV 268.
271. 272.
-*ī*- ('link-vowel')
see -*i*-.
-*ī*- (opt.) see -*yā*
-*ē*- (opt.) IV 493.
-*cha*- IV 203.
-*t*- -*ta*- IV 211.
213. 605. 606.
-*d*- -*da*- IV 222.
-*dh*- -*dha*- IV
221.

II. Index of Matters. Suffixes (Sanskrit).

-na- IV 141. 142. 148. 149.
-nā -n(ī)- I 96, 136. 141. 143.
-nu- (-nō-) I 139. 164. 165, IV 176. 178.
-nva- IV 186.
-paya- IV 333.
-ya- -iyu- I 110. 111, IV 228. 233. 243. 259. 261. 262. 265. 268. 279. 281. 292.
-yā- -iyā- -ī- I 37. 61, IV 480. 482.
-s- (pres.) IV 191.
-s- (aor.) I 409, IV 348. 352.
-s- (precat.) IV 486.
-sa- -ṣa- (pres.) IV 191. 193. 198.
-sa- -ṣa- (aor.) IV 369.
-siṣ (ṣiṣ-) II 376.
-sya- (pres.) IV 293.
-sya- (fut.) I 409, IV 268. 273.

Personal Suffixes:

-a 1st sg. act. IV 518. 519.
-a 1st sg. med. IV 558.
-a 3rd sg. I 48, IV 529. 530.
-a 2nd pl. IV 541.
-ata 3rd pl. IV 569.

-atām 3rd pl. IV 510.
-ati 3rd pl. IV 543. 544.
-atu 3rd pl. IV 544.
-atur 3rd du. IV 557. 573. 574.
-atē 3rd pl. I 192, IV 568.
-athur 2nd du. IV 569. 573. 574.
-an 3rd pl. IV 543. 544.
-anti 3rd pl. IV 543. 544.
-am 1st sg. 196, IV 517. 518.
-ā 1st sg. IV 518.
-ātē -ātām 3rd du. IV 571.
āthē āthām 2nd du. IV 571.
-āni 1st sg. IV 518.
-ām 3rd sg. IV 510
-i 1st sg. IV 558.
-i 2nd sg. (asi) III 258, IV 523.
-i 3rd sg. IV 452. 565.
-irē 3rd pl. IV 569. 573. 574.
-ītām 3rd du. IV 572.
-īthām 2nd du. IV 572.
-ur 3rd pl. IV 545. 546. 573.
-ē 1st sg. IV 559. 560.
-ē 3rd sg. IV 564.
-ētē- ētām 3rd du. IV 572.

-ēthē -ēthām 2nd du. IV 572.
-āi 1st sg. IV 558. 559.
-āitē 3rd du. IV 470.
-āithē 2nd du. IV 470.
-t 3rd sg. IV 529.
-ta 3rd sg. IV 564.
-ta 2nd pl. IV 540.
-tana 2nd pl. IV 541.
-tam 2nd du. IV 556.
-tas 3rd du. IV 557.
-tād 2nd 3rd sg. III 348, IV 505.
-tām 3rd sg. IV 510.
-tām 3rd du. I 96, IV 557.
-ti 3rd sg. I 272, IV 529.
-tu 3rd sg. IV 529.
-tē 3rd sg. I 87. IV 563. 564.
-tē 3rd du. IV 572.
-tāi 3rd sg. IV 470.
tha 2nd sg. IV 524.
-tha 2nd pl. IV 540.
-thana 2nd pl. IV 541.
-thas 2nd du. IV 540. 556.
-thām 3rd du. IV 572.

-thās 2nd sg. IV 561.
-thē 2nd du. IV 572.
-dhi -hi 2nd sg. I 275, IV 502.
-dhvam 2nd pl. IV 568.
-dhvād 2nd pl. IV 506.
-dhvē 2nd pl. IV 568.
-dhvāi 2nd pl. IV 470.
-n 3rd bl. IV 544. 546.
-ni 1st sg. IV 118.
-nta 3rd pl. IV 568. 569.
ntām 3rd pl. IV 510.
-nti 3rd pl. I 272, IV 544. 545.
-ntu 3rd pl. IV 546.
-ntē 3rd pl. IV 568. 569.
-ntāi 3rd pl. IV 470.
-m 1st sg. IV 517. 518.
-ma 1st pl. IV 535. 536.
-mas -masi 1st pl. I 163, IV 535. 536.
-mahi 1st pl. IV 566.
-mahē 1st pl. IV 566.
-mahāi 1st pl. IV 470.
-mi 1st sg. I 32, IV 517. 518.
-ra -ratām -ratē -rata -ran

II. Index of Matters. Suffixes (Sanskrit, Avestic).

-ranta -ram 3rd pl. IV 574.	IV 569. 573. 574.	-cahū 1st du. IV 571.	-sē 3nd sg. IV 560. 561.
575.	-ca 1st du. IV.	-rahāi 1st du. IV	-sāi 1st sg. IV
-rām 3rd pl. IV 510. 575.	554. 555. -ras 1st du I 137,	471. -s -ṣ 2nd sg. IV	470. -sva -ṣva 2nd sg.
-rirē 3rd pl. IV 574.	IV 554. 555. -vahi 1st du. IV	523. -si 2nd sg. IV	IV 510. -hi -dhi 2nd sg.
-rē 3rd pl. I 210,	571.	523.	I 273, IV 502.

Prākrit and Pāli.

-āse (Pali) nom. pl. III 212.	-ṃ (Pali) nom.-acc. sg. neut. III 339.	-mha (Pali and Prakr.) 1st pl. IV 537.	-mhi (Prakr.) 1st sg. IV 537.

Avestic.

Order of the Letters: a ā e ē ę ę̄ o ō å ą i ī u ū k g x x́ γ c j t d þ ḍ̄
δ ḏ p b f w ṇ (n̊) n ń ñ m y n̨ r š (š̌ ṣ̌) s z̨ z h. As regards n̨ š̌ ṣ̌ see
vol. II Preface p. VIII.

Noun Formative Suffixes:

-a -ā- II 111, III 282, IV 607.
-aēna- II 150.
-aēni- II 160.
-at- II 398.
-ata- II 226.
-ati- II 298.
-atu- II 326.
-an- II 348.
-ana- II 141. 150.
-ant- II 398, IV 607.
-ar- II 383.
-ara- II 191.
-ah- II 414. 423.
-āka- II 257. 272, III 396.
-āna- I 69, II 152, IV 608.
-ema- II 167.
-i- II 279.

-ẽn- II 458 430, III 281. 282.
-ina- II 155.
-iya- see -ya-.
-iyah- see -yah-.
-iš- II 425.
-išta- II 244.
-ī- -yā- II 332. 337.
-u- II 314, III 283.
-ušī- -ušyā- II 338.
-ka- II 256. 258. 263.
-t- II 391.
-ta- II 225. 239, IV 605. 606.
-tar- II 383.
-tara- II 191.
-tah- II 416.
-tāt- II 309.
-tema- II 178.
-ti- II 296. 306.
-tu- II 326.

-tya- III 9.
-tra- -þwa- II 116.
-tra- -þra- -þrā- II 118.
-þa- -ḍa- II 243.
-þwa- see -tva-.
-þwan- II 364.
-þwana- II 163.
-þra- see -tra-.
-na- I 164, II 141. 152.
-nah- II 416.
-ni- II 285.
-nu- II 321.
-nt- II 398, IV 607.
-ma- II 172.
-man- II 368.
-mana- -mna- II 164, IV 606. 608.
-mi- II 289.
-mna- see mana-.
-ya- -iya- II 122.

125. 132, III 5, IV 606.
-yah- -iyah- II 431.
-yu- II 318.
-ra- (-wa- pa-) II 133. 134. 364, III 4.
-van- (-wan-) II 364.
-vant- (-ant-) I 348 II 405, III 49.
-vah- (-wah-)
-uš- II 442, IV 607.
-ra- I 211, II 182. 200. 201.
-ri- II 291.
-ru- II 322.

Case and Adverbial Suffixes:

-ā instr. sg. III 184.

I. Index of Matters.   Suffixes (Avestic).

-ă nom. -acc. du. III 196.
-ă nom. pl. masc. fem. III 213. 220.
-ā̆ acc. pl. masc. III 226.
-aβ abl. sing. III 138.
-anąm (-ąnąm). III 246. 248.
-uya loc. sg. fem. III 167.
-ayă instr. sg. fem. III 179. 345.
-ayō loc. du. III 206.
-ayå gen. du. III 206. 209.
-ahyāi dat. sg. fem. III 351.
-āi dat. sg. masc. neut. III 145.
-āiš nom.-acc. pl. neut. III 238.
-āiš instr. pl. masc. neut. III 275.
-em (-m) nom. sg. III 335. 372. 373. 374.
-em acc. sg. masc. fem. III 89, 94.
-ę̄ -ōi nom. sg. fem. III 67. 336.
-ę̄ voc. sg. fem. III 84.
-ę̄ -ōi dat. sg. III 149. 152.
-ę̄ -ōi loc. sg. masc. neut. III 164.
-ę̄ nom.-acc. du. fem. III 193.

-ę̄ nom.-acc. du. neutr. III 197.
-ę̄ -ōi nom. pl. masc. III 352.
-ō (-as) gen. sg. III 119.
-ō (-as) nom. pl. masc. fem. III 211. 216.
-ō (-as) acc. pl. masc. fem. III 232.
-ō loc. du. III 205.
-ōi see ę̄.
-å gen. du. III 205. 208.
-å nom. pl. masc. fem. III 213. 214.
-å nom.-acc. pl. neut. III 238.
-å acc. pl. masc. III 227.
-å acc. pl. fem. III 228.
-åŋhō nom. pl. masc. III 212.
-ąn -ə̄ŋg nom.-acc. pl. neut. III 238.
-ąm gen. pl. III 245. 248. 249. 251.
-ĭ loc. sg. III 157. 164.
-ĭ nom.-acc. pl. neutr. III 238. 240.
-īš nom.-acc. pl. neut. III 238. 241. 242.
-īš instr. pl. III 274.
-β nom.-acc. sg. neut. III 338.
-β abl. sg. III

133. 134. 138. 380.
-ăa abl. sg. III 135. 138.
-bī̆š instr. pl. III 273. 357.
-byā̆ -ryā̆ dat. (pron.) III 381.
-byă -we dat.- abl.-instr. du. III 200.
-byō -wyō -ryō dat.- abl. pl. (-byas) III 267. 269.
-byō dat. sg. pl. (pron.) III 381.
-byąm dat.-abl.- instr. du. III 200.
-n (-ąn -ąs) acc. pl. masc. III 226.
-na instr. sg. masc. neut. III 344.
-nąm (-anąm etc.) gen. pl. III 246. 248. 249. 251.
-ṅhāβ -ṅhāđa(-ań hāβ -ańhāđa). abl. sg. fem. III 351.
-ńhę (-ańhę) log. sg. fem. III 351.
-ńhā̊ (-ańhā̊) gen. sg. fem. III 343.
-m nom. sg. s. -em.
-m nom.-acc. sg. neut. III 109. 339.
-m acc. sg. masc. fem. III 89.

-ya (-aya) loc. sg. fem. III 167.
-yă (-ayă) instr. sg. fem. III 179. 345.
-yāi (-ayāi) dat. sg. fem. II 315, III 115. 147. 167.
-yāβ (-ayāβ) abl. sg. fem. III. 138.
-yå (-ayå) gen. sg. fem. III 115. 167.
-š gen. sg. III 118. 121. 125.
-š (-īš) nom. pl. fem. III 216.
-š (-īš -ūš) acc. pl. masc. fem. III 230. 231.
-ši loc. pl. III 256.
-s š adv. III 48 258.
-sŭ -hŭ -šŭ loc. pl. I 40, III 256. 258. 259. 261. 262.
-hę -hyā gen. sg. masc. neut. III 113. 130. 339.
-hąm -šąm gen. pl. III 355.
-hŭ see -sŭ.
-hmāi dat. sg. masc. neut. III 347.
-hmāβ abl. sg. III masc. neut. III 347.
-hmĭ loc. sg. masc. neut. III 347.

II. Index of Matters. Suffixes (Avestic). 207

-hyā see -hę̄.
-hyāi (-ahyāi) dat. sg. fem. III 351.
-hvā -śvā loc. pl. III 259. 160.

Infinitive Endings:

-aŋhę̄ II 416, IV 599.
-ayōi II 280.[1])
-ō IV 599.
-ōi II 490, IV 599.
-tcę̄ II 298, IV 599.
-tę̄ IV 598.
-tōiš IV 600.
-ti IV 600.
-tūm IV 600.
-dyāi -đyāi IV 600.
-þnę̄ II 161, IV 600.
-þrāi IV 600.
-m IV 600.
-mainę̄ II 369, IV 599.
-mainī IV 599.
-yāi IV 600.
-yę̄ IV 600.
-yąm IV 601.
-van (-wan) IV 598. 509.
-vanōi II 363, III 153, IV 599.
-vōi IV 601.
-šānę̄ IV 600.

Suffixes of Verbal Stems:

-a- (ind.) IV 78. 81.

-a- (conj.) IV 462. 477.
-aę̄- -ay- (opt.) IV 493.
-ana- I 197, IV 156.
-anra- IV 186.
-aya- IV 318. 326. 330.
-asa- IV 204.
-ā- (ind.) IV 129.
-ā- (conj.) IV 465. 468. 477.
-iya- see -ya-.
-ī- see -yā-.
-īš- IV 375.
-na- IV 141. 142. 149.
-nava- IV 185.
-nā- -n- IV 141. 142.
-nu- -nao- IV 176. 178.
-nva- IV 186.
-ya- -iya- IV 228. 233. 243. 262. 268. 281.
-yā- -ī- IV 482.
-s- -h- -š- IV 352.
-sa- IV 203.
-h- see -s-.
-ha- -šа- IV 193.
-hya- -šya- IV 269. 273.

Personal Suffixes:

-ă 1st sg. act. IV 517. 518.
-ă 1st sg. med. IV 559.
-ā 3rd sg. IV 530.
-a 2nd pl. IV 541.
aętem 3rd du. IV 572.

-aitę̄ 3rd pl. IV 569.
-aiti 3rd pl. IV 545.
-atā 3rd pl. IV 569.
-atarš 3rd du. IV 557. 574.
aþ 3rd pl. IV 545.
-antā 3rd pl. IV 569.
-antę̄ 3rd pl. IV 569.
-antī 3rd pl. IV 544.
-amā 1st pl. IV 486. 536.
-amaiđę̄ IV 566.
-arš 3rd pl. IV 573.
-āi 1st sg. IV 559.
-ātarš 3rd du. IV 557.
-ātem 3rd du IV 572.
-ānę̄ 1st sg. IV 559.
-anī 1st sg. IV 518.
-en 3rd pl. IV 544. 546.
-em 1st sg. IV 517.
-erš 3rd pl. IV 559.
-ę̄ -ōi 1st sg. IV 559.
-ę̄ 3rd sg. IV 564.
-ōiþę̄ 3rd du. IV 572.
-ī 1st sg. IV 559.
-ī 3rd sg. IV 453. 565.

-irem 3rd pl. IV 574.
-tä -þā 2nd sg. IV 524.
-tā 3rd sg. IV 564.
-tā 2nd pl. IV 540.
-tem 3rd du. IV 556. 557.
-tę̄ 3rd sg. I 89, IV 564.
-tę̄ (-đę̄) 3rd du. IV 572.
-tō 3rd du. IV 557.
-tąm 3rd sg. IV 511.
-tī 3rd sg. IV 529.
-tū 3rd sg. IV 530.
-đī -đi 2nd sg. IV 502.
-duyę̄ see -þwę̄.
-dūm see -đwem
-þā 2nd sg. IV 524.
-þā 2nd pl. IV 540.
-þō 3rd du. IV 556. 557,
-þwę̄ -duyę̄ IV 567.
-þ 3rd sg. IV 529.
-đi see -đī.
-đwem -đūm 2nd pl. IV 568.
-nhā -šā 2nd sg. IV 561.
-nhę̄ -nhōi -šę̄ -sę̄ 2nd sg. IV 561.
-n 3rd pl. IV 546.
-nę̄ (-ānę̄) 1st sg. IV 559.
-nī (-ānī) 1st sg. IV 518.

---

1) Cp. Bartholomae in Bezzenberger's Beitr. XV 238.

II. Index of Matters. Suffixes (Avestic, Old Persian).

-*atū* 3rd pl. IV 569.
-*ntē̃* 3rd pl. IV 568. 569.
-*ntąm* 3rd pl. IV 510.
-*nti* 3rd pl. IV 545.
-*ntū* 3rd pl. IV 546.

-*m* 1st sg. IV 517. 518.
-*mā* 1st pl. IV 536.
-*maidē̃ -maidḗ* 1st pl. IV 566.
-*maidi* 1st pl. IV 566.
-*mahi* 1st pl. IV 536.

-*mī* 1st sg. IV 517. 518.
-*ca* 1st du. IV 555.
-*vahi* 1st du. IV 555.
-*re* 3rd pl. IV 573.
-*rš* 3rd pl. IV 573.

-*rē̃* 3rd pl. IV 574.
-*š* 2nd sg. IV 523.
-*svā -hvā -ṇ̃uha -śrā* 2nd sg. IV 510.
-*sē̃* 2nd sg. see -*ṇhē̃*.
-*hī -šī* 2nd sg. IV 523.

Old Persian.

Order of the Letters: *a ā i ī u ū k g x c j t d þ p b f n m y v r l š s ç z h*.

Noun Formative-Suffixes:

-*a- -ā-* II 111.
-*an-* II 348.
-*ana-* II 150.
-*ara-* II 191.
-*ah-* II 414.
-*āxa-* III 396.
-*in-* II 358, III 281.
-*iya-* see -*ya-*.
-*iš-* II 425.
-*išta-* II 244.
-*ī- -yā-* II 332.
-*u-* II 314.
-*ka-* II 264.
-*ta-* II 225, IV 606.
-*tama-* II 178.
-*tar-* II 383.
-*tara-* II 191.
-*tah-* II 416.
-*ti-* II 296.
-*tiya-* III 9.
-*tu-* II 326.
-*na-* II 142.
-*man-* II 368.
-*mā-* II 172. 369, III 282.
-*mi-* II 289.
-*ya- -iya-* II 125.

-*yu-* II 318.
-*va-* II 134, III 4.
-*vant-* II 406.
-*ra-* II 182.
-*sa-* II 118.

Case und Adverbial Suffixes:

-*a* nom. pl. masc. fem. III 211. 218.
-*a* acc. pl. masc. fem. III 224.
-*aiy* loc. sg. masc. neut. III 164.
-*aiy* nom. pl. masc. III 352.
-*am* nom. sg. III 372. 373.
-*am* acc. sg. masc. fem. III 89. 94.
-*ā* instr. sg. III 184.
-*ā* nom.-acc. du, masc. fem. III 195.
-*ānām* gen. pl.

masc. neut. III 246. 248.
-*āha* nom. pl. masc. III 212.
-*iy* loc. sg. III 172.
-*uvā -śucā* loc. pl. I 40, III 259. 260.
-*biš* instr. pl. III 273. 278.
-*nā* instr. sg. III 344.
-*nām* gen. pl. masc. neut. III 246. 248. 251.
-*m* nom.-acc. sg. neut. III 109.
-*m* acc. sg. masc. fem. III 89.
-*yā* gen. sg. fem. III 114.
-*yā* loc. sg. fem. III 166.
-*š* nom. sg. masc. fem. III 75.
-*š* gen. sg. III 118. 121.
-*š* adv. III 135. 257.
-*šām* gen. pl.

masc. neut. III 355.
-*šuvā* see -*uvā*.
-*hyā* gen. sg. masc. neut. III 130. 339.

Infinitive Ending:

-*tanaiy* II 160, IV 600.

Suffixes of Verbal Stems:

-*a-* (ind.) IV 78. 81.
-*a-* (conj.) IV 462.
-*aya-* IV 318. 326.
-*asa-* IV 204.
-*ā-* (ind.) IV 129.
-*ā-* (conj.) IV 465. 468.
-*nava-* IV 185.
-*nā-* IV 142.
-*nu- -nau-* IV 176. 178.
-*ya- -iya-* IV 243. 262.

II. Index of Matters. Suffixes (Old Persian, Armenian).

-yā- -iyā- (opt.) IV 482.
-š- IV 352.
-ha- -ša- IV 193.

Personal Suffixes:
-a 3rd pl. IV 544.
-aiy 1st pl. IV 559.

-atā 3rd pl. IV 569.
-atiy 3rd pl. IV 545.
-am 1st sg. IV 517. 519.
-iy 1st sg. IV 559.
-iy 3rd sg. IV 453. 565.
-uvā 2nd sg. I 415, IV 510.

-taiy 3rd sg. I 88, IV 564.
-tā 3rd sg. IV 564.
-tām 3rd sg. IV 510.
-tiy 3rd sg. IV 529.
-tūv 3rd sg. IV 129.
-diy II 503.

-m 1st sg. IV 517. 518.
-mahy 1st pl. IV 536.
-mā 1st pl. IV 536.
-mīy 1st sg. IV 518.
-hy 2nd sg. IV 523.

Armenian.

Order of the Letters: a b g d e z ē ę t̔ ž i l x c k h j ł č m y n š o u
  ç p ǰ r̂ s v t r ç p̔ k̔ ō (au).

Noun Formative Suffixes:
-asun III 37.
-avor II 7.
-ar (-aro-) II 183.
-do- see -to-.
-du- (*-tu-) II 327.
-erord III 15.
-i (*-io-) II 127.
-i- II 280.
-l I 210, II 201, IV 606. 608.
-li IV 608.
-k (*-qo-) II 254.
-k (*-go-) II 277.
-k- (*-qo-) II 263. 264.
-kn (*-qen-) II 265.
-mn (*-men-) II 369.
-n (*-en-) II 348.
-ni- II 286. 288.
-no- II 142.
-o- I 66. 70, II 113, III 285.

-ord III 15.
-oç (-loç) IV 608.
-u- II 315.
-un, gen. -uan (*-men-) I 169, II 369.
-un, gen. -an (*-ųen-) II 364.
-ur, gen. -r, I 215, II 364, III 103.
-sun III 37.
-ti- II 298.
-to- -do- II 227.
-r (*-er- *-ter-) I 47 f., II 385.
-ro- II 183. 192.
-k̔ II 275.
-ōlo- -aułło- IV 608.
-ōro- -auro- II 118.

Case Suffixes:
-b -v instr. sg. I 264, III 186.
344. 388.
-bk̔ -vk̔ instr. pl.

I 264, IV 273. 276. 278. 357. 388.
-j -z dat. IV 376. 381. 383.
-y gen. sg. III 113. 130. 131. 142. 339.
-s acc. pl. III 224. 226. 232.
-r gen. sg. III 341.
-ç gen. loc. dat. abl. III 245. 256. 259. 268.
-k̔ nom. pl. III 212.

Infinitive Endings:
-l II 202, IV 601.

Suffixes of Verbal Stems:
-a- IV 122. 136.
-ane- IV 157.
-ani- IV 266.

-e- IV 78. 82. 293.
-i- IV 230. 235. 266. 293.
-na- IV 144.
-ne- IV 149.
-nu IV 180.
-č- IV 205.
-ç- IV 204. 453.

Personal Suffixes:
-m 1st sg. IV 517. 519.
-mk̔ 1st pl. IV 536.
-y 3rd sg. IV 530.
-n 3rd pl. IV 546. 568.
-s 2nd sg. IV 524.
-v 3rd sg. IV 564.
-r 2nd sg. IV 524. 572.
-r 3rd sg. IV 530. 572.
-k̔ 1st pl. IV 536.
-k̔ 2nd pl. IV 536. 541.

Brugmann, Elements. Indices.

II. Index of Matters. Suffixes (Lycian, Greek).

Lycian.

-hñ -h gen. sg. III 113. | -he gen. pl. III 244.

Greek.

Noun Formative Suffixes:

-α, gen. -ατος, II 350.
-ᾱ- Dor., see -η-.
-αγ- II 411.
-αγγ- II 411.
-αδ- II 391. 408, III 13. 14. 254.
-αδο- II 408.
-αινα (-αιιη-) II 103. 335.
-αιο- II 127.
-ακ- II 265. 410.
-ᾱκ- II 292. 410.
-ακιο- II 265.
-ακο- II 265.
-αλεο- II 135. 202.
-αλο- II 202.
-ᾱλο- Dor., see -ηλο-.
-αννο- Lesb., see -ηνο-.
-ανο- I 194, II 144.
-ᾱνο- Dor., see -ηνο-.
-αρ, gen. -ατος, II 350, III 103.
-αρο- I 229, II 184. 185.
-ᾱρο- Dor., see -ηρο-.
-α(σ)- II 425, III 285.
-αοπα (-ασση-) II 400.
-ατ- see -α, -αρ, -ωρ.

-ατο- II 245.
-αφο- II 216.
-βυ- II 277.
-γυ- II 277.
-δ- II 391.
-εια (gen. -ειᾱς) subst. II 338.
-εια (gen. -ειᾱς) part. II 338. 440. 444.
-ειδε(σ)- II 7.
-εινο- (Dor. -ηνο-, Lesb. -εννο-) II 144.
-ειο- II 128.
-ελο- II 203.
-εν- -ην- II 350.
-εννο- Lesb., see -εινο-.
-ενο- II 150.
-ερ- II 385.
-ερο- II 184. 185. 192.
-ε(σ)- I 48. 409, II 417, III 285.
-εσι- II 299.
-εστερο- II 193.
-ετ- II 392.
-ετο- II 229.
-(ϝ)αρ- -(ϝ)ατος II 249. 250. 365. III 103.
-(ϝ)εν- II 364.
-(ϝ)εντ- II 406.
-(ϝ)εσσα (-(ϝ)εο- ση-) II 337.
-(ϝ)ο- II 135, III 4, IV 193.

-(ϝ)ον- -(ϝ)ων- II 364.
-(ϝ)οτ- see -(ϝ)ως.
-(ϝ)ων- II 364.
-(ϝ)ως, gen. -(ϝ)οτος; I 137, II 440. 443, IV 606. 608.
-η- Dor. -ᾱ-) I 96, II 109. 113.
-ηεντ- II 407.
-ηιο- II 127, III 162.
-ηλο- (Dor. -ᾱλο-) II 203.
-ηλο- (Dor. -ηλο-) II 203.
-ηι- II 350.
-ηνο- (Dor. -ᾱνο-, Lesb. -αννο-) II 144.
-ηνο- Dor., see -εινο-.
-ηρο- (Dor. αρο-) II 184.
-ηρο- (Dor. -ηρο-) II 184.
-ητ- II 392.
-θλο- I 273, II 121. 214.
-θμα, gen. -θμα- τος, II 372.
-θμο- II 173.
-θρο- II 214.
-ι- I 32, II 281.
-ια, gen. -ιας, II 333. 338, III 285.

-ιη- Ion. II 122. 124.
-ιακο- II 258.
-ιγ- II 411.
-ιγγ- II 411.
-ιδ- II 408, III 285.
-ιδη- (Dor. -ιδᾱ-) II 408.
-ιδιο- II 128.
-ιϑ- III 285.
-ικ- II 270.
-ικο- II 260.
-ιλο- II 203.
-ιμο- II 174.
-ιν- II 359, III 285.
-ινη- II 359.
-ινο- II 144. 156.
-ινο- I 38, II 157.
-ιο- (-ιο-) I 111, II 122. 125. 127. 132, IV 605.
-ιον- -ιωι- subst. II 359.
-ιον- (-ιον-) compar. II 428 f.
-ιο(σ)- (-ιο(η)) II 432.
-ισκο- II 275.
-ιστερο- II 194.
-ιστο- I 32, II 245.
-ιυ- II 319.
-ιων- II 359.
-ιωνη- II 359.
-κ- II 410.

II. Index of Matters. Suffixes (Greek). 211

-κο- I 308, II 254. 256. 258. 265.
-κοντα III 32. 37.
-κοστο- III 38.
-λο- I 210, II 202.
-λυ- I 210, II 322.
-μα, gen. -ματος, I 163. 192, II 249. 250. 370.
-μαρ, gen. -ματος, II 371, III 103.
-μεν- II 370. 371.
-μενο- II 165, IV 606. 609.
-μι- II 290.
-μιν- -μῑν- II 358. 359.
-μνο- II 165.
-μο- I 163, II 167. 172. 173.
-μον- -μων- II 371.
-μωρ II 371.
-νη- (Dor. -νᾱ-) I 164, and see -νο-.
-νε(σ)- II 417.
-νι- II 286.
-νια, gen. -νιᾶς, II 335.
-νο- II 145. 154, III 4.
-ντ- I 165, II 399. 400, III 285, IV 606. 608.
-νυ- II 321.
-ο- I 66, II 113.
-ο(ϝ)εντ- II 407.
-οιο- II 128.
-ον- -ων- II 350.
-ονο- I 69, II 152.
-ορ III 103.
-ο(σ)- II 423.
-οστο- II 245.
-οτητ- II 309.
-ρι- II 291.
-ρο- I 210. 229, II 184.

-ρυ- II 322.
-σι- (-τι-) II 298.
-σκο- II 275.
-σμα, gen. -σμα-τος, II 372.
-σμο- II 173.
-σσο- II 257. 258.
-συνο- II 163.
-τ- II 391, III 285.
-τανο- II 160.
-τᾱτ- Dor., see -τητ-.
-τατο- II 245.
-τειο- IV 605.
-τειρα, gen. τει-ρᾱς, II 336.
-τεο- II 135, IV 605. 608.
-τερ- -τηρ- I 48. 209, II 18. 385.
-τερο- II 192, III 394. 402.
-τηρ- II 385. 386.
-τητ- (Dor. -τᾱτ-) II 309.
-τι- (-σι-) II 298.
-τλο- II 119.
-τμα, gen. -τμα-τος II 372.
-τμο- II 173.
-το- I 272, II 227. 239. 242. 245, IV 605. 608.
-τορ- -τωρ- II 385.
-τρια, gen. -τριᾶς, II 336.
-τριδ- III 334. 335.
-τριο- II 192.
-τρο- II 118.
-τωρ- II 385. 386.
-τυ- II 327.
-υ- I 40, II 315.
-ῠ- II 334.
-υγ- II 411.
-υγγ- II 411.
-υια-, gen. -υιᾶς,

I 40, II 338. 440. 443.
-υιο- II 440.
-υκ- II 410.
-ῡκ- II 272.
-υλλιο- II 203.
-υλλο- II 203.
-υλο- II 203.
-ῡνα, gen. -ῡνης, II 364.
-ῡρο- II 185.
-φο- I 264, II 216.
-ω -ῳ fem. III 285.
-ωδε(σ)- II 409.
-ωεντ- II 407.
-ωγ- II 350.
-ωρ, gen. -ατος, II 351, III 103.
-ως, gen. -οτος, see -(ϝ)ως.
-ως, gen. -ωτος (subst.) III 285.

Case and Adverbial Suffixes:

-α acc. sg. masc. fem. I 192, III 89.
-α nom.-acc. pl. neut. III 236. 238.
-α adv. I 87, III 174. 185.
-ᾱ (Dor.) adv., see -η.
-ᾳ (Dor.) adv., see -ῃ.
-αι dat. (loc.) sg. fem. and adv. III 147. 166.
-αι nom. pl. fem. III 193. 215.
-αιν gen.-dat. du. fem. III 210.

-αιρ (El.) acc. pl. fem. I 172.
-αις dat. (instr.) pl. fem. III 277.
-αισι dat. pl. fem. III 261.
-αν (Cypr. Thess.) acc. sg. masc. fem. III 89.
-ανς (Cret.) acc. pl. masc. fem. III 233.
-ας acc. pl. masc. fem. I 192, II 224. 230.
-ας acc. pl. fem. III 229.
-ασσι (Herakl.) dat. (loc.) pl. III 263.
-αυ (Arc. Cypr.) gen. sg. III 116.
-ε nom.-acc. du. III 196. 199.
-ει adv. III 165.
-ειν gen.-dat. du. III 210.
-ις nom. pl. masc. fem. I 48, III 211. 216.
-εσσι -εσι dat. (loc.) pl. III 263.
-(ϝ)ος adv. II 405. 406, III 105.
-η (Dor. -ᾱ) adv. III 174. 178. 179. 238.
-ῃ (Dor. -ᾳ) dat. sg. fem. III 147.
-ῃ (Dor. -ᾳ) adv. III 180.
-ῃς (Hom.) dat. pl. fem. III 261.

14*

II. Index of Matters. Suffixes (Greek).

-ῃσι dat. pl. fem. III 261.
-θεν (-θε) adv. (gen.-abl.) III 143. 380.
-ι -ῐ dat. (loc.) sg. I 32, III 157. 164.
-ῑ̔ν -ι dat. (loc.) III 386.
-ιν gen. dat. du. III 210. 211. 400.
-ιο -ο gen. sg. III 229. 230. 339.
-ις adv. III 274.
-κας adv. III 51.
-κι -κιν -κις adv. III 49.
-μι (Gort.) dat. (loc.) sg. III 346.
-μος adv. II 405.
-ν nom.-acc. sg. neutr. III 109.
-ν acc. sg. masc. fem. III 89.
-ν (-ων) Cypr., gen. sg. 131.
-ν (-ων) gen. pl. III 244. 246.
-(ν)ς acc. pl. masc. fem. III 226. 228.
-ξ adv. II 256. 265.
-ο gen. sg. see -ιο.
-οι Thess., gen. sg. III 131.132. 165.
-οι dat. (loc.) sg. masc. neut. and adv. III 164.
-οι nom. pl. masc. III 214. 352.

-οιιν -οιν gen.- dat. du. masc. neut. III 210.
-οιοις -οιοιρ (El.) dat. du. 210.
-οιρ (El.) acc. pl. masc. I 172.
-οις dat. (loc. instr.) pl. masc. neut. III 257. 260. 263. 273. 275.
-οισι dat (loc.) pl. masc. neutr. III 260.
-ος gen. sg. I 67, III 111. 120.
-ου (Dor. -ω) gen. sg. masc. neut. III 115. 131.
-ους (Dor. -ως) acc. pl. masc. III 226.
-οφι instr. etc. III 278.
-; nom. sg. masc. fem, I 409, III 73.
-ς gen. sg. III 112. 114. 118. 120. 392.
-ς adv. III 48. 136. 176. 187. 258.
-σι dat. (loc.) pl. III 257. 260. 261.
-φι(ν) instr. I 264, III 175. 186. 273. 276. 377.
-φι(ν) -φις adv. III 186.
-ω Dor., gen. sg. see -ου.
-ῳ dat. sg. masc. neut. III 145.

-ων Cypr., gen. sg. III 131.
-ων gen. pl. III 244. 248. 249.

Infinitive Endings:

-αι IV 597. 601, see also -σαι
-ειν (Dor. -ην) II 327, IV 598. 602.
-εν II 350.
-(ϝ)εναι II 362, III 153, IV 597. 602.
-μειν Rhod. IV 602.
-μεν III 158, IV 597. 602.
-μεναι II 367. 371. III 152. 153, IV 597. 602.
-μην Cret. III 158, IV 602.
-ν (-εν) Dor. etc. IV 602.
-ναι II 365, III 153.
-σαι II 490, III 155, IV 363. 597. 602.
-σειν Thess. (aor.) IV 602.
-σθαι III 153, IV 599. 602.

Suffixes of Verbal Stems:

-ᾱ- Dor., see -η-.
-αζο- II 408, IV 298.
-αθο- IV 223.
-αινο- IV 265. 298.

-ανο- I 194, IV 157.
-αο- IV 283. 293. 295.
-δο- IV 224.
-ε- see -ο-.
-εα- (1st sg. -εα, -ειν) IV 371. 372.
-εθο- IV 223.
-εια- (2nd sg. opt. -ειας) IV 489.
-ειο- Hom. IV 296.
-εο- pres. IV 196. 288. 296. 318. 326. 335.
-ευο- IV 297.
-η- (Dor. -ᾱ-), -η- (Dor. -η-) -ω- ind. IV 42. 118. 123. 129. 134.
-η- (Dor. -η-) -ω- conj., see -ω-.
-ητιαο- IV 295.
-θο- IV 223.
-ιαο- IV 295.
-ιζο- II 408, IV 298.
-ιη- opt. I 62, IV 481. 487.
-ιο- (-ι̯ο-) IV 229. 233. 235. 260. 262. 263. 265. 279. 281. 293.
-νᾱ- Dor., see -νη-.
-νεο- IV 337.
-νη- (Dor. -νᾱ-)
-να- I 96, IV 136. 141. 144.
-νο- IV 149.
-νο- (Hom.) -ι̯νο- Att. -ι̯νο- for *-ινϝο-) IV 186.
-νο- (Hom. Att.)

II. Index of Matters. Suffixes (Greek).

-ινο- for *-ινμο-)
IV 265.

-νυ- -νυ- I 139.
164bis, IV 176.
181.

-ο- (-ε-) ind. I 48.
66, IV 78. 82.

-ο- (-ε-) conj. II
11, IV 461. 463.
475. 478.

-οι- opt. IV 493.
494.

-οο- IV 289. 297.

-σ- -σα- I 409,
IV 346. 355.

-σειο- IV 446.

-σεο- IV 274. 277,
Add. to IV 278.

-σκο- IV 205. 210.

-σο- pres. IV 196.

-ιο- fut. IV 268.
274.

-σο- aor. IV 369.

-το- IV 211. 213.

-υσο- II 364.

-ω- ind., see -η-.

-ω- -η- (Dor. -η-)
conj. IV 466.
471. 475. 478.
480.

Personal Suffixes:

-α 1st sg. IV 517.
520.

-αθη (Boeot.)
3rd pl. IV 571.

-αι (-εαι -η) 2nd
sg. ind. conj.
IV 560. 561.
562.

-αι 2nd sg. imper.
IV 511.

-αν 3rd pl. IV
547. 548. 549.

-αντι Dor., see
-ᾱσι.

-ᾱσι (Dor. -αντι)
3rd pl. IV
549.

-ᾱσι (Dor. -ατι)
3rd pl. IV 543.
546.

-αται 3rd pl. I 192,
IV 569. 570.

-ατι Dor., see
-ᾱσι.

-ατο 3rd pl. I 192,
IV 569. 570.

-ε 3rd sg. I 48,
IV 529, 531.

-ει 3rd sg. IV 524.
530.

-εις 2nd sg. IV
524.

-εν 3rd pl. IV 546.
547. 549.

-θα -σθα, -θας
-σθα; 2nd sg.
IV 523. 525.

-θε -σθε 2nd pl.
IV 541. 567.

-θι 2nd sg. I 273.
IV 504.

-ιν -εν (Thess.)
3rd pl. IV 549.

-μαι 1st sg. IV
558. 560.

-μᾱν Dor., see
-μην.

-μεθα 1st pl. IV
567.

-μεθεν Aeol. 1st
pl. IV 567.

-μεθον 1st du. IV
571.

-μεν 1st pl. I 163,
IV 535. 537.

-μες (Dor.) sst pl.
IV 535. 537.

-μεσθα 1st pl. IV
567.

-μην 1st sg. IV
558. 560.

-μι 1st sg. I 32,
IV 517. 520.

-ν 1st sg. IV 517.
520.

-ν 3rd pl. I 547.

-νθειν (Thess.)
3rd pl. IV 571.

-νθι (Boeot.) 3rd
pl. IV 571.

-νθο (Boeot.
Thess.) 3rd pl.
IV 571.

-νθω   -νθων
(Boeot. Phoc.)
3rd pl. IV 507.

-(ν)σι (Att. -ουσι
etc., Dor. -οντι)
3rd pl. I 272,
IV 543. 546.
547.

-νται 3rd pl. IV
568. 570.

-ντι Dor., see
(ν)σι.

-ντο 3rd pl. IV
568. 570.

-ντον (Lesb.) 3rd
pl. IV 507.

-ντω, -ντων, -ντω-
σον 3rd pl. IV
507.

-ο (-εο -ου) 2nd
sg. IV 561. 562.

-ον 2nd sg. IV
511. 598. 602.

-ς 2nd sg. I 409,
IV 524.

-σαι 2nd sg. IV
560. 561. 562.

-σαν 3rd pl. IV
548.

-σθα σθας; see
-θα.

-σθε -θε IV 541.
567.

-σθην θην (Dor.
-(σ)θᾱν) 2nd

and 3rd du. IV
572.

-σθον -θον 2nd
and 3rd du. IV
567. 572.

-σθον (Lesb.) 3rd
pl. IV 507.

-σθω -θω, -σθων
-θων, -σθωσαν
-θωσαν IV 507.

-σι 2nd sg. IV
524.

-σι 3rd sg., see
-τι.

-σο 2nd sg. IV
561. 562.

-ται 3rd sg. I 87,
IV 563. 565.

-τᾱν Dor., see
-την.

-τε 2nd pl. IV
541.

-τει (Thess.) 3rd
sg. IV 565.

-τη (Boeot.) 3rd
sg. IV 565.

-την (Dor. -τᾱν)
2nd and 3rd du.
I 96, IV 556.
557. 558.

-τι -σι 3rd sg. IV
528. 530.

-το 3rd sg. IV
564. 565.

-τοι (Arcad.) 3rd
sg. IV 565.

-τον 2nd and 3rd
du. IV 556.
558.

-τυ (Cypr.) 3rd
sg. IV 565.

-τω 3rd sg. III
348, IV 505.
506.

-των 3rd pl. IV
507.

II. Index of Matters. Suffixes (Latin).

-τως 2nd sg. IV | -τωσαν 3rd pl. IV | -ω 1st sg. IV 517.
507. | 507. | 520.

Venetian.

-h gen. sg. III | -to 3rd sg. med.
113. | IV 564.

Messapian.

-hi -he -h gen. sg. III 103. 104. 113.

Latin.

Noun Formative Suffixes:

-ā- I 96. 98.
-āc- II 273. 410.
-āco- II 273.
-āli- II 292.
-āno- II 145.
-āri- II 292.
-āver- II 445.
-bili- II 215.
-bo- II 217.
-bri- II 215.
-bro- II 121. 215.
-bulo- I 273, II 121. 215.
-bundo- IV 610.
-cēto- II 19.
-clo- -culo- II 119. 122. 206. 266.
-co- I 289. 307, II 252. 254. 257. 258. 266.
-cro- II 119.
-culo- see -clo-.
-cundo- IV 609.
-din- (nom. -dō) II 409.
-do- II 409.
-ec- -ic- II 410.
-ēd- II 409.

-ēdin-(nom.-ēdō) II 409.
-ēlā- II 205.
-ēli- II 292.
-ello- II 205.
-ellulo- II 205.
-en- (-in-) II 350.
-ēno- II 172.
-ē(n)simo- II 179. 180.
-ent- IV 606. 609.
-ento- II 251.
-er-, nom. sg.
  -er II 376, III 103. 104.
-er- (-es-) I 48. 410, II 418. 419, III 286.
-er- (-is-) II 425.
-erimo- II 433.
-ero- II 185. 195.
-es- see -er-.
-ēsimo- see -ē(n-) simo-.
-esti- II 307.
-et- -it- II 392.
-gintā III 31. 39.
-gno- II 7.
-i- I 33, II 281, III 286.
-ic- -ec- II 410.

-īc- II 336. 410.
-īcio- II 271.
-ico- II 261.
-īco- II 258. 270.
-id- II 409.
-iē- II 333. 339.
-ili II 205. 292.
-ili- II 292.
-imo- -umo- II 168. 179.
-in- (-en-) II 351.
-iner- III 287.
-ino- II 145. 151. 153. 156.
-īno- I 38, II 157. 195.
-inor- III 287.
-inquo- II 7.
-io- I 111. 112, II 122. 129. 132, IV 605.
-iōn- II 359.
-iōr- (-iōs-) II 434.
-is- see -er-.
-issimo- -issumo- II 179. 246.
-istro- II 195.
-it- -et- II 392.
-īvo- II 136. 138.
-li- II 292.
-lo- II 204.

-men- -min- I 163bis, II 372.
-mento- I 192, II 249. 250.
-mi- II 290.
-min- see -men-.
-minā- II 165.
-mno- II 165. 373.
-mo- I 163, II 168. 174.
-mōn- II 372.
-ndo- II 162, IV 609.
-neo- II 104.
-ner- (-nes-) II 418.
-ni- II 286. 288.
-no- I 164, II 145. 154, III 4. 51.
-nt- -ent- I 165, II 401, IV 606. 609.
-nu- II 321.
-o- (-ā-) I 66, II 114.
-ōn- II 351.
-ō(n)so- II 232. 407.
-or- (-os- -us-) II 418.

II. Index of Matters. Suffixes (Latin).

-ŏr- (nom. -or-) II 387.
-ōr- (nom. -ōs -or) II 423.
-ōso- see -ō(n)so-.
-plo- III 50.
-quo- I 307, II 254.
-r- (-s-) II 424, III 287.
-ri- II 292.
-ro- II 185.
-ru- II 322.
-sco- II 274.
-simo- -sumo- II 179.
-so- II 231.
-stro- II 119.
-su- II 328.
-t- II 392, III 286, IV 56 (Addenda).
-tāt- -tāti- I 51, II. 310, III 286.
-tero- -tro- II 194, III 395.
-ti- II 11. 300. 307, III 286.
-ticio- II 271.
-timo- -tumo- II 179.
-tino- II 160.
-tiōn- II 11. 300. 301. 360.
-to- I 272, II 230. 240. 242. 246, IV 605. 609.
-tōr- II 387.
-tr- (-ter-) I 209, II 387.
-trīc- II 336.
-:ro- II 118. 119.
-tro- -tero- II 194, III 395.
-tu- I 40, III 328.

-tumo- -timu- II 179.
-tūro- II 387, IV 609.
-tūt- -tuti- II 310, III 286.
-u- II 315.
-ūco- II 272.
-ud- II 409.
-ūd- II 409.
-ūli- II 292.
-ulo- II 205.
-ūmin- -ūmento- II 372.
-umo- -imo- II 168. 179.
-uo- see -vo-.
-ur- II 352, II 103. 104.
-vo- -uo- I 137, II 136. 440.

Case and Adverbial Suffixes:

-ā́ nom.-acc. pl. neut. III 236. 237. 239. 241. 242.
-ā́ adv. III 180.
-ai -ae nom. sg. fem. III 336.
-ai -ae gen. sg. fem. III 116.
-ai -ae dat. loc. sg. fem. III 147. 148. 167.
-ai -ae nom. pl. fem. III 194. 215.
-ai -ae nom.-acc. pl. neut. III 354.
-am adv. III 180.
-bī (-hī) dat. sg. III 381.

-bīs dat. pl. III 382. 401.
-bos -bus I 264, III 267. 169. 287.
-d acc. sg. (personal pron.) III 376.
-d nom.-acc. sg. neut. III 338.
-d abl. sg. III 133. 134. 138. 380.
-e nom. sg. masc. III 335.
-e abl.(loc.instr.) sg. I 33. 87, III 157. 170. 174. 185.
-ĕ adv. III 133. 134. 176, IV 447.
-ēd adv. III 133. 134.
-em acc.sg.masc. fem. III 89.
-es -is gen. sg. I 73, III 112. 123. 125.
-ēs nom. pl. masc. fem. III 214. 218.
-ēs acc. pl. masc. fem. I 192, III 224. 233.
-ī (-oi) nom. sg. masc. III 335.
-ī (-ēi) gen. sg. III 114. 116. 118. 131. 390.
-ī (ei) dat. sg. III 144. 150.
-ī (-oe) nom. pl. masc. III 214. 353.
-ī (-ei) adv. loc. sg.) III 165.

-iă nom.-acc. pl. neutr., see -ă.
-ibus see -bos -bus.
-ī(d) abl. sg. III 138. 286.
-iĕ(n)s adv. III 49.
-im adv. III 138.
-is gen. sg., see -es.
-is adv. II 435, III 109.
-īs (-ocs) dat. (instr.) pl. III 257. 260. 273. 275. 377.
-iter adv. II 3. 6. 64.
-ium gen. pl., see -m.
-ĭus gen. sg. III 342.
-m nom.-acc. sg. neut. III 109.
-m acc. sg. masc. fem. III 89.
-m (-om -um) gen. pl. III 244. 247. 248. 286.
-ŏ adv. III 135. 176.
-ōi dat. sg. masc. neutr. III 145.
-ōm -um gen. pl., see -m.
-os -us gen. sg. I 67. 72, III 112. 123. 125. 126.
-rum (ōrum etc.) gen. pl. III 247. 248. 250. 355. 356.
-s nom. sg. I 409, III 73.

II. Index of Matters. Suffixes (Latin).

-*s* gen. sg. III 114. 118. 384.
-*s* nom. pl. masc. fem. III 216. 217.
-*s* acc. pl. masc. fem. III 226. 228. 229.
-*s* dat. (loc.) pl. III 214. 257. 258. 260.
-*s* adv. III 48. 253.

Infinitive and Supine Endings:

-*ere* II 414. 418, III 172, IV 603.
-*ī* II 490, IV 597. 603.
-*ier* -*rier* II 490, IV 603.
-*re* -*se* IV 362. 603.
-*rī* -*sī* II 490, III 155, IV 597. 603.
-*rier* see -*ier*.
-*tū* II 328, IV 598. 603.
-*tum* II 328, IV 603.
-*tūrum* IV 603.

Suffixes of Verbal Stems:

-*ā*- ind. (1st sg. pres. -*ō*, (1st sg. pret. -*am*) IV 41. 118. 119. 124. 135. 301.
-*ā*- conj., fut. I 96, IV 465. 471. 478.
-*āscō* IV 208.
-*āssō* IV 381.
-*bam* IV 447.
-*bō* II 10, IV 87. 91. 447.
-*dō* IV 224.
-*ē*- ind. (1st sg. -*eō*) IV 119. 120. 131. 288. 300. 303. 318. 327. 338.
-*ē*- conj. fut. IV 466. 473.
-*er*- -*is*- perf. IV 378.
-*erā*- (1st sg. -*eram*) IV 379.
-*ēscō* IV 208.
-*essō* IV 381.
-*ēssō* IV 381.
-*eō* see -*ē*-.
-*i*- (themat. vowel) see -*o*-.
-*ī*- -*iē*- opt. I 38. 61, IV 480. 490.
-*igā*- (1st sg. -*igō*) II 7, IV 303. 304.
-*inā* (1st sg. -*inō*) IV 159.
-*iō* (-*i*- -*ī*-) IV 231. 233 241. 248. 249. 260. 261. 263. 265. 266. 267. 281. 282. 299. 301.
-*is*- -*er*- perf. IV 378.
-*īscō* IV 208.
-*issē* (1st -*issem*) IV 381.
-*issū* IV 381.
-*itā*- (1st sg. -*itō*) IV 302.

-*nō* IV 150.
-*nuō* IV 185.
-*ō*- -*u*- -*i*- (them. vowel) I 48. 67, IV 78. 83. 92.
-*rē*- -*sē*- conj. imperf. IV 362. 472.
-*scō* IV 207. 210.
-*sī* perf. I 409, IV 197. 348. 360.
-*sō* pres. IV 197.
-*sō* fut. IV 362. 465.
-*tā*- (1st sg. -*tō*) IV 302.
-*tō* (2nd sg. -*tis*) IV 211. 214.
-*turiō* (-*suriō*) IV 283. 299. 301.
-*uī* -*vī* perf. II 445, IV 423.

Personal Suffixes:

-*d* (3rd sg. IV 531.
-*ent* (3rd pl. IV 551.
-*ēre* -*ērunt* (3rd pl. IV 551. 575.
-*ī* 1st sg. IV 559. 560.
-*m* 1st sg. IV 517. 520.
-*minī* 2nd pl. II 165. 368. 373, III 153, IV 448. 597. 602.
-*minō* 2nd (3rd sg. IV 509.
-*mur* 1st pl. IV 578.

-*mus* 1st pl. I 163, IV 535. 537.
-*nt* I 272, IV 549. 551.
-*ntō*(*d*) (3rd pl. IV 508.
-*ntor* (3rd pl. IV 509.
-*ntur* 3rd pl. IV 568. 576.
-*nunt* 3rd pl. IV 550.
-*ŏ* 1st sg. IV 517. 520.
-*or* 1st sg. IV 578.
-*r* 1st sg. IV 578.
-*re* -*ris* (2nd sg. II 562. 577.
-*rot* -*ro* 3rd pl. IV 551. 575.
-*rus* 2nd sg. IV 562. 578.
-*s* 2nd sg. I 409, IV 523. 525.
-*stī* 2nd sg., see -*tī*.
-*t* (-*d*) 3rd sg. I 272, IV 528. 531.
-*te* 2nd pl. IV 541.
-*tī* (-*stī*) 2nd sg. IV 525.
-*tis* 2nd pl. IV 541. 556.
-*tō*(*d*) 2nd and 3rd sg. III 348, IV 508.
-*tor* 2nd and 1rd sg. IV 509.
-*tō'e* 2nd pl. IV 508.
-*tur* 3rd sg. IV 563. 565. 576.

Romance.

| -erai (Fr.) fut. | -erò (Ital.) fut. | -esco (Ital.) adj. | -ment (Fr.) adv. |
| IV 444. | IV 444. | II 276. | II 104. |

Umbrian.

-a- I 98, II 114.
-clo- -klu- II 119.
-eco- -eku- II 261.
-eřia- II 205.
-i- II 281.
-id- -iř- II 409.
-in-, nom.-iu, II 360.
-ino- II 158.
-io- II 129. 132.
-klu- see -clo.
-lu-, nom. sg.
-el, II 205.
-mo- II 168.
-mun- II 372.
-ni- II 286.
-no- -nu- II 145. 146, III 4.
-no- (*-nno-) II 161, IV 609.
-nt- II 401, IV 611.
-nu- -nu- II 321.
-o- -a- II 114.
-plo- III 50.
-ri- II 292.
-ro- II 185.
-s- (-es) II 418.
-ti- II 300.
-tin- II 300. 360.
-to- II 230. 346, IV 609.
-tomo- -domo- II 179.
-tr- (-ter-) II 387.

-tra- II 119.
-tro- -dro- II 194.
-tur- II 387.
-u- II 316.
-vo- -uvo- II 136.

Case and Adverbial Suffixes:

-a -u -o nom.-acc. pl. neut. III 237. 354.
-e abl. (instr.) sg. of cons. stems III 174. 186.
-e -i -ei dat. sg. of o-stems III 145.
-e -e dat. sg. of ā-stems III 446.
-e -i -e dat. sg. of consonant stems III 151. 154.
-e -e loc. sg. of o-stems III 147. 165.
-e loc. sg. of consont. stems III 170.
-es -er gen. sg. of o-Stems 132. 342.
-es -er gen. sg. of conson.

stems III 125. 126.
-es -er -eir -ir dat.-abl. (loo. instr.) pl. III 257. 260. 275. 277. 357.
-f acc. pl. masc. fem. III 224. 226. 229. 232.
-fe -fe dat. III 381.
-i -i abl. sg. of consonant stems III 140. 286.
-is adv. III 49.
-(m) -(m) nom.-acc. sg. neut. III 109.
-(m) -(m) acc. sg. masc. fem. III 89.
-o -u nom.-acc. pl. neut., see -a.
-o(m) -u(m) acc. sg. masc. fem. III 89. 94.
-o(m) -u(m) gen. pl. III 244. 246. 249.
-rum -ru gen. pl. III 248.
-s -s nom. sg. masc. fem. III 73.
-s -r gen. sg.

III 114. 119. 121. 344.
-s -r nom. pl. masc. fem. III 212. 214. 353.
-s -s dat.-abl. pl. III 267.
-sme -smc -smei dat. sg. III 346. 347.
-us -us dat.-abl. pl. III 269.

Infinitive Suffix:

-o(m) -u(m) IV 598. 603.

Suffixes of Verbal Stems:

-a- -a- ind. IV 124. 300. 302.
-a- -a- conj. IV 471. 478.
-e- -ci- -i- ind. IV 131.
-e- -ei- conj. IV 473.
-es- -es- -s- fut. IV 374.
-f- perf. II 422.
-io- -i- (-ihi-) IV 233. 249.
-nsio- perf. IV 422.

II. Index of Matters. Suffixes (Umbrian, Oscan).

-o- -e- (themat. vowel) IV 83. 416.
-s- -s- -r- fut. IV 362.
-sco- IV 207.
-us- -us- -ur- -ur- fut. pf. IV 421. 422.

Personal Suffixes:
-en 3rd pl. IV 550.
-ent -ent 3rd pl. IV 551.
-e(n)s 3rd pl. IV 551.
-mo -mu 2nd pl. IV 509.
-mu -mu 2nd 3rd sg. II 166, IV 509.
mumo 2nd 3rd pl. IV 509.
-ndi 3rd pl. IV 578.

-(n)s -(n)s 3rd pl. IV 550. 551.
-nt 3rd pl. IV 550. 551.
-ntur 3rd pl. IV 571. 577.
-o (-uso fut. pf.) IV 422.
-r 3rd pl. or sg. IV 575.
-s -r 2nd sg. IV 525.
-t 3rd sg. IV 531.

-ter -te -ti -tei 3rd sg. IV 577. 578.
-to 2nd pl. IV 508.
-tu -tu 2nd 3rd sg. IV 508.
-tuta -tutu -tuto 2nd 3rd pl. IV 508. 556.
-u -uu -u 1st sg. IV 520.

Oscan.

Noun Formative Suffixes:
-a- I 98, II 114.
-colo- II 206. 266.
-i- II 281.
-ico- -íkú- II 281.
-iδ- II 409.
-in- -in-, nom. -iuf, II 360.
-inú- II 158.
-iú- -iiú- II 129. 132.
-(i)stro- II 433.
-klú- (-tlú-) II 119.
-lo II 205.
-mentú- II 251.
-mo- II 168. 174.
-nnú- II 161, IV 609.
-no (-ono-) II 145. 146.
-nt- II 401, IV 611.
-o- -a- II 114.
-ri- II 292.

-ro- (-oro- -arā-) II 185.
-tati- II 310, III 574.
-tin-, nom. -tiuf, II 300. 360.
-tlú- II 119.
-to- II 230. 246, IV 609.
-tr- (-ter-) II 387.
-trú- (-túrú-) II 194.
-tur- -tur- II 387.
-us II 440. 445, IV 421. 611.
-vú- II 136.

Case Suffixes:
-aí -ae nom. sg. fem. III 337.
-aí dat. sg. fem. III 147.
-aí loc. sg. fem. III 167. 351.
-aís dat.-abl.

(instr.) pl. fem. III 277.
-d nom.-acc. sg. neut. III 338.
-d abl. sg. III 134. 139.
-ei dat. sg. of consonantal stems III 150.
-ei dat. (loc.) sg. of pronoun o-stems III 348.
-eí -ei loc. sg. III 164. 348.
-eís -eis gen. sg. of -o- stems III 132. 341.
-eís -eis gen. sg. of conson. stems III 125. 126.
-feí dat. III 381.
-fs -ss dat.-abl. pl. III 270. 267.
-id abl. sg. of conson. stems III 140. 286.

-íss -is dat.-abl. pl. of conson. stems III 267. 268. 286.
-m nom. acc. sg. neut. III 109.
-m acc. sg. masc. fem. III 89.
-m (-úm -um -im -im) gen. pl. III 245. 246. 247.
-o -ú nom. sg. fem. III 67.
-o- -ú nom.-acc. pl. neut. III 237.
-úd -ud abl. sg. of consonant. stems III 140. 141.
-oí nom. sg. masc. III 335.
-úí dat. sg. masc. neut. III 145.
-ois -úís dat.-abl. (instr.) pl. masc. neut. III

II. Index of Matters. Suffixes (Oscan, Irish).

257. 260. 275. 357.	pl. fcm. III 248. 356.	-i- -í- (*-ē-) ind. IV 132.	-m 1st sg. or 1st pl. IV 422.535.
-om acc. sg. masc. fem. III 89. 95.	Infinitive Suffixes:	-i- -í- (*-ē-) conj. IV 472. 473.	537. mur 3rd sg. II
-úm -um gen. pl. III 244. 245. 249. 252.	-úm -um IV 598. 603.	-io- -iiú- IV 233. 249.	166, IV 509. 578.
-s nom. sg. masc. fem. III 73.	Suffixes of Verbal Stems:	-o- -e- (themat. Vowel) IV 91. 92. 414. 415.	-us 3rd pl. IV 550. 551. -(n)t 3rd pl. IV
-s gen. sg. III 114. 119. 121. 341.	-a- ind. IV 125. 300. 302.	-s- -s- -z- fut. IV 362. -sco- IV 207.	550, 551. -nter 3rd pl. IV 568. 571. 603.
-s nom. pl. masc. fem. III 212. 214. 219. 353.	-a- -a- conj. IV 472. 479.	-t- -tt- perf. IV 422.	-r 3rd pl. or 3rd sg. IV 576.
-ss acc.pl. masc. fem. III 226. 229.	-es- -s- fut. IV 374. -f- -ff- perf. IV 422.	-us- -us- fut. pf. IV 421. 423. Personal Suffixes:	-t 3rd sg. IV 531. -t 3rd pl. see -(n)t. -ter 3rd sg. IV
-ud see -úd.	-fa- imperf. IV 447.	-d 3rd sg. IV 529. 531.	565. 578. 603.
-um see -úm. -zum(-azum) gen.	-i- (-ī-) opt. IV 490.	-e(n)t 3rd pl. IV 551.	-tud -tud 3rd sg. IV 508.

Sabine.

-iēn- Noun Suffix II 360.

Marrucinian and Marsian.

-s -os dat. (loc.) pl. of o-stems III 257. 260.

Irish.

Noun Formative Suffixes:	-ad (-*ātu-) II 328. -ad- II 393.	-b -u (*-u̯o-) II 136. -c -ch (-co-) I	-de-te adj. (*ti̯o-) II 129. -e (*-i̯o-) II 124.
-a comparat. II 435.	-āl (*-atlo-) II 120.	307, II 254. 258. 266.	129. 132, III 8. -ech (*-ico-) II
-ā- -a- fem. I 96. 99, II 114.	-am (*-ṃmo-) superl. II 168.	-c see -ac. -cha -ga -ca III	261. -ed (*-eto-) II 219.
-ac -c (*-ñko-) I 588, II 252.	-an (-ano-) II 146.	39. -d sec th.	-ed- (*-et-) II 393.
-ách (*-āco-) I 99, II 273.	-atu II 310.	-de (*-di̯o-) II 409.	-ēl (*-etlo-) II 120.

II. Index of Matters. Suffixes (Irish).

-em-am(*-ismmo)
  superl. II 168.
-em subst. fem.
  II 174.
*-en- II 352. 353.
*-es- II 419.
-etu II 310.
-i- II 282.
-iche (*-iciā-) II
  261.
-ig (*icī) II 339.
-iu -o comparat.
  II 435.
-iu subst. (*-in-)
  II 360.
-(i)ud (-jetu-) II
  328.
-l (-lo- -lā-) II
  206.
-l (-li-) II 292.
-lach II 7.
-m (-mo- -mā)
  II 174.
-m (-mi-) II 290.
-m(*-men-*mŏn-)
  II 373.
-mad (*-mmeto-)
  II 168. 247.
-mār II 7.
-me, gen. -man.
  II 373.
-n (-no- -nā-) I
  164, II 146.
  154, III 7.
-n (-ni-) II 286.
-n (-nu-) II 321.
-o comparat., see
  -iu.
-o subst., see -u.
-o- -ā- I 66, II
  114.
-r (-ro-) II 186.
-r (-ri-) II 292.
-t see -th.
-t- (*-nt-) II 402.
-te see -de & -the.
-th -d -t (*-to-

*-tā-) I 272, II
  232. 247, IV
  611.
-th -d -t (*-ti-)
  II 301.
-th (*tu-) II 328.
-th- -t- II 611.
-thal -tal (*-tlo-)
  II 120.
-thar -tar subst.
  (*-tro- *-trā-)
  II 120.
-thar -tar (comparative *-t(e)-
  ro-) II 195,
  III 395.
-the -te part.
  (*-tjo-) II 232,
  IV 611.
-ther comparat.
  II 195.
-thi -ti part. IV
  611.
-thir (*-ter-) I
  209, II 387.
-thiu -tiu (*-tin-)
  II 301. 360.
-thor -thur II 120.
-thu -tu (*-tūt-)
  II 310.
-u -b (*-uo-) II
  136.
-u -o (*-ōn-) II
  352.
-u- II 316.

Case Suffixes:

-a nom. pl. of
  ā-stems III
  215.
-a nom.-acc. pl.
  neut. III 238.
-a acc. pl. of ā-
  stems III 228.
  229.

-a acc. pl. of
  conson. stems
  III 224. 232.
-c dat. (instr.) pl.
  I 264, II 273.
  275. 357.
-b (-b n-) dat. du.
  III 200. 201.
-e gen. sg. of ā-
  stems III 116.
-e nom.-acc. pl.
  of neut. i-
  stems III 238.
-e -n gen. pl. III
  250.
-i (-ai) nom. pl.
  of u-stems III
  217.
-i acc. pl. of i-
  stems III 230.
-ib dat. (instr.)
  pl. III 275. 208.
-mm dat. (instr.)
  sg. of neut.
  n-stems III
  186. 288.
— n- nom.-acc.
  sg. neut. III
  99. 100. 107.
  109. 339.
— n- acc. sg.
  masc. fem III
  88. 89. 90. 91.
  92. 94.
— n- gen. pl. III
  244. 246. 248.
  249. 250. 251.
  253.
-o -a gen. sg.
  and gen. du.
  of i- and u-
  stems III 121.
  206.
-u voc. pl. of o-
  stems III 212.
  213.
-u acc. pl. of o-

and of u-
  stems III 226.
  232.

Suffixes of Verbal
  Stems:

-a- (-ā-) ind. IV
  119. 125. 303.
-a- (-ā-) conj. I
  96, IV 473.
-b (-f-) fut. IV
  87. 447.
-igim (-aigim) IV
  304.
-iu pres. IV 229.
  232. 250. 260.
  266. 281. 304.
  339.
-nim (*-na-)
  pres. II 145.
-nim(*-no-)pres.
  IV 151.
-nim -niur pres.
  IV 145. 266.
-s- fut. and pret.
  IV 363. 377.
  380.
-scim (-sko-) IV
  208.
-t- pret. II 232.

Personal Suffixes:

-ammar 1st pl.
  IV 578.
-ar 1st 2nd sg.
  IV 578.
-atar 3rd pl. IV
  577.
-d 3rd sg. IV 529.
  532.
-d 2nd pl. IV 542·
-dib 2nd pl. IV
  72.
-dir -thir 3rd sg.
  IV 565. 577.

II. Index of Matters. Suffixes (Irish, Gothic). 221

-*ir* 3rd sg. IV 577.
-*m* -*mm* 1st sg.
IV 517. 520.
-*m* 1st pl. IV 535.
537. 538.
-*mi* -*me* -*mmi*
-*mme* 1st pl. I
163, IV 72. 537.
538.

-*mmar* 1st pl. IV
578.
-*r* 3rd sg. IV 576.
-*t* 2nd sg. IV 72.
-*t* 3rd pl. I 272,
IV 552. 571.
-*tar* 3rd pl. IV
568. 571. 577.

-*thar* -*dar* 3rd sg.
IV 563. 566.
577.
-*the* -*te* 2nd sg.
IV 561. 563.
-*ther* 2nd sg. IV
563. 578.
-*thi* -*the* 2nd pl.
IV 542.

-*thir* see -*dir*.
-*tir* 3rd pl. IV
565. 576. 577.
-*u* (-*iu*) 1st sg.
IV 517. 521.
-*ur* 1st sg. IV
573.

Britannic.

-*dow* (Corn.)
part. IV 611.
-*dwy* (Cymr.)
part. IV 611.

-*dydd* (Cymr.)
adj. III 9.
-(*e*)*tic* (Cymr.)

part. II 233,
IV 611.
-*m* (Cymr.) 1st pl.
IV 538.

-*wn* (Cymr.) 1st
pl. IV 537.

Gallic.

Noun Formative
Suffixes:

-*āco*- I 99, II 273.
-*arno*- -*erno*- II
147.
-*eto*- II 219.
-*ino*- II 156.
-*īno*- II 158.
-*io*- II 129. 132.
-*iōn*- II 361.

-*no*- II 146. 147.
-*o*- I 67.
-*on*- II 352.
-*tro*- II 120.
-*vo*- II 136.

Case Suffixes:

-*as* acc. pl. III
224.

-*bo* dat. pl. III
267. 270. 271.
288.
-*es* nom. pl. III
217.
-*i* gen. sg. of *o*-
stems III 132.
-*i* dat. sg. of *ā*-
stems III 147.
-*n* nom.-acc. sg.
neut. III 109.

-*n* acc. sg. masc.
fem. III 89.
-*oi* nom. pl. masc.
III 214.
-*om* gen. pl. III
249.
-*s* nom. sg. I 409,
III 73.
-*ss* acc. pl. III
229.

Gothic.

Noun Formative
Suffixes:

-*a*- -*ō*- I 67, II
114.
-*ad*- II 393.
-*ada*- II 235.
-*aini*- II 288.
-*ala*- II 207.
-*an*- -*in*- II 353,
III 290.

-*ana*- I 70, II 153,
IV 604. 612.
-*ani*- II 288.
-*ara*- II 196. 197,
III 395. 401.
-*assu*- II 330.
-*d*- see -*t*-.
-*da*- see -*ta*-.
-*dar*- -*dr*- see
-*tar*-.
-*di*- see -*ti*-.

-*dra*- see -*tra*-.
-*du*- see -*tu*-.
-*duman*- -*dumi*-
sta- see -*tuman*-
-*tumista*-.
-*dūpi*- II 311.
-*dva*- see -*tva*-.
-*ei*- -*jō*- (nom.
sg. -*i*) II 332.
334. 335. 336.

337. 338. 339
III 288.
-*eiga*- II 258. 271.
-*ein*- II 361, III
288.
-*eina*- I 37, II
158.
-*eini*- II 288.
-*ga*- II 261.
-*i*- II 282, III
289. 290.

II. Index of Matters. Suffixes (Gothic).

-*idō*- see *ipō*-.
-*iga*- II 261.
-*ila*- II 208. 209.
-*iligga*- II 267.
-*in*- -*an*- II 353, III 290.
-*ina*- II 151.
-*inassu*- II 330.
-*is-a* -*iz-a* I 48. 57, II 409. 419.
-*iska*- II 276.
-*ista*- II 247.
-*ipō*- -*ido*- II 240.
-*iz-a*- see -*is-a*-.
-*izan*- -*izin*- II 436.
-*izein*- II 338. 436.
-*izla*- II 208.
-*ja*- -*jo*- I 111. 112, II 124. 130. 132, III 288. 291.
-*jan*- -*jin*- II 361.
-*jōn*- II 361.
-*ju*- II 319.
-*ka*- II 277.
-*la*- II 207.
-*lif* III 27.
-*ma*- II 174.
-*man*- -*min*- I 164, II 374.
-*mi*- II 290.
-*mistu*- II 169.
-*munda*- I 192, II 249.
-*na*- II 147, III 51.
-*nd*- I 165, II 402, III 288, IV 606. 612.
-*ni*- II 286. 288.
-*nu*- I 40, II 321.
-*ō*- I 96, II 114.
-*ōdu* see *ōpu*-.
-*ōn*- II 355.
-*ōni*- II 288.
-*ōsta*- II 248.

-*ōp*- II 393.
-*ōpu*- -*ōdu*- II 330.
-*ōzan* -*ōzin*- II 248. 436.
-*ra*- II 186.
-*ri*- II 292.
-*ru*- II 322.
-*sa*- see -*ta*-.
-*si*- see -*ti*-.
-*ska*- II 276.
-*sla*- II 207.
-*sni*- II 284. 286.
-*sti*- II 303.
-*stu*- II 330.
-*stra*- II 121.
-*stva*- II 117.
-*t*- -*p*- -*d*- II 393, III 289.
-*ta*- -*pa*- -*da*- -*sa*- I 382, II 233. 240, IV 605. 612.
-*tar*- (-*tr*-) -*par*- -*dar*- I 227, II 388, III 288. 289.
-*ti*- -*pi*- -*di*- -*si*- I 382, II 302. 308, III 289.
-*tra*- -*pra*- -*dra*- II 121.
-*trei*- II 337.
-*tu*- -*pu*- -*du*- II 329.
-*tuman*- -*duman*- II 180.
-*tumista*- -*dumista* II 180.
-*tva*- -*tvō*- -*pvō*- -*dva*- I 138, II 117.
-*p*- see -*t*-.
-*pa*- see -*ta*-.
-*par*- (-*pr*-) see -*tar*-.
-*para*- or -*pra*-

comparat. II 196.
-*pi*- see -*ti*-.
-*pjōn*- II 330. 304. 361.
-*plō*- II 120.
-*pma*- II 175.
-*pra*- see -*tra*-.
-*pu*- see -*tu*-.
-*pvō*- see -*tva*-.
-*u*- II 317, III 289.
-*ula*- II 207.
-*uman*- II 169.
-*umista*- II 169.
-*usja*- I 40, II 338. 445.
-*va*- I 138, II 137.
-*van* -*vin*- II 365.
-*vōd*- II 440.

Case and Adverbial Suffixes:

-*a* nom.-acc. pl. neut. III 237. 241.
-*di* dat. loc. sg. fem. III 147. 167.
-*di* nom. pl. masc. III 353.
-*dim* dat. (instr.) pl. III 357.
-*a* adv. (-*pra*) II 196.
-*ba* adv. II 217, III 137.
-*ē* gen. pl. III 244. 245. 246. 248.
-*ē* adv. II 196, III 178.
-*k* acc. I 14, III 375.

-*m* dat. (instr.) pl. III 267. 273. 275. 357.
-*mma* dat. sg. III 346.
-*na* acc. sg. masc. III 338.
-*ns* acc. pl. masc. fem. III 227.
-*ō* adv. II 196, III 178. 181.
-*s* nom. sg. masc. fem. I 409, III 73.
-*s* gen. sg. III 114. 131. 340.
-*is* (-*is*) dat. III 383.
-*s* nom. pl. masc. fem. III 211. 212. 215. 218.
-*s* acc. pl. fem. III 228.
-*s* adv. III 48.
-*ta* nom.-acc. sg. neut. III 338.
-*um* dat. (instr.) pl. III 275. 289.
-*uns* acc. pl. of consonantal stems I 192, III 224. 233. 234.
-*zai* (-*izai*) dat. sg. fem. III 351.
-*zē* (-*izē* -*āizē*) gen. pl. masc. neut. III 355.
-*zō* (-*izō* -*āizō*) gen. pl. fem. II 356.
-*zōs* (-*izōs dizōs*) gen. sg. fem. III 343.

II. Index of Matters. Suffixes (Gothic, Old West Germanic). 223

Infinitive Suffix:	281. 305. 306. 327. 339.	-dau 3rd sg. imper. IV 511.	-t 2nd sg. IV 526· -t 3rd sg. IV 528.
-an II 153, IV 604.	-na- IV 151. 159. 581.	-ind 3rd pl. IV 552.	532. -ts 2nd du. IV
	-nna- IV 187.	-m 1st sg. IV 517.	556. 557.
	-ō- ind. IV 126.	521.	-þ 3rd sg. I 272,
Suffixes of Verbal Stems:	304. -ō- conj. IV 476. -sa- IV 197.	-m 1st pl. I 163, IV 535. 538. -ma 1st pl. IV	IV 532. -þ 2nd pl. IV 540. 542.
-a- -i- (themat. vowel) I 48. 67, IV 78. 84.	-ska- (-iska-) IV 208. -ta- -þa -da-	538. -na 3rd pl. IV 553.	-u 1st du. IV 555. -um 1st pl. IV
-a- -ai- (3rd weak conj.) IV 133. 238. 307.	IV 211. 215. 698.	-nd 3rd pl. I 272, IV 552. -nda 1st, 2nd and 3rd pl. 566. 568.	385. 386. 429. 538. -un 3rd pl. IV 552.
-di- (opt.) IV 493. 494.	Personal Suffixes: -sa 1st sg. IV 518.	571. -ndan 1st, 2nd and	-uts 2nd dual I 406, II 556.
-atja- II 409.	522.	3rd pl. opt. IV	-uþ 2nd pl. IV
-da- see -ta-.	-au 1st sg. opt. IV	571.	385. 542.
-ě- IV 127. 133.	474.	-ndau 3rd pl.	-va 1st du. IV
-ei- (opt.) I 37, IV 481. 491.	-da 1st and 3rd sg. IV 560.	imper. IV 511. -ōs 1st du., see -s.	555. -za 2nd sg. IV
-inō- IV 305.	563. 566.	-s 2nd sg. I 409,	563.
-isō- IV 305.	-dau 1st and 3rd	IV 523. 526.	-zau 2nd sg. IV
-ja- -ji- IV 230. 233. 251. 267.	sg. opt. IV 566.	-s (-ōs) 1st du. IV 555.	563.

Old West Germanic (Old High German, Old Saxon, Old Frisian, Anglo-Saxon).

(O.H.G. unmarked.)

Noun Formative Suffixes:	-alīn (-alīna-) II 158. -alōd II 330.	-er (*-ru-) II 323. -āri (-āria-) II	-dar subst. (*-tro-) II 120. -dar subst.(*-ter-
-a, gen. -en, neut. II 355.	-am- (*-mo-) II 174.	103. -astria II 336.	*-tor-) II 388. -dar comparat.
-a, gen. -ūn, fem. II 355.	-an- (-ana-) II 153, IV 604.	-azzi adj. II 409.	(-t(e)ro-) II 196.
-a- -ō- II 114.	612.	-dal (*-tlo-) II	-daro -dero -dro
-ag (-aga-) II 258. 268.	-an (*-no-) II 147.	120. -dam (*-tmo-) II	II 197. -der (*-ter- II
-ah -uh- (-aha- -uha-) see -uh.	-ar (*-ro-), fem. -ara, II 186.	174. -damo (*-tmen-)	388. -di- -ti- II 302.
-al II 120. 207.	187.	II 374.	307.

II. Index of Matters. Suffixes (Old West Germanic).

-*dil* -*dol* (*-*tel-* *-*tol*-) II 388.
-*du*- -*tu*- II 329.
-*emest* (A.S.) II 169.
-*en*- -*in*- , nom. -*o*, II 353.
-*eo* -*io* -*o* (*-*ien-* *-*ion*-) II 361.
-*erēr* (-*era*-) III 395.
-*sa* -*sa* (A.S.) II 445.
-*g* (-*ga*-) II 258. 268.
-*h* (-*ha*-) II 256. 277.
-*i* (*-*io*-) II 124. 130. 133.
-*ī* (-*īn*-) II 288. 361, III 289.
-*i*- II 282. 421.
-*ia* -*a*, gen. -*iūn* -*ūn*, fem. II 361.
-*icʒe* (A.S.) II 339.
-*id* (-*ida*-) II 235. 393.
-*ida* II 235. 240. 241.
-*ig* (-*iga*-) II 261.
-*īg* (-*īga*-) II 258. 271.
-*ihha* II 277.
-*il* -*ila* II 208. 210.
-*ilī* II 210.
-*ilīn* (-*ilīna*-) II 158.
-*iling* (-*ilinga*-) II 267.
-*ilōd* II 330.
-*in* -*ina* II 151.
-*in*, gen. -*inna*, II 336, III 289.

-*īn* (-*īna*-) adj. subst. II 158.
-*īn* (-*īni*-) subst. II 288.
-*in* see -*en*-.
-*īn*- II 288. 362, III 289.
-*ināri* (-*ināria*-) II 103.
-*ing* (-*inga*-) II 267.
-*inōd* II 330.
-*io* see -*eo*.
-*ir*-*a*- II 419. 420, III 400.
-*iro* masc., -*ira* fem. comparat. II 436.
-*isk* (-*iska*-) II 276.
-*iso* II 419.
-*isōd* II 330.
-*isto* masc., -*ista* fem. superlat. II 247.
-*it* II 393.
-*iʒ* II 409.
-*izzi* adj. II 410.
-*k* (-*ka*-) II 255, III 48.
-*la* -*lō*- II 207.
-*lif* III 27.
-*ma*- I 163, II 169. 174. 290.
-*ma*, gen. -*mūn*, fem. II 374.
-*mest* (A.S.) II 169.
-*mi*- II 290.
-*mo*, gen. -*men*, masc. II 374.
-*munt* I 163. 192, II 250.
-*na*- II 147. 154, III 51, IV 605. 612.

-*ni*- (O.Sax., A. S.) II 286. 287.
-*n*-*ī*-, nom. sg. -*n*, fem. II 336.
-*nissa* -*nissi* II 331.
-*nissida* II 331.
-*nod* (A. S.) II 331.
-*nt* -*nti* II 402. 403.
-*nu*- II 321.
-*nussida* II 331.
-*o*, gen. -*en*, masc. II 353.
-*o* (-*va*-) II 137.
-*ōd* II 330. 393.
-*on*- -*un*-, nom. sg. -*o*, masc. II 353.
-*or* -*o* (multiplicative suffix) III 48.
-*or* (*-*es*- *-*os*-) A.S. II 420.
-*ōro* masc., -*ōra* fem. comparat. II 436.
-*ōsto* masc., -*ōsta* fem. superl. II 248.
-*ra*- II 186.
-*su*- II 322.
-*s*- (*-*es*-) II 419.
-*sal* (*-*slo*-), fem. -*sala*, II 207.
-*ska*- II 276.
-*star* (*-*stro*-) II 120.
-*sti*- II 303. 305.
-*t*- -*d*- II 393.
-*t* (*-*tu*-) II 329.
-*ta*- -*da*- II 233. 247, IV 612.
-*tar* -*dar* (*-*tro*-) II 120.
-*taro* -*tero* -*tro*

-*daro* etc. II 197.
-*ter* -*der* (-*ter-) II 388.
-*ti*- -*di*- II 302. 307.
-*u*- II 316. 421.
-*uh* -*ah* (-*uha*- -*aha*-) II 256. 277.
-*ul* (-*ula*) II 207.
-*un* fem. (*-*unī*-) II 336.
-*un*- see -*on*-.
-*ūn*-, nom. sg. -*a*, fem. II 355.
-*unga*- II 267. 268.
-*ur* (-*ura*-) II 187.
-*ussa* -*ussi* II 331.
-*uʒ* II 409.
-*zo* III 41.
-*zug* III 32. 41.

Case and Adverbial Suffixes:

-*ā* -*a* nom. acc. pl. of *o*- and of *ā*-stems III 215. 227. 228.
-*ar* nom. pl. of *o*-stems (Old Fris.) III 213.
-*as* (place names) III 261.
-*as* nom. acc. pl. of masc. *o*-stems (A.S.) III 212. 213. 227.
-*æs* gen. sg. (A. S.) III 131. 340.
-*e* dat. sg. III 146. 165.

-*es* gen. sg. III 131. 340.
-*h* acc. I 14, III 375.
-*m* (-*um*) dat. (instr.) sg. (A. S.) III 188. 344. 357.
-*m* dat. (instr.) pl. III 267. 275. 357.
-*ms* dat. (instr.) pl. (old West German. Inscr.) III 273. 277.
-*mu* dat. sg. III 346. 347.
-*no* gen. pl. III 248.
-*o* nom. acc. pl. of *ā*-stems III 215. 228.
-*o* gen. pl. III 246. 248.
-*o* adv. III 178. 181.
-*ōno* gen. pl. III 248.
-*os* nom. pl. of *o*-stems (O. Sax.) III 212. 213.

-*r* nom. sg. III 336.
-*r* dat. (personal pron.) III 383.
-*ra* gen. sg. fem. III 343.
-*ra* gen. pl. (A. S.) III 355. 356.
-*ru* -*ro* dat. (instr.) sg. III 351.
-*s* gen. sg. III 131. 340.
-*u* -*o* instr. sg. III 177. 178. 179.
-*um* (A. S.) see -*m*.
-*um* -*om* dat. (instr.) pl. III 275.
-*un* instr. sg. III 188.
-*ʒ* nom.-acc. sg. neut. III 338.

Infinitive Suffix:
-*an* II 153, IV 604.

Suffixes of Verbal Stems:
-*a*- -*e*- -*i*- themat.

vowel IV 78. 84. 542.
-*ann*(*i*)*u* -*ini*- IV 160. 266.
-*azz*(*i*)*u* -*ezz*(*i*)*u* II 409.
-*da*- see -*ta*-.
-*ē*- ind. IV 127. 133. 238. 307.
-*ē*- opt. IV 494.
-*ī*- opt. I 38, IV 480. 490.
-*isō*- IV 305.
-(*i*)*u* (-(*i*)*e*- -*i*-) IV 230. 233. 251. 266. 281. 305. 306. 339.
-*na*- -*ni*- IV 151.
-*nna*- -*nni*- IV 187.
-*nō*- IV 156.
-*ō*- (-*uo*-) IV 126. 127. 134. 135. 304.
-*r*- IV 364.
-*sa*- -*si*- IV 197.
-*ska*- -*ski*- IV 208.
-*ta*- -*ti*- -*da*- -*di*- IV 211. 215. 698.
-*za*- -*zi*- -*ʒa*- -*ʒi*- IV 225.

Personal Suffixes:
-*đ* (A. S.) 2nd sg. IV 527.
-*đ* (A. S.) 3rd sg. IV 532.
-*i* 2nd sg. IV 442.
-*int* 3rd pl. IV 553.
-*m* -*n* 1st sg. IV 521.
-*m* -*n* 1st pl. IV 535. 538.
-*mēs* 1st pl. IV 535. 538.
-*n* 3rd pl. IV 553.
-*nt* 3rd pl. IV 553.
-*s* 2nd sg. I 409, IV 526.
-*st* 2nd sg. IV 526.
-*t* 2nd sg. IV 526.
-*t* 3rd sg. IV 532.
-*t* 2nd pl. IV 542. 557.
-*te* (*hätte*) 1st and 3rd sg. (A.S.) IV 560. 566.
-*u* 1st sg. IV 517. 521.
-*um* (-*umēs*) 1st pl. IV 429. 538.
-*un* 3rd pl. IV 553.
-*ut* 2nd pl. IV 542.

Middle and Modern High German.

(Mod.H.G. unmarked.).

-*hand* II 8.
-*hart* (Mid.H.G.) II 8.
-*heit* II 3. 6. 10.
-*keit* II 19.
-*lein* II 104.
-*lich* II 6. 10. 104.
-*massen* II 7.
-*tel* II 6.

226 II. Index of Matters. Suffixes (Old Icelandic, Lithuanian and Lettic).

Old Icelandic.

-nað-r subst. II 331.
-ti- -di- numeral abstr. II 306.

-m -um instr. sg. III 190. 344.

-mr dat. (instr.) pl. III 268. 273. 277.

-e -i 1st sg. (mid.) IV 558. 560.

Lithuanian and Lettic.

For y see under i; ė under e; ë comes after e; ą ę į ų under a e i u; ů after u; sz after s; ž after z.

(Lith. unmarked.)

Noun Formative Suffixes:

-a- -ō- I 66. 79. 96, II 115, III 292.
-ák-s (Lett.) II 273.
-ala- II 211.
-ana- II 153.
-ą̄s see -nt- -ncziu-.
-atō- II 237. 241.
-ba- II 217.
-dama- IV 613.
-ė- II 332. 339, III 292. 293.
-ėka- II 259.
-ėla- II 211. 212.
-eli-s -elė, -ėli-s -ėlė II 211.
-en- II 356, III 292.
-ena- II (Lett.) II 151.
-er- -cr-i- II 388. III 293.
-eria- III 12.
-ę̄s (-vę̄s) see -usia-.
-esi-s, -esė I 47.

409, II 307. 422, III 293.
-esni-s subst. II 307. 422.
-esni-s-esnė comparat. II 436.
-esti-s II 307. 422.
-ėna- II 160.
-gi-s -gy-s II 277.
-go- II 277.
-gu- II 277.
-guba- III 51.
-i (-jo-) II 339.
-i- II 283, III 291.
-iba (Lett.) II 217.
-ybė II 217.
-ika- II 262.
-yka- II 271.
-iki-s -ikė II 262.
-iki-s (Lett.) II 262.
-ila- II 212.
-yla- II 212.
-ima- II 176.
-yma- II 176.
-ina- II 149. 156.
-yna- II 159.
-inga- II 277.
-inyka- II 270. 271.

-ininka- II 269.
-ini-s -inė II 130. 156.
-iszka- II 276.
iszki-s -iszkė II 276.
-yva- II 137. 212.
-ja- II 124. 130. 132, III 12. 52. 292.
-jau adv. III 208.
-jaus (adv.),-jau- sia- II 248. 437.
-ju- II 319.
-ka- I 307, II 255. 259.
-kla- II 121.
-klė- II 336.
-la- II 210. 323.
-li- II 293.
-lika III 27.
-linka- III 51.
-lu- II 323.
-ma- II 166. 170. 166. 177, IV 613.
-men- I 163. 164, II 374, III 292.
-mů, gen. -mens, see -men-.
-na- I 164, II 148. 153, III 4.

-ni- II 287. 289.
nt- -nczia- I 165, II 403, III 292, IV 606. 613.
-nu- II 321.
-ō- see -a-.
-oka- II 273.
-oriu- II 276.
-ra- I 209, II 187. 323.
-ru- II 323.
-sla- II 211.
-sma- II 176.
-smė- II 176.
-sni- II 284. 287. 289.
-sno- II 149.
-snu- II 321.
-sti- II 306.
-t- II 390. 394, III 23. 292.
-ta- II 236. 241. 242. 248, IV 605. 612.
-tė, gen. -ters, see -ter-.
-ter- I 48. 209. II 388, III 293.
-ti- II 304, III 292.
-tina- II 160. 162, IV 612.

II. Index of Matters. Suffixes (Lithuanian and Lettic). 227

-ti-s (gen. -czio) -té II 305.
-toji-s II 389.
-tra- II 121. 198.
-tu- II 331.
-tuva- II 117.
-u- II 317, III 293.
-uka- II 269.
-uma- II 176.
-usia- I 40. 137. II 338. 441. 446, III 292, IV 606. 613.
-û, gen. -ens, II 356.
-û, gen. -ers, II 388.
-û, gen. -esio, II 394. 415. 422.
-va- II 137.
-r̨ės see -usia-.

Case and Adverbial Suffixes:

-ai nom. sg. neut. III 354.
-ai dat. sg. fem. III 147.
-ai nom. pl. masc. III 214.
-ai adv. III 354.
-ais instr. pl. masc. III 273. 275.
-ei -ē -i dat. sg. III 382.
-ę̄s gen. sg. III 393.
-ē nom. pl. masc. III 215. 321. 353.
-ē adv. III 166.
-į acc. sg. III 89. 94.

-i nom. acc. du. fem III 194.
-i nom. pl. masc. III 295. 321.
-im dat. instr. du. III 203. 291.
-imi instr. sg. III 188. 291.
-imis instr. pl. III 277. 291.
-imus -ims dat. pl. III 266. 291.
-is acc. pl. III 224. 233.
-yse loc. pl. III 260. 291.
-je loc. sg. III 167.
-m dat. instr. du. III 200.
-m dat. pl. III 266.
-mi instr. sg. and pl. III 180. 183. 188. 268. 273. 276. 344.
-mi instr. pl. (Lett.) III 268. 273.
-mim(-pi) -mi -me -m loc. sg. III 346.
-mis instr. pl. III 273. 276. 356.
-ms gen. du. III 207.
-mui -m dat. sg. III 346.
-mus -ms dat. pl. III 267. 268.
-o gen. (abl.) sg. III 138.
-s nom. sg. I 409, III 74.
-s gen. sg. III 112. 114. 125. 393.

-s nom. pl. I 48, III 216.
-s acc. pl. III 227. 229.
-su -se -sa -s loc. pl. I 40, III 256. 258. 261.
-u instr. sg. III 177. 178.
-u nom. acc. du. masc. III 193.
-ū gen. pl. III 244. 247. 248. 251.
-ui dat. sg. of o-stems III 146.
-umi instr. sg. of o-stems III 179.
-unse loc. pl. of o-stems III 227. 261.
-us (-uns) acc. pl. masc. III 227.
-ů adv. III 345.
-ůmi instr. sg. III 345.
-ůsu -ůse loc. pl. of o-stems III 227. 261.

Infinitive and Supine Endings:

-te IV 598. 604.
-tē IV 598. 604.
-ti II 304. 306. IV 598. 604.
-tū (-tu) IV 598. 605.

Suffixes of Verbal Stems:

-a- them. vowel I 67, IV 78. 85. 533.

-aloju -alůju IV 312.
-au (inf. -yti) IV 321. 344.
-auju IV 309. 317.
-czioju -szczioju IV 312.
-da II 384, IV 226.
-dau (inf. -dyti) IV 228.
-davau IV 455.
-dinu IV 161. 227. 228.
-ē- (1st sg. -iau) IV 118. 133. 239.
-ēju IV 264. 308. 314.
-enu II 153, IV 161.
-ē (-ai) 3rd sg. IV 494.
-iau, 3rd sg. -ē, see -ē-.
-yju IV 316. 321.
-iju (Lett.) IV 321.
-inēju IV 315.
-inu II 153, IV 161. 316.
-ioju IV 312.
-ja- -i- I 111, IV 228. 230. 233. 253. 256. 260. 264. 267. 269. 279. 281. 308.
-k (-ki -kë) imper. IV 498.
-loju IV 312.
-nu IV 153.
-o- (1st sg. -au) IV 118. 126. 135. 311. 321. 343.
-oju IV 264. 308. 311.

15*

-siu fut. I 409, IV 268. 269. 278.
-stu -sztu IV 212. 216.
-szczioju -czioju IV 312.
-teriu -teliu IV 308.
-tu (-stu -sztu) IV 212. 216.
-urioju -uriůju -uloju -ulůju IV 312. 316.
-ůju IV 308.

Personal Suffixes:
-i 2nd sg. ind. IV 527.
-i 2nd sg. imper. IV 501. 504.
-ma -mo(-s) 1st pl. IV 538.
-ma 1st pl. (Lett.) IV 538.
-me -m -mé(-si) 1st pl. IV 535. 538.
-më(-si) 1st sg. IV 560. 563.

-mi 1st sg. I 32, IV 517. 522.
-mĭ(-s) 1st pl. (Lett.) IV 539.
-si -së(-si) 2nd sg. IV 527. 560. 563.
-ta -to(-si) 2nd du. IV 556. 557.
-ta 2nd pl. (Lett.) IV 543.
-te -t -té(-si) 2nd pl. IV 542.

-ti -t 3rd sg. du. pl. IV 528. 529. 532.
-tĭ(-s) 2nd pl. (Lett.) IV 539.
-to(-s) 2nd pl. IV 543.
-ŭ -ŭ(-si) 1st sg. IV 517. 522.
-va -vo(-si) 1st du. I 137, IV 555.

Prussian.

Noun Formative Suffixes:
-ais- II 437.
-ani-s II 289.
-elo II 210.
-il II 210.
-mana- II 166, IV 606. 613.
-niki-s (-eniki-s -iniki-s -oni- -ki-s) II 271.
-ons -uns -wuns II 441. 447.
-tla- II 121.
-uke II 269.

Case Suffixes:
-bbei dat. sg. III 381.
-m instr. sg. III 344.
-mans -mas dat. pl. III 267. 268.
-n nom. acc. sg. neut. III 109.
-ns acc. pl. III 226. 229.
-smu dat. sg. III 346.

-son gen. pl. III 355.
-sse -ssei gen. sg. masc. III 113.
133. 340.
-ssias -ssies gen. sg. fem. III 343.
-ssiei · sei dat. sg. fem. III 351.

Infinitive Suffixes:
-tun -ton II 332, IV 605.

-twei II 332, IV 598. 605.

Personal Suffixes:
-mai 1st sg. IV 558. 560.
-mai 1st pl. IV 535.
-s 2nd sg. IV 528.
-sai 2nd sg. IV 563.
-tai -tei -ti 2nd pl. IV 539. 543.

Slovonic.

Order of the Letters: a ą b c č ch d e ę ė g i ĭ j k l m n o p r s š t u ů v y z ž.

Old Church Slavonic unmarked.

Noun Formative Suffixes:
-a- I 95, II 115, III 103. 294.
-ako- II 273.
-arje- II 276.
-avo- II 137.

-ąste- -ęšte- (nom. -ą -ę) II 403, III 292, IV 606. 613.
-ba- II 218.
-dlo- (Czech) I 273, II 121. 215.

-edĭ- II 410.
-elo- II 211 f.
-en- II 356.
-enĭ- II 283. 289. 356.
-enĭno- IV 612.
-eno- II 151, IV 605. 612.

-es- I 48. 409, II 422, III 293.
-eto- II 236.
-ę -ęšte- see -ąšte-.
-ęjĭ (-ęjĭše-) II 438, III 177.
-eĭĭ- II 293.
-ěno- II 160.

II. Index of Matters. Suffixes (Slavonic). 229

-go- II 277.
-gubĭ gubĭnŭ III 51.
-i see -ji.
-ica- II 271.
-iji II 389.
-ik (Russ.) II 272.
-ik (Czech) II 272.
-iko- II 272.
-ilo (Serv.) II 213.
-ino- I 39, II 159.
-itelje- II 389.
-ivo- II 137.
-ĭ- I 32. 263, III 291.
-ĭba- II 218.
-ĭcĭ -ĭca II 262. 269.
-ĭda II 410.
-ĭje- -ĭja- see -je- -ja-.
-ĭko- II 262.
-ĭlo II 211.
-ĭniko- II 271.
-ĭnje- II 156.
-ĭno- II 149. 156.
-ĭsko II 276.
-ja- (for *-jĕ-) II 333. 339.
-jan- -janino- II 362, III 294.
-je- -ja· II 125. 131. 132.
-jĭjĭ -jĭše- II 338. 437.
-ji fem. II 336. 337. 338. 339.
-jucho -ucho- II 248.
-ko- II 255. 257.
-lĭ- II 284. 293.
-lo- II 121. 211. 212. 215, IV 606. 613.

-men- I 163, II 375.
-mĭ- II 290.
-mo- II 166. 170. 176. 177, IV 613.
-mo (adv. II 405.
-my see -men-.
-niko II 270.
-nĭ- II 284. 287. 289.
-no- I 164, II 148. 153, III 4, IV 605. 612.
-noveno- IV 185.
-nŭ- I 40, II 321.
-o- -a- I 67. 79, II 115, III 294. 295.
-ocĭ- II 284.
-oko II 259.
-on (Mod. Slov.) II 154.
-ono- II 154.
-ostĭ- II 307.
-oto- II 237. 241.
-ro- I 210, II 187.
-rĭ- II 293.
-sĭ- II 293.
-slo- II 211.
-smo- II 177.
-snĭ- II 284. 287. 289.
-stĭ- II 306.
-t- II 394, III 292.
-taje- II 389.
·tel- -telje- II 389, III 293.
-tĕlĭ- II 293.
-ter- I 48. 209, II 388.
-tero- II 198.

-tĭ- II 283. 304, III 292. 293.
-tĭno- IV 612.
-to- II 236. 241. 242. 248, IV 612.
-tro- II 121. 197.
-tŭ- II 331.
-tro- I 138, II 117.
-ucho- -jucho- II 248.
-ŭ -rŭ part., see -ŭše-.
-ŭ- II 317, III 294.
-ŭko- II 269.
-ŭše- -vŭše- I 40. 137, II 338. 441. 446, III 292, IV 606. 613.
-ŭv-, nom. sg. III 166.
-y, II 333, III 294.
-vo- II 137, III 4.
-ŭ -ŭ part., see -ŭše-.
-y fem., see -ŭv .
-y part., see -ąšte-.
-yke- II 271.
-ynji- II 336.
-znĭ- II 287. 289.
-ze- II 277.

Case and Adverbial Suffixes:

-a gen. (abl.) sg. III 138.
-a nom.-acc. du. masc. III 193.
-a nom.-acc. pl. neut. III 237.
-ą acc. sg. fem. III 91.

-ą instr. sg. fem. III 180.
-bĕ gen. sg. III 388.
-bĕ dat. loc. III 175. 382.
-boją instr. sg. III 175.
-chŭ gen. pl. II 355. 356.
-chŭ loc. pl. III 257. 260. 261. 291.
-e gen. sg. III 112. 125.
-e loc. sg. III 158. 159.
-e nom. pl. I 48, III 211. 217.
-ĕ dat. sg. fem. III 147.
-ĕ loc. sg. masc. III 166.
-ĕ loc. sg. fem. III 167.
-ĕ nom.-acc. du. fem. III 194.
-ĕ nom. -acc. du. neut. III 198. 199.
-ĕ adv. III 354.
-go gen. sg. III 343.
-i dat. sg. III 143.
-i nom.-acc. du neut. III 199.
-i nom. pl. masc. III 214. 353.
-ĭchŭ loc. pl., see -chŭ.
-ĭma dat. -instr. du., see -ma.
-ĭmi instr. pl., see -mi.
-ĭmĭ instr. sg., see -mĭ.

-ŭmŭ dat. pl., see -mŭ.
-jq -oja instr. sg. III 180. 345.
-ji -oji dat. sg. III 352.
-ma (-ĭma) dat.-instr. du. III 175. 200. 291.
-mi (-ĭmi) instr.) pl. III 175. 273. 277. 291. 357.
-mĭ loc. sg. III 347.
-mĭ (-ĭmĭ) instr. sg. III 183. 188. 291. 345.
-mu dat. sg. III 347.
-mŭ (-ĭmŭ) dat. pl. III 175. 266. 267. 268. 291.
-oja instr. sg. III 180. 345.
-oji dat. sg. III 352.
-s loc. pl. (O. Czech) III 260.
-so gen. sg. III 114. 133. 340.
-sŭ gen. loc. III 386. 387. 395.
-u dat. sg. and adv. III 146.
-u gen.-loc. du. and adv. III 207. 208.
-ŭ nom.-acc. sg. masc. III 74. 89.

-ŭ gen. pl. III 244. 248. 249.
-y -ję gen. sg. III 117. 343.
-y nom. acc. pl. of ā-stems III 216. 229.
-y -ję acc. pl. of o-stems III 226.
-y -ji instr. pl. III 276.
-y adv. III 276.

Infinitive and Supine Endings:

-ti II 304, IV 598. 604.
-tu IV 598. 605.
-tŭ IV 598. 605.

Suffixes of Verbal Stems:

-a- I 96, IV 119. 126. 367. 474.
-aja- IV 264. 284. 313.
-dó- IV 226.
-ech aor. (Czech etc.) IV 368.
-ė- ind. IV 133. 367.
-ė- (-i) imperat. IV 291.
-ėja IV 262. 308. 315.
-i- imperat. I 39, IV 492.
-ja (2nd sg, -ješi and -iši) I 110,

IV 228. 230. 233. 253. 256. 260. 264. 267. 269. 279. 281. 308. 321. 344.
-lėja IV 315.
-no- IV 153.
-na- (infinitive stem) IV 153. 162.
-o- -e- themat. vowel I 48. 67, IV 78. 85. 539.
-ochŭ aor. IV 368.
-s- -ch- aor. I 409, IV 348. 365.
-to- IV 211. 218.
-uja (inf. -ovati) IV 287. 309. 317.
-vaja IV 313.

Personal Suffixes:

-a 1st sg. IV 474. 523.
-q 3rd pl. IV 554.
-atĭ -atŭ 3rd pl. IV 554.
-ę 3rd pl. IV 554.
ętĭ -ętŭ 3rd pl. IV 554.
-ė 1st sg. IV 559. 560.
-me 1st pl. (Mod. Bulg., Lith., Russ., Czech) IV 539.

-mĭ 1st sg. I 32, IV 517. 522.
-mo 1st pl. (Serv., Mod. Slov., Little Russ.) IV 539.
-mŭ 1st pl. I 163, IV 535. 539.
-my 1st pl. IV 539.
-si -ši 2nd sg. IV 527. 560. 563.
-š 2nd sg. (Serv., Little Russ., Czech) IV 528.
-ši see -si.
-ta 2nd and 3rd du. IV 556. 557. 558.
-te 3rd du. IV 558.
-te 2nd pl. IV 543.
-tė 2nd and 3rd du. IV 557. 558.
-tĭ -tŭ 3rd sg. I 272, IV 529. 533. 534.
-ŭ 1st sg. IV 517. 522.
-va 1st du. IV 555.
-vė 1st du. I 137, IV 555.
-ždŭ 2nd and 3rd sg. imper. IV 492. 504.

Superlative II 449.
Supine II 470, IV 594. 597.
Supradental Sounds I 260.
Svarabhakti, see Anaptyxis.
Svarita I 539. 544, II 126.
Swedish Language I 11.
Syllable. Open Syllables in Slavonic I 225. Syllable Accent

I 527, and its various forms I 529. Loss of a syllable by dissimilation I 481, in Aryan, Greek, Italic, Gallic, Germanic, Balto-Slavonic I 482. 483 (compare Dissimilation). Form depending on the number of syllables in a word III 120. 126, IV 31 f. 46. 179. 518. 549.

Syncope of Vowels in pr. Idg. I 473. In Armenian I 473, Italic I 473. 501, IV 361. 417, Irish I 475, Germanic I 415. 516. 555, IV 160, Balto-Slavonic I 477.

Syncretism III 64. In Greek III 147, Italic III 139. 150.

Syntax. Syntax ruling the names given to forms IV 33.

T

t and th in the parent language I 272. 405.

t-preterite in Irish IV 72. 565.

Tautosyllabic vowel-groups I 48.

Tense. Formation of the tense stems IV 33. Periphrastic Tenses IV 444. See Aorist, Imperfect, Future, Perfect, Present.

Tenues I 20. 261. Changing to mediae in the parent language I 344. Interchange of tenues and mediae in the parent language I 346, between tenues and tenues aspiratae in the same III 330. Change of tenues to affricatae in the parent language I 345. Tenues aspiratae I 20. 261. The tenues aspiratae in pr. Idg. I 344. 405, in Sanskrit I 23.

Thematic and Unthematic tense stems IV 48. Thematic forms becoming unthematic IV 53. 54. 76. 78. 551. See next article.

Thematic Vowel I 48. 67, IV 41. 47. 48. 78. 80. 403. 413.

Thera, Dialect of (Greek) I 6.

Thessalian (North Thessalian) Dialect of Greek I 6.

Time of Day, Suffixes for, II 105.

Tonic Accent, see Musical Accent.

Tools, Suffixes for the names of, II 209. 469. 461.

Transition-sound or Glide I 259. Consonantal vowels, nasals, liquids ($i̯$, n, r etc.) as glides I 83. 110. 119. 127. 131. 138. 148. 149. 159. 163. 164. 191. 193. 226. 229. 454, IV 86. Other glides: Sanskrit -b- (-mbl-) I 168, -t- (-nts-) III 226. 230. 232, -k- (-tkn- -tkm-) I 274: Greek -$β$- (-$μβρ$- -$μβλ$-) I 170, -$δ$- (-$νδρ$-) I 170; Latin -b- (-mpt- -mps- -mpl-) I 175; Umbrian p (-mps-) I 175, -b- (-mbr-) I 176, Umbro-Samnite -t- (-nts-) I 176; Germanic -b- (-mbr-) II 183, -t- (-str- -nts-) I 434. 437; Balto-Slavonic -t- (-str-) I 400. 439.

Transcription. Of the Latin Alphabet I 22. Of Sanskrit I 23, Avestic I 24, Old Persian I 25, Armenian I 25, Umbrian I 26, Oscan I 27, Irish I 27, Gothic I 28, Old Church Slavonic I 30.

Trees and Shrubs, Suffixes for the names of, II 105.

Triphthongs. Apparent triphthongs in Avestic I 478, in Irish I 27.

Trisyllabic Law in Greek I 541.

Two-point Accent I 530.

U

u and $ū$ in the parent language I 40. 45. u consonant ($u̯$) I 109, in the parent language I 137, as glide in the same I 110. 138, IV

86, in Aryan I 141, in Cyprian and Chalcidian I 148, in Umbro-Samnite I 83. 149, in Germanic I 127, in Balto-Slavonic I 159; to be distinguisht from the spirant *v* I 408.
Udātta I 538.
Ulphilas, see Wulfila.
Umbrian Language I 18.
Umbro-Samnite Dialects I 8. 9.
Umlaut I 477. 478. *i*-Umlaut in Germanic I 77. 94. *i*-Umlaut in High German turned into a mark of number II 16. *a*-Umlaut, see Vowel Mutation.
Unaccented Syllables I 529.
Upper German Dialects I 11.
Upper Sorbenian I 12.
Uriya I 4.

V

v, pr. Idg. labial spirant I 408. Sign for *u* consonant in Armenian I 25, in the Italic languages I 151, in Gothic I 155, in Lithuanian dialects I 29.
Veda I 4.
Velar Explosives (*q*-sounds) I 259. 305. Velar Nasal (*ŋ*) I 165.
Verb. Verb Finite and Verb Infinite IV 2. Origin of the verb finite IV 3, forms of the finite verb without personal ending IV 6; noun forms instead of those of the finite verb IV 514, in Lith. IV 533; accentuation of the verb finite in pr. Idg. I 534, Sanskrit I 538, Greek I 541. Verb Infinite IV 6. 594. Verbs in -*ō* and verbs in -*mi* IV 48. Verbs Primary and Secondary, Primitive and Derivative IV 39; Denominative II 40. 41 (see Denominatives). Verbs Causal (factitive), Desi-derative, Frequentative, Iterative, Inchoative, Intensive, Intransitive, Meditative; see under Suffixes. The Verb Substantive IV 52. 60. 63. 65. 70. 72. 73. 75. Reflexive verbs IV 578 (see Reflexives). • Compound verbs IV 7. 8. 9 (see Compounds).
Verbal Abstracts II 466.
Verbal Nouns IV 594. Verbal Adjectives II 451, IV 605; Verbal Substantives II 470, IV 597.
Verner's Law I 386. 434. 532. 552, IV 341.
Vestinian Dialect I 9.
Visarga I 23. 411. 492. 493.
Vocative. Formation of the voc. sing. masc. and fem. III 81. Its accentuation I 534. 538, III 81. Its meaning III 56. Voc. forms used for nominative III 84. 85.
Voice I 20.
Voice, of Verbs, IV 512.
Voiced and Breathed sounds I 20. Voiced articulation of mediae I 260. Voiced *s (z)* I 407. 445.
Voiceless, see Breathed.
Volscian Dialect I 9.
Vowels. What they are I 20. 21, sonant and consonant vowels I 21; breathed or voiceless vowels I 20. System of the Idg. vowels I 19. History of them; sonant vowels I 30, consonant I 109. Vowels contracted in pr. Idg. I 105, III 57; in the separate languages I 453. Vowel elision in Latin I 176. 501. 502. 506. Shortening I 461. Lengthening I 465. Vowel absorption (syncope, aphaeresis, apocope, samprasāraṇa) I 470. Vowels developed out of voiced consonants (anaptyxis, svarabhakti) I 468; see anaptyxis. Prothetic Vowels 1 468.

Thematic vowel I 48. 67, IV 41. 47. 48. 78. 80. 403. 413.
Vowel Gradation, see Ablaut.
Vowel Grades in the Stem II 15. 17. 18, III 58. 59, IV 49.
Vowel Mutation (a-Umlaut) in Irish and West Germanic I 34. 43. 478.
Vṛddhi (strong grade with long vowel) I 253, II 112. 113. 280, IV 54. 348. 353.

W

Weak Adjective declension in Germanic III 320.
Weak Forms of formative elements II 17. Weak and weakest cases II 17, III 59. Weak persons of the verb finite II 18, IV 49. 348. 384.
Weak Grade of Ablaut I 246 f. With secondary accent or none at all I 250. 252.
Weak Grade of Accent I 529.
Weak Preterite in Germanic IV 435. 453.
Welsh I 9.
Wendish Language I 12.
West Germanic Language I 10. 11.
West Iranian Language I 5.
West Norse Languages I 10.
White Russian Dialect I 12.
Word Accent I 527. Its position in pr. Idg. 532, in Sanskrit I 537, in Iranian I 539, in Armenian, I 539, in Greek I 540, in Italic I 545 in Keltic I 550, in Germanic I 552, in Balto-Slavonic I 556.
Word Formation I 14. History in Idg. II 2. Formative Suffixes I 15.
Writing of sounds. Not reliable I 487. System of writing among the Idg. peoples I 23. Compare Graphic Adjustment.
Wulfila I 10.

Y

Y, its pronunciation in Greek I 41. Pronunciation of Sanskrit, Avestic, Old Persian *y* I 24. 25, Cymric *y* I 27, Lithuanian *y* I 28.

Z

z denotes voiced *s* I 20. 21. Only found in connexion with mediae and mediae aspiratae following I 445. Aspirated *z* (*zh*) in pr. Idg. I 407. *z* (ź) forming a separate syllable in pr. Idg. IV 88. Pronunciation of O.H.G. *z* I 284.
zend I 5.

III. Index of Authors.

(Numbered by Volume and Page.)

Adrian IV 596.
Abel IV 595.
Ahrens I 7, III 2, IV 3.
Akens II 122.
Aleksandrow II 23.
Allen IV 35. 121. 192.
Aly II 122.
Amelung I 30, IV 37. 453.
Angermann II 308.
Appel III 54.
d'Arbois de Jubainville I 287. 564, II 168. 411, III 54. 111bis. 117. 121. 267. 326, IV 37. 72. 347.
A'sbóth III 286.
Ascoli I 287, II 118. 167. 213. 245, III 1. 18. 35. 42. 207, IV 1. 269.
Aubert IV 4.
Aufrecht II 122. 163. 308. 411, III 2. 256. 496, IV 383.
Avery IV 2. 24.
von Bahder II 11. 102. 176. 285. 304. 331. 410. 420, III 183.
Bailly III 257.
Balser II 477.
Baranowski I 467. 533. 559.
Barb IV 2.
Barth IV 595.
Bartholomae I VII. 5. 25. 31. 70. 104. 115. 117. 141. 143. 144. 168. 169. 197. 213. 231. 296bis. 334. 335bis. 345. 350. 352. 353. 405bis. 407. 413. 455. 478. 495, II 28. 42. 45. 101.

134. 161. 182. 229. 263. 275. 280. 298. 347. 394. 404. 470. 471. 483bis. 492, III 6bis. 15. 16. 33. 44. 53 quater. 63. 71. 73. 76. 78. 79bis. 81. 82. 86bis. 87. 88. 94. 95. 102. 103. 104bis. 105bis. 106ter. 111bis. 119. 124. 126bis. 127. 128bis. 136. 138. 143. 145ter. 150bis. 154. 156. 158bis. 159bis. 163ter. 164. 168. 176. 177. 179. 184. 190. 192. 193bis. 202. 206. 207. 218. 224. 225. 226. 230. 231. 234. 236. 238. 239. 241. 243. 244. 246. 250. 251. 256. 258bis. 260. 265. 272. 274bis. 279. 281. 282bis. 323bis. 329. 336. 337bis. 354. 364. 367. 373. 387bis. 388. 396. 401, IV IX. 2quater. 19. 27. 30bis. 33. 34bis. 52. 54bis. 57. 58bis. 61. 62. 82. 83. 88. 90. 102. 106bis. 111bis. 114bis. 116bis. 123. 124. 125. 141. 143. 150. 151. 163. 169. 175. 180. 182. 201. 202bis. 203. 204. 210. 223. 229. 235. 236. 237. 239. 271. 320. 321. 340. 346. 353. 378. 382bis. 395. 403. 408. 416. 459. 462. 470. 473. 484bis. 486ter. 494. 511. 513 quater. 519. 530. 536. 540. 545bis. 552. 555. 567. 572. 576. 594. 595 quinquies. 599bis. 600bis. 601bis. 6 08 609.
Baudouin de Courtenay II 23. 86, III 55. 102. 190. 194. 211. 280.

Baudry II 394, IV 594.
J. Baunack I 364, II 34. 35. 273.
276. 328. 371, III 1. 51. 210. 231.
335. 358bis, IV 17. 65. 392.
Th. Baunack I 364, III 231, IV 17.
129. 392.
Bech IV 480.
Bechstein II 163. 394. 401, IV 596.
Bechtel I 371. 420, II 135. 186, III
111. 229. 348, IV 106. 322. 384.
Begemann IV 453bis. 512. 515.
Behaghel I 11, II 34, III 54. 261.
323. 383, IV 5.
Benfey I 4bis. 287. 532, II 116. 323.
334, III 6. 81. 111. 113. 190. 195.
396, IV 34. 114. 209. 222. 268.
479. 486. 512. 513. 557. 594bis.
595.
Benloew I 532, III 1.
Benseler II 122.
Bergaigne III 52, IV 456. 513.
Bergk III 133.
Bernpt IV 5.
Bernhardt I 553, III 233.
Bernloew III 1.
Bersu I 72. 74. 92. 152. 200. 235. 287.
292. 319. 320. 321quater. 342, II 161.
445, III 341, IV 129.
Bezzenberger I 31. 185ter. 190. 200.
228. 287. 472. 523. 533, II 12bis.
20. 81. 95. 245. 252. 277. 312. 432,
III 23. 29. 41bis. 44. 55bis. 81. 82.
83bis. 85. 122. 133. 138. 156. 166.
170. 227. 244. 273. 292. 321. 323.
336. 350. 376. 382. 386, IV 5. 20.
61. 76. 132. 217. 218. 259. 268.
451. 495. 512. 538.
Bieber III 189.
Bielenstein I 12, III 273, IV 153.
451.
Birkenstamm IV 3.
Birt II 218, IV 383. 596.
Bishop IV 595.
Blass I 316. 364. 532.
Blinkenberg IV 347.
Bloomfield I 31. 412. 532, II 424.
488, III 279, IV 3. 376. 456.

Bock IV 1.
Böhtlingk III 53. 127.
Bojunga III 281bis. 392.
Boldt III 111.
Bollensen IV 513.
Bonino IV 35.
Bopp I vi. 4. 13. 60. 532, II 21. 101,
III 1bis. 8. 52bis. 84. 110. 213. 322,
IV 1bis. 28.
Bordellé II 218, IV 596.
Bornhak III 53.
Börsch IV 480.
von Bradke I 448. 451, II 113. 201,
III 113, IV 20.
Brandstetter II 238.
Brandt III 326, IV 449. 595.
Brate I 58, II 388. 410, III 196. 372.
Braune I viii. 11bis. 58. 78bis. 125. 126.
129. 156. 383, III 55bis. 74. 86.
117. 215. 221. 233. 240. 323bis.
353.
Bréal I 8, II 137. 394, III 52. 244.
257. 325, IV 24. 36. 71. 132. 192.
292. 302. 450. 459. 472. 514. 594.
596.
Bremer I 31. 65bis. 106. 126. 252.
490, II 120. 176. 259. 288. 303. 421,
III 125. 225. 372, IV 94. 238. 240.
Bronisch IV 241. 421. 473.
Brückner I 442. 472, II 320. 398,
III 55. 83. 166. 190. 202. 207. 229.
293. 345. 347. 359. 370. 386. 393.
401.
K. Brugmann I 2. 3. 7. 30bis. 70.
95. 96. 140. 147. 171. 182. 186.
189. 190. 193. 198bis. 217. 226.
229. 231. 234. 239. 253bis. 273.
287. 315. 316. 352. 360. 362. 363.
368. 398. 472. 486. 499. 582, II
12. 22. 42. 50. 56. 63. 82. 100.
101. 106. 109. 137. 148. 162. 173.
179. 180. 185. 190bis. 240bis. 245.
249. 256. 285. 300. 335. 336. 340.
347. 350. 363. 364. 365. 366. 376.
405. 411. 413. 428bis. 433. 439.
483. 486. 487. 488bis. 490, III 1.
2. 8. 10. 11. 12ter. 18. 19. 20. 26.

29. 33. 34. 36. 38quater. 39bis. 41.
43ter. 45. 48. 49. 51. 52. 53. 66.
67. 69bis. 70. 72. 77. 85. 89. 103.
105. 106bis. 109. 115. 122. 136bis.
137bis. 154. 155. 160. 162. 167.
172bis. 174. 176bis. 179. 180. 187.
191. 194. 198bis. 208. 210. 211
213. 215. 226. 236. 246. 252. 254.
258. 259. 267. 273. 281. 287. 293.
323. 328. 338. 342. 348. 350. 354.
358bis. 371. 372. 377. 381. 384.
385. 389. 392bis. 395. 396. 397,
IV 2. 3. 21. 23. 26. 27. 33. 34ter.
35bis. 37. 53. 55. 64. 68. 70. 71.
81. 83. 91bis. 99. 106. 107. 109.
117. 122. 128. 129. 132. 138. 159.
167. 181. 187. 207. 214. 215. 234.
269. 275. 278bis. 294. 308. 317.
334. 346. 355. 359. 369. 373. 382.
408. 421. 451. 456. 457. 507. 512.
514. 524. 547. 575. 594. 596. 602.
611.

O. Brugmann II 31.
Brunnhofer II 470. 471, IV 594
595bis.
Bruppacher I 9.
Budinszky I 8.
Bücheler I 8. 428, II 62. 195bis,
III 54. 106. 141bis, 167. 221. 269.
270bis. 323. 338. 348. 377. 385.
395, IV 419. 501.
Buchholtz III 358.
Buck IV 23. 207. 221. 419. 578.
603.
Budenz II 252.
Bugge I 279. 504, II 97. 118. 136.
189. 195. 263. 277. 307. 381, III
3. 7. 9. 13. 20. 37. 48. 174. 212.
245. 256. 273. 333. 353. 359. 368.
375. 377. 382. 395, IV 9. 28bis.
63bis. 64. 115. 156. 164. 167. 177.
201. 204. 220. 420. 453. 519. 524.
536. 546. 564. 568. 601.
Bühler II 238.
Bumke IV 24.
Burda I 279. 286, II 332, IV 38.
Buresch IV 549.

Burg II 85. 222. 263, III 129. 372.
Burghauser II 102, III 55. 91. 95,
IV 37. 94. 383.
Burkhard IV 513.
Buttmann III 238.
Büttner IV 456.
Caland III 163, IV 108 (Add.)
Cantor III 36.
Carlsson IV 596.
Carter IV 453.
Cauer III 358, IV 17. 268. 347.
Cavallin III 111.
Ceci III 256. 358.
Chaignet III 53.
Christ I 151, IV 8.
Clemm I 170, II 22.
Cludius IV 36.
Collitz I 6. 30. 70bis. 249. 287, II
12. 101. 428, III 52. 83. 97. 98.
126. 434. 454.
Conway III 214. 260, IV 111. 225bis.
415. 419. 513. 531. 575. 596. 609.
Cookson IV 3.
Corssen I 8. 85. 280. 281. 321. 370.
427. 532, II 102. 256. 392. 409,
IV 36. 37. 347bis. 382. 459. 513ter.
596.
Cramer IV 347.
Curtius I 7. 31. 242. 277. 287. 470.
488, II 101. 180. 206. 440. 445bis,
III 136. 224. 274. 358, IV 3bis.
23. 25. 33. 35bis. 36ter. 39. 41. 44.
111bis. 206. 214. 224. 236. 246. 259.
336. 347. 369. 373. 382. 392. 410.
459. 464. 512.
Danielsson I 42. 74. 174. 176. 177.
292. 425. 504, II 58. 63. 147. 168.
179. 205. 321. 332. 346. 347. 392.
398. 408. 413. 425. 430. 434. 481
488, III 33. 109bis. 115. 142. 189.
190. 208. 286. 326. 338. 341, IV
215. 383. 407. 423. 550.
Darbishire II 487.
A. Darmesteter II 64.
J. Darmesteter II 492. 513, IV 36.
71.
Davies IV 24.

Deecke III 2. 113. 132bis. 156. 244. 334, IV 10. 382. 445. 551. 595.
Delbrück I 3. 7. 13. 31, II 57, III 25. 54. 133. 143. 159. 384. 385. 396, IV 2. 27. 38. 39. 444. 445. 457. 459. 460. 462. 595bis.
Denecke II 470, IV 597.
Diefenbach IV 209.
Dietrich III 55.
Diez I 122. 151, II 12. 491.
Doederlein IV 35.
Doerwald III 189.
Döhring II 162. 251, IV 596.
Dronke III 358.
Dunn IV 596. 609.
Düntzer II 101, III 52. 53, IV 34.
Dutens III 53.
Duvau II 488, III 224. 232. 266, IV 450.
Eaton IV 513.
Ebel I 10. 56. 64. 85bis. 124. 178. 219. 362, II 101. 147. 156. 233. 238. 284. 340. 394. 404. 410. 412bis, III 2. 53. 54ter. 55. 156. 164. 189. 323bis. 353, IV 4ter. 10. 24. 35. 36. 514bis. 594. 604bis.
Ebert III 2.
Edgren II 26. 116. 123. 134, IV 34bis.
Egge IV 37. 159.
Eichhoff IV 595.
Eisenlohr IV 4.
Ek III 54, IV 513.
Enderis I 9.
Engelhardt IV 4.
Ernault III 193, IV 5. 10. 382. 423.
Esser I 483, II 65.
Falk II 102.
Faust IV 24.
Fay III 164.
Fehrnborg IV 36.
Feist III 164.
Fick I 30. 60. 102. 190. 249. 287. 316, II 33. 35. 122. 141. 147. 154, III 5. 85. 136. 137. 142. 258, IV 3. 44. 54. 57. 59. 66. 68. 86. 106.

122. 123. 137. 143. 172. 177. 181. 209. 225. 226. 247. 328. 338.
von Fierlinger I 104. 190. 347. 351. 519, II 141. 163. 179, III 14. 364, IV 37. 58. 73. 75. 383. 514bis.
Fisch II 340.
Fleckeisen III 326.
Flodström I 259.
Forssmann IV 597.
Förstemann II 101, III 111. 143. 211. 244. 266.
Fortunatov I 209, III 260.
Foucart III 107.
Foy I 279.
Franck I 78.
Franke IV 268.
A. Fritsch II 122.
E. A. Fritsch III 111.
Fritsche IV 594.
F. V. Fritzsche III 189.
R. Fritzsche II 12, IV 22. 35. 382.
Fröhde I 32. 70. 212. 287, II 152bis, III 121, IV 3. 36. 220.
Frohwein IV 3. 382.
Fuchs IV 4.
Fügner II 22.
Fumi III 54, IV 37.
Funck IV 595.
von der Gabelentz IV 512.
Gaedicke II 390, III 60. 88. 325. 339. 348. 396.
Gaidoz III 359.
Gandino III 111.
Garbe I 223. 460. 532, II 22. 116.
Garnett IV 24.
Gatto III 53.
Geitler III 207. 348.
Geldner II 405, III 78. 150. 159, IV 595.
Genberg IV 596.
Georges III 54, IV 4.
Gerland II 12, III 143. 256, IV 33.
van den Gheyn IV 34ter.
Gidcomino IV 595.
Giles IV 347.
Glück II 7.
Goebel II 404. 411.

Goldschmidt IV 34.
Gonnet II 101.
Göttling I 532, II 101.
Graefe IV 1.
Graff III 28.
Grashof IV 24.
de la Grasserie III 52.
Grassmann III 52, IV 201. 228.
Grein IV 5bis.
Grimm I 11. 284, II 22. 30. 72. 77.
  101, III 1. 2bis. 50. 54. 173. 323.
  326. IV 5. 383.
Gröber I 8.
Grotefend III 53.
Grotemeyer IV 2.
C. Günther IV 5.
F. Günther III 322.
Haacke IV 3.
Haberlandt IV 512.
Hadley IV 268.
Hagena IV 4.
Hainebach II 12.
Hall III 325.
Hanssen I 484. 532. 536, II 213, III
  165. 178. 225. 236.
Hanusz I 533, II 341, III 53. 246bis.
  284.
Harkness IV 382.
Hartel III 157.
Hartmann I 532, IV 33. 369. 382.
Hartung III 53.
Hatzidakis IV 28. 36.
E. J. Haupt III 54.
H. Haupt II 109.
Havet I 287. 362. 428. 463, II 58.
  162. 435, III 47. 53bis. 54. 111. 133.
  156. 167. 236. 266. 326bis, IV 92.
  382.
Heerdegen II 22.
Heffter III 326, IV 4.
van Helten IV 532. 555.
Henning III 261.
Henry II 337. 491, III 53. 111. 176.
  236. 257. 266. 323. 341, IV 3. 411.
  459. 512. 513. 552. 567. 595bis. 603.
Hentze III 326.
Herling IV 33. 456.

Hermann IV 347.
Herrmann IV 35.
Heurlin IV 513.
Heymann I 209.
Hillebrandt I 532, III 52.
Hirt II 141. 152, IV 239. 254. 474.
  507. 563. 598.
Hirzel IV 268.
Höfer III 137. 143. 156. 326, IV 594.
Hoffmann IV 33. 507. 565.
Hoffory I 20, IV 10. 383.
Hogue IV 4.
Holthausen I 488bis, II 74. 148. 285.
  414. 483, III 331, IV 10. 225. 383.
  432. Add. to I 113. 125.
A. Holtzmann (Sanskritist) I 4, IV
  457.
A. Holtzmann (Germanist) I 11, II
  69, III 2bis. 320.
Holz IV 365. 383. 432bis. 434.
Hoppe IV 382.
Horn III 53.
Horning I 122. 151.
Hübner II 22.
Hübschmann I VII. 5. 6. 25. 26. 31.
  38. 45bis. 63. 70. 71. 73. 100. 101.
  112. 117bis. 136. 144. 163. 166. 169.
  197. 214. 230. 252. 255. 256. 257.
  258bis. 265bis. 277. 287. 301. 336bis.
  343. 353. 358. 418, II 20. 33. 43.
  127. 134. 327, III 4. 52. 90. 142.
  258. 322, IV x. 28. 58. 64. 85. 114.
  164. 201. 205. 293. 537.
von Humboldt III 189, IV 594bis.
Inama IV 3. 35. 346.
Jackson III 163. 234. 335, IV 377.
  572.
H. Jacobi IV 34.
Th. Jacobi II 102.
Jacoby II 12.
Jagić III 143. 166, IV 213. 368.
Jahnsson IV 514.
Janson II 101. 275, IV 268. 513.
Janzon IV 33 Add.
Jellinek III 21, IV 456. 482. 512.
  560bis.
Job IV 182. 459.

Johansson II 20. 248. 319. 484, III
57. 63. 68. 69. .85. 98. 100. 101.
103. 104. 109. 134. 154. 162bis. 175.
236. 331. 336. 337. 338. 339. 340.
366. 370. 372. 391. 392bis. 394. 396.
401, IV xx. 3. 36. 93. 139. 216.
219. 261. 269. 289. 301. 382. 412.
414. 420. 422. 430. 434bis. 454.
550bis. 557. 573. 610. Add. to IV
100. 211.
Jolly II 470, IV 594. 595bis.
Jonas IV 36bis.
Jordan I 52. 280.
Junius IV 3.
Justi I 5, II 21. 22. 101.
Juszkiewicz I 29.
Kaegi I 4.
Kahle II 390. 395. 403. 489. 478. 483,
III 55. 95. 289.
Kalina IV 5.
Kaufmann I 225.
Kauffmann II 69. 71. 175. 252. 259.
345, III 15. 74, IV 160.
Keck III 189.
Kelle IV 5 quater.
Keller III 224.
Kerber IV 2. 34.
Kern II 122, IV 37. 383. 496. 595.
Kessler II 102.
Key IV 268. 346.
King IV 3.
Kinke IV 382.
Kleinhans IV 510.
Kloppe IV 25.
Kluge I 30. 181. 186. 190. 239. 281.
287. 291. 330. 366. 383bis. 386. 389.
390. 405. 436. 533. 554bis, II 10.
22. 69. 102. 130. 137. 210. 243. 255.
259. 277. 285. 333. 337. 339.
343. 355. 388, III 2bis. 7. 10bis. 12.
44. 48. 54. 70. 72. 79bis. 89. 91. 95.
96. 97. 128. 171. 172. 188. 190. 193.
208. 261. 275. 323. 372, IV 5bis. 32.
146. 170. 184. 212. 213. 216. 220.
225. 238. 365. 474. 557.
Knauer I 532, II 22.
von Knoblauch IV 383.
Kooh IV 24.
Kock IV 553.
Koffmane III 54, IV 4.
Kögel I 58. 126. 127. 130. 156. 157.
190. 203. 270. 383bis. 391. 404, II
98. 175. 397. 400, III 165. 183.
246. 256. 261, IV 37. 238. 514. 542.
Kohlmann IV 456.
Kolberg III 323.
Kowaleok IV 513.
Kozlovski II 405, III 75. 111. 334.
Kratz III 325.
Krause III 1.
Kremer II 22. 23. 69.
Kretschmar II 101.
Kretschmer III 287, IV 19. 21. 26.
84bis. 118. 139. 145. 150. 152. 179.
214bis. 237. 247. 282. 348. 448.
Krumbacher I 7.
Kuhl I 532.
A. Kuhn III 111, IV 1. 33. 512.
E. Kuhn II 275, III 282. 290, IV
100. 537.
Kühne IV 35. 36.
Kühner I 7. 8. 151. 532, II 22. 101,
III 53. 54. 187. 323bis, IV 3. 4. 71.
446.
Kurschat I 12. 81. 205. 533, II 101,
III 2. 29. 55. 200. 323. 376, IV
5. 76. 288. 308. 451.
Kvíčala III 322, IV 596.
Ladewig IV 71.
de Lagarde I 5, IV 28.
Lammert III 326.
Landvoigt IV 3.
A. R. Lange II 109.
L. Lange IV 595.
Lanman II 334. 366. 385. 425, III
53. 83. 94. 101. 104. 108. 127. 157.
168. 170. 181. 195. 215, IV 34.
La Roche II 5. 101, IV 24.
Lassen III 142. 282.
Lattmann IV 382. 596.
Lautensach IV 3.
Le Bas III 107.
Lepsius III 1.
Leskien I 3. 12. 61. 82. 205. 225. 244.

287. 440. 472. 523. 533bis, II 84bis.
101. 102. 188. 270. 283. 306. 375.
404, III 2. 50. 52. 54. 55bis. 60. 86.
110. 111. 113. 166. 186. 244. 268.
323bis. 332. 340. 350. 381. 386, IV
5bis. 37. 96bis. 147. 268. 308. 310.
313. 344. 346. 451. 495. 496. 612.
Leumann II 390.
Lhardy IV 24.
Lichtenberger IV 37. 383.
Lidén III 331. 391, IV 119.
Lindfors III 88.
Lindner II 101.
Lindsay III 54.
Lissner II 198, III 173.
Ljungstedt IV 383. 432.
Lobeck II 101, III 51, IV 3. 35.
Loebell IV 382.
Lorenz IV 35 Add.
Losch II 284.
Loth II 168, IV 4. 480bis. 514. 597.
Lottner III 132. 325bis, IV 4. 37.
Löwe I 42.
Lübbert IV 347bis.
Luchs III 326. 341.
Ludwig II 470, III 52. 238, IV 5.
34. 514. 594.
Lugebil III 111.
Luick I 78.
Maass III 63.
Maassen III 34.
Madvig IV 347. 496.
Mahlow I 31. 61. 82. 249, II 47. 78.
258. 283, III 29. 178. 190. 195. 213,
IV 35. 238. 373. 382. 519.
Malden IV 35. 382.
Mangold IV 35.
F. Masing I 30.
L. Masing I 532. 533. 539. 544.
Maurenbrecher IV 56 Add.
Meierheim IV 595.
Meillet IV 109. 404.
Meister I 7. 119. 421. 532, III 97.
109. 162. 169. 179. 328. 332. 387.
464.
Meisterhans II 430, III 26. 173. 180,
IV 182. 561.

Mekler IV 3. 35. 129. 262. 347. 373,
406.
Merguet III 2. 54. 323. 341, IV 1bis.
2bis. 4.
Meringer I 488, II 397. 428. 484bis,
III 6. 21. 69. 189. 190. 191. 192.
195. 202. 210. 236, IV 22. 56.
Merlo IV 512.
Meunier II 22, III 326.
E. Meyer I 5.
G. Meyer I VIII. 8bis. 30. 190. 364. 470.
499, II XIV. 22bis. 49. 57. 101bis.
122. 163. 240. 365. 398, III 2. 10.
14. 15. 17. 34. 43. 53. 70. 85. 97.
103. 136. 323. 523, IV IX. 3. 27.
35bis. 36. 52bis. 54. 134. 144. 156.
172. 207. 235. 269. 350. 392. 507.
523. 538. 547. 605.
L. Meyer I 11 273, II 7. 12. 27. 101.
252bis. 256. 294. 357. 410. 478, III
53bis. 86. 320. 325, IV 2. 33. 35bis.
250. 303. 346. 595.
W. Meyer (Meyer-Lübke) I 42. 150.
175. 320. 371. 372. 405, II 340.
483, III 54. 99. 106. 236. 293. 341.
Michaelis I 483.
Michels III 108. 129. 281. 291.
Miklosich I 12. 133. 134. 187. 279.
304. 440. 526, II 23. 82. 85. 101.
109. 154. 211. 218. 249. 382. 438,
III 2. 55. 96. 276. 323. 326bis. 358,
IV 5ter. 37. 38bis. 86. 176. 213. 341.
347. 452. 480. 514. 522. 576. 597bis.
Mikuckij III 180.
Miles IV 595. 603.
Miller IV 597.
Miodoński IV 595. 603.
Misteli I 532bis, IV 512. 513.
Möhl III 244.
Moisset III 53.
Moiszisstzig IV 595.
Molhem IV 24.
Moller IV 10. 37.
Möller I 31. 249. 287, III 173. 213,
IV 453.
Monro IV 3.
Morris IV 596.

Moulton II 243, IV 2. 34. 56. 145.
180. 459.
Mowat II 35.
Much III 266. 276.
Muoke IV 248.
Müllenhoff II 145, IV 383.
A. Müller III 54.
E. Müller III 1. 322.
F. Müller I 5. 287, III 7. 52. 53. 189.
322. 358, IV 1bis. 2 quater. 24. 382.
512bis. 603.
G. Müller II 102.
G. H. Müller IV 480.
H. Müller IV 512.
H. D. Müller IV 2.
M. Müller II 470, III 133. 376, IV 35bis. 594.
W. Müller II 470.
Nägelsbach IV 456.
Näke III 111.
Neckel II 22.
Neisser IV 2.
Nemanić I 533.
Nesselmann I 12bis.
Nettlau IV 5.
Netušil IV 347.
Neue II 63, III 2. 54. 323, IV 4.
Neumann I 488. 521, IV 80. 542.
Niemöller III 326.
Nölting IV 35. 514.
Noreen I 11, II 410, III 18. 23. 54. 103. 170. 179. 194. 253. 276. 323. 372, IV 5. 73. 581.
Oblak III 55, IV 480. 495.
Ohler III 189.
Oldenberg III 83, IV 222.
d'Ooge II 376.
Osann III 326.
Osthoff I 30. 40. 42bis. 45. 46bis. 57. 58. 60. 61. 64. 70bis. 74. 82. 92. 106. 107. 110. 112ter. 123. 126. 128. 136. 143. 150. 152. 160. 162. 168. 172. 176bis. 181. 189. 190bis. 193. 194. 195. 197. 198. 200. 204. 206. 229. 234. 239. 250. 253bis. 258bis. 263. 265. 267. 282. 287. 290. 292. 303. 317. 345bis. 348. 352. 359.
363. 364. 365. 368. 382. 392. 400. 405. 412. 420ter. 424. 425. 437. 445. 457. 458. 481. 492. 504, II 12bis. 22. 52. 57. 64. 75bis. 84bis. 86. 96. 107. 118. 121. 137. 141. 143. 151. 152. 154. 155. 163. 165. 170. 179. 180. 186. 198. 205. 207. 228. 235. 244. 247. 256bis. 258. 259. 276. 285. 333. 340bis. 345. 364. 375. 406. 409. 413. 418. 420. 429. 430. 434. 439, III 1. 5. 10bis. 18. 21. 49bis. 52. 53. 63. 70. 74. 90. 98. 103. 123. 136. 151. 174. 175. 183. 185. 191. 195bis. 203. 206. 208. 213. 244ter. 256. 260. 268. 287. 347. 373. 376, IV 9. 10. 22. 27. 28. 30. 33. 34. 45. 55. 56. 74. 84. 91bis. 94. 106. 117. 135. 140. 145. 151. 168. 170. 197. 205. 206. 208bis. 209bis. 216. 219. 225. 236. 237. 248. 250. 292. 302. 338. 356. 361. 381. 383. 384. 409. 410. 416. 424. 435. 441. 515. 534. 540. 446. 552.
Ottmann IV 383. 432.
Otto III 326.
d'Ovidio III 358.
Paech IV 459.
Parmentier IV 512. 595.
Pascal IV 36. 595.
von Paucker II 36bis. 101. 198bis. 252. 290. 308.
Paul I 13. 14. 18. 30. 35. 58. 77. 94. 126bis. 157bis. 190. 285. 305. 438. 472. 476. 488. 533. 556. 558, II 8. 208. 421. 467. 472, III 72. 128. 133. 212. 281. 396, IV 6. 453. 581. 597.
Pauli II 23. 61. 95. 102. 246. 352. 488, III 22. 55. 110. 234, IV 2. 10. 36. 53. 68. 192. 381. 383. 498, Add. to I 53.
Penka III 52bis.
Persson II 188. 193. 433, IV 18. 25. 44. 84. 127. 128. 129. 137bis. 140. 157. 172bis. 189. 192. 207. 211. 212. 219. 227bis. 237. 238. 265. 333. 334. 412. 423. 427. 496.

Peter IV 36.
A. Petermann III 8. 111.
J. H. Petermann I 5bis, III 8.
Peterson IV 37.
Petroni III 53. 156.
Petters III 244.
Pezzi I 209, II 22. 101, III 53, IV 3.
von der Pfordten IV 3. 10. 35. 382.
Pfuhl IV 5.
Piper I 12.
von Planta IV ix. 107. 603.
Platzer IV 382. 596.
Ploix IV 36.
Pöhlmann IV 24.
Pokorny IV 10. 383.
Poppo IV 513.
Postgate IV 71. 448. 595. 604.
Pott II 12. 14, III 1bis. 11. 40. 44. 51. 52. 322, IV 18. 381. 496. 609.
Prehn III 326, IV 596.
Prellwitz II 433, III 329, IV 549.
Primer III 55.
Probst IV 4.
Przyborowski III 55.
Ramshorn IV 513.
Rapp IV 1.
Rappold III 358.
Regnaud III 52, IV 382.
Rhŷs IV 5. 513.
Ribbeck II 254.
Richter IV 596.
Ritschl III 133.
Roediger II 22.
Roscher I 364, IV 56 Add.
Rosenberger IV 5 Add.
von Roth III 127.
Rotter IV 596.
Ruge III 133.
Rumpelt I 11, III 2bis. 50. 323.
Rumpf IV 35.
Rusén IV 456.
Rzach IV 56.
Σακελλάριος IV 3.
Salemann IV 2.
Sander IV 595.
de Saussure I 31. 190. 206. 422, II 20. 118. 120bis. 169. 389, III 103.

236, IV 36. 57. 132. 137. 184. 384. 409.
Savelsberg III 325.
Sayce IV 24. 25. 512.
Schäffer II 376.
Schanz III 325.
Schasler III 358.
Scheffler IV 382.
Scherer I 11. 481. 521. 533, III 2. 3bis. 48. 52. 54. 325. 358, IV 2. 10. 383.
Scheuerlein IV 456.
Schleicher I v. vii. 12bis. 13. 29, II 101bis. 266, III 1. 2bis. 41. 44. 52bis. 55. 111. 173. 244. 252. 322. 323. 326. 381, IV 1bis. 5. 30. 76. 382. 451. 597.
Schlüter II 122.
Schmalz I 8, IV 449.
Schmidt-Stettin III 53.
C. E. A. Schmidt IV 594.
F. W. Schmidt III 326bis.
H. Schmidt IV 34bis.
J. Schmidt I 3. 31. 70bis. 131. 136. 157. 161. 167. 188. 190bis. 196. 219. 224. 225. 287. 303. 313. 315bis. 317. 342. 343. 344. 347. 445. 481, II 119. 152. 168. 249. 279. 312. 337. 338. 356. 397. 398. 400. 404. 407. 413. 415. 426. 428. 437. 438. 439. 442. 445. 484, III 1. 9bis. 29. 48. 49. 50. 61. 63bis. 67. 68. 72bis. 76. 78. 84bis. 85. 96. 99. 101bis. 102bis. 103bis. 104bis. 105. 106bis. 107. 108. 115. 120. 124. 126. 127. 128. 133. 134. 136bis. 142. 144. 145. 147. 156. 158. 174bis. 177. 178. 179bis. 195. 196. 199. 203. 213. 221. 236bis. 237. 240. 243bis. 254. 257. 258. 266. 275. 283. 286. 287bis. 293. 326. 332. 333. 337. 338. 345. 346. 353. 354. 373. 400, IV 30. 33. 37. 73. 76. 268bis. 278. 295. 365. 382bis. 384. 479. 486. 513. 533. 594, IV 108 Add.
J. N. Schmidt IV 496.
M. Schmidt III 323, IV 594.
R. Schmidt IV 81. 84. 426.

Schmidt-Stettin III 53.
Schmolling III 323. 358.
Schneidewind III 156.
Schneider III 13.
Schnorr von Carolsfeld II 119. 138.
Schoemann III 325, IV 594.
Scholl IV 596.
Schöll I 532.
Scholvin I 225, III 55. 95.
Schönberg IV 593.
Schönwerth II 404.
E. Schrader III 1.
O. Schrader I 2. 3.
Schrammen IV 2.
Schröder IV 596. 609.
Schroeder I 532, II 22.
Schroeter II 22. 51.
Schuchardt I 488. 521, III 54. 353.
Schultz IV 5 Add.
Schulze I 31. 136. 162. 187. 199. 207, II 179. 319. 438. 445, III 74. 156. 159. 211. 213. 236. 276, IV ix. 36. 90. 139. 294. 327. 372. 379. 381. 382. 421. 462. 594.
Schuster II 404.
Schwabe II 101.
Schwarzmann III 53.
Schweizer (Schweizer-Sidler) III 286, IV 5. 383. 552.
Seck II 119.
Seemann IV 4.
Seelmann I 122. 175. 176. 268. 291. 370. 527. 532.
Serrius III 53.
Serrure III 54.
Sibree IV 512.
Siebs I 65, IV 5.
Sievers I 20. 110. 112. 146. 181. 183. 195. 203. 207. 222. 259. 260. 274. 488. 527. 532, II 70. 332, III 18. 165. 176. 320. 383, IV 10. 37. 238. 239. 383. 434. 454.
Silberstein III 189.
Simmerle IV 595.
Singer III 331.
Sittl IV 36. 208bis.
Sjöstrand IV 596.

Skerlo IV 24.
Skladny IV 37.
Skutsch II 22, III 7. 42, IV 501, Add. to IV 5.
Smal Stockij III 55.
C. G. Smith III 55.
C. W. Smith III 157. 323.
Solmsen II 143. 173. 216. 223. 225. 266. 286. 347. 405. 425. 428, III 102. 346. 372, IV 86. 192. 288. 359. 547. 549, Add. to IV 278.
Sorof IV 25.
Specht IV 581.
Speijer IV 513bis.
Spengel III 219.
Spiegel I 5, II 22bis. 101, III 2, IV 2ter. 444. 513.
Spicker IV 376.
Spitzer II 438.
Stadelmann I 504, II 491.
Stark II 34. 35.
Steinmeyer I 521.
Steinthal III 325, IV 512.
Stender IV 382.
Stenzler III 52, IV 1.
Stephany III 54.
Stier IV 459. 464. 512.
Stokes I 236, II 102bis. 286. 312. 321. 353. 373. 410. 412, III 2. 20. 40. 54bis. 117. 121. 193. 199. 224. 229. 249. 323bis. 339. 357, IV 4ter. 10. 37. 72. 212. 514bis.
Stolz I 321. 424. 532. 546, II 22. 57. 58. 62. 101. 179. 434, III 2. 13. 53ter. 123. 127. 169. 323. 334. 341. 369. 376. 459, IV 4bis. 45. 69. 201. 361. 423. 552. 603.
Stolpe IV 35.
Storch II 23.
Storck III 53.
Stösser III 54.
Stowasser II 63, III 111. IV 207.
Strachan III 52. 176. 178. 274, IV 72. 73.
Streitberg II 122. 358, III 71. 74bis. 80. 83. 95. 109. 160. 165. 184. 193. 219. 240. 241. 247. 276. 282. 288.

332, IV ıx. 50. 134. 176. 237. 238.
240bis. 450. 455. 476. 555. 598.
Add. to IV 34.
Struve III 54, IV 4.
Stschasliwzjew III 256.
Suchier III 54.
Surber III 286, IV 552.
Sütterlin II 102. 294, IV 35. 85. 124.
284.
Sweet I 488.
Thiemann IV 3.
Thielmann IV 36. 71. 121. 450.
Thorkelsson IV 514.
Thumb III 331, IV 24.
Thurnoysen I vııı. 9. 73. 74. 76. 85.
92. 104. 125. 150. 152. 153. 154.
162. 179. 188. 201bis. 232. 235.
237bis. 273. 293. 366. 376. 377.
379bis. 430. 471. 481. 483. 532. 537.
548. 551, II 169bis. 196. 199. 266.
311. 312. 316. 353. 409. 489. 491,
III 6. 14. 21. 34. 35. 47bis. 50. 90.
98. 107. 117. 121. 159bis. 180. 197,
IV x. 36. 37bis. 54. 91. 103. 109. 112.
146. 151. 168. 170. 209bis. 210. 236.
239. 240. 241. 257. 267. 277. 280.
282. 286. 287. 304. 328. 331bis. 332.
339. 340. 345. 347bis. 348. 355. 357.
367. 369. 370. 373bis. 374. 377. 384.
391bis. 395. 415. 425. 426bis. 427.
456. 459. 474. 480. 496. 502. 514.
521. 538. 542. 576. 596. 609. 611,
Add. to IV 197.
Thurot IV 496.
A. Tobler IV 4.
L. Tobler II 3. 22, IV 33. 456. 504.
Torp III 54. 60. 151. 191. 210. 280.
290. 358. 366. 368. 370. 376. 377.
380. 389bis. 395. 396, IV 537.
Traut IV 3.
Treitz III 55.
Trithen IV 33.
Τσιρέπης III 256.
Uhle IV 382.
Uljanow IV 37.
F. Ulrich II 22.
J. Ulrich IV 596.

Uppström IV 514.
Usener IV 596.
Veitch IV 3. 159.
Verner I 532. 554.
Vetter III 55. 91. 94. 96. 188. 213.
267. 280.
Vogel II 198.
Vogrinz IV 3.
Wachsmuth IV 595.
J. Wackernagel I 138. 162. 501. 532.
544, II 48. 50. 56. 61. 64. 163.
165. 170. 193. 216. 245. 347. 383.
407. 417. 432, III 1bis. 4. 9bis. 21.
26bis. 49bis. 83. 86. 101. 120. 145.
157. 162. 177. 239. 260. 281. 326.
337 ter. 358 ter. 368. 371. 372. 385.
389, IV 1. 3. 18. 35. 36. 58. 66.
69. 109. 110. 145. 178bis. 179. 268.
274. 294. 355. 369. 373. 398. 406.
411. 446.
W. Wackernagel III 1, IV 1.
Wagener III 156.
Wagner II 123.
Walder IV 595.
Walker IV 36. 382.
C. H. F. Walter IV 5.
K. Walter II 308. 392, III 54.
Warncke III 256.
A. Weber III 127.
H. Weber I 467. 533. 559.
Weck III 256.
Wegener III 53.
Weihrich II 101.
Weise I 208, II 312.
Weissenborn IV 456bis. 596.
Weisweiler IV 576. 596 ter. 609. 610·
Wenck III 52.
Wentzel IV 35.
Westphal I 363, II 47, IV 2. 4.
Weyman II 404.
Wheeler I 532. 540. 545, II 36. 132.
243. 338. 483, III 26. 43. 89. 153.
281.
Whitney I 4. 144. 167. 208. 532, II
22. 88. 101. 107. 113. 358. 405.
492, III 2. 52. 53. 103. 226. 323

380, IV 2ter. 34bis. 39. 56. 98. 195.
323. 334. 346bis. 376. 462. 477.
Wichert IV 596.
Wichmann III 326.
Wickberg IV 453.
Wiedemann II 404. 439. 442, III 107.
146. 170. 177bis. 276, IV 5. 37. 38.
57. 77. 86. 96. 134bis. 141. 154. 176.
185. 213. 217bis. 218. 257. 309. 369.
474. 495. 519.
Wilhelm II 470, IV 34bis. 594bis.
Wilken III 54.
Williams IV 10.
Wilmanns IV 37. 434.
Wimmer I 11.
Winckler IV 596.
Windekilde III 54. 141. 269. 270.
338. 348.
Windisch I 10bis. 209. 219. 287. 320.
378, II 132. 373. 470, III 54. 198.
201. 224. 236. 238. 251. 253. 267.
273. 325. 326. 328, IV 4. 10.
453bis. 505. 507. 512bis. 552. 572.
597. 604.
Winer III 51.
te Winkel IV 5.
Witte III 323.

Wölfflin II 12. 100. 472, III 51. 141,
IV 36ter.
Wolter II 109.
Wörner II 438.
Wüllner IV 456.
Zacher II 22. 30. 122.
Zander III 6.
Zarncke IV 365. 383. 431.
Zehetmayr III 1.
$Z\eta\kappa\iota\delta\eta\varsigma$ IV 3.
Zeuss I 10. 56. 64. 85. 124. 178. 220.
II 22. 67. 99. 101. 147. 156. 233.
410, III 2. 54. 164. 323. 353, IV
4. 604bis.
Zeyss III 54. 133. 211.
Zickler IV 35.
Ziemer III 256.
Zimmer I 14. 93. 104. 179bis. 190.
201. 202. 207. 430. 532, II 7. 64.
69. 109. 195. 247. 311. 489, III
17. 103, IV 4. 72. 73. 200. 225.
347. 513. 552bis. 565. 572. 575.
576bis. 578.
Zubaty III 282, IV 202. 222. 228.
255.
Zvetaieff I 8. 9. 177, II 3. 342.

Addenda and Corrigenda.

Volume I.

Page 32 line 9 read *bhai̯-* for *bhei̯-*.
Page 35 middle read A.S. *liccian* for *liccean*.
Page 53 line 7 inf. read *ŭndecim* for *undecim*.
Page 59 line 10 inf. read *eu eo*, for *eo*.
Page 63 middle read *ĭa* for *ĭia*.
Page 78 line 5 read *láis* for *leisan*.
Page 82 middle *v-ḗna-s* for *v-ēna-s*.
Page 93 line 10 inf. read *gibái* for *gíbai*.
Page 103 § 109, line 5 read O.H.G. *starēn* M.H.G. *starn* Mod.H.G. *starr* 'stiff'.
Page 110 line 9 read **pətr-i-i̯o-s* for *patr-i̯o-s*.
Page 115 line 8 inf. read *yęhyā* for *yehya*.
Page 124 middle read **i̯ou̯n̥ko-s* for **i̯ou̯n̥ko-s*.
Page 135 § 148 line 6 read *v-ēna-s* for *v-ēna-s*.
Page 137 line 6 read O.H.G. *gi-wahannen* for O.H.G. *gi-wahanen*.
Page 139 line 8 inf. read ἑκατόμ-βοιο-ς for ἑκατόμ-βοιο-;.
Page 160 line 3 read *aswina-n* for *aswina-m*.
Page 182 line 10 inf. read From g. pl. for from.
Page 193 line 7 inf. read Rem. 2 for Rem.
Page 207 end of § 253 read *vā-* for *vă-*.
Page 211 line 15 inf. read *flewen, flauwen, flouwan* for *flewen, flouwan*; also p. 266 § 333 line 5.
Page 221 line 12 read μυρμύρειν, μορμύρειν for μυρμίρειν, μορμύρειν.
Page 223 line 17 inf., and *p.* 229 *l.* 8 inf., *dele* Skr. *mihirá-* 'cloud'; it is borrowed from the Persian (*mihir*).
Page 223 end of § 279 and 229 (line 7 inf.) *dele mihirá-*.
Page 227 read **pətér-*.
Page 248 line 22 inf. read Mid.Ir. for O.Ir.
Page 252 line 3 inf. read *z-dhi* for *z-dhí*.
Page 274 line 4 inf. *dele* Av. *scind-dyęiti*.
Page 277 line 11 read Hom. ὅππως, Lesb. ὅππως for Hom. Lesb. ὅππως.
Page 289 line 6 read § 282 Rem. *for* § 282.
Page 291 § 389 line 6 read *žard-i-s* for *žar-di-s*.

Addenda and Corrigenda. 247

Page 312 line 6 inf. *read* π*ε*μπαδ- *for* π*ε*ντ*α*δ-.
Page 325 § 437 line 2 *read* Ir. Brit. *b* initial and in the sound-group *ng*.
O.Ir. *imb* Cymr. *ymen-yn* is to be mentioned at end of § 437.
Page 326 *read* Ir. Brit. *b* in word-initials and in the sound-group *ng*.
The O.Ir. *imb* Cymr. *ymen-yn*, mentioned in § 438 *b*, showed be put in § 438 *a* end.
Page 338 line 5 inf. *read* vlěstī *for* vlěstŭ.
Page 343 line 21 *read* klauzaū *for* klausaū.
Page 343 line 8 inf. *read* *gnā- *for* gnā.
Page 350 line 6 inf. *read* sk͞hai̯d- *for* skhai̯d.
Page 360 § 489 line 5 *read* § 497 *for* § 479.
Page 380 line 10 *read* manus 'hand'.
Page 400 (last line) *read* *u̯īzdī for *u̯ezdi.
Page 405 § 553 line 4 *read* § 475 *for* § 474.
Page 406 § 553. 3 line 3 *dele* dat. caedo.
Page 406 line 16 inf. *dele* Lat. caedō, *and add* Lith. skědrà 'chip'.
Page 450 at end of § 593 *add* As regards Zios etc. see Streitberg Idg. Forschungen I. 514, Zur germ. Sprachgeschichte 72.
Page 467 § 621 line 2 *read* *fā̆χo *for* *fā̆χo.
Page 467 § 621 near the end, *read*: A.S. teár (for *tahur) O.H.G. zahar (*instead of* Goth. tagr).
Page 477 § 636 line 11 *dele* the sentence: Fut. 2 pl. drste etc.
Page 496 § 649. 6 *read* § 473 *for* 474.
Page 524 lines 8, 9 *read* vĕ̄nas *for* vĕ̄nas.

Volume II [1].

Page 4 line 14 *read* running together of the vowels *instead of* contraction.
Page 27 line 12 inf. *read* Theog. *instead of* Thesg.
Page 30 line 18 inf. *read* Bartholomae.
Page 40 line 11 inf. *read* -yōgá-s.
Page 40 line 10 inf. *read* „
Page 84 line 3 inf. *read* krŭvo-prolitije.
Page 111 line 9 inf. *read* gij-à.
Page 125 line 6 inf. *read* veždi.
Page 130 line 5 inf. *read* faúra-daúri.
Page 145 line 5 inf. *dele* O.H.G. spannan 'to stretch'.
Page 146 line 6 *read* amnúd.
Page 168 line 5 *read* dekmanniúís.
Page 195 line 12 *read* alttram.
Page 197 line 6 *read* O.H.G. *instead of* Goth.
Page 201 line 2 inf. *read* dȳmel *instead of* dy̆mel.
Page 224 line 14 *dele* The character etc. down to δῶρον, and substitute: There are no denominative *to*-participles found in Aryan; for Skr.

---

[1] For a few of these I am indebted to reviews of my book by G. Meyer, Liter. Centralblatt 1892 col. 1767, and V. Henry Révue Critique, 1893, pp. 120 ff.

Addenda and Corrigenda.

mantri-ta- is not of this kind; hence it is doubtful whether there ever were any.
Page 236 line 4 *read us-farpō*.
Page 255 line 6 *read prosk-r vask-r*, wihout final hyphens.
Page 263 line 9 inf. *after* O.H.G. *add* Frankish.
Page 291 line 15 inf. *dele the example* Avest. *maoiri-š*.
Page 301 line 5 inf. *read* 'ear' *instead of* 'hearing'.
Page 303 line 7 inf. *read hlu-s-t*.
Page 316 line 1 inf. *dele* A.S. *fealo* = pr. Germ. **fal-u*.
Page 329 line 4 *insert full stop after* 'form'.
Page 329 line 4 inf. *read* O.Sax. *instead of* A.S.
Page 329 line 3 inf. *read fri-*.
Page 330 line 2 *read juš-tv-ā*.
Page 336 line 8 inf. *read αὐλη-τρ-ίς*.
Page 347 line 18 *read ákš-i*.
Page 353 line 1 *read An-u instead of Ān-u*.
Page 354 line 17 inf. *read Gutones Semnones Herminones instead of Teutones*.
Page 358 line 15 *read libelli-ō*.
Page 358 line 19 *dele stop after* 'corn'
Page 362 line 19 inf. *read -i̯ēn- instead of -i̯ōn*.
Page 375 line 14 *read* pp. 366 f.
Page 375 line 18 *read čismę*.
Page 382 line 3 *read* O.H.G. *instead of* Goth.
Page 385 line 2 inf. *after* root-syllable *add* (cf. O.C.Sl. *jętr-y*).
Page 388 line 1 *insert* Goth. *before svistar*.
Page 393 line 7 *read cing*.
Page 399 line 5 inf. *reat mahánt-*.
Page 403 line 8 *read all-valdand-s*.
Page 410 line 18 *read felīx*.
Page 414 line 11 *read teg instead of leg*.
Page 415 line 19 *read deuš-sravah-*.
Page 427 line 11 inf. *read suoz-isto*.
Page 430 line 1 inf. *read* Meisterhans.
Page 438 line 13 inf. *read sāh-vás-*.
Page 444 line 10 *read σε-σηρ-ώς*.
Page 444 line 13 inf. *read πε-φυ-ῶτ-α*.
Page 444 line 5 inf. *read τετελευτακουσᾱς*.
Page 445 line 1 *read τεθνεῶσα*.
Page 465 line 8 inf. *insert* in *before* Greek.
Page 483 line 5 inf. *read sum-ar*.
Page 488 line 2 *read ὦπ-α*.

Volume III.

Page 4 line 1 inf. *read á-πλόο-ς*.
Page 40 line 13 inf. *read hund-seo-*.
Page 50 line 5 *read petiro-pert*.
Page 50 line 8 *read falpan*.

Page 91 line 8 *read hvō instead of pō.*
Page 83 § 217 line 2 *read -ī-m-.*
Page 162 line 6 *add νομεύς after χαλκεύς.*
Page 178 line 4 *read* I p. 508 footnote.
Page 187 line 1 inf. *and* p. 344 line 9 *dele* Skr. *sanēmi as uncertain.*
Page 188 line 3 *read houbitun.*
Page 188 line 4 *read hǫfđum.*
Page 245 line 3 *insert* proethnic *before* Balto-Slavonic.
Page 257 footnote 1, line 3, *dele* even *down to* VI 377.
Page 277 *at end of* Remark *add* (Thurneysen).
Page 317 *in column* O.Icel., *nom. sing.*, *read sȳ-r.*
Page 357 line 11 inf. read *hǫfđum.*
Page 367 line 9 *read* Rem. 3 *instead of* Rem. 2.
Page 368 line 11 inf. *read iuwih, omitting *.*
Page 371 line 5 *read eu.*
Page 396 line 15 inf. *read* Gaedicke.

Volume IV.

Page 5 line 4 inf. add: E. Budde, Russkij glagol sravitel'nos cerkovnoslavjanskim (The Russian Verb compared with the Church Slavonic), Russkij filol. věstnik XXVII (1892) 1 ff.

Page 5 line 13 *add*: F. Schulz De obsoletis conjugationum Plautinarum formis, Konitz 1864.

Page 5 line 16 *before* Schleicher *insert*: Rosenberger, Das lettische Verbum aufs neue dargestellt, Dorpat 1843.

Page 7 *before* Verbal Compounds, *insert* § 463.

Page 10 *before* Reduplication, *insert* § 464.

Page 17 § 472 *at end of* Remark, *add*: Further, Johansson regards *ai* in the Goth. perfect *rai-rōp sai-sō* etc. as a long (open) *e*; De deriv. verb. contr. 187, Bezz. Beitr. XIII 125. The sound-change by him assumed seems to me insufficiently supported.

Page 22 line 14 inf. *and* 421 line 2, *dele* Umbr. stitisteteie(n)s (cp. Thurneysen, Kuhn's Zeitschr. XXXII 559 ff.).

Page 24 line 2 inf. *add*: Platt, The Augment in Homer, Journ. Phil. 1891 no. 38 [G. Meyer].

Page 28 line 13 inf. *add*: The *ēs* of the comedians should probably be read *ess*, answering to *terr ferr* (p. 501 footnote 1). Compare Skutsch, Forschungen zur altlat. Gramm. p. 60.

Page 33 footnote line 16 *add*: J. P. Janzon, De aoristo, Lund 1843.

Page 34 footnote line 7 *add*: H. Pedersen, Das Präsensinfix *n*, Idg. Forsch. II 285.

Page 34 footnote line 10 *add*: Streitberg, -*ī*- in der Verbalflexion, P.-B. Beitr. XIV 224 ff.

Page 34 footnote line 14 *add*: Burchard, Die Intensiva des Sanskrit und Avesta, Theil I (1892).

Page 35 footnote 1 inf. *add* C. F. Lorenz, De vestigiis decem classium verbi Sanskritici in Graeci verbi formis apparentibus, Regim. 1868.

*

Page 51 line 14 inf. *read* k̥pā́ṇa-tē.
Page 56 footnote 1, *add*: With *fenestra* seems to be connected *fōns font-is*, originally 'opening' (cp. Armen. *bana-m* 'I open'); B. Maurenbrecher, Fleckeisen's Jahrb. 1892 p. 199. Compare *mon-t-* beside *prō-mineō*. Thus we may also justify the derivation of the latter part of Ἀργει-φόντης from φαίνω (Roscher, Hermes der Windgott 94 ff., Lexicon der gr. und röm. Myth. I 2386).
Page 83 line 3 *read* § 478 p. 26.
Page 108 line 1 inf. A different explanation of *ni-śaṃhasti* is offered by Caland, Kuhn's Zeitschr. XXXII 590 f.
Page 141 line 17 *before* see *insert*: hv-aṇ-mahi
Page 177 § 639. J. Schmidt (Kuhn's Zeitschr. XXXII 377 ff.) tries to show that ὄρ-νῡ-μι στόρ-νῡ-μι come from *ἄρ-ι̯ῡ-μι στορ-νῡ-μι = Skr. r̥-ṇŏ́-mi str̥-ṇŏ́-mi. This attempt, in may opinion, fails.
Page 197 § 662 *add*: On *accersō* see further Thurneysen, Kuhn's Zeitschr. XXXII 571 f.
Page 211 §§ 680, 681 *add*: On Skr. *sphuṭa-ti*, *rēṣṭa-tē*, and *cēṣṭa-ti*, see Johansson, Kuhn's Zeitschr. XXXII. 469 ff.
Page 278 § 758. For the Doric Future see further Solmsen, Kuhn's Zeitschr. XXXII 546 ff.
Page 394 line inf. *read* to *instead of* do.
Page 404 line 2 *read* πέ-φρασ-ται.
Page 417 line 9 *read* pe-pendī.
Page 419 line 10 inf. *read* cēpī.
Page 523 line 4 inf. *read* O.Pers. *instead of* Goth.
Page 546 line 22 *read* etun.

www.ingramcontent.com/pod-product-compliance
Lightning Source LLC
Chambersburg PA
CBHW021349230426
43666CB00006B/461